U0552591

中国社会科学院
经济学部
ACADEMIC DIVISION OF ECONOMICS
CHINESE ACADEMY OF SOCIAL SCIENCES

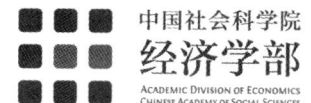

中国国家资产负债表2013

——理论、方法与风险评估

李 扬 张晓晶 常 欣 等著

中国社会科学出版社

图书在版编目（CIP）数据

中国国家资产负债表：2013：理论、方法与风险评估／李扬，张晓晶，常欣等著．—北京：中国社会科学出版社，2013.12（2015.8 重印）
ISBN 978 – 7 – 5161 – 3819 – 9

Ⅰ.①中… Ⅱ.①李… ②张… ③常… Ⅲ.①资金平衡表—中国—2013 Ⅳ.①F231.1

中国版本图书馆 CIP 数据核字（2013）第 305589 号

出 版 人	赵剑英
责任编辑	侯苗苗　王　曦
责任校对	韩天炜
责任印制	李　建

出　　版	中国社会科学出版社
社　　址	北京鼓楼西大街甲 158 号
邮　　编	100720
网　　址	http://www.csspw.cn
发 行 部	010 – 84083685
门 市 部	010 – 84029450
经　　销	新华书店及其他书店
印刷装订	北京君升印刷有限公司
版　　次	2013 年 12 月第 1 版
印　　次	2015 年 8 月第 2 次印刷
开　　本	710×1000　1/16
印　　张	22
插　　页	2
字　　数	349 千字
定　　价	68.00 元

凡购买中国社会科学出版社图书，如有质量问题请与本社发行部联系调换
电话：010 – 84083683
版权所有　侵权必究

前　言

李　扬

一

2012年，由我、中国银行首席经济学家曹远征博士、德意志银行大中华区首席经济学家马骏博士分别牵头的三支研究队伍，几乎同时展开了对中国国家资产负债状况的研究，并先后发表了长篇分析报告。在中国研究界，多支研究队伍不约而同地对一桩纯属"帝王之术"的枯燥论题展开探讨，实属罕见。那是因为，自2011年年底开始，很多国外研究机构和投资银行，借中国地方政府融资平台债务问题浮出水面且经济增长率有所下滑之机，此起彼和地唱衰中国；少数国际评级机构甚至据以调降了中国的主权级别。中国经济学家自然不能坐视瓦缶长鸣。编制中国的国家资产负债表（特别是政府资产负债表），深入剖析中国各级政府债务的源流、现状、特征及发展前景，评估主权债务风险，我们责无旁贷。

二

资产负债表原本是企业实施科学管理不可或缺的基本工具。基于权责发生制，资产负债表通过一套精心设计的平衡表，在负债方，反映企业某一时点的负债总额及其结构，揭示企业现今与未来需要支付的债务数额、偿债紧迫性和偿债压力大小；在资产方，反映企业资产总额及其构成，揭示企业在某一时点所拥有的经济资源、分布情况及盈利能力。将负债和资产结合起来，可据以评估企业的绩效，分析其财务的弹性和安全性，考量其偿债能力及经营的稳定性。

上世纪中叶，美国经济学家哥德施密斯开始尝试将资产负债表的独特分析功能引入国家治理（见 Goldsmith and Lipsey, 1963；Goldsmith, 1982），并试编了分部门及综合的国家资产负债表。其后，发达经济体纷纷效法。至今，大部分 OECD 成员国家都公布了不含有实物资产的金融资产负债表。

国家资产负债表在国家治理乃至经济分析领域中令人刮目相看，还是在上世纪 90 年代拉美危机之后。与过去的危机不同，拉美危机主要因过度借债引发，因而显现出债务危机的典型特征。如此，资产负债表作为一种能准确刻画一国债务风险、评估其偿债能力的分析框架，理所当然地获得了国际社会的青睐。

资产负债表被作为主流分析工具引入之后，便迅速取得了一系列新成果。其中尤其令人耳目一新者，在于对过去的危机的重新解释，特别是对危机的传导过程以及恢复过程中若干特别现象的解释。在这方面，日本野村综合研究所首席经济学家辜朝明的研究最为著名（辜朝明，2008）。在辜朝明看来，主流经济学对上世纪大萧条和 90 年代以来日本"失去的 20 年"的原因的解释不得要领。他认为，危机的问题不在货币的供给方，而在货币的需求方。经济的衰退，是由于股市以及不动产市场泡沫破灭之后，市场价格的崩溃造成在泡沫期过度扩张的企业资产大幅度缩水，致使其资产负债表失衡，负债规模严重超过其资产规模。因此，企业即便仍然运作，也已陷入了技术性破产的境地。重要的问题在于，在这种情况下，多数企业将自己的经营目标从"利润最大化"转向"负债最小化"，即：企业在减少乃至停止借贷的同时，倾向于将其能够利用的所有现金流都用于偿还债务，即不遗余力地"修复资产负债表"。倘若很多企业都奉行这种"负债最小化"对策，整个社会就会形成一种不事生产和投资、专事还债的"合成谬误"，于是，即便银行愿意提供贷款，也不会有企业前来借款。全社会的信用紧缩局面，就此形成。危机的恢复过程，也因此延缓。

此次"百年不遇"的全球经济危机再次彰显了资产负债分析的魅

力。此次危机，依然归因于发达国家的居民、企业和政府都负债经营或消费，金融机构则对应地进行高杠杆化运作。病因在此，危机的恢复，显然就以"去杠杆化"为必要条件。然而，去杠杆化至少涉及两个问题。其一，去杠杆化需要大量储蓄，需要大量资金投入；而储蓄率不易提高，资金更难寻觅。其二，去杠杆化作为经济恢复的主要路径，将全面引发"修复资产负债表"过程。在这个过程中，各经济主体获得新增资金后，其优先选择不是从事消费、生产和投资等货币当局希望产生的正常的经济活动，而是将之用于充实资本，减少债务，"修复"资产负债表。因此，在相当长的时期内，向经济注入资金，反而会产生消费停滞、投资不振，以及信贷市场萎缩的效果。

绝妙的例证发生在美国。虽然，几年来，由美联储和财政部放出的美元已经达到造成美国乃至全世界流动性泛滥的程度，但美国的信贷市场却仍在萎缩，以至于美联储的量化宽松操作不断加码，其资产负债也前无古人地扩张了三倍。

我们要特别指出的是，这一次，中国也实实在在地感受到了资产负债的冲击。一方面，企业债务、各级政府债务不断攀升，其严重性已经达到可被居心叵测者利用的程度；另一方面，货币和信贷供给巨额扩张，但实体经济仍然感觉"贷款难，贷款贵"。诸如此类的复杂问题，都需要迅速回答。编制中国的国家资产负债表，首先做到"心中有数"，显然是回答一切问题的基础和前提条件。

三

中国社会科学院"中国国家资产负债表研究"课题组成立于2011年，首批成果形成于2012年。当时，我们已经编制完成中国国家主权资产负债表（2000—2010年），主要成果于2013年发表于《经济研究》第6—7期。[①] 课题组的研究成果多次被国际货币基金组织（IMF，

[①] 李扬、张晓晶、常欣、汤铎铎、李成：《中国主权资产负债表及其风险评估》（上、下），《经济研究》2012年第6—7期。

2013)、中国人民银行研究局、国内外一些知名投资银行引用。此外，关于中国主权资产负债表研究的英文论文，已经被收入国际货币基金组织出版的专著中①。2012年9月，课题组召开了"中国国家资产负债表分析国际研讨会"，来自中国人民银行、国家统计局、世界银行、国际货币基金组织的专家及相关领域的60余位知名学者与会。专家们自然不吝溢美之词，但也尖锐地提出了进一步完善和推展的建议。这些建议，指导了本书的写作。

本书在2012年研究成果的基础上，全面更新了数据，并增加了中国国家资产负债表的编制与分析。

本书的重要发现可概括如下：

1. 2011年，中国的国家净资产（非金融资产加上净额对外资产）超过300万亿元。

2007—2011年，中国国家资产负债表急剧扩张：国家总资产从284.7万亿元增加到546.5万亿元；总负债从118.9万亿元增加到242万亿元；而净资产则从165.8万亿元增加到304.5万亿元。这三个指标在5年内均几近翻番，且增长速度均快于同期名义GDP的增幅。

国家整体的资产负债率，即总负债与总资产之比，总体呈上升趋势，特别是在受到金融危机影响较大的2009—2010年两年间，上升幅度较大；此后，在2011年虽有轻微回落，但仍旧远高于2007年的水平。这一结构变化表明，在国家资产形成中，对债务融资的依赖有所上升，进而造成债务风险相应提高。

2. 国家净资产增加额持续小于当年GDP，表明并不是全部的GDP都形成了真正的财富积累。换言之，在我们产出的GDP中，有一个相当大的部分是无效的。这是因为，GDP指标存在某些先天性缺陷：一些无效投资（对应的是产能过剩）甚至破坏资源环境的活动都被计入GDP了，从而在财富形成中须将这些部分剔除。以2010年为例，净资产增加额与GDP的差距高达7.5万亿元，占当年GDP的18.7%。虽然不能断言这7.5万亿元都被浪费或损失了，但至少表明这一年GDP的

---

① Li Yang, Zhang Xiaojing, 2013, "China's Sovereign Balance Sheet and Implications for Financial Stability", in China's Road to Greater Financial Stability: Some Policy Perspectives, edited by Udaibir S. Das, Jonathan Fiechter, and Tao Sun, The IMF Press.

质量大有问题。

3. 近年来，总资产中存货占比急增，表明产能过剩问题非常严重。关于存货及其变化，向来可有两种解释：这既可能反映了企业对经济复苏的预期（更多地表现为主动补充库存，可理解为一种积极型存货增加），也可能同中国当下普遍存在的严重产能过剩有关（更多地表现为被动累积库存，可理解为一种消极型存货增加）。我们倾向于认为，后一方面原因，即产能过剩，可能是存货占比急增的主要因素。这值得高度警惕。

4. 主权部门（或广义政府部门，包括中央政府、地方政府、国有非金融企业、行政事业单位、中央银行，以及国有金融企业）的资产大于负债，净资产额为正。这表明，在相当长的时期内，中国发生主权债务危机的可能性很低。

2000—2011年，中国主权资产和主权负债都呈扩张态势。在主权资产方，非金融企业国有资产以及储备资产的增长最为迅速。在主权负债方，政府债务（中央及地方）、国有企业债务以及处置不良资产形成的或有负债的增长非常迅速。

由于12年来我国主权资产的增幅均高于主权负债，我国主权资产净值的规模一直处于不断增长之中。从2011年的情况看，按宽口径匡算，中国主权资产净值为87万亿元。但考虑到行政事业单位国有资产流动性很差（因为要履行政府职能），以及国土资源性资产的使用权的流动性亦差，且也不可能一次性全部转让（事实上，最近每年的土地出让金只有两三万亿元），因此，窄口径的主权资产净值为21.6万亿元。

5. 2012年，中央政府与地方政府加总的债务接近28万亿元，占当年GDP的53%。如果将非金融企业、居民部门、金融部门以及政府部门的债务加总，那么全社会的债务规模达到111.6万亿元，占当年GDP的215%。这意味着全社会的杠杆率已经很高。为了给经济发展创造一个长期稳定的环境，去杠杆化在所难免。

分部门看，截至2012年年末，企业部门杠杆率（企业债务占GDP比重）已达113%，超过OECD国家90%的阈值，值得高度警惕。这些指标，在所有统计国家中高居榜首。这构成了中国债务结构的突出特点。这种状况与中国的经济发展方式和金融体系以间接融资为主的特点密切相关。

住户部门未偿的贷款余额16.1万亿元（其中，消费性贷款10.4万亿元，经营性贷款5.7万亿元），占GDP的31%。

非金融企业部门债务余额72.12万亿元，占GDP的139%。考虑到非金融企业部门债务在相当程度上包括地方政府融资平台这一有政府背景的实体债务，为防止交叉重复，需要剔除地方政府融资平台债务规模，由此得到的非金融企业部门债务余额58.67万亿元，占GDP的113%。

将中央政府债务和地方政府债务加总，得到2012年年末政府债务总额27.7万亿元，占GDP的53%。

仅以金融部门发行的债券余额作为其债务，2012年年末，金融机构债券余额合计9.13万亿元，占GDP的18%。

将上述四个部门加总，得到中国经济整体的债务规模为111.6万亿元，全社会杠杆率为215%。

从总量看，中国的总债务水平低于大多数发达经济体，但比其他金砖国家（不包括南非）都高，属于比较适中的水平，尚处于温和、可控的阶段。不过，鉴于中国的债务水平近年来上升较快，我们应当对此保持警惕；如果将地方债务或者更宽口径的主权债务考虑在内，中国的政府（主权）债务将有较大增长并带动总债务水平较大幅度提高。对此，我们绝不可坐视不管。

6. 进入新世纪以来，中国国家和主权部门资产负债表均呈现出快速扩张之势。其中，在资产方，对外资产、基础设施，以及居民房地产资产迅速积累，构成资产扩张的主导因素。这记载了出口导向发展战略之下中国工业化与城镇化加速发展的历史进程。在负债方，各级政府以及国有企业等主权部门的负债规模以高于私人部门的速度扩张。这凸显了政府主导经济活动的体制特征。

7. 国家资产负债表近期的风险点主要体现在房地产信贷、地方债务，以及银行不良贷款等项目上，而中长期风险则更多地集中在对外资产、企业债务，以及社保欠账等项目上。无论哪一类风险，都与当前的发展方式与经济结构密切相关。因此，应对或化解风险的最佳途径，还是转变发展方式，调整经济结构，实现健康、高效率、高质量、可持续的增长。

8. 如果继续执行现行养老保险体系，到2023年，全国范围内职工养老保险就会出现资金缺口；到2029年，累积结余将消耗殆尽；到2050年，职工养老金累计缺口占当年GDP的比例将达到91%。另外，到2050年，中国全社会总养老金支出（包括职工和居民养老保险）占GDP的比例将达到11.85%，这一水平与当前欧洲一些高福利国家的水平大致相当。

我们还在多种情境下分析了某些政策措施和养老金制度设计对养老保险财务的可持续的影响。发现，提高退休年龄和提高领取居民基础养老金年龄，可以起到很强的作用，能够大幅降低养老金缺口程度。同时，提高养老保险的投资收益率对降低养老金缺口也有一定的帮助，但作用相对较小。而维持高的养老保险替代率将明显提高养老保险潜在债务水平。我们更偏向于提高退休年龄和提高领取居民基础养老金年龄的对策，同时，我们主张提高投资收益率，并保持高的养老保险替代率。

当然，通过国有资产的股息积累或者出售国有资产的方式，以及通过提高税收、发行债券并对养老保险进行财政补贴来为养老保险融资，也是解决或缓解养老金缺口问题的可行选择。

四

中共十八届三中全会通过的《关于全面深化改革若干重大问题的决定》，明确提出了"加快建立国家统一的经济核算制度，编制全国和地方资产负债表"的战略任务。在国家最高层面上推动国家资产负债表的研究和编制工作，在当今世界实属罕见。这充分显示了中国政府努力"推进国家治理体系和治理能力现代化"的决心和智慧。

作为国家设立的最高社会科学研究机构的学者，我们将响应三中全会的号召，继续用我们的努力，做好国家资产负债表的研究和编制工作，为完善和发展中国特色社会主义制度，推进国家治理体系和治理能力现代化，贡献绵薄之力。

目　　录

第一编　总报告

1 导言 ·· 3
  1.1　研究背景 ·· 3
  1.2　全书结构 ·· 6
  1.3　几点说明 ·· 7

2 中国国家资产负债表：编制与分析 ································· 9
  2.1　基本框架 ·· 9
  2.2　国家资产负债表的编制 ··· 11
  2.3　国家资产负债表分析 ·· 14

3 中国主权资产负债表编制与分析 ·································· 23
  3.1　数据来源与估算方法 ·· 23
  3.2　主权资产分析 ·· 29
  3.3　主权负债分析 ·· 32
  3.4　主权资产负债表 ··· 36

4 总债务水平与全社会杠杆率研究 ·································· 39
  4.1　债务与杠杆率分析框架 ··· 39
  4.2　中国各部门债务估算 ·· 42
  4.3　债务水平的国际比较研究 ····································· 45

5 中国特色的资产负债表扩张 ·· 50
5.1 结构变迁中的资产形成 ·· 50
5.2 赶超体制下的负债形成 ·· 57

6 资产负债表风险评估 ·· 66
6.1 资产负债表风险评估的一般框架 ···································· 66
6.2 国家资产负债表错配与或有负债风险 ······························ 68
6.3 部门间债务清理与风险转移 ·· 78
6.4 主权债务的动态与可持续性 ·· 80

7 基本结论与政策建议 ·· 86
7.1 基本结论 ··· 86
7.2 政策建议 ··· 87

第二编 部门分析

8 居民资产负债表 ··· 93
8.1 导论 ·· 93
8.2 中国居民资产负债表编制与分析 ···································· 94
8.3 居民资产负债表研究结论 ··· 100

9 非金融企业资产负债表 ·· 101
9.1 非金融企业资产负债表编制 ··· 101
9.2 非金融企业资产负债表分析 ··· 105

10 金融部门资产负债表 ·· 113
10.1 中国现行的金融部门资产负债表统计体系简介 ············· 113
10.2 金融部门资产负债表的编制 ······································· 117
10.3 本章附录：测算口径问题 ·· 129

11 中央银行资产负债表 131
11.1 资产项目及其结构变化 132
11.2 负债项目及其结构变化 138
11.3 央行资产负债表变动与货币政策：以外汇占款的冲销为例 144

12 中央政府资产负债表 151
12.1 关于中国政府资产负债表的文献回顾 151
12.2 中央政府资产负债表的编制 153
12.3 中央政府资产负债表分析 156

13 地方政府资产负债表 160
13.1 地方政府资产估算 160
13.2 地方政府负债估算 162
13.3 地方政府资产负债表编制结果 167
13.4 地方政府债务风险分析 170
13.5 地方政府债务风险的形成与防范 174

14 对外部门资产负债表 187
14.1 中国国际投资头寸主要特征及国际比较 188
14.2 对外资产负债表方法的风险揭示 198
14.3 国际投资头寸的影响因素分析 201

第三编 相关专题

15 养老金缺口和隐性债务预测研究 213
15.1 导言 213
15.2 中国养老保险体系的基本框架和资金缺口计算方法 214

15.3 中国2010—2050年的人口规模和结构预测 …………………… 217
15.4 职工和居民养老保险人口的估算 …………………………… 227
15.5 养老保险收支缺口和隐性债务的预测 ……………………… 235
15.6 进一步的养老金收支情景分析和政策模拟 ………………… 246
15.7 总结 …………………………………………………………… 256

16 居民住房资产价值研究 ……………………………………… 259

16.1 居民住房价值估算 …………………………………………… 259
16.2 住房价值与收入比——国际比较 …………………………… 262

17 中美国民财富比较与中国国土资源价值的估算 …………… 265

17.1 财富与收入的相互依存 ……………………………………… 265
17.2 中美国民财富比较 …………………………………………… 266
17.3 中国自然资本估算：以国土资源为例 ……………………… 270

18 资产负债表国际比较研究 …………………………………… 273

18.1 导言 …………………………………………………………… 273
18.2 美国经验 ……………………………………………………… 273
18.3 日本经验 ……………………………………………………… 282
18.4 德国经验 ……………………………………………………… 286
18.5 英国经验 ……………………………………………………… 289
18.6 加拿大经验 …………………………………………………… 294
18.7 各国资产负债表的共性特征 ………………………………… 297

19 资产负债表方法与金融危机：一个研究应用 ……………… 299

19.1 国家资产负债表及其分析方法：国际视角 ………………… 300
19.2 资产负债表的风险传导：以本次金融危机为例 …………… 307
19.3 国家资产负债表与宏观经济政策及其启示 ………………… 312

参考文献 ……………………………………………………………… 317

图 目 录

图 2-1 国家总资产规模（2007—2011 年） ……………… 15
图 2-2 国家总负债规模（2007—2011 年） ……………… 15
图 2-3 国家净资产规模（2007—2011 年） ……………… 16
图 2-4 GDP 与净资产增加额的变动 ……………………… 17
图 2-5 国家资产负债率的变动（2007—2011 年） ……… 18
图 2-6 国家金融资产规模（2007—2011 年） …………… 18
图 2-7 国家非金融资产规模（2007—2011 年） ………… 19
图 2-8 工业化国家金融相关比的变动（1850—1978 年） ……… 20
图 3-1 中国主权资产的规模与构成 ……………………… 32
图 3-2 中国主权负债的规模与构成 ……………………… 35
图 3-3 中国主权资产/负债及政府净值 ………………… 36
图 4-1 中国贷款/GDP 和债券/GDP ……………………… 40
图 4-2 中国各部门债务占 GDP 比重 …………………… 41
图 5-1 中国货物贸易进出口及顺差与 GDP 之比 ……… 52
图 5-2 2010 年新兴市场国家外汇储备与总资产之比 …… 53
图 5-3 基础设施投资规模与占比的变动 ………………… 55
图 5-4 按隶属关系分城镇固定资产投资的变化 ………… 61
图 5-5 2010 年年底全国地方政府性债务资金投向情况 … 63
图 6-1 部门间风险传导机制 ……………………………… 67
图 6-2 非金融企业债务占总债务比重的国际比较 ……… 69
图 6-3 企业养老保险转轨成本 …………………………… 75
图 8-1 居民金融资产分项构成 …………………………… 98
图 8-2 居民资产负债率国际比较 ………………………… 99
图 8-3 居民金融资产负债率国际比较 …………………… 99

图 目 录

图 9-1　非金融企业总资产、总负债和净资产与 GDP 比例 ……… 108
图 9-2　2000 年和 2012 年非金融企业总资产各项组成占比……… 109
图 9-3　非金融企业总资产主要组成占比的变化趋势 ……… 109
图 9-4　2000 年和 2012 年非金融企业负债各项组成占比……… 110
图 9-5　资产负债率变化趋势 ……… 111
图 9-6　流动比率变化趋势 ……… 111
图 10-1　金融机构资产和存贷款占 GDP 的比重 ……… 120
图 11-1　1985—2011 年间央行资产规模与国内生产总值之比 …… 133
图 12-1　2007—2011 年中央政府资产负债 ……… 157
图 12-2　2011 年中央政府总资产分布结构 ……… 157
图 12-3　2011 年中央政府总负债分布结构 ……… 158
图 13-1　地方政府总资产的规模与构成（2007—2011 年）…… 169
图 13-2　地方政府总负债的规模与构成（2007—2011 年）…… 169
图 13-3　地方政府净资产的规模（2007—2011 年）……… 170
图 13-4　2010 年年底全国地方政府性债务余额层级分布情况…… 171
图 13-5　2010 年年底全国地方政府性债务余额地区分布情况…… 172
图 13-6　按隶属关系分城镇固定资产投资的变化情况 ……… 177
图 13-7　2010 年年底全国地方政府性债务资金投向情况……… 178
图 13-8　分税制以来中央和地方财政自给率的变动情况 ……… 182
图 13-9　2010 年年底全国地方政府性债务资金来源情况……… 183
图 13-10　银行业金融机构总资产分布的变动情况 ……… 184
图 13-11　近年来主要商业银行利息收入在营业收入中的
　　　　　占比情况 ……… 186
图 14-1　2012 年中国对外总资产组成……… 190
图 14-2　2012 年中国储备资产组成……… 190
图 14-3　中国对外总资产各项组成及其占总资产比例的
　　　　　变化趋势 ……… 191
图 14-4　中国对外总负债各项组成及其占总负债比例的
　　　　　变化趋势 ……… 192
图 14-5　中国对外总资产、总负债及净资产的变化趋势 ……… 193
图 14-6　美国、中国、日本、德国四国对外总资产、总负债和

　　　　　　净资产占 GDP 之比 ················· 195
图 14-7　美国、中国、日本、德国四国对外总资产各项
　　　　　　组成占比 ································ 196
图 14-8　美国、中国、日本、德国四国对外总负债各项
　　　　　　组成占比 ································ 197
图 14-9　发达国家和新兴市场国家对外总资产及总负债 ········· 203
图 14-10　发达国家和新兴市场国家对外总资产及负债占
　　　　　　世界总资产和总负债比重 ·················· 203
图 14-11　发达国家和新兴市场国家对外总资产及总负债占
　　　　　　GDP 比重 ································ 204
图 14-12　发达国家和新兴市场国家对外总资产及总负债占
　　　　　　GDP 比重（除美国、日本、德国、中国四国） ······ 204
图 14-13　2010 年 25 个发达国家和地区对外净资产 ········· 204
图 14-14　2010 年 21 个新兴市场国家和地区对外净资产 ······ 205
图 14-15　美国、中国、日本、德国四国经常项目差额占
　　　　　　GDP 比重 ································ 205
图 15-1　预期平均寿命增长趋势 ······················· 221
图 15-2　分性别和年龄农村居民向城镇迁移概率 ··········· 223
图 15-3　未来人口总规模和城市化率 ··················· 224
图 15-4　全国人口抚养比的变化趋势 ··················· 225
图 15-5　城镇人口抚养比的变化趋势 ··················· 226
图 15-6　农村人口抚养比的变化趋势 ··················· 227
图 15-7　退休老人预测 ······························· 228
图 15-8　退休中人预测 ······························· 230
图 15-9　退休新人预测 ······························· 231
图 15-10　机关事业单位退休养老金人口 ················· 231
图 15-11　城镇职工养老金缴费人口规模预测 ············· 233
图 15-12　城乡居民养老保险金领取人口 ················· 234
图 15-13　城镇企业职工养老金收支预测 ················· 237
图 15-14　机关事业单位职工养老金收支预测 ············· 238
图 15-15　城镇职工养老金总体收支预测 ················· 239

图 目 录

图 15－16　城乡居民养老保险基础养老金（财政支出）预测 …… 239
图 15－17　维持中国养老保险体系所需政府补贴占
　　　　　 GDP 的比例 ……………………………………… 240
图 15－18　维持我国养老保险体系所需政府补贴占财政
　　　　　 支出的比例 ……………………………………… 241
图 15－19　转轨成本支出占企业退休职工养老金支出的比例 …… 245
图 15－20　留存转轨成本额 …………………………………… 245
图 15－21　投资回报率提高对职工养老金结余的影响 ………… 248
图 15－22　高速改革方案下职工养老保险累计结余 …………… 251
图 15－23　高速改革方案下城乡居民基础养老金支出 ………… 251
图 15－24　高速改革方案下维持养老体系所需政府补贴占
　　　　　 GDP 的比例 ……………………………………… 252
图 15－25　低速改革方案下职工养老保险累积结余 …………… 252
图 15－26　低速改革方案下城乡居民基础养老金支出 ………… 253
图 15－27　维持目前养老金替代水平不变的职工养老保险
　　　　　 累积结余 ………………………………………… 254
图 15－28　维持目前养老金替代水平不变情况下所需政府
　　　　　 补贴额占 GDP 的比例 …………………………… 254
图 15－29　综合改革方案下的职工养老保险累积结余 ………… 256
图 15－30　综合改革方案下维持养老保险体系所需政府
　　　　　 补贴额占 GDP 的比例 …………………………… 256
图 16－1　 城镇居民住房价值及收入比（折旧调整后） ……… 261
图 16－2　 农村居民住房价值及收入比 ………………………… 262
图 16－3　 住房价值与 GDP 比率的国际比较 …………………… 263
图 16－4　 住房价值与居民收入比率的国际比较 ……………… 264
图 17－1　 中国国土资源变动趋势 ……………………………… 271
图 18－1　 美国居民与非营利组织资产规模 …………………… 277
图 18－2　 美国金融资产分部门构成 …………………………… 277
图 18－3　 美国居民与非金融企业资产负债率 ………………… 278
图 18－4　 近年美国政府财政状况 ……………………………… 280
图 18－5　 近年美国对外投资头寸表 …………………………… 281

图 18-6　美国持有外国资产分类构成 …………………… 282
图 18-7　日本国民资产负债中的若干重要比率
　　　　　(2001—2010 年) ………………………………… 285
图 18-8　日本国民净资产部门构成 (2001—2010 年) …… 286
图 18-9　德国国民资产负债中的若干重要比率
　　　　　(1991—2011 年) ………………………………… 289
图 18-10　德国国民净资产部门构成 (1991—2011 年) …… 289
图 18-11　英国国民资产负债中的若干重要比率
　　　　　(2002—2011 年) ………………………………… 292
图 18-12　英国国民净资产部门构成 (2002—2011 年) …… 293
图 18-13　加拿大国民资产负债中的若干重要比率
　　　　　(2002—2011 年) ………………………………… 297
图 18-14　加拿大国民净资产部门构成 (2002—2011 年) … 298
图 19-1　美国政府金融资产和负债占 GDP 的比重 ………… 301
图 19-2　美国、欧洲、英国、日本、中国的国际投资头寸
　　　　　规模 ……………………………………………… 302
图 19-3　美国、欧洲、英国、日本、中国的中央银行资产
　　　　　规模 ……………………………………………… 303
图 19-4　危机前后美联储负债结构变动 …………………… 304
图 19-5　危机国家为救助金融部门支付的净成本 (占 2011 年
　　　　　GDP 的比重) …………………………………… 309
图 19-6　美国主要货币市场基金持有的欧洲央行的短期信贷
　　　　　产品规模 ………………………………………… 310
图 19-7　美国、欧洲、英国、日本、中国的主权 CDS 和银行
　　　　　主权 CDS 的关系 ………………………………… 311
图 19-8　美国、日本、英国、欧洲的国债、国债利率和国内
　　　　　投资者占比的关系 ……………………………… 314

表 目 录

表2-1　国家资产负债表框架 …………………………………… 10
表2-2　中国国家资产负债表（2007—2011年）………………… 12
表2-3　金融相关比国际比较（2007—2011年）………………… 20
表3-1　2011年中国主权资产及负债简表……………………… 37
表4-1　中国各部门债务占GDP比重 ………………………… 41
表4-2　中国与发达经济体债务结构和总杠杆率的比较
　　　　（占GDP比重）………………………………………… 46
表5-1　中国储备资产与对外总资产的变动情况……………… 52
表5-2　近年来中国央行资产负债表的资产项目结构………… 54
表5-3　基础设施发展水平的国际比较………………………… 56
表5-4　各地"十一五"和"十二五"规划中的GDP年均
　　　　增长率…………………………………………………… 58
表5-5　2007年中国与若干国家政府财政支出结构的比较…… 60
表5-6　2007年中国与若干国家中央政府财政支出结构的比较…… 60
表6-1　世界主要发达国家和地区养老金支出占GDP比例 ……… 77
表6-2　各情景初始值及相关参数赋值………………………… 83
表6-3　国债负担率演化路径情景模拟………………………… 83
表8-1　中国居民部门资产负债表……………………………… 94
表9-1　2004年和2008年按行业分类企业资产负债经济普查
　　　　数据……………………………………………………… 104
表9-2　2000—2012年中国非金融企业资产负债表…………… 106
表10-1　2011年存款性公司概览……………………………… 114
表10-2　2011年其他存款性公司资产负债表………………… 115
表10-3　2011年货币当局资产负债表………………………… 116

表 目 录

表10-4	2011年金融机构人民币信贷收支表	117
表10-5	由《金融机构人民币信贷收支表》转换而成的《金融机构资产负债表》	119
表10-6	2011年保险公司资产负债表	121
表10-7	保险公司资产负债简表	122
表10-8	2011年证券公司资产负债表	122
表10-9	证券公司资产负债简表	124
表10-10	保险公司概览	125
表10-11	证券公司概览	125
表10-12	包含保险公司和证券公司的金融机构资产负债表	126
表11-1	中国央行资产负债表（科目设置）	131
表11-2	1999—2012年中国央行资产负债表的资产项目情况	132
表11-3	1999—2012年中国央行资产负债表的资产项目结构	137
表11-4	1999—2012年中国央行资产负债表的负债项目情况	139
表11-5	1997—2012年中国央行资产负债表的负债项目结构	143
表11-6	国际收支状况与汇率	144
表11-7	外汇占款和对冲措施对基础货币的影响	146
表11-8	中国央行资产负债表（科目设置）	147
表11-9	中国央行资产负债表（科目设置）	148
表11-10	央行资产负债表的数据	149
表12-1	2007—2011年中国中央政府资产负债简表	155
表13-1	地方政府资产负债简表（2007—2011年）	168
表13-2	中国与若干国家政府财政支出结构的比较（2007年）	176
表13-3	中国与若干国家中央政府财政支出结构的比较（2007年）	176
表13-4	基础设施行业的固定资产投资结构（2011年）	179
表14-1	2004—2012年中国国际投资头寸表	188
表14-2	对外总资产的回归结果	207
表14-3	对外总负债的回归结果	208
表14-4	对外净资产的回归结果	209

表 15-1	2000—2010 人口预期寿命	220
表 15-2	转轨成本估算的替代率设定	244
表 15-3	退休年龄和领取居民养老金年龄改革方案设定	249
表 17-1	世界银行 2005 年中美两国财富核算	267
表 17-2	世界银行 2005 年中美两国财富变动	267
表 17-3	中国国民财富核算	268
表 17-4	美国国民财富核算	268
表 17-5	2008 年中美两国包容性财富	269
表 17-6	中美两国包容性财富变动	269
表 17-7	国土资源价值估算比较	271
表 18-1	2011 年美国国家资产负债表（部分）	276
表 18-2	2010 年日本国家资产负债表一览	283
表 18-3	2011 年德国国家资产负债表一览	287
表 18-4	2011 年英国国家资产负债表一览	290
表 18-5	2011 年加拿大国家资产负债表一览	295
表 19-1	美联储与英格兰银行在危机中使用的主要金融工具	305
表 19-2	危机期间各国救助措施对国家资产负债表的影响	307

第一编

总 报 告

1

导　言

1.1　研究背景

债务危机已构成现代经济危机不可或缺的基本要素。分析一国债务状况的最适当工具是该国的资产负债表。因此，追索危机产生的根源，分析危机蔓延的进程，研讨解救危机的措施，我们必须撩开层层面纱，追溯到危机国家之资产、负债状况及其动态平衡关系上。认识及此，越来越多的研究者倾向于将20世纪80年代以来的各次经济危机刻画为"资产负债表冲击"，也因如此，近年来，资产负债表分析框架已经发展成为研究宏观经济，特别是经济周期问题的利器。

在上述实践和理论背景下，当中国地方融资平台债务问题浮出水面之时，人们开始担心起中国的主权债务风险来，更有人据以唱衰中国。面对这种挑战，编制中国的国家资产负债表（特别是政府资产负债表），深入剖析中国债务的源流、现状及发展前景，便成当务之急。

国家资产负债表的主要功能，是依靠一系列处理数据的方法，用精心设计的理论框架，表列整个国家的"家底"，并依托这一框架，揭示各经济主体主要经济活动之间的对应关系，借以勾画一国经济运行的机制。这套框架不仅有助于我们准确把握国家经济的健康状况，了解可能产生冲击的来源及强度，而且，在危机期间，它可为政府探讨对策空间提供基本依据。进一步，对这些存量指标（有别于作为流量指标的GDP等）进行时间序列分析，比较其年度间变化，它还有透视一国多年经济增长"累积效应"的功能。如果更深入地分部门考察资产负债结构、变动趋势及其同其他部门的关联，我们还可从存量视角对各国经济的结构特点与体制特征进行解构，从而揭示发展方式转型面临的问题，启示未来经济发展的方向。

尽管对资产负债表等存量分析方法的关注只是近年来骤然升温，但在学术研究领域，编制、研究国家资产负债表已经有较长历史。早在1936年，就有美国学者提出把企业资产负债表编制技术应用于国民经济的构想（Dickingson and Eakin，1936）。资产负债核算作为一种成熟的宏观经济核算方法，形成于20世纪60年代。作为此领域的开创性工作，哥德施密斯等人（Goldsmith et al.）曾编制了美国自20世纪初至1980年若干年份的综合与分部门的资产负债表（Goldsmith and Lipsey，1963；Goldsmith，1982）。Revell（1966）试编了1957—1961年英国的国家资产负债表。自1975年始，英国的国家资产负债表正式由官方发布（Holder，1998）。在加拿大，以账面和市场价值计算的国家资产负债表，从1990年开始编制。至今，大部分OECD成员国家都至少公布了不含有实物资产的金融资产负债表。

我国国家资产负债表的研究与编制工作起步较晚。虽然国家统计局曾于1997年和2007年先后两次出版《中国资产负债表编制方法》，但迄今为止，中国官方资产负债表仍处于试编阶段，至今尚未对外公布正式数据。而且，该表可能只是国民经济核算的一个中间参考指标或中间产品。这种几近空白的状况，使得编制中国国家资产负债表，特别是主权资产负债表具有了更大的紧迫性和挑战性。

需要指出的是，在相当长的时期中，资产负债表一直在国民经济核算的大框架下，仅仅作为一种统计方法进入人们的视野。而自20世纪90年代拉美（如墨西哥、巴西等国）和亚洲地区相继爆发大规模金融危机以来，关于国家资产负债表的编制和研究方法的讨论日趋活跃，其功能也超越单纯的统计核算，逐渐显示出成为宏观经济分析基本方法之一的强劲势头。"资产负债表方法"（Balance Sheet Approach）、"资产负债表衰退"（Balance Sheet Recession）等理论与政策研讨近年来蔚然成风，清楚地展示了这种理论发展的势头。其中尤为值得注意的是，2003—2005年的短短3年间，国际货币基金组织便发表了十余篇国别资产负债表分析，并极大地推动了相关研究的发展（Mathisen and Pellechio，2006）。2007年金融海啸席卷全球，资产负债表的分析方法进一步得到了学界、政府以及国际机构的广泛重视与认可，国内也有学者敏锐地跟上潮流，并用之对中国经济问题展开了初步分析（易纲，2008；李扬，2009）。

总体上说，近年来在讨论金融危机的学术创新浪潮中，应用国家与部门资产负债表展开的研究已取得了重要进展。如 Allen 等人（2002）指出的，资产负债表方法（BSA）的特点与优势在于，通过这一方法，可以清晰地界定出四类主要的金融风险，即期限错配、货币错配、资本结构错配以及清偿力缺失[①]，而分析考察这四类问题，则是揭示危机根源，认识危机的传导机制，理解微观经济主体应对危机的行为方式，以及研判应对政策的关键所在。此外，除了用于对危机展开宏观层面的分析之外，目前的资产负债表研究正进一步向如下三个领域拓展：第一，研究部门（国家）资本结构与金融稳定及货币危机之间的关系，如 Allen 等（2002）、侯杰（2006）；第二，考察部门间金融风险的分担与转移，如 Gray 等（2007）、侯杰（2006）；第三，分析一国或地区的债务、资本结构与金融稳定性关系，如 Haim 和 Levy（2007，以色列）、Mathisen 和 Pellechio（2006，南非）、Lima 等（2006，哥伦比亚），以及 Rosenberg 等（2005，新兴市场）。

不久前结束的中共十八届三中全会通过的"关于全面深化改革若干重大问题的决定"，明确提出了"加快建立国家统一的经济核算制度，编制全国和地方资产负债表"的战略任务。在国家最高层面上推动国家资产负债表的研究和编制工作，在当今世界实属罕见。其充分显示了中国政府努力"推进国家治理体系和治理能力现代化"的决心和智慧。

本书旨在通过研究和编制国家整体、居民、非金融企业、金融机构，以及中央银行、中央政府、地方政府、对外部门等部门的资产负债表，充分考虑中国市场化改革进程中经济发展的阶段性、体制性、结构性特征，系统分析中国经济规模扩张与结构调整的特点与轨迹，全面评价中国经济短期与中长期运行的特征，客观评估中国经济发展中的债务

[①] 其中，前三项错配，即期限错配、货币错配和资本结构错配，又可统称为资产负债表错配。

·6· 第一编 总报告

状况及其蕴含的金融风险。应当指出的是，鉴于数据的可获得性及估算方法可能存在争议，我们不敢高估本书提供的数据质量和体系的完整性。我们为自己设定的任务是：努力提供一套可扩展、可修正、可延伸、有包容性的中国资产负债表估算方法与分析框架，并在谨慎搜集、科学估算各类数据的基础上，对中国国家及部门资产负债表进行初步剖析，并尝试运用这一分析框架，从一个新的角度，审视当前中国面临的发展可持续性、政府转型、地方债务、福利改革、金融系统开放与稳定性等一系列重大问题，并探讨应对措施及体制改革方案。

1.2 全书结构

全书的结构安排如下：

第一编为中国国家资产负债表研究的主报告，包括七部分内容。第一部分为全书导言，介绍相关研究背景和一般理论框架；第二部分重点探讨中国国家资产负债表的编制与分析，包括项目构成、核算原则、估算方法、数据来源、规模结构与动态变化等内容；第三部分转向主权部门——广义政府部门——的资产负债表研究，着重论述了主权部门的构成、特点、与私人部门的关系以及在中国经济结构中的特殊地位和角色等；第四部分进一步将资产、负债等经济存量同GDP、财政收支等流量指标结合起来进行分析，探讨中国国家债务的总体水平与全社会杠杆率；第五部分站在更为宏观的视角，以中国经济增长和结构转型为背景，分析"中国特色"的资产负债表扩张机理，特别突出了中国经济体制机制的特殊性对资产、负债扩张的影响，以及宏观经济运行和资产负债表的逻辑联系；第六部分进而考察中国国家整体和主权部门资产负债表的风险水平与积累路径，着重揭示了资产负债表风险的规模、成因、潜在变化，以及部门间的风险转移，并借助理论模型，对未来债务演进轨迹进行情景分析；最后，第七部分系统地总结本书的研究发现，得出基本结论，并提出相应的政策建议。

第二编阐释居民、非金融企业、金融机构与央行、中央政府与地方政府、对外部门等各分部门资产负债表的编制细节，在此基础上，结合市场化改革与经济社会结构转型的历史轨迹和未来任务，对相应的资产和负债的规模、结构和变化趋势，进行展望性分析。

第三编汇集了与国家及部门资产负债表存在密切关联的各个领域的专题研究，包括中国养老金隐性债务及其转轨动态、居民房地产市场研究、中美国民财富比较与国土资源价值估算、国家资产负债表的国际经验与比较分析、资产负债表方法与金融危机等。

1.3 几点说明

中国社会科学院"中国国家资产负债表研究"课题组成立于2011年。课题组组长为中国社会科学院学部委员、副院长李扬研究员，副组长为中国社会科学院经济学部副局级学术秘书张晓晶研究员。首批成果形成于2012年。当时已经编制完成中国国家主权资产负债表（2000—2010年），主要成果于2012年发表于《经济研究》第6—7期[①]。2012年9月，课题组召开了"中国国家资产负债表分析国际研讨会"，来自中国人民银行、国家统计局、世界银行、国际货币基金组织的专家及相关领域的60余位知名学者与会。专家们不仅对该成果给予高度评价，而且提出了进一步完善和推展的建议。课题组的研究成果多次被国际货币基金组织（IMF，2013）、中国人民银行研究局、国内外一些知名投资银行等机构引用。此外，关于中国主权资产负债表研究的英文论文已经被收入国际货币基金组织出版的专著中[②]。

本书在2012年研究成果的基础上，全面更新了数据，并增加了中国国家资产负债表的编制与分析。需要说明的是，囿于数据的可获得性，本书有关国家资产负债表以及主权、居民、金融、中央政府、地方政府等部门资产负债表的最新数据更新至2011年；非金融企业、中央

[①] 李扬、张晓晶、常欣、汤铎铎、李成：《中国主权资产负债表及其风险评估》（上、下），《经济研究》2012年第6—7期。

[②] Li Yang, Zhang Xiaojing, 2013, "China's Sovereign Balance Sheet and Implications for Financial Stability", in *China's Road to Greater Financial Stability: Some Policy Perspectives*, edited by Udaibir S. Das, Jonathan Fiechter, and Tao Sun. The IMF Press.

银行、对外部门，以及债务水平和杠杆率等指标则更新至 2012 年。此外，根据数据和考察对象的特点，本书对相关指标做了不同时长的回溯（比如全社会杠杆率分析的时间跨度是 1996—2012 年），以便更好地反映变量的变动趋势。

全书章节分工如下：总报告第 1—7 章：李扬、张晓晶、常欣、汤铎铎、李成；第 8、16、17、18 章：李成；第 9、14 章：王佳；第 10 章：张磊；第 11 章：陈昌兵；第 12 章：汪红驹；第 13 章：常欣；第 15 章：刘学良；第 19 章：孙涛。李扬、张晓晶负责全书的框架设计与统稿工作。全书由李扬定稿。

2

中国国家资产负债表：编制与分析

2.1 基本框架

国家资产负债表以一国总体经济存量为考察对象。按照联合国、国际货币基金组织、OECD 以及欧共体委员会共同制定的国民账户体系（SNA2008），一国的资产负债表又可划分为非金融企业、金融部门（包括中央银行）①、政府（包括各级政府、社保基金以及政府控制的非营利机构）、居民（也称住户）、面向居民的非营利单位②以及非住户部门（即国外部门）6 大部门。

参照相关国际标准以及国家统计局（2007）的相关描述，我们编制出适合中国国情的国家资产负债表简单框架（见表 2-1）。其中，主栏为资产、负债项目及其差额，宾栏是国民经济各部门及合计加总。

资产负债表的基本逻辑关系可以大致归纳为：

(1) 总资产 = 负债 + 资产净值

(2) 总资产 = 非金融资产 + 金融资产

考虑到负债即金融负债③，同时，由于国家资产负债表中的（一国）金融债权和（另一国）金融债务互为镜像，它们同时发生，规模相等，方向相反，即：在全球（或所有经济体）范围内，金融资产 =

---

① 也有将中央银行归入政府部门的，如 Allen 等（2002）。
② 是指不受政府控制并向居民提供免费或象征性收费服务的机构，包括专业协会、宗教组织、慈善机构以及研究单位等。
③ 由于非金融资产不存在相互借贷和债权债务关系，因此，它只反映在持有者的资产方即使用方，而不反映在负债方即来源方。这样，资产负债表中的负债方只含有金融类负债。

金融负债，我们可以将（1）、（2）合并，得到：

(3) 资产净值 = 非金融资产

(3) 式成立的前提是纳入了国外部门。加入国外部门，一方面是出于会计平衡的需要；另一方面，也只有像联合国或 IMF 这样将全球所有经济体视为一个整体的国际机构，考察国外部门才有意义（表 2-1 即是以全球为考察对象）。就单个经济体而言，有实际意义的是国

表 2-1　　　　　　　国家资产负债表框架

	非金融企业	金融机构	政府	住户	国内部门合计	国外部门	总计
非金融资产							
固定资产							
存货							
其他非金融资产（土地、无形资产、递延资产及其他资产）							
金融资产/负债							
（一）国内金融资产/负债							
通货与存款							
贷款							
股票及其他股权							
债务证券							
保险准备金							
其他应收/应付款项							
（二）国外金融资产/负债							
直接投资							
证券投资							
其他投资							
（三）储备资产							
黄金储备与特别提款权							
外汇储备							
资产负债差额（资产净值）							

内部门合计，因此可以忽略国外部门与总计这两栏。

进一步看，金融资产/负债包含三项，项目（一）是国内金融资产/负债，项目（二）、（三）其实就是我们通常所说的国际投资头寸表。由于国内金融资产＝国内金融负债，即项目（一）中的资产负债完全抵消，那么国内部门合计的净金融资产就等于（二）、（三）项的加总，也就等于净国际投资头寸，于是有：

（4）国内部门的资产净值＝非金融资产＋国内部门净金融资产
＝非金融资产＋净国际投资头寸

比较（3）和（4），不难发现，当具体考察一个经济体时，合并资产负债表往往会丢掉很多有用的信息。因此，SNA2008对于资产负债表的合并加总持保留态度。

以上给出了国家资产负债表的部门划分、科目类别以及加总办法和一些会计恒等式，这些构成编制资产负债表的理论基础。

2.2 国家资产负债表的编制

按照上文介绍的分析框架，本章利用现有公开数据，并借助相关理论假设和估算方法，试编了2007—2011年中国国家资产负债表。

在国家资产负债表的资产方，包括非金融资产和金融资产两大项。非金融资产包括居民房地产、居民汽车、农村生产性固定资产、企业固定资产、存货、企业无形资产和商誉、行政事业单位固定资产、事业单位无形资产、政府所拥有的资源性资产（土地）；金融资产包括通货、存款、贷款、债券、股票、证券投资基金份额、证券公司客户保证金、保险准备金、结算资金、金融机构往来、准备金、库存现金、中央银行贷款、其他（净）、外商直接投资、其他对外债权债务、国际储备资产。

在负债方，包括通货、存款、贷款、债券、股票、证券投资基金份额、证券公司客户保证金、保险准备金、结算资金、金融机构往来、准备金、库存现金、中央银行贷款、其他（净）、外商直接投资、其他对外债权债务、国际收支错误与遗漏等项目。根据定义，负债仅指金融负债，无实物对应项。资产与负债的差额为净资产，对应于企业报表中的所有者权益或资本金科目。

关于估算有几点需要说明：（1）非金融资产主要是对居民部门、非金融企业部门、政府部门等分部门的相关资产进行了汇总。（2）估算金融资产和金融负债的基本方法是，在某个基年的资金存量表基础上，与其后年份的流量数据进行加总。依循这一思路，本研究是在国家统计局关于1998年中国国家金融资产、负债研究（国家统计局国民经济核算司，2003）[①]的基础上，再运用国家统计局发布的其后各年资金流量表（金融交易）国内部门合计数据累加而成的。之所以没有采用分部门汇总的方法，主要是考虑到各部门的估算方法和数据来源可能存有差异，直接汇总将很难保证资产与负债的完全对应和匹配。（3）由于在1998年的资金存量表中，并没有证券投资基金份额、证券公司客户保证金、结算资金、金融机构往来、准备金、库存现金、中央银行贷款、国际收支错误与遗漏等细分项，因此这里暂且用历年流量数据进行加总（国家统计局发布的资金流量表数据，起始年份为1992年）。（4）考虑到1998年资金存量表和历年资金流量表在分项上并不完全一致，在确定基年数据时，对"其他（净）"以及"其他对外债权债务"两项也做了必要的处理。

根据上述估算方法，表2-2列示了2007—2011年的中国国家资产负债表。

表2-2　　　　中国国家资产负债表（2007—2011年）　　　单位：10亿元

项目	2007年	2008年	2009年	2010年	2011年
非金融资产	158311.0	185944.5	213630.2	244233.6	288550.7
居民房地产	56700.3	57816.8	73911.3	80902.3	96287.5
居民汽车	2357.6	2811.8	3512.3	4463.7	5445.8
农村生产性固定资产	1488.4	1589.7	1727	1819.1	2708.3

[①] 事实上，中国人民银行调查统计司已经完成了2004年和2005年金融资金存量表的编制工作。如果能够获得该数据，估算结果可能会更佳。

续表

项目	2007年	2008年	2009年	2010年	2011年
企业固定资产	39852.0	50929.3	55091.7	61461.5	68962.5
存货	13878.4	17844.8	21131.9	28699.8	36697.1
企业其他非金融资产	8438.2	13070.6	14324.6	16636.9	19871.4
行政事业单位固定资产	4304	4759	5293	5868.2	6528
事业单位无形资产	20	24.2	31.2	44.9	48
政府所拥有的资源性资产（土地）	31272.1	37098.4	38607.1	44337.1	52002.2
金融资产	126386.6	150754.3	187107.8	224414.2	257961.3
通货	2924.426	3310.926	3691.226	4302.926	4882.126
存款	39226.35	47387.05	61327.05	74705.05	86127.05
贷款	30036.24	36107.74	48219.74	57942.44	67518.84
债券	13007.52	15686.22	18144.82	20966.52	22586.02
股票	8476.147	8763.147	9498.447	10442.547	10942.747
证券投资基金份额	810.7	1142.7	1023.8	993.4	1219.2
证券公司客户保证金	1267.2	733.2	1352.1	1116.7	470.1
保险准备金	2971.87	3829.57	4708.67	5339.16	6073.96
结算资金	-213.162	-213.162	-213.162	-213.162	-213.162
金融机构往来	3049.717	2630.017	2765.417	2997.317	3228.117
准备金	5672.43	7782.43	8933.13	12259.23	15874.63
库存现金	235.953	240.953	280.953	356.053	463.253
中央银行贷款	-808.923	-857.423	-1016.32	-969.417	-1042.12
其他（净）	3098.759	4055.959	5455.059	7394.559	10069.86
外商直接投资	717.878	1089.478	1389.378	1796.568	2117.668
其他对外债权债务	3865.634	4105.734	3866.134	4109.534	4262.534
国际储备资产	12047.903	14959.803	17681.403	20874.803	23380.503
总资产	284697.6	336698.8	400738	468647.8	546512
金融负债	118945.77	140234.37	174534.98	209742.8	241967.2

续表

项目	2007年	2008年	2009年	2010年	2011年
通货	3037.58	3448.78	3853.38	4504.12	5120.32
存款	39599.05	47788.15	61734.15	74800.15	86142.15
贷款	30090.44	35878.94	47687.94	57292.44	66851.64
债券	13168.07	15846.77	18305.37	21127.07	22746.57
股票	9315.481	9654.681	10351.281	11450.581	11992.181
证券投资基金份额	810.7	1144.3	1023.7	992.9	1221.1
证券公司客户保证金	1267.2	733.2	1360.4	1123.1	472
保险准备金	2971.969	3829.669	4708.769	5339.259	6074.059
结算资金	-223.405	-223.405	-223.405	-223.405	-223.405
金融机构往来	3280.677	2760.077	3292.877	4299.377	4718.177
准备金	5423.763	7533.763	8684.463	12010.56	15625.96
库存现金	713.392	718.392	759.992	831.391	935.591
中央银行贷款	-1273.86	-1322.36	-1481.26	-1434.36	-1507.06
其他（净）	2578.101	3535.301	4934.401	6873.901	9549.201
外商直接投资	6454.98	7482.08	8016.18	9269.08	10691.48
其他对外债权债务	2478.447	2354.247	2752.447	3116.347	3412.847
国际收支错误与遗漏	-746.812	-928.212	-1225.71	-1629.71	-1855.61
净金融资产	7440.83	10519.93	12572.82	14671.4	15994.1
净资产	165751.83	196464.43	226203.02	258905	304544.8

2.3 国家资产负债表分析

总规模

（1）国家资产负债表扩张明显，净资产超过300万亿元。由表

2-2可见，2007—2011年，中国国家资产负债表急剧扩张：国家总资产从284.7万亿元增加到546.5万亿元（见图2-1）；总负债从118.9万亿元增加到242万亿元（见图2-2）；而净资产则从165.8万亿元增加到304.5万亿元（见图2-3），三个指标在5年内均几近翻番，且增长速度均快于同期名义GDP的增幅。

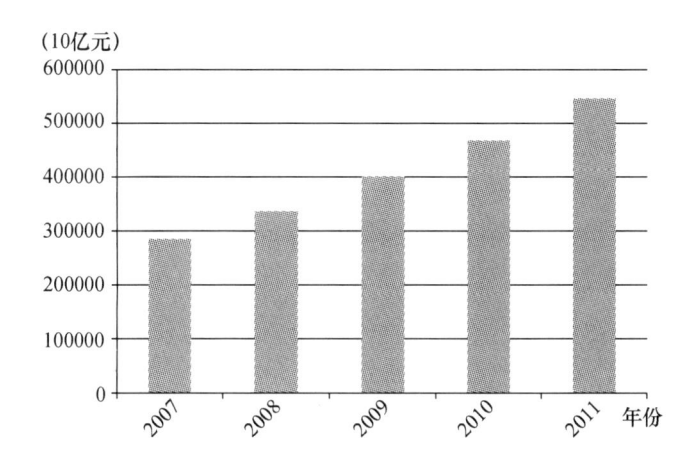

图2-1 国家总资产规模（2007—2011年）

资料来源：课题组估算。

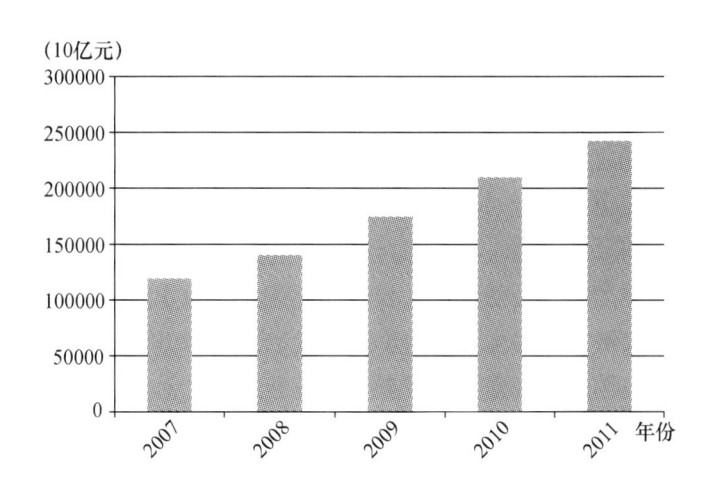

图2-2 国家总负债规模（2007—2011年）

资料来源：课题组估算。

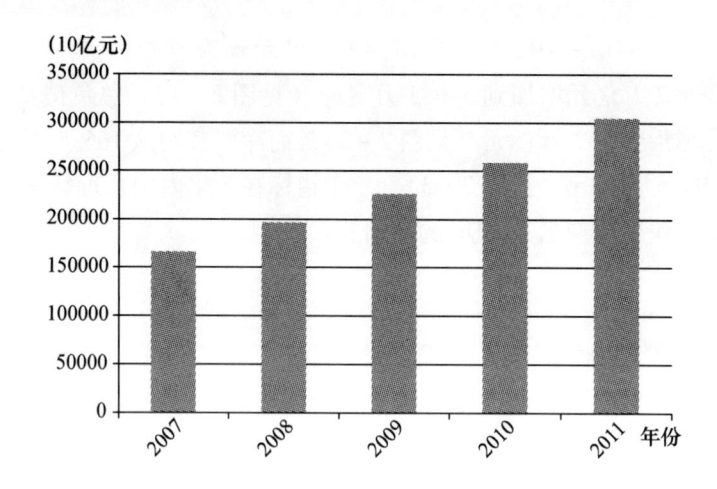

图 2-3　国家净资产规模（2007—2011 年）

资料来源：课题组估算。

（2）净资产增加额持续低于 GDP，表明并非全部的 GDP 都会形成真正的财富积累。简单地说，GDP 与国家净资产是流量与存量的关系。在一个较为宽松的假定条件下，国家的财富存量（即净资产）是由各年的 GDP 流量累加而成。当然，由于二者在统计指标涵盖范围上的不同，一般也会出现 GDP 流量加总难以和财富存量完全相等的情况。

鉴于 GDP 流量加总需要有基年财富存量的数据，为了避免这一难题，我们选择将净资产增量与 GDP 进行对比。从图 2-4 可以看出，由国家资产负债表所计算出的 2008—2011 年各年净资产增加额与当年的 GDP 比较接近。但做进一步考察会发现，净资产增加额持续小于当年 GDP。这除了可能存在前述统计方面的原因之外，还揭示出更重要的信息：尽管每年 GDP 增长率很高，但并不是全部的 GDP 都会形成真正的财富积累。这是因为 GDP 指标存在缺陷，一些无效投资（形成产能过剩）甚至破坏资源环境的活动都被计入 GDP 了，从而在财富形成中须将这些部分剔除。以 2010 年为例，净资产增加额与 GDP 的差距高达 7.5 万亿，占到当年 GDP 的 18.7%。虽然并不是说 7.5 万亿都浪费了或损失了，但至少表明这一年 GDP 的质量是大有问题的。

2 中国国家资产负债表：编制与分析 · 17 ·

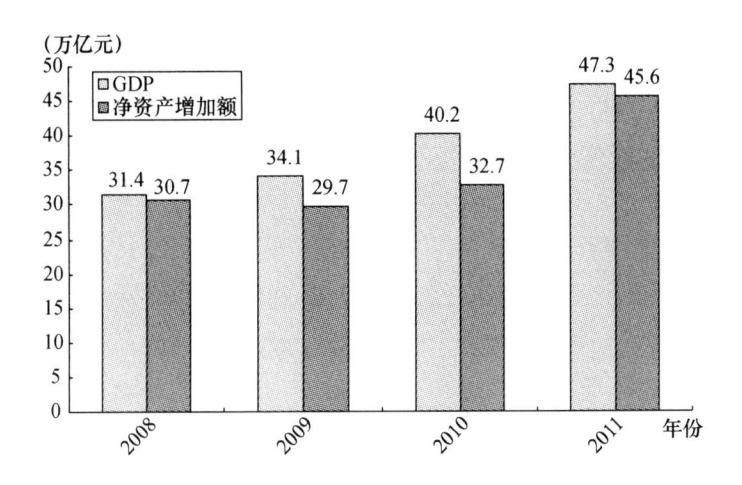

图 2-4 GDP 与净资产增加额的变动

以上分析充分揭示出资产负债表分析的重要意义，即可以通过存量财富这一指标，衡量 GDP 增长的质量，以及发展方式是否存在问题。

结构

资产负债表提供了两组含义丰富的数据。对不同资产之间、不同负债之间以及资产与负债之间的关系进行分析，当可得出若干反映国民经济结构的重要结论；基于这些结论，配之以其他数据和分析，还可更好地规划我们的发展方向和路径。

在所有的结构性数据中，我们尤为关注国家整体负债率、金融相关比、总资产中的存货占比以及净金融资产的变动趋势。

（1）国家整体的资产负债率总体呈上升趋势，经济运行的质量、效益偏低。图 2-5 显示，国家整体的资产负债率，即总负债与总资产之比，总体呈上升趋势：特别是在受到金融危机影响较大的 2009—2010 年两年间，上升幅度较大，此后，在 2011 年虽有轻微回落，但仍旧远高于 2007 年的水平。这一结构变化表明，在国家资产形成中，对债务融资的依赖有所上升，进而造成债务风险相应提高。更重要的是，此间我国的净资产扩张相对较慢，跟不上总资产和总负债的扩张速度，这毫不含糊地告诉我们：我国经济增长的财富积累效应偏弱，质量、效益偏低的传统痼疾，基本上没有改变。

· 18 ·　第一编　总报告

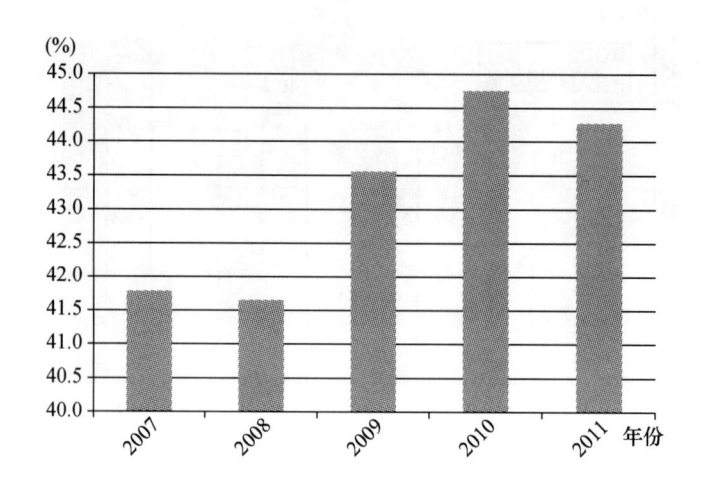

图 2-5　国家资产负债率的变动（2007—2011 年）

资料来源：课题组估算。

（2）"金融相关比"仍处于较低水平。在考察期内，中国的金融资产规模与非金融资产规模都迅速扩张（见图 2-6 与图 2-7）。由于金融资产规模以相对更快的速度扩张，中国的金融相关比有所上升。这种动态，与其他国家的发展路径类似。

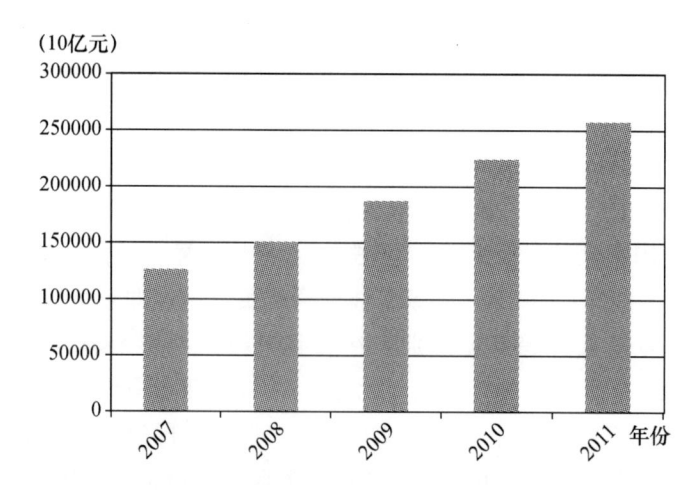

图 2-6　国家金融资产规模（2007—2011 年）

资料来源：课题组估算。

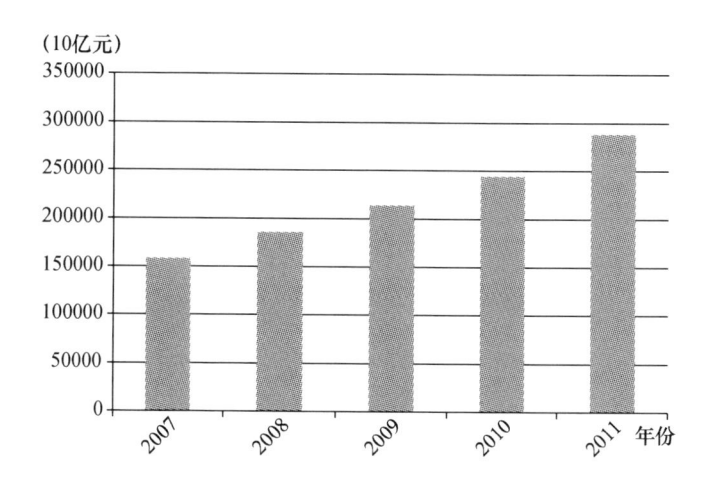

图 2-7 国家非金融资产规模（2007—2011 年）

资料来源：课题组估算。

金融相关比（Financial Interrelation Ratio，即 FIR）是美国经济学家哥德施密斯等（Goldsmith and Lipsey，1963）于 1963 年提出的，它指的是一国金融资产与实际资产的比率，用以衡量一国经济的金融化程度[①]。哥德施密斯的第一次研究完成于 1969 年，覆盖了 35 个国家 100 多年（1860—1963）的金融发展史（Goldsmith，1969）；第二次研究完成于 1985 年（Goldsmith，1985），覆盖了 20 个国家 1688—1978 年近 200 年的金融发展史。

图 2-8 显示，在被考察的工业化国家中，金融相关比的总趋势是不断上升的：大致上，由 1850 年的 0.4 左右，上升到 19 世纪末的 0.8 左右，又在大萧条之前的 20 世纪 20 年代达到甚至超过 1。该比率此后继续有所上升，但在第二次世界大战期间跌入低谷，然后复又上升。结合表 2-3 的数据可以看到，英国作为老牌的发达国家，其金融相关比一直高居全球之首，近年来仍不断攀升，2011 年甚至达到 4 以上。这充分展示出英国作为全球最大的离岸金融市场以及全球最大金融中心之

---

① 在这里，哥德施密斯的概念并不十分严密。比如，金融资产包括金融资产和国外资产，其中金融资产还包括金融部门的金融资产。结果，在其选择的变量中，银行资产与银行负债就都包括进去了。并且，很多情况下，银行间的业务也没有相互抵消。

一的特征。中国的金融相关比在考察期内由0.80上升为0.92（后略有下降），仅仅相当于美国在大萧条之前的水平，且低于其在第二次世界大战后的一般水平（Goldsmith and Lipsey, 1963; Carlson, 1991）。这在一定程度上表明，中国金融深化程度尚处于较低水平，金融发展的潜力仍然巨大。

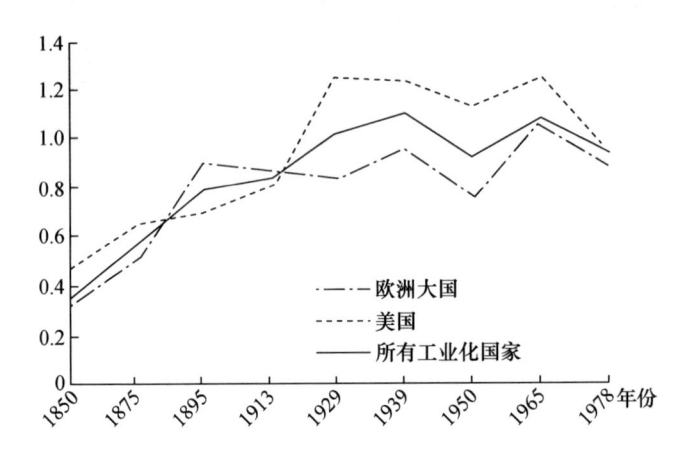

图2-8 工业化国家金融相关比的变动（1850—1978年）

资料来源：哥德施密斯（1985），表4到表6。

金融相关比作为一个标志金融发展程度的指标，同时也为刻画一国的经济结构特点提供了独特视角。如表2-3所示，德国和日本等实体经济（特别是制造业）部门比较发达的国家，金融相关比较低。这反映了它们注重非金融资产（如厂房、设备、无形资产等）积累的事实，印证了它们作为全球制造业大国的地位。与之对照，英国的相应指标

表2-3　　　　　金融相关比国际比较（2007—2011年）

国别	2007年	2008年	2009年	2010年	2011年
中国	0.80	0.81	0.88	0.92	0.89
日本	2.07	1.92	2.01	2.05	—
德国	1.75	1.68	1.69	1.71	1.65
英国	3.14	4.56	3.91	3.90	4.12
加拿大	2.19	2.07	2.18	2.23	2.18

数据来源：课题组估算。

较高。这不仅反映了该国以金融业为支柱产业的经济结构,而且折射出其作为国际金融中心的事实。

将中国金融相关比较低的情况与同期 M2/GDP 之比迅速提升的动态对照分析,还可以透视并发现我国金融结构的若干缺陷。其一,金融相关比较低,反映出中国金融体系尚不成熟,特别是直接融资发展严重滞后;其二,金融相关比较低但 M2/GDP 之比迅速提升,两大金融指标走势相反的事实说明,我国直接融资比重过低,经济活动中所需资金大量依赖银行系统的信用创造;其三,金融相关比较低,反映出我国固定资本形成比重较大,导致货币周转速度下降,需要大量发行货币予以弥补。

(3) 总资产中存货占比激增,产能过剩日趋严重。在总资产中,主要反映实体经济财富积累的非金融资产从 158.3 万亿元提高到 288.6 万亿元(见图 2-7),其中尤以"存货"、"企业其他非金融资产"、"居民汽车"等科目扩张最为显著。其中,"存货"激增的现象比较复杂:这既可能反映了企业对经济复苏的预期(更多表现为主动加补库存,可理解为一种积极型存货增加),也可能同中国当下普遍存在的严重产能过剩有关(更多表现为被动累积库存,可理解为一种消极型存货增加)。我们倾向于认为,后一方面的原因,即产能过剩,可能是存货占比激增的主要因素。"企业其他非金融资产"比重上升则在很大程度上体现了知识产权等无形资产重要性的提高,反映了中国企业价值层级的提升。"居民汽车"比重上升则表明了居民财富的快速积累。

(4) 净金融资产的变动与净国际投资头寸的变动大体一致。表 2-2 显示,中国国家净金融资产从 2007 年的 7.4 万亿元,上升到 2011 年的接近 16 万亿元。同期,中国净国际投资头寸由 1.2 万亿美元上升到 1.7 万亿美元(参见第 14 章表 14-1)。通过汇率换算,二者规模的差异不算很大,且变动趋势基本一致。另据前文提到的恒等式:

国内部门的资产净值 = 非金融资产 + 国内部门净金融资产
= 非金融资产 + 净国际投资头寸

可以得出,国内部门净金融资产等于净国际投资头寸。也就是说,如果国家资产负债表的编制(特别是金融资产和金融负债部分)是合理的,数据是可靠的,那么理论上,净金融资产就和净国际投资头寸相等。而实际上，由于现有统计数据体系不完善，数据质量不够高，再加上数据可获得性问题严重存在，使得估算结果不太精确，从而出现净金融资产与净国际投资头寸不完全一致的情况。通过前面数据的对比可见，二者数量级一致，总体变动趋势也基本一致。这印证了国家资产负债表的编制是总体可靠的。

3

中国主权资产负债表编制与分析

在考察国家整体的资产负债状况之后，本章将讨论重点转向主权部门。后者又可称为"广义政府"，包括中央政府、地方政府、国有非金融企业、中央银行，以及国有金融企业。鉴于政府和公有经济在中国经济发展与体制转轨中扮演的特殊角色，单独考察主权部门直接拥有或可以动用的资产，以及相应的债务责任和财富积累，对于揭示中国经济社会的体制机制特征，评价公共部门经济资源的配置效率，揭示财政压力与债务风险，刻画公共部门与私人部门间的债权债务关系和风险关联，剖析"建设型政府"向"服务型政府"的转变轨迹，完善提高国家治理体系与治理能力等，都具有不可替代的重要意义。

3.1 数据来源与估算方法

受制于数据的可获得性，为编制2000—2011年间历年中国主权资产负债表，我们充分利用了现有各方面的统计资料，并在相关经济理论的基础上对大量无法直接获取的数据进行了估算。下文将分别就主权资产、负债各组成部分的数据来源和估算方法作出说明。

国有经营性资产

国有经营性资产包括非金融企业国有资产和金融企业国有资产。其中，非金融企业国有（总）资产是将国有企业国有资产总额与国有企业负债相加得到，数据来自相关年份的《中国财政年鉴》。需要说明的是，这里国有企业国有资产总额实际上是国有权益的概念。在国有企业所有者权益总额（即净资产总额）中，除了国有权益外，还包括其他所有者的权益（如在合资、合作和股份制国有企业中的外商和港、澳、台商、集体企业或个人所有者的权益），需要予以扣除，由此得到的国有企业中的国有权益，才是政府真正能够支配和动用的资产。当然，从动态的角度看，国有企业运营过程中所产生的不良资产也需要从国有权益中剔除。也就是说，政府实际可用于清偿债务的资产规模可能要小于现存的国有权益规模。

国有经营性资产中的金融企业国有资产的数据，是根据财政部和《中国金融年鉴》的有关资料测算的。其中，2009—2011年的数据是根据相关的中央金融企业和地方金融企业资产负债表，分别计算获得中央金融企业和地方金融企业的国有资产，并作了加总。需要说明的是，考虑到中央金融企业中其他国有法人的权益已基本上体现在非金融企业国有资产中，我们做了剔除，得到归属财政部（包含汇金公司）的国有资产（2011年因数据缺失，未予剔除）。而在地方金融企业国有资产中，有的也已经体现在非金融国有企业的资产负债表中（从调查经验来看，地方金融企业国有资产中有较大一部分属于国有企业法人），但由于缺乏进一步的数据，无法测算地方金融企业国有资产中非金融国有企业占有的比例，因此无法进行剔除，在此特别说明。

由于2000—2008年的数据无法直接计算得到，我们做了估算。其中的核心步骤是基于财政部和《中国金融年鉴》披露的有关资料，获得金融业的所有者权益数据。根据2009年和2010年数据的平均值，中央与地方金融企业的权益占比分别为56%和44%，归属财政部的国有资产占中央金融企业所有者权益的60%，地方金融企业的所有者权益中有40%是国有资产。从调查经验判断，这一比例近年来大体保持稳定。在前述所有者权益估算的基础上，我们按照这一比例分别计算中央金融企业和地方金融企业的国有资产情况，再进行加总得到金融行业的国有资产。

在上述国有权益的基础上，再加上政策性银行金融债，得到金融行业国有（总）资产。

国有非经营性资产

国有非经营性资产，即行政事业单位国有资产的数据，来自相关年份的《中国会计年鉴》。

政府拥有的资源性资产

对这一科目,我们重点对国土资源的价值进行了估算。在此,我们参考了世界银行(2006)的研究思路。基本方法是将国土资源(不含油气矿产资源)的现时总价值理解为未来一定时期从国土资源中获取的净产出(即总收益扣除成本费用,亦即资源租金)的折现值之和。由于数据所限,此处未对耕地、草地、森林等不同资源收益进行详细的分类计算,而仅以笼统的"农林牧渔业总产值"代替,并统一采用40%为租金率。详细估算方法见本书第三编有关内容。

对外主权资产

作为对外主权资产的储备资产数据,2004—2011年直接来自国际投资头寸表,2000—2003年根据2004年国际投资头寸表和相关年份国际收支平衡表推算。然后,我们根据各年度人民币汇率年平均价,将美元数据折算成人民币数据。需要说明的是,央行持有的储备资产主要来自国内私人部门贸易顺差、外国对华直接投资、其他形式的国际资本流动(如热钱涌入)等渠道。尽管从严格的资产负债表核算原则看,储备是央行通过负债(发行等值人民币)得来,但在此处,我们没有完全从会计的角度出发,而是在资产方列入储备资产的同时,在负债方并未等值列入对应的负债。这主要是基于以下三点考虑:

(1)从编制方法看。在我们看来,所谓主权资产负债表,其主体大致包括三个,即政府、国有企事业单位和央行,意即政府对这些部门的资产有要求权,对负债也要承担责任。因此,构建主权资产负债表,比较理想的方法应该是先构建三张分表,然后进行合并。如果按照分表合并的方法,外汇储备作为央行资产,合并的时候直接进入主权资产。同样,对应的货币发行等央行负债也进入主权负债。然而,在具体操作中,在数据可获得性以及合并加总时对重叠部分的扣除等方面所存在的困难,我们采用了一种更为切实可行的办法,即按照定义进行直接的总体构建。按照总体构建的方法,我们是从政府角度出发,对可以动用的资产和应该承担责任的债务分别进行梳理,然后用净值来说明政府的

"家底"。这时候，这种分部门的资产和负债的一一对应关系就被打破，同时，也将一些表外项目引入表内。比如，就出现了外汇储备没有对应的负债方，一些或有负债进入表内，但是也没有对应的资产方，等等①。从目前的状况看，我们认为，由总体构建方法得到的结论可能会更可信，更符合现实情况。事实上，那种分部门的加总，由于我们前面提到的数据的可获得性以及加总时剔除重叠部分的困难，所得结果有可能更不可靠。而且，我们认为，总体构建的方法还有其特有的优势，它有助于直截了当地切入人们关心的主题。比如，一些或有债务和隐性债务并没有明确对应的资产方，但是政府确实负有"兜底"责任。

（2）从编制目的看。在 IMF 公布的《公共部门债务统计指南》中，通货和存款是债务亦是负债的一部分，其中，通货是中央银行的负债，存款主要是商业银行的负债。按照这一定义，似应在编制主权资产负债表时，将作为中央银行负债的通货和作为国有商业银行（甚至是所有商业银行，当考虑到隐性担保所产生的或有负债问题时）负债的存款也放入主权负债方中。但这里我们想指出的是，编制主权资产负债表的主要目的，是评估主权部门风险，特别是对外风险。在实践上，当一国面对外部冲击时，外汇储备充分显示出其正向作用，而与之对应的国内通货和存款的负面影响基本上不存在。因此，在考虑主权负债的时候，我们将通货和存款作了剔除。

（3）关于央行负债的性质。从表面上看，央行是公共部门，因此央行负债也应构成主权负债。但事实上，央行的负债与一般意义上的主权负债，其性质根本不同。一般意义上的公共债务，政府通常负有偿付责任，需要动用"真金白银"进行偿还。但作为央行负债的货币发行，则没有明确的债权主体，在债务偿还方面也不具有硬的约束。更重要的是，在一个增长中的经济中，正确履行职责的中央银行必须顺应经济的增长步调来对应地提供新增货币；如果新增的货币超出经济增长所需，则造成通货膨胀，如果新增的货币不敷经济增长所用，则形成通货紧缩。但无论如何，这些在央行资产负债表上被列在负债方的货币供给的

---

① 比如，二十国集团央行行长会议就曾专门通过关于数据缺失问题的动议，指出，一些部门资产负债表常常是只知道资产方，但不知道负债方（如居民部门的理财）；或者相反。

增量，只有在主权国家破产时才可能构成国家的主权风险。也正因如此，政府在动用外汇储备时往往不必担忧负债方的货币发行约束。这是信用货币体系的一个显著特点。我们当然不主张央行无限扩张其负债，从而造成潜在通货膨胀压力，但是，我们必须了解并记住央行的资产负债不能与普通经济主体的资产负债等量齐观的事实。换言之，由于央行的负债关乎宏观经济运行，对它的所有分析都只能从宏观经济运行的逻辑出发；由微观角度对其进行评价，则可能失之偏差。

全国社会保障基金国有资产

数据来自 CEIC 和全国社会保障基金理事会相关年度财务报告。

政府在中央银行的存款

数据来自货币当局资产负债表。

中央政府的债务

其中，中央财政国内债务余额的数据，2000—2004 年来自 CEIC；2005—2011 年来自《中国统计年鉴》（自 2006 年实行国债余额管理后，开始正式披露中央财政国内债务余额情况）。中央政府持有的主权外债数据来自国家外汇管理局。基于我们将在下文中论及的宽口径主权外债的定义，2000 年的数据为国务院有关部委、国内银行和非银行金融机构、中外资企业借入的外债总和；2001 年的数据为国务院有关部委、中资银行和非银行金融机构、外资金融机构、中外资企业借入的外债总和；2002—2005 年的数据为国务院有关部委、中外资银行和非银行金融机构、中外资企业借入的外债总和；2006—2011 年的数据为国务院有关部委、中外资银行、中外资企业借入的外债总和。然后，我们根据各年度人民币汇率年平均价，将美元数据折算成人民币数据。

"准国债"

指各政府部门和政策性机构所发行的有财政担保的债券。这里我们重点考察了政策性银行金融债，数据来自 CEIC。

地方政府债务

  2011年的数据综合了审计署、银监会、债券市场统计和中国信托业协会的资料；2010年的数据综合了审计署和银监会的资料；2000—2009年的数据根据审计署2011年6月发布的《全国地方政府性债务审计结果》中地方政府性债务余额增长率的变化数据进行推算。

国有企业债务

  这一部分的数据，来自相关年份的《中国财政年鉴》。需要指出的是，在地方国有企业中，相当程度上包括了地方政府融资平台这一有政府背景的实体。因此，在并表加总时，我们作了必要的调整以防止交叉重复。具体来说，2011年国有企业债务的数据，是扣除了地方政府融资平台债务的数据。

以金融不良资产及其转化形式存在的或有负债

  首先是银行不良资产，各年的数据来源和计算方法如下：2000年、2001年为四大国有商业银行不良资产的情况，2000年来自各行年度报告加总（其中，农行不良资产率数据未反映在年报中，是根据该行2006—2000年不良资产率变动幅度的有关数据推算的）；2001年根据中国人民银行《2002年货币政策执行报告》以及银监会2003年上半年工作报告中的有关数据推算。2002年、2003年为主要银行业金融机构不良资产的情况，包括国有商业银行、政策性银行和股份制商业银行；2004年为主要商业银行不良资产的情况，包括国有商业银行和股份制商业银行；2005—2011年为商业银行不良资产的情况，包括国有商业银行、股份制商业银行、城市商业银行、农村商业银行和外资银行。2002—2011年的数据均来自银监会。

  其次是处置银行不良资产形成的或有负债。这大致分为几个时段：2000—2003年的数据，反映的是20世纪90年代末四家资产管理公司通过发债和人民银行再贷款，接受工行、农行、中行、建行、国开行不良资产政策性剥离的情况。2004年的数据主要反映的是中行、建行、交行可疑类、损失类贷款商业性剥离，以及中行、建行损失类资产核销的情况；另外也包括人民银行以票据方式等额置换中行和建行一部分不良资产的情况。2005—2007 年的数据，反映的是工行、上海银行不良资产商业性剥离、农信社央行票据和再贷款，以及央行再贷款资产损失的情况。2008—2011 年的数据，反映的是通过人民银行免息再贷款等额置换以及农行与财政部建立"共管基金"的方式，剥离农行不良资产（包括可疑类贷款、损失类贷款和非信贷资产）的情况。

以隐性养老金债务为主的社会保障基金缺口

此部分数据根据我们自己的估算，详见第三编。

3.2 主权资产分析

国有经营性资产

经营性国有资产是国家作为出资者将资源投入生产经营、以获取利润作为目标的资产。按照企业的经营属性，这部分国有资产等于非金融企业国有资产加上金融企业国有资产。

非金融企业国有资产是国有经营性资产的主体。至 2011 年年底，中央非金融企业（含国资委监管企业和中央部门管理企业）国有资产为 10.4 万亿元，地方非金融企业国有资产为 11.3 万亿元。非金融企业国有资产合计为 21.7 万亿元。再加上国有企业的负债总额，非金融企业国有总资产为 70.3 万亿元。

金融企业国有资产主要指国家对金融企业各种形式的投资和投资所形成的权益，以及依法认定为国家所有的其他权益。根据我们的估算结果：2011 年中央金融企业国有资产为 3.2 万亿元。地方金融企业国有资产为 1.4 万亿元。全国金融行业的国有资产为 4.6 万亿元。再加上政策性银行金融债，金融企业国有总资产为 11.1 万亿元。

国有非经营性资产

非经营性国有资产是指行政单位和事业单位所占用的国有（公共）

财产。作为政府履行公共行政和公共事务职能的支撑，这部分资产是各个国家主权资产的组成部分。就中国而言，考虑到政府的规模特征，这部分资产在国家主权资产中占有相对突出的地位。截至2011年年底，全国行政事业单位的国有资产总额达到8.8万亿元。从资产内部构成看，固定资产占有相当比重。2011年行政单位和事业单位的固定资产占资产部类的比重分别为45.3%和39.4%。这在一定程度上说明，国有非经营性资产的流动性相对不足。同时，由于这部分资产具有专用性，其市场或者不存在或者很不发达，其可变现净值可能低于账面价值或评估价值（张国生，2006）。因此，在进行财政风险分析和匡算偿债资源时，行政事业单位非经营性资产的这种特殊性，需要引起注意。

政府所拥有的资源性资产

这主要指由国家法律规定属国家所有的经济资源，如国有土地、森林、矿产、河流、海洋等。按照前述说明的方法，我们估算出2000年中国国土资源总价值为15.9万亿元（当年价）。作为参考，世界银行（2006）按照林木资源、非木森林资源、耕地、牧场以及保护区（protected areas）分类估算了2000年中国国土资源合计总价值为2.16万亿美元，以当年比价约合17.8万亿人民币，两者差距不大。依据同样的办法，我们估算出2011年全国国土资源总价值为52万亿元。

我国《宪法》规定："城市的土地属于国家所有。农村和城市郊区的土地，除由法律规定属于国家所有的以外，属于集体所有；宅基地和自留地、自留山，也属于集体所有。"这就意味着集体所有的土地，不属于国有资产。但通过法律程序变更，如对土地实行征收或者征用，则集体所有的土地变更为城市土地，也进入资源性国有资产的范畴。因此，52万亿元的国土资源估值可视作国有土地资源性资产的最大值。

当然，中国资源性资产的变现形式比较特殊，由于不允许出售所有权，只能转让开发使用权，因此，资源性资产的收益主要体现为使用权转让收入，纳入政府公共收入体系。以2011年为例，国有土地使用权出让金收入达到3.1万亿元，占政府性基金收入的75.6%。

对外主权资产

从国际投资头寸表可以看出，中国的对外资产主要包括对外直接投资、证券投资、其他投资与储备资产四项。而作为对外主权资产的主要是国际投资头寸表中由官方持有的储备资产。中国储备资产规模从2004年的6186亿美元增加到2011年的32558亿美元，对外主权资产积累的速度相当快。

全国社会保障基金国有资产

全国社会保障基金是中央政府集中并掌握的国家战略储备基金，由中央财政拨入资金、国有股减持或转持所获资金和股权资产等构成。截至2011年年末，全国社保基金权益7727.65亿元。此外，全国社会保障基金理事会受做实个人账户试点省（自治区、直辖市）委托管理的个人账户资金及其投资收益，即个人账户基金权益657.93亿元。两者相加，全国社会保障基金理事会管理的基金权益总额为8385.58亿元。需要指出的是，作为国有资产的全国社会保障基金与前述非金融企业国有资产和金融企业国有资产，可能存在着重复核算。因为在国有股减持或转持的过程中，实际上只涉及履行出资人职责的部门调整，即由国资委或财政部调整为全国社会保障基金理事会，前述非金融企业国有资产和金融企业国有资产并未发生实质性转移。当全国社会保障基金再将该部分资产进行统计时，将可能产生重复计算。

政府在中央银行的存款

《中华人民共和国中国人民银行法》规定，中国人民银行"经理国库"。这就要求各级财政将其一般预算和基金预算的资金存入中国人民银行国库单一账户。国库存款包括中央国库存款和地方国库存款。国库存款与其他财政存款（未列入国库存款的各项财政在商业银行的预算资金存款以及部分由财政部指定存入商业银行的专用基金存款等，作为银行存款体现在行政单位的资产项中）共同构成财政性存款。它是各级财政部门代表本级政府掌管和支配的一种财政资产。2011年年底，政府在中央银行的存款达2.3万亿元。

我们分别对以上各类主权资产进行估算并加总，获得2000—2011年的中国主权资产及其构成（见图3-1）。由图可以看出，相对而言，非金融企业国有资产以及储备资产的增长最为迅速。

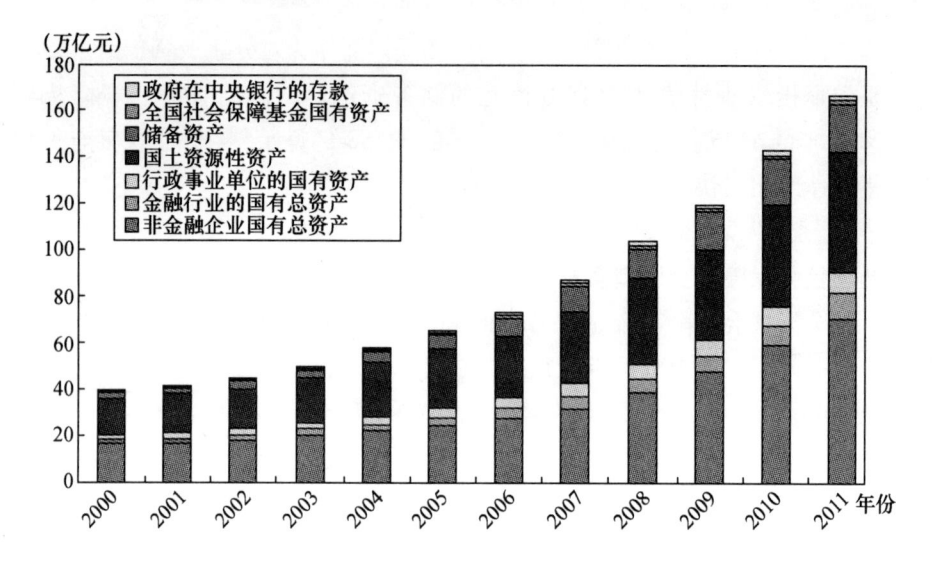

图 3-1 中国主权资产的规模与构成

资料来源：课题组估算。

3.3 主权负债分析

中央政府债务（内债和外债）

截至 2011 年年底，中央财政国内债务余额 71410.8 亿元；国务院部委借入的主权外债余额 373.7 亿美元，以当年汇率平均价计算，折合人民币 2413.7 亿元。与此同时，中外资金融机构、中外资企业等私人部门借入的外债余额 4082.9 亿美元，折合人民币 26370.6 亿元。通常情况下，这些私人部门的对外债务应由承债单位来偿还，不过，一旦入不敷出，最终也还需要由中央政府兜底。因此我们认为，有必要将其纳入主权外债的统计之中。这样，国外债务余额共计 4456.6 亿美元，折合人民币 28784.3 亿元。

"准国债"

政策性银行发债虽然是市场行为（其发债规模和定价根据其自身

资信确定，所筹资金也是市场化运用），但是以国家信用为依托。因此，如果风险控制不力，或受到国内外经济金融冲击而贬损，这部分债务可能最终转化为主权债务，因此，这些债务应视作公共部门的或有负债。2011年，政策性银行金融债余额6.5万亿元。

地方政府债务

地方政府债务主要包括两部分：一是近年来各方面比较关注的地方政府融资平台债务；二是非融资平台公司的地方政府债务。举借主体涉及地方政府部门和机构、经费补助事业单位、公用事业单位和其他单位。

首先，分析地方政府平台公司的融资形式，主要有三类：一是银行贷款。根据银监会的统计，2010年年末，全国地方融资平台公司贷款余额9.09万亿元，占全部人民币贷款的19.16%。进入2011年，由于监管部门的严格管控，地方融资平台贷款增长基本停滞。因此，2011年年底，该部分贷款余额仍为9.1万亿元。二是城市建设投资公司债券（简称"城投债"，含企业债、中期票据、短期融资券等）。这种债券名义上是企业债券，实质为准政府债券，类似于国外的市政债券。根据债券市场的统计，截至2011年年底，城投债余额约为1.3万亿元。三是基建信托等类影子银行渠道。根据中国信托业协会发布的信托公司主要业务数据，截至2011年12月末，投向基础设施项目的信托贷款总额达1.02万亿元。以上三类合计，到2011年年末，地方政府融资平台债务余额11.42万亿元。

再看非融资平台公司的地方政府债务。举借主体涉及地方政府部门和机构、经费补助事业单位、公用事业单位和其他单位。根据审计署2011年6月发布的《全国地方政府性债务审计结果》，截至2010年年底，这部分债务合计为57464.23亿元。又根据审计署2013年6月发布的《36个地方政府本级政府性债务审计结果》，2010—2012年，政府性债务余额增长12.94%，由此推算，年均增速为6.27%。我们假定非融资平台公司的地方政府债务余额也以相同的速率增长，那么，2011年年底，该部分债务存量为6.11万亿元。

上述两部分总计，地方政府债务接近17.53万亿元。

国有企业债务

从理论上讲，国有企业是自主经营、自负盈亏的法人主体和经济实体，其债务应由企业自己承担。但是，从出资人的角度看，政府与国有企业间存在着割不断的联系。从法理上说，当国有企业不能偿还债务的时候，财政就不得不按照其出资比例承担起企业清偿债务的责任。而且，从社会稳定的角度出发，政府也会对国有企业进行一定的救助，担负起最后支付人的角色。如此，我们可以合理地将国有企业债务视为政府的或有债务。

截至2011年年底，全国国有企业负债总额48.6万亿元，其中中央国有企业负债24.7万亿元，地方国有企业负债23.9万亿元。在中央国有企业中，中央管理企业负债17.3万亿元，中央部门管理企业负债7.4万亿元（这里包括社会上比较关注的铁道部负债2.41万亿元）。如前所述，地方国有企业与地方政府融资平台的负债数据存在重叠，我们在处理时进行了剔除。

以金融不良资产及其转化形式存在的或有负债

这主要包括银行不良资产和其他金融机构（如证券公司和保险公司）不良资产，以及处置银行不良资产形成的新形式的或有负债。从商业银行现有的不良资产看，2011年银行业五级分类不良贷款总额共计4278.7亿元。当然，不良贷款中除了损失类贷款，次级类和可疑类贷款中有一定比例是可以收回的，因此，实际的不良资产规模要小一些。

银行处置其不良资产可有很多方式，包括剥离和核销不良资产、注资、发行特别国债、央行票据和再贷款以及吸引财务投资者等。但是，无论如何处置，无非只是不良资产发生了形式上的变换，绝不意味着它们已经消失（如由商业银行的不良资产变成了央行的不良再贷款）。因此，银行不良资产的一部分仍然作为主权负债存留着，另一部分则转化成了其他形式的或有负债。1999年以来，包括四家国有商业银行和国家开发银行政策性剥离不良资产，2003—2008年四家国有商业银行股份制改造财务重组过程中剥离可疑类、损失类不良资产和核销损失类资产，以及央行再贷款资产损失等在内，处置银行不良资产形成的或有负债约为4.2万亿元。

以隐性养老金债务为主的社会保障基金缺口

这里主要考虑以隐性养老金债务为主的社会保障基金缺口，特指养老保险制度从旧体制向新制度转轨时遗留下的养老保险隐性债务负担（因此，这里是窄口径的估算）。对于养老金隐性债务的规模，国内外机构已做过大量研究测算，如原劳动部社会保障研究所、世界银行、原国务院体制改革办公室、财政部财政科学研究所等，估算的结果大约从1万亿—6万亿元不等。不过，各研究单位采取的养老金隐性债务的定义并不完全一致，并且，由于其测算方法和时点存在差异，结果也有明显不同。本课题组也对养老金转轨形成的历年隐性债务进行了测算。结果显示，2011年，窄口径的养老金隐性债务存量（留存转轨成本）大约在3.5万亿元。

我们分别对以上各类主权负债进行估算并加总，获得2000—2011年的中国主权负债及构成（见图3-2）。从中可以看出，相对于其他负债项，政府债务（中央及地方）、国有企业债务以及处置不良资产形成的或有负债的增长非常迅速。

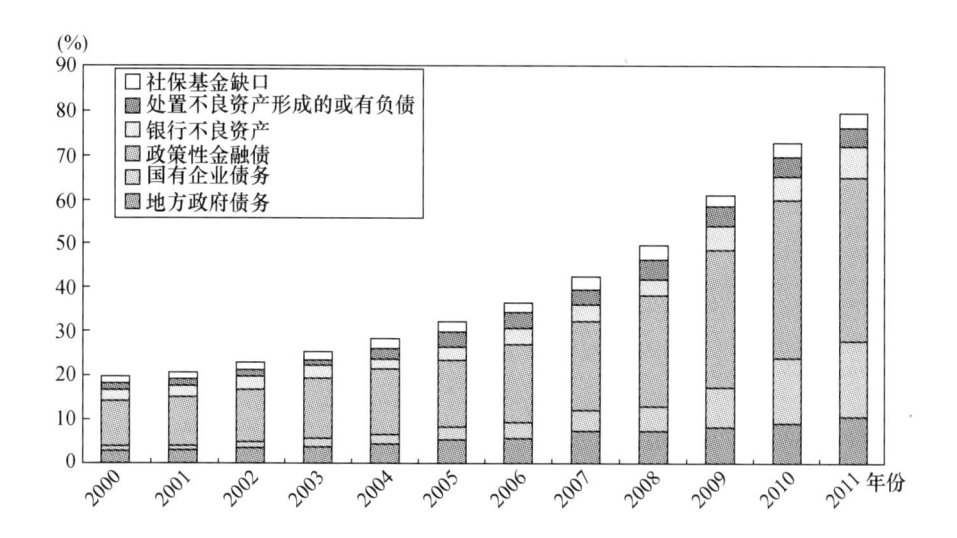

图3-2 中国主权负债的规模与构成

资料来源：课题组估算。

3.4 主权资产负债表

将主权资产和主权负债进行加总，我们得到各年度中国主权资产和主权负债以及相应的政府（或主权）净值。图3-3反映了2000—2011年主权资产、主权负债和政府净值的变动情况。从中可以看出，这12年来，中国主权资产和主权负债都呈扩张的态势，而主权资产的增幅要高于主权负债。相应的，我国政府净值的规模一直处于不断增长之中。

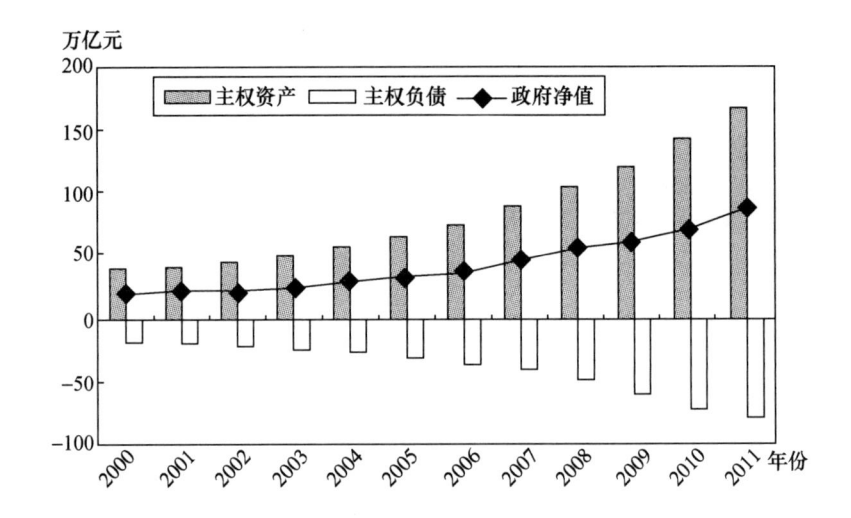

图3-3 中国主权资产/负债及政府净值

资料来源：课题组估算。

综合以上主权资产与主权债务，我们可以编制2000—2011年的中国主权资产负债表。以下仅以2011年的主权资产负债表为例进行分析。

表3-1显示，按宽口径匡算，2011年中国主权资产净值为87万亿元。但考虑到行政事业单位国有资产变现能力很差（因为要履行政府职能），以及国土资源性资产的使用权也不可能一次性全部转让（事

表 3-1　　　　　　2011 年中国主权资产及负债简表　　　　单位：万亿元

资产		负债和政府净值	
政府在中央银行的存款	2.3	中央财政国内债务	7.1
储备资产	21	主权外债	2.9
国土资源性资产	52	非融资平台公司的地方政府债务	6.11
行政事业单位的国有资产	8.8	地方政府融资平台债务	11.42
非金融企业国有总资产	70.3	非金融国有企业债务（扣除地方政府融资平台债务）	37.18
金融行业的国有总资产	11.1	政策性银行金融债	6.5
		银行不良资产	0.4
		处置银行不良资产形成的或有负债	4.2
全国社会保障基金国有资产	0.8	养老金隐性债务	3.5
资产合计	166.3	负债合计	79.31
		政府净值	86.99

资料来源：课题组估算。

实上最近每年的土地出让金只有两三万亿元）①，因此，以窄口径来统计，即扣除行政事业单位国有资产，并以 2011 年的土地出让金 3.1 万亿元替代国土资源性资产 52 万亿元，那么主权资产将由 166.3 万亿元减少到 108.6 万亿元。这样一来，窄口径的主权资产净值为 21.6 万亿元。无论采用宽口径还是窄口径，中国的主权资产净值为正则是不争的事实。这表明，就总体而言，中国政府拥有足够的主权资产来覆盖其主权负债。因此，在相当长的时期内，中国发生主权债务危机的可能性极低；但是，包括养老金缺口在内的或有负债风险值得关注。

此处需要指出的是，净资产是否为正，对判断当前资产负债表的健康程度有一定帮助，但不能作为判断是否存在债务风险的主要指标。通常情况下，拥有正的净资产只是不发生债务危机的必要条件，而非充分条件。至于是否存在偿债风险，不只取决于净资产是否为正，还取决于

---

① 如果未来的土地出让制度进行调整，将土地批租制改为土地年租制，也就是将一次性收取几十年的土地出让金改为每年收取一次土地年租金（土地使用费），那么每年的国土资源性资产的收益会进一步缩减。

资产的可变现能力和资产负债期限的匹配性。对于可变现性受到一定限制的行政事业单位资产和国土资源性资产而言，将其纳入资产负债表，政府的偿债能力往往并不会提高。

因此，无论对于一个国家整体还是主权，抑或其他部门的债务风险状况，都不能简单地只从资产净值的视角进行评判，而应做多维度的考察。为此，本研究特别关注了以下几点：

首先，我们不仅进行了宏观层面的评估，借以考察清偿力的风险；同时，也进行了结构层面的评估，重点考察了资产负债表错配风险（包括货币错配、期限错配和资本结构错配）和相应的流动性风险。

其次，我们不仅进行了静态层面的考察，就当前资产负债表的健康状况进行了评估；同时，也引入了动态视角，考察主权债务的可持续性问题，分析政府债务余额变化的若干前景。

此外，我们不仅考察了构成主权资产负债表的各主体各自资产负债的风险状况；也考虑到各部门之间的风险转移，特别是私人部门的显性债务在某些特定条件下转化成或有主权负债的可能性，考察了各部门加总的债务水平与杠杆率，对经济体的总体风险作了评估。

最后，对于行政事业单位资产以及国土资源性资产的可变现能力，我们也作了比较充分的考虑，进行了窄口径统计。具体来说，一方面，我们认识到行政事业单位资产变现能力相对不足，因此进行了扣除。另一方面，也认识到国土资源性资产的变现形式比较特殊，也就是只能转让开发使用权，不能出售所有权，而且使用权也不可能一次性全部转让，于是，以年度使用权转让收入（土地出让金收入）作为国土资源性资产的替代值。同时我们也对未来土地出让制度可能进行的调整进行了预估，可能的改革方向，就是将土地批租制改为土地年租制，由一次性收取几十年的土地出让金改为每年收取一次土地年租金（土地使用费）。我们认为，在此种情况下，每年的国土资源性资产的收益可能会进一步缩减。

4

总债务水平与全社会杠杆率研究

上一章侧重于主权资产负债表的编制与分析,但鉴于各部门之间的风险转移,考察各部门(不局限于公共部门)加总的债务水平与杠杆率,有助于理解经济体的总体风险,特别是对于可能出现的或有负债规模也会有一个全局性的判断。这使得后文关于资产负债表风险的评估有了一个更为广阔的背景依托。出于这一考虑,本章将资产负债表研究进一步扩展,转而从总债务水平与全社会杠杆率的角度,通过国际比较,考察中国整体和各部门的债务与 GDP 流量两者间的关系,以期更全面、更直接地揭示相关主体的债务压力与风险水平。

4.1 债务与杠杆率分析框架

这里首先需要厘清的是,由此前的资产负债表中的"负债"(liabilities)转到这里的"债务"(debt),并不是相同概念的不同表述。IMF(2011)新近公布的报告对债务进行了详细定义和分类。第一,债务是以债务工具形式表现的负债,所以,债务只是负债的一部分。债务工具一共分六大类:特别提款权(SDRs)、通货和存款、债务证券(debt securities)、贷款、保险、养老金和标准化的担保安排以及其他应付款。第二,除了资产净值、投资基金份额、金融衍生品和员工股票期权外,所有负债都可以看做是债务。第三,根据特定的法律、制度和实际安排,债务也存在其他定义。因此,从所包含债务工具的角度出发,厘清相关定义非常必要。一般理解的狭义的债务定义只包括通货和存款、债务证券以及贷款。第四,债务证券是作为债务凭证的可流通金融工具，一般有明确的还本付息安排。包括以下九类：汇票、银行承兑汇票、商业本票、可流通存款单、债券、可流通贷款、不分红优先股、资产支持证券和抵押债务、金融市场交易的相似工具。

从中国金融体系的特点考量，并考虑到数据的可获得性，本研究采用狭义的债务定义，即仅考虑通货和存款、债务证券以及贷款。通货是中央银行的负债，存款主要是商业银行的负债，两者同时也是中国货币供应的主要构成部分。由于考察债务的主要目的是评估杠杆率风险，而通货和存款并不构成金融部门的主要风险或风险较小，因此，我们依照惯例，即使在计算金融部门债务的时候，也将通货和存款剔除。按 IMF（2011）的界定，标准的债务证券包括本票、商业票据、债券、可转让贷款等9类，而中国以债券为主，其他债务工具有的存量很小或没有。因此，中国的债务大体上可以分为两类，即债券和贷款，其中又以贷款为主，当然，债券在最近十几年增长较快（见图4-1）。

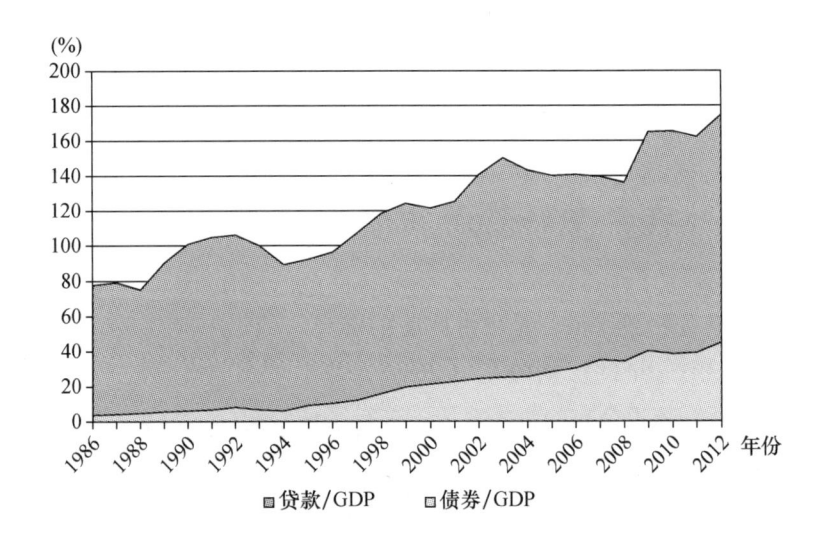

图4-1 中国贷款/GDP 和债券/GDP

资料来源：CEIC。2012年数据为课题组根据企业部门债券、国债、政策性金融债余额估算得来。

一般而言，总债务是居民、企业和政府三部门债务的加总（Cecchetti et al.，2011），也有文献加入了金融部门债务（MGI，2010；

2012)。我们这里依照麦肯锡（MGI）的研究，对居民、企业、政府与金融机构这四大部门的债务进行加总（下一节介绍了相关估算细节）。图 4-2 和表 4-1 显示了 1996—2012 年中国总债务及各部门债务占 GDP 的比重。尽管总债务占比基本保持上升态势（2003—2008 年有所回落，有一个去杠杆的过程），但在 1997 年亚洲金融危机爆发之后，2000 年 IT 泡沫破灭之后，以及 2008 年的国际金融危机爆发之后，全社会杠杆率均迅速提高。危机冲击对于总债务增长的影响可见一斑。

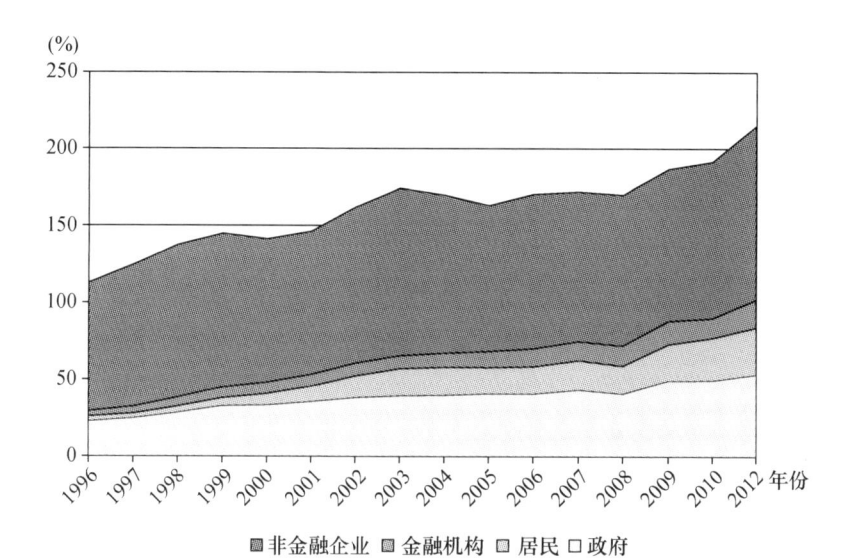

图 4-2 中国各部门债务占 GDP 比重

资料来源：课题组估算与 CEIC。

表 4-1　　　　　　中国各部门债务占 GDP 比重　　　　　单位：%

部门	政府	居民	金融机构	非金融企业	部门总计
1996	23	3	4	84	113
1997	25	3	5	93	125
1998	28	4	6	99	138
1999	33	5	7	100	145
2000	33	7	7	94	142
2001	35	10	8	93	147
2002	38	14	8	102	162

续表

部门	政府	居民	金融机构	非金融企业	部门总计
2003	39	18	9	109	174
2004	40	18	9	103	170
2005	41	17	11	95	163
2006	40	18	12	100	171
2007	43	19	13	97	172
2008	41	18	13	98	170
2009	49	24	15	99	187
2010	49	28	13	101	192
2012	53	31	18	113	215

资料来源：课题组估算与 CEIC。

4.2 中国各部门债务估算

本部分估算大体依照麦肯锡的框架，但出于我们对中国特点的理解，此处有两点调整和扩充：第一，非金融企业债务除贷款和债券融资之外，还考虑了近两年快速膨胀的"影子银行"融资；第二，与发达国家一般处理方法不同，此地的政府债务中区分了中央政府债务和地方政府债务。

居民部门杠杆率

根据定义，居民部门的全部债务都是贷款，没有债券。根据中国人民银行编制的金融机构本、外币信贷收支表（按部门分类），截至 2012 年年末，住户部门未偿贷款余额 16.1 万亿元（其中，消费性贷款 10.4 万亿元，经营性贷款 5.7 万亿元），占 GDP 的比重为 31%。需要说明的是，将经营性贷款列入居民而非企业部门的做法近乎成例，如人民银行编制的居民金融资产负债表即采用这一操作，而日本、加拿大等国也将居民和非公司制企业的报表一并编制（见本书第二、第三编有关内容）。

非金融企业部门杠杆率

可以在社会融资总量的框架内，分三个层次估算非金融企业部门从金融体系获得的全部资金总额。

第一个层次是非金融企业部门通过传统贷款渠道获得的资金支持。根据中国人民银行编制的金融机构本外币信贷收支表（按部门分类），截至2012年年末，非金融企业及其他部门获得贷款49.78万亿元。

第二个层次是非金融企业部门利用债务类金融工具直接从金融市场募集的资金，主要包括企业债、短期融资券、中期票据和公司债等。根据债券市场的统计，截至2012年年底，非金融企业债券余额7.29万亿元。

第三个层次是非金融企业部门通过银行部门信贷以外的信用中介活动获得的融资，主要包括信托贷款、委托贷款、银行承兑汇票等形式。根据中国信托业协会发布的信托公司主要业务数据，截至2012年12月末，信托贷款余额3万亿元。根据中国人民银行发布的社会融资规模的流量累计，2012年年末委托贷款余额5.75万亿元。根据中国人民银行《2012年四季度货币政策执行报告》，2012年年末未到期银行承兑汇票余额8.3万亿元，期末贴现余额2万亿元，未贴现的银行承兑汇票余额6.3万亿元。将上述三项加总，整个金融体系通过类影子银行渠道向非金融企业部门投放的信用规模为15.05万亿元。

汇总三个层次的融资规模，得到2012年年末非金融企业部门债务余额72.12万亿元，占GDP的比重为139%。需要说明的是，这里估算的非金融企业部门债务在相当程度上包括了地方政府融资平台这一有政府背景的实体债务。为防止交叉重复，需要扣除后面估算的地方政府融资平台债务规模，由此得到的非金融企业部门债务余额58.67万亿元，占GDP的比重为113%。

政府部门杠杆率

首先是中央政府债务。根据财政部全国财政决算数据，2012年年末中央财政国债余额7.76万亿元，其中内债余额7.67万亿元，外债余额0.08万亿元。

其次是地方政府债务。根据前述思路，地方债务主要包括两部分：一是近年来各方面比较关注的地方政府融资平台债务；二是非融资平台公司的地方政府债务。举借主体涉及地方政府部门和机构、经费补助事业单位、公用事业单位和其他单位。

从地方政府平台公司的融资形式看，主要有三类。一是银行贷款。根据银监会的统计，截至2012年年底，全国地方融资平台贷款余额9.3万亿元。二是发行城市建设投资公司债券（简称"城投债"，含企业债、中期票据、短期融资券等）。根据Wind数据统计，截至2012年12月31日，市场未到期城投债余额2.5万亿元。三是基建信托等类影子银行渠道。根据中国信托业协会发布的信托公司主要业务数据，截至2012年12月末，投向基础设施项目的信托贷款总额达1.65万亿元。将以上三类合计，得到2012年年末地方政府融资平台债务余额13.45万亿元。

关于非融资平台公司的地方政府债务。根据国家审计署2011年6月发布的《全国地方政府性债务审计结果》，截至2010年年底，这部分债务合计为5.75万亿元。同时根据审计署2013年6月发布的36个地方政府本级政府性债务审计结果，2012年年底比2010年年底债务余额增长了12.94%。我们假定非融资平台公司的地方政府债务余额也以相同速率增长，可以得到，2012年年底，该部分债务存量为6.49万亿元。上述两部分总计，地方政府债务19.94万亿元。

将中央政府债务和地方政府债务加总，得到政府债务总额27.7万亿元，占GDP的比重为53%。

金融机构杠杆率

此处估算杠杆率的主要目的是评估风险，而金融部门债务中的通货和存款并不构成金融部门的主要风险或风险较小，因此，依照惯例，将通货和存款做了剔除，仅以金融部门发行的债券余额作为债务。截至2012年年末，政策性银行（主要为国家开发银行）发行的金融债余额7.86万亿元，其他金融债余额1.27万亿元。两者相加，金融机构债券余额合计9.13万亿元，占GDP的比重为18%。

将上述四个部门加总，得到中国经济整体的债务规模为111.6万亿元，全社会杠杆率为215%。

扩展情形

在上述估算的基础上，还可以考虑两种扩展情形：一种是考察实体经济主体之间相互信用形成的债务，特别是民间融资情况。根据中国人民银行在2011年中期进行的一项调查，民间融资的规模为3.38万亿元，相当于全部银行贷款的5.8%。假设该份额不变，粗略估计2012年年末民间融资总量为3.9万亿元，占GDP的比重为7.5%。

另一种是考察从国外部门借入的外债。根据国家外汇管理局数据，截至2012年年末，国务院部委借入的外债（不含外国政府贷款）、中外资企业借入的外债、中外资金融机构借入的外债分别为366.14亿美元、1521.18亿美元、2566.02亿美元，总计4453.34亿美元，按照当年汇率平均价计算，折合成人民币2.81万亿元人民币，占GDP的比重为5.4%。

如果将上述两种扩展情景一并考虑进来，则中国经济整体的债务规模上升为118.3万亿元，全社会杠杆率达到228%。

4.3 债务水平的国际比较研究

针对以上数字可以产生大量有意义的分析结果。限于篇幅，本部分仅从国际比较的角度来解读和判断中国的总债务水平及全社会杠杆率。

从总量看，中国的总债务水平低于大多数发达经济体，但比其他金砖国家（不包括南非）都要高。如表4-2所示，2011年，日本和英国的总债务/GDP已经超过500%，西班牙、法国、意大利和韩国都超过300%，美国、德国和加拿大相对较低，但也都超过270%。在金砖国家中，2010年，巴西的总债务/GDP为148%，印度为122%，俄罗斯只有72%（MGI，2012），都要低于中国在2012年的215%。通过比较可以看出，中国的总债务/GDP（或全社会杠杆率）仍属比较适中的水平，尚处于温和、可控的阶段。不过，鉴于中国的债务水平近年来上升较快，我们应当对此保持警惕；如果将地方债务或者更宽口径的主权债务考虑在内，中国的政府（主权）债务将有较大增长并带动总债务水平有较大幅度提高。对此，我们绝不可坐视不管。

表4-2　　中国与发达经济体债务结构和总杠杆率的比较（占 GDP 比重）　　单位：%

	居民债务占比	非金融企业债务占比	金融机构债务占比	政府债务占比	总债务占比
日本	67	99	120	226	512
英国	98	109	219	81	507
西班牙	82	134	76	71	363
法国	48	111	97	90	346
意大利	45	82	76	111	314
韩国	81	107	93	33	314
美国	87	72	40	80	279
德国	60	49	87	83	279
澳大利亚	105	59	91	21	276
加拿大	91	53	63	69	276
中国	31	113	18	53	215

说明：中国数据为2012年，课题组估算；其他数据来自 MGI（2012），为2011年第二季度数（仅意大利为2011年第一季度数）。

从结构看，由表4-2可见，非金融企业债务占比极高，在所有统计国家中高居榜首。这构成了中国债务结构的突出特点。这种状况，与中国的经济发展方式和金融体系的特点密切相关。回顾历史，中国企业的资产负债状况经历了较大的转折和变化。改革开放之前和之初，企业的投资来自财政预算安排，流动资金尽管表面上由银行提供，但也不是贷款，而是财政预算给予固定额度，银行负责安排，银行只起一个出纳的作用。因此，当时的企业债务几乎是零。从1983—1985年开始实施的利改税和"拨改贷"改革，改变了这一状况。利改税是改革国家与国营企业利润分配关系的一项重大措施，核心内容是将所得税引入国营企业利润分配领域，把国营企业向国家上缴利润改为缴纳税金，税后利润全部留归企业。这样一来，财政就不再为企业的投资拨款，而是改为银行贷款，即拨改贷。这一改革措施对国有企业的资产负债造成很大影响。在改革之初，所有国有单位固定资产投资中的62%由财政资金支持，其他部分由企业自有资金支持，来自金融机构的资金不到2%。然而，到了2000年，政府财政资金对企业固定资产投资的支持只占10%，银行贷款占到资金需求的25%，企业自有资金则占据最重要的位置。由于政府逐步从无偿为企业提供自有资金的位置上退出，企业的负债开始一路上扬。（国有）工业企业资产负债率由1978年的11%上升到1988年的45%，到20世纪90年代初更是上升到70%左右。考虑到高资产负债率所带来的风险，政府采取了一系列措施，这包括：①1994—1995年银行由国有指令性转向商业化，对于经营不好的企业不再愿意贷款；②1994年税制改革，明确了企业的税收义务，不再是将税后利润全部上缴，而利润留成自动变成企业净值的增加；③股票市场建立之后，企业可以通过股权融资的途径筹资，从而降低资产负债率；破产企业重组的推行，使得那些高资产负债率的企业被清理，导致总的资产负债率下降；④2000年，工业国有企业资产负债率下降，其原因在于"债转股"的推行，致使4600亿元的企业债务变成了股本。这些措施的施行，使得企业资产负债率逐步下降，并于21世纪初趋于稳定。2000年至今，企业资产负债率基本上维持在57%—58%。尽管与国际比较，中国企业负债率不算太高（总体上，美国、韩国非金融企业资产负债率低于中国，而英国、日本、加拿大都高于中国），但2012年，企业部门杠杆率（企业债务占GDP比重）已达113%，超过OECD国家90%的阈值，值得高度警惕。

迄今为止，中国的金融结构仍然保持以间接融资为主的特色，绝大部分的金融资源通过银行中介进行配置。由这种金融结构决定，中国企业的负债率必然高悬。在经济平稳增长的时期，银行贷款构成企业主要的负债来源，有成本低、风险小的好处，但若经济出现大幅度波动，特别是，如果经济增长率出现趋势性下降，则企业负债的相当部分就可能形成不良资产，从而损及企业和银行的资产负债表的健康。

与中国不同，美国的居民债务、日本的政府债务和英国的金融机构债务之高非常突出。

美国居民债务占GDP比重为87%，占总债务比重达到31.2%，高于其他三部门的债务占比，从而凸显了负债式消费或寅吃卯粮的特点①。

日本政府债务占GDP的比重已经高达226%，占总债务的44%，其他三部门的债务则相对较小。这是因为，经济泡沫破灭后，日本经济持续低迷，政府不得不反复使用财政政策刺激经济，以致债台高筑。不过，表4-2中的中国政府债务与其他国家比较存在一定的误导性。这是因为，在一些发达经济体，中央并不会为地方层次的债务负责，地方债务如果过大，可以申请破产，因此，政府债务中不含地方政府债务，也因为如此，在IMF的政府债务统计中一般也不含地方债务。但中国的情况完全不同，中央政府事实上是地方政府债务的最后担保人甚至是偿还者，所以表4-1中所列的中国政府债务既包含中央债务（占GDP的15%）也包含地方债务（占GDP的38%）。

英国的特点则是金融机构债务占比较大，其占GDP的比重高达219%，占总债务的43%。英国形成这一特点的原因，在于它是事实上的全球金融和商务中心（英格兰银行行长曾经指出，整个英国就是世界最大的离岸金融中心），许多外国企业在英国设有分支机构，并进行相关业务，其资产和负债会在统计中被当作英国企业计入。由于这些企业大多数是金融企业，因此英国的金融部门债务相对较高。比英国更为极端的例子是冰岛和爱尔兰，二者在危机前都致力于打造国际金融中心。冰岛的总债务/GDP在最高峰时达到惊人的1189%，其中金融部门就有580%。爱尔兰的总债务/GDP也曾经达到700%以上的高位，其中金融部门债务占比也曾高达421%。

债务对GDP的比重究竟居于何种水平为佳，迄今并无定论。但是，可以确认的是，债务不断上升，还债压力逐渐增大，风险将会不断积累。这里，显然会有一个阈值，超过它，继续上升的债务将利大于弊，而且有可能引发金融和经济危机。Cecchetti等（2011）利用18个OECD国家1980—2010年的资金流量表数据进行估计，研究结论表明，政府部门和居民部门的债务阈值是85%（债务/GDP），企业部门的债

---

① 澳大利亚和加拿大居民部门的杠杆率其实比美国还要高，只是美国更常成为比照的对象而已。

务阈值则是90%（债务/GDP）。就此而论，中国的企业部门债务占GDP的比重于2012年达到113%，显然不是什么好消息。

问题的复杂之处在于，由于国民经济的各个部门是密切联系、相互影响的，一个部门的债务变化将会影响到其他部门的债务状况。在这里，显然存在极为复杂的情况。麦肯锡一项针对日本情况的研究（MGI，2010）给出了一个令人不安的例证。1995年，日本企业的总债务占GDP的比重为148%，2000年降低到125%，2005年进一步降低到91%。十年间总共降低57个百分点。然而，日本政府债务占GDP的比重却急剧上升：1995年为84%，2000年上升为131%，到2005年则进一步上升180%。十年间总共上升了96个百分点。由此可见，企业债务的下降与政府债务的上升之间似乎存在某种联系，但是，其联系机制为何，显然需要进一步研究。但是，这一现象也揭示出，在考察一国资产负债表时，由于各个部门之间可能存在着资产负债"此长彼消"的关系，总量分析和部门分析两者应密切结合，不可偏废。有鉴于此，在本书第二编，我们将分别对国民经济各部门资产负债表进行考察，以期更加深入、全面地从资产负债表视角透视中国经济的特征与风险。

5

中国特色的资产负债表扩张

进入21世纪以来,中国国家和主权部门资产负债表均呈现出快速扩张之势。其中,在资产方,对外资产、基础设施,以及居民房地产资产迅速积累,构成资产扩张的主导因素。这记载了出口导向发展战略之下中国工业化与城镇化加速发展的历史进程。在负债方,各级政府以及国有企业等主权部门的负债规模以高于私人部门的速度扩张。这凸显了政府主导经济活动的体制特征。

5.1 结构变迁中的资产形成

出口导向型工业化与对外资产的积累

中国工业化的迅速推进,在形成大量工业固定资产的同时,还在出口导向引领下形成巨额贸易顺差,并由此带来大量的对外资产积累。这构成中国资产积累特别是主权资产积累中极为突出的一个特点。

中国的工业化经过了漫长的历程。20世纪90年代特别是新世纪以来,工业化进程加速,制造业部门扩张明显。这可以在联合国工业发展组织(UNIDO)提供的数据中得到印证。从制造业增加值增长率看,2000—2005年,中国制造业增加值年均实际增长率达到11.11%;同期,整个亚洲地区为8.85%,整个发展中国家仅为6.7%。2005—2009年,中国制造业增加值年均实际增长率进一步提升至12.25%,较亚洲和发展中国家分别高出2.92个和4.89个百分点。再从制造业增加值占GDP的比重看,2000年,中国制造业增加值占GDP比重为32.12%,分别比亚洲和发展中国家的该比重高出9.52个和12.32个百分点。2005年，中国的这一比重提高到34.11%，分别高出亚洲国家和发展中国家9.68个和13.16个百分点。2009年，中国制造业增加值占GDP的比重进一步提高到35.7%，与上述两个参照系的差距达到9.66个和14.05个百分点。

中国制造业的崛起与实施对外开放战略密不可分。在经济全球化大背景下，中国积极加入全球分工，并凭借自身独特的要素禀赋和相应的比较优势，吸引全球制造业链条中劳动密集型的加工装配环节不断移入，很快就确定了以加工为重点的全球制造业重要基地的地位[1]。改革开放初期，中国制造业在全球制造业增加值中所占比例尚不足4%。20世纪90年代中后期开始，特别是加入WTO后，中国制造业在全球的地位迅速提升。根据世界银行发展指数（WDI），中国制造业增加值全球占比从2001年的7.6%持续攀升至2009年的18.1%，成为仅次于美国的全球第二大工业制造国（2009年美国制造业增加值占全球的比重为18.8%）。2010年中国制造业增加值占全球的比重虽有所回落，仍达到17.6%，与美国的全球占比差距也有所缩小（2010年美国制造业增加值占全球的比重为18.2%），成为名副其实的制造业大国。中国制造业在全球地位的提升，引致货物贸易盈余大幅度增加。2000—2007年，货物贸易顺差占GDP的比重从2%大幅上升至7.6%（见图5-1）。2008年之后，在全球金融危机的冲击下，各国对外部门普遍萎缩，中国的货物贸易顺差占GDP之比才逐渐回落。

贸易顺差的持续增加，导致中国对外资产迅猛积累，这主要表现为国际投资头寸表中由官方持有的储备资产特别是外汇储备资产迅速增加。2006年以来，中国一直是全球官方外汇储备增长最快的国家，并且成为全世界第一个官方外汇储备超过3万亿美元的国家。如果再加上货币黄金、特别提款权和在基金组织中的储备头寸，中国官方储备资产的总规模在2011年年底达到32558亿美元。由于外汇储备占中国对外总资产的七成左右（见表5-1），外汇储备的快速增长，自然导致中国对外总资产迅速扩张。从国际比较的视角看，中国外汇储备与总资产之

---

[1] 加工贸易占出口比重长期维持在50%以上，但随着2008年国际金融危机的爆发，加工贸易比重开始低于50%，与此同时，一般贸易出口比重有所上升。

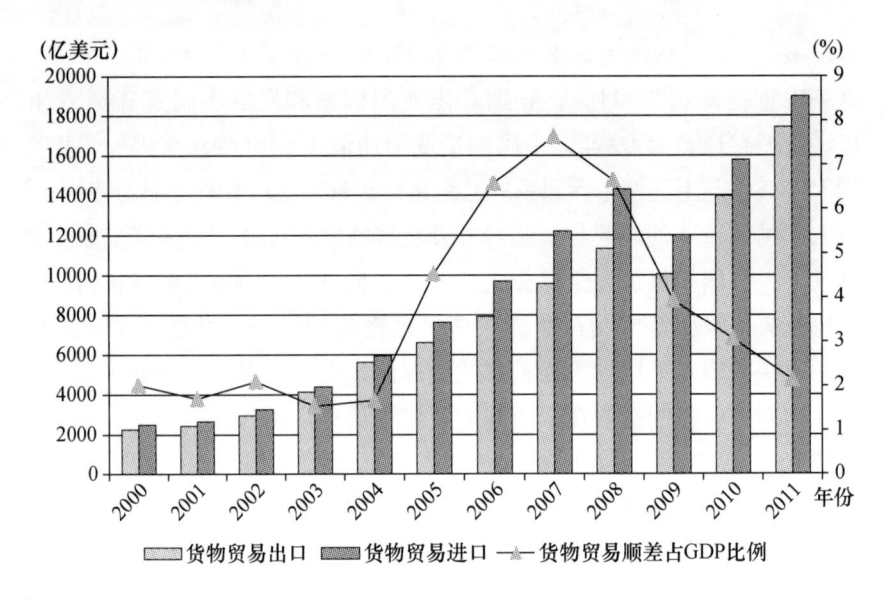

图 5-1 中国货物贸易进出口及顺差与 GDP 之比

资料来源：国家统计局。

表 5-1　　　　中国储备资产与对外总资产的变动情况

年份	储备资产（亿美元）	对外总资产（亿美元）	储备资产占比（%）
2004	6186	9291	66.6
2005	8257	12233	67.5
2006	10808	16905	63.9
2007	15473	24162	64
2008	19662	29567	66.5
2009	24513	34571	70.9
2010	29142	41260	70.6
2011	32558	47345	68.8

资料来源：根据历年国际投资头寸表整理得到。

比在新兴市场国家中高居第二位，仅次于印度（见图 5-2）。由于新兴市场国家外汇储备占总资产的比重显著高于发达国家，因此，这也意味着中国的这一比重在全球比较中处于相对突出的位置。

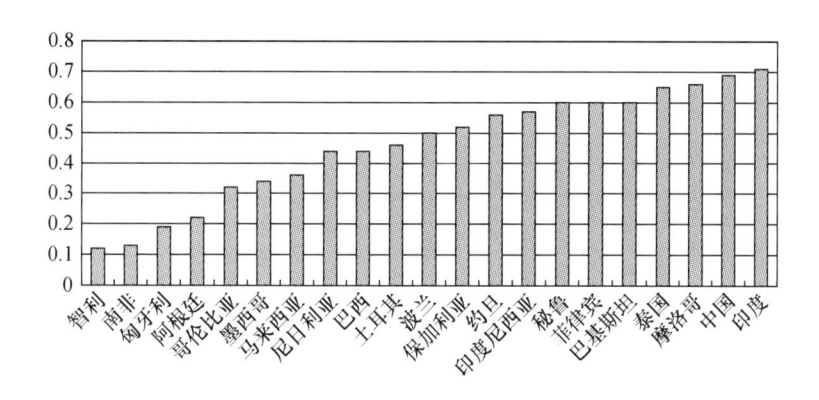

图 5-2　2010 年新兴市场国家外汇储备与总资产之比

资料来源：Lane 和 Milesi-Ferretti（2007）的更新数据库。

在中国现行的外汇管理体制下，新增的外汇资产主要进入了央行的资产负债表，并在央行引致外汇占款大量增加。这一动态，可以在央行资产负债表的资产构成上清晰地看出来。与世界其他主要央行不同，外汇储备资产构成中国人民银行资产的主体。21 世纪以来，外汇储备占款的比重不仅长期位居第一位，且有不断提高之势。2000 年，它占央行资产之比还不到 60%，2011 年便提高到近 83%（见表 5-2）。就外汇储备资产占央行总资产的比重进行比较，2010 年，中国人民银行分别达到美国、英国、日本和欧洲央行的 1.3 倍、8.1 倍、2 倍和 1.2 倍。外汇储备资产的快速膨胀，带动了中国央行的资产规模迅速扩张，并于 2006 年使中国人民银行成为世界上最大的中央银行[①]。截至 2011 年年底，中国央行的资产总额高达 28.1 万亿人民币，占当年 GDP 的 59%。从资产规模看，中国央行分别是美联储和欧洲央行的 1.6 倍和 1.5 倍。从资产占 GDP 比重看，中国央行则分别达到美联储和欧洲央行的 4 倍和 3 倍（孙涛，2011）。

---

① 中国人民银行分别于 2004 年 6 月、2005 年 9 月和 2006 年 1 月先后超过美国、欧洲和日本央行，成为资产规模最大的中央银行。

表 5-2　　　近年来中国央行资产负债表的资产项目结构　　　单位:%

年份	国外资产	外汇	货币黄金	其他国外资产	对政府债权	对其他存款性公司债权	对其他金融性公司债权	对非金融性部门债权	其他资产
2000	61.09	59.94	0.33	0.83	2.79	12.24	12.76	0.06	11.05
2001	66.71	65.61	0.26	0.84	2.22	5.07	17.07	0.05	8.88
2002	73.8	68.09	0.2	5.51	9.65	4.65	7.67	0.04	4.2
2003	78.49	72.25	0.16	6.08	7.82	4.07	5.72	0.02	3.88
2004	81.45	76.98	0.29	4.18	6.88	3.15	5.07	0.02	3.43
2005	81.67	77.26	0.29	4.12	6.8	3.1	5.01	0.02	3.4
2006	81.79	77.41	0.29	4.09	6.74	3.1	4.97	0.02	3.38
2007	81.38	77.22	0.29	3.87	6.62	3.65	4.88	0.02	3.46
2008	81.64	77.55	0.28	3.81	6.51	3.63	4.8	0.02	3.41
2009	81.59	77.57	0.28	3.74	6.47	3.66	4.77	0.02	3.49
2010	83.09	79.75	0.26	3.08	5.95	3.66	4.37	0.01	2.93
2011	84.67	82.71	0.24	1.72	5.48	3.65	3.79	0.01	2.41

资料来源：根据各年货币当局资产负债表整理得到。

基础设施资产积累

21世纪以来，中国城镇化推进加速。2000—2011年，城镇人口占总人口比重从36.22%提高到51.3%，年均提高1.37个百分点，比1990—1999年的年均增长速度提高0.44个百分点。城镇化进程的加速，致使基础设施和房地产资产的规模迅速扩大。

首先看基础设施规模的扩张。随着城镇化的推进，中国在电力、交通运输、通信以及市政公用事业（给排水、管道燃气、供热等）等基础设施领域进行了大规模投资。据估算[①]（见图5-3），2001年，中国

[①] 我们将《中国统计年鉴》中分行业固定资产投资数据中的下述几类作了加总，即：电力、燃气及水的生产和供应业，交通运输和邮政业，电信和其他信息传输服务业，以及公共设施管理业（主要包括市内公共交通、轨道交通、城市道路、排水及污水处理等市政工程，垃圾处理等环境卫生业，园林绿化业等）。因2011年固定资产投资起征点大幅调整，与往年的可比性较差，所以此处数据仅截至2010年。

城镇基础设施投资为 10391.77 亿元，2010 年便大幅增加到 60705.4 亿元，增长 4.84 倍。经过固定资产投资价格指数平减，实际增长仍达 3.57 倍，年均增长 18.4%。特别是 2009 年以来，在国家巨额投资刺激计划的推动下，基础设施行业的投资规模出现了迅猛增长。铁路部门投资规模的扩张尤其明显，2009 年增长 63.5%，为近年来的高点。整个"十一五"期间，铁路基本建设投资完成 1.98 万亿元，是"十五"时期的 6.3 倍。

21 世纪以来，中国基础设施投资占全社会固定资产投资的比重，始终保持在 20% 以上。基础设施投资占 GDP 的比重总体上呈上升之势（见图 5-3），2009 年和 2010 年，曾达到 15% 以上高位。这一比例远远超过世界银行 1994 年世界发展报告《为发展提供基础设施》中给出的经济性基础设施投资占 GDP 的比重不少于 5% 的政策建议（World Bank，1994）。

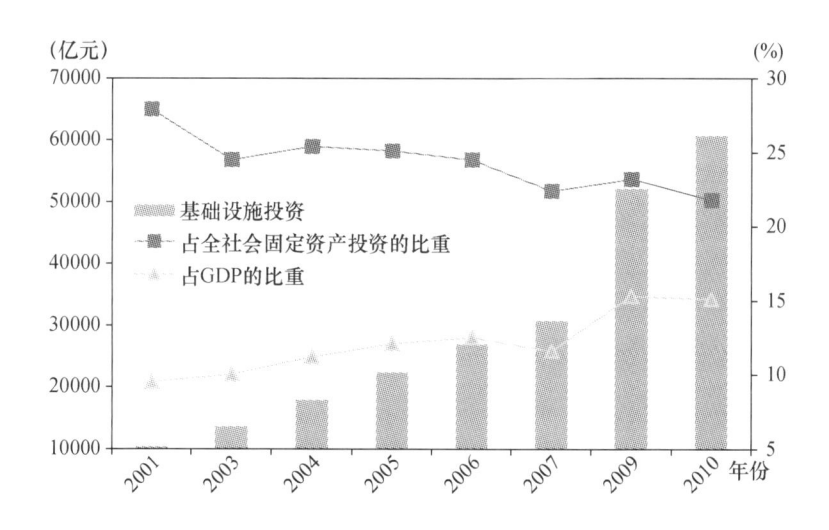

图 5-3　基础设施投资规模与占比的变动

资料来源：根据《中国统计年鉴》相关年份的有关数据整理。

长期且高强度的投资，使得中国基础设施水平迅速提升。21 世纪以来，中国电力生产和消费量增长了 1.7 倍，高速公路里程增长了 3.5 倍，电话和互联网普及率分别提高了 67 个和 30 个百分点，用水和燃气普及率分别提高了 33 个和 47 个百分点，集中供热面积增长了 3 倍。至 2010 年年底，中国的电网规模高居世界第一，发电装机规模连续 15 年居世界第二，高速公路里程、铁路营业里程以及其中的电气化铁路运营里程均居世界第二，高速铁路投入运营里程居世界第一，固定电话和移动电话用户数双双稳居世界首位，互联网上网人数和互联网宽带接入用户数继 2008 年跃升全球第一位后便始终保持首位。

就代表基础设施发展水平的主要指标进行国际比较，我们当可对新世纪以来中国基础设施建设的成就有更为深刻直观的印象。由表 5-3 可见，在电力消费量、公路密度、港口基础设施质量、国际互联网接入户数和百人拥有电话线路数等主要基础设施领域，中国的指标不仅全面高于中等收入国家，而且大多高于世界平均水平[1]。

表 5-3　　　　　　　基础设施发展水平的国际比较

	电力消费量（人均千瓦时，2011）	公路密度（公里，2010）	港口基础设施的质量（分值，2012）	接入国际互联网的用户（每百人，2012）	每百人所拥有的电话线路数量（条，2012）
中国	3298	41.8	4.4	42.3	20.6
世界	3044.4	27.8（2008）	4.3	35.6	17.3（2011）
中等收入国家	1816.3	28.4（2008）	3.8	29.8	12.6（2011）

说明：(1) 公路密度为国家公路网的总长度与国家陆地面积之比。公路网包括国内的所有道路：快速路、高速公路、主道或国道、次级或地区道路以及其他城市或乡村道路。(2) 港口基础设施的质量数据来自世界经济论坛与相关研究机构合作进行的企业高管意见调查，衡量其对本国港口设施的感受。调查问卷回复采用行业加权平均值进行汇总。最近一年的数据与上一年数据相结合创建出两年的移动平均值。分数从 1（港口基础设施十分不发达）到 7（根据国际标准，港口基础设施十分发达高效）。

资料来源：世界银行世界发展指标数据库（WDI）。

---

[1] 需要指出的是，在目前的投融资体制下，在基础设施行业中特别是由中央管理的行业中，民营资本进入依然相对困难，仍存在比较严重的国有资本"一股独大"现象，特别是至今仍政企不分的铁路部门，私人资本进入微乎其微（以 2010 年的情况看，在铁路运输业固定资产投资中，私人控股的部分只有 2%）。这就意味着，城镇化提速过程中大量基础设施资产的累积实际上构成国有经营性资产的重要组成部分。由此也就在一定程度上解释了我们之前在编制主权资产负债表过程中发现的非金融企业国有资产快速增长的原因。

房地产资产积累

自从城市住房货币化改革开始以及城市化加速推进以来，中国居民住房资产迅速累积。相应的，房地产市场的风险也急剧攀升，并通过房产信贷的渠道，将居民、银行、政府三大部门资产负债表联系起来，形成了潜在的系统性风险。

本研究分别利用国家统计局城乡居民调查等数据和相关折旧假设，对城镇、农村居民住房资产价值进行了估算，详细过程参见本书第三编。

5.2 赶超体制下的负债形成

在中国过去30多年的高速增长过程中，政府一直在发挥主导性作用。在这种体制所决定的发展模式下，一方面，政府直接介入经济活动，从而形成了大量显性意义上的政府负债特别是地方层面的政府负债；另一方面，政府对经济活动大量进行间接干预或提供隐性担保，使得国有企业、国有商业银行的不良贷款以及社保基金缺口成为政府的隐性或有负债。私人部门，特别是居民部门负债的绝对规模和相对规模仍然较小，但同房地产相关的抵押信贷风险需要关注。

赶超体制下的增长优先战略

迄今为止，在中国的政绩考核体系和政治激励结构中，经济增长和财政收入增长最为重要。因此，发展经济成为地方全部工作的中心。近年来，随着科学发展观的兴起，一些衡量社会发展和可持续发展的指标也开始被纳入对地方官员的考核和评价体系之中。但是，由于经济发展是"硬道理"，上述的积极变化仍不足以动摇GDP在整个考评体系中的核心地位。

地方政府强烈的增长偏好，可以在各地"十二五"规划设定的GDP目标中清楚地看出来（见表5-4）。国家"十二五"规划设定的GDP年均增长预期指标为7%，但是，各省规划的GDP增长目标全部

表5-4 各地"十一五"和"十二五"规划中的GDP年均增长率

地区	"十一五"规划	"十二五"规划
北京	9%	8%
天津	12%	12%
河北	11%左右	8.5%
上海	9%	8%
江苏	10%以上	10%左右
浙江	9%左右	8%左右
福建	9%以上	10%以上,力争翻一番
山东	10%左右	9%左右
广东	9%以上	8%以上
海南	9%以上	10%以上
辽宁	11%左右	11%
吉林	12%以上	12%以上
黑龙江	10%以上	12%以上,五年翻一番
山西	10%	13%,五年翻一番
安徽	10%以上	10%以上,力争翻一番
江西	11%	11%以上,力争翻一番
河南	10%左右	9%以上
湖北	10%以上	10%以上
湖南	10%以上	10%以上
内蒙古	13%以上	12%以上
广西	10%以上	10%,力争翻一番
重庆	10%	12.5%,五年翻一番
四川	9%左右	12%左右
贵州	10%以上	12%以上,五年翻一番
云南	8.5%以上	10%以上,力争翻一番
西藏	12%	12%以上
陕西	11%左右	12%以上
甘肃	10%	12%以上
青海	10%以上	12%,五年翻一番
宁夏	10%以上	12%,五年翻一番
新疆	9%	10%以上

资料来源:根据各地"十一五"和"十二五"规划文本整理。

超过此限：除了北京、上海等少数经济发达省（市）的经济增速指标保持在一位数之外，绝大部分省份的经济增速指标都确定在10%以上。平均而言，全国31个省（区市）"十二五"GDP预期年均增长率达到10.5%左右。其中，有些省份甚至提出在"十二五"期间实现GDP翻一番，乃至人均GDP翻一番的目标，这就意味着需要接近年均15%或更高的经济增长速度。反观"十一五"，当时国家确定的GDP增长规划为7.5%，地方层面则提升至10%，后者高出前者30%。从中央与地方预期增长目标的差距看，"十二五"规划比"十一五"规划显然进一步扩大。这说明，中央倡行科学发展观以来，地方政府的GDP偏好并未减弱。

建设型政府与地方政府债务扩张

突出经济增长的赶超体制，塑造出了典型的"建设型"和"投资型"政府。各级政府承担大量的经济职能，相应将大量的资财和精力投入生产经营领域，是建设型和投资型政府的主要特征。[①] 根据国际货币基金组织2008年《政府财政统计年鉴》的资料，我们对有关国家政府根据职能分类的财政支出结构作了比较（选择2007年的数据，主要是为了剔除金融危机这一非常态事件下政府深度介入经济事务对财政支出结构的扭曲性影响）。从表5-5可以看出，无论是与发达经济体还是与新兴和发展中经济体相比，无论是与转轨经济体还是与具有政府主导传统的东亚经济体相比，中国政府在经济事务方面的支出比例均显著偏高。在所有可获得数据的国家中，中国是除不丹之外经济性支出占比最高的国家，比次高的国家高出了13个百分点左右。

[①] 在理论上，中国一直把"建设性"视为社会主义国家及其政府区别于资本主义国家及其政府的主要特征。据此，投资优先于消费，生产优先于生活，在各个领域被奉为圭臬。从国家预算上看，建设性支出一向构成中国政府支出的主要项目。近年来，随着"民生为本"理念的兴起和提高消费在GDP中占比的任务的提出，中国经济的"建设优先"的特征方才缓慢消退。20世纪末，中国财政界开始提出建设"公共财政"的目标，其中一个重要的转变方向，就是减少投资性（建设性）支出，增加公共消费性支出。

表5-5　　　2007年中国与若干国家政府财政支出结构的比较　　　单位:%

国家	一般公共事务	国防	公共秩序和安全	经济事务	环境保护	住房与社区生活设施	健康	文化娱乐和宗教事务	教育	社会保障
中国	18.2	5.24	4.98	37.68	3.21	0.44	2.51	1.27	9.32	17.15
美国	13.47	11.54	5.71	9.98	—	1.85	21.06	0.87	16.93	18.59
德国	13.61	2.41	3.51	7.23	1.1	1.93	14.01	1.36	9.09	45.75
法国	13.28	3.39	2.41	5.36	1.66	3.62	13.72	2.9	11.24	42.41
意大利	15.98	3.14	3.89	10.23	1.83	2.16	12.75	3.05	11.22	35.93
日本	12.91	2.59	3.89	10.55	3.55	1.81	19.6	0.43	10.74	33.93
新加坡	12.37	27.99	6.24	9.81	—	12.19	6.04	0.48	20.82	4.07
波兰	12.58	3.89	4.72	10.15	1.4	1.7	10.62	2.64	12.72	39.57
乌克兰	7.66	3.04	5.25	13.54	0.66	2	9.05	1.9	14.01	42.89

资料来源：IMF《政府财政统计年鉴》(2008)。

从中央层面看，中国政府的经济性支出占比在有关国家比较中并不特别突出（见表5-6），因此，所谓政府的"建设型"，主要体现在地

表5-6　　　2007年中国与若干国家中央政府财政支出结构的比较　　　单位:%

国家	一般公共事务	国防	公共秩序和安全	经济事务	环境保护	住房与社区生活设施	健康	文化娱乐和宗教事务	教育	社会保障
中国	60.49	11.37	1.82	19.67	0.03	0.27	0.16	0.32	1.22	4.65
美国	13.4	19.96	1.53	5.91	—	1.95	25.18	0.15	2.39	29.54
德国	14.56	3.68	0.5	5.37	0.06	0.71	20.35	0.15	0.59	54.03
意大利	19.98	3.52	4.08	6.39	0.4	0.5	13.54	0.83	10.9	39.87
韩国	24.02	11.33	5.48	17.63	—	4.42	0.99	1.01	15.36	20.73
新加坡	12.37	27.99	6.24	9.81	—	12.19	6.04	0.48	20.82	4.07
波兰	13.88	4.63	5.29	6.8	0.21	0.42	11.58	0.9	11.48	44.82
乌克兰	23.52	3.65	6.24	11.58	0.58	0.59	3.1	0.84	5.81	44.08
智利	7.71	6.51	7.02	14.3	0.32	1.49	15.94	0.71	17.24	28.76
墨西哥	38.36	3.04	2.72	8.11	—	6.92	4.95	0.56	24.73	20.12

资料来源：IMF (2009a)。

方层面。这种特征,可以从城镇固定资产投资项目隶属关系的变化中反映出来。数据显示,进入新世纪后,地方项目的增长率要显著高于中央项目(见图5-4)。这就导致地方项目占比不断增加,从2002年开始超过80%,到2011年已超过92%。这表明,地方投资占主导,构成中国近年来投资领域的重要趋势。

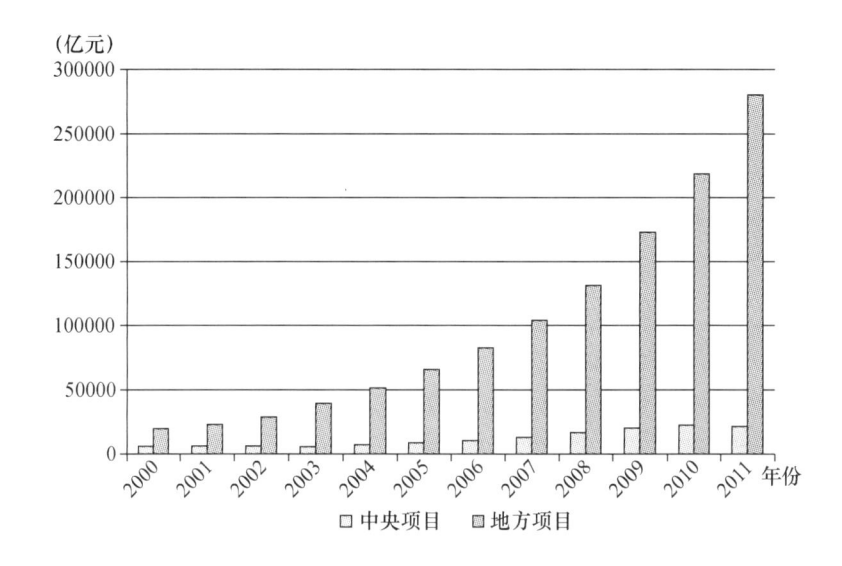

图5-4 按隶属关系分城镇固定资产投资的变化

资料来源:《中国统计年鉴》(2012)。

一方面,地方政府承担了大量的经济建设职能;另一方面,可供其使用的制度性资金来源却严重不足,这使得地方政府不得不通过大量非规范的负债来支撑其雄心勃勃的投资计划。"地方融资平台"应运而生且很快就有了长足发展。[1] 据国家审计署资料,至2010年年底,全国省、市、县三级政府共设立融资平台公司6576家,其中省级165家、市级1648家、县级4763家。从这些公司的经营范围看,以政府建设项

---

[1] 事权与财权不匹配(主要是财权不足),是中国地方政府始终面临的问题。因此,绕过中央政府的规制,不遗余力地"跑部"争取资金,敏锐地发现并抓住一切新的资金来源,成为各级地方政府的重要经济行为。在"融资平台"于2009年大行其道之前,"打包贷款"和"土地财政"等,都曾成为地方政府筹资的重要渠道和手段。

目融资功能为主的3234家，兼有政府项目融资和投资建设功能的1173家，同时进行其他经营活动的2169家。

地方政府平台公司的融资形式在近两年影子银行大量兴起之前，主要有两大类①：一类是银行贷款。在2008年、2009年的大规模信贷扩张中，地方政府融资平台曾是重要的融资主体。根据银监会的统计，截至2009年年末，地方政府融资平台贷款余额为7.38万亿元，占一般贷款余额的20.4%。其中，2009年地方融资平台新增贷款约为3.05万亿元，占全部新增一般贷款的34.5%。另一类是发行各种与市政债券相似的"城投债"（包括企业债、中期票据、短期融资券等）。根据债券市场统计，截至2010年6月末，城投债余额为4882.5亿元。

贷款和发债，形成地方政府债务。审计署资料显示，2010年年底，融资平台公司政府性债务余额49710.68亿元，占地方政府性债务余额的46.38%，其中，政府负有偿还责任的债务31375.29亿元、政府负有担保责任的债务8143.71亿元、其他相关债务10191.68亿元，分别占63.12%、16.38%、20.50%。从层级看，省级8826.67亿元、市级26845.75亿元、县级14038.26亿元，分别占17.76%、54%和28.24%。

分解2010年年底全国地方政府性债务资金（已支出部分）的投向（见图5-5），可以看到：占据前三位的分别是市政建设、交通运输和土地收储整理，合计占比达到72%。这些均与城市基础设施建设直接相关。这一事实进一步昭示我们：城市化逐步深化，构成当前及未来中国经济增长的主要引擎。因此，城市基础设施投资构成当前及未来我国投资的主要内容，地方政府则构成此类投资的主体。

需要关注的是，最近一个时期以来，出现了地方政府融资平台转向非银行方式筹资的趋势。事实上，2010年年中监管部门对地方融资平台贷款进行专项清理之后，一度使地方政府性债务规模迅速膨胀的势头得到遏制，地方融资平台贷款增长基本停滞。进入2012年，在经济增速放缓、各地加大基础设施建设"稳增长"的背景下，承担主要基建

---

① 除此之外，还包括"信政合作"和"银信政合作"形式的融资。但由于相关资料披露不全，地方政府平台公司这一类融资的规模尚难以掌握。

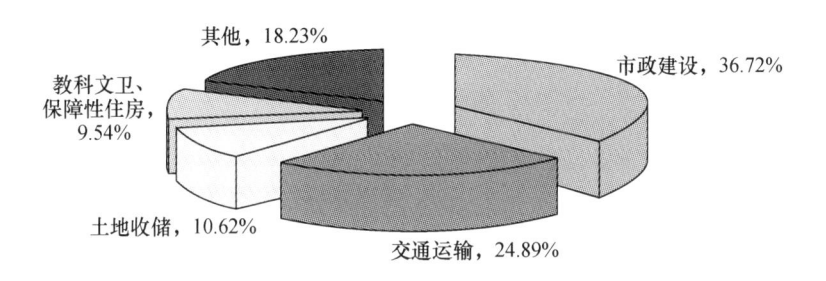

图 5-5　2010 年年底全国地方政府性债务资金投向情况

资料来源：审计署 2011 年 6 月发布的《全国地方政府性债务审计结果》。

任务的地方融资平台资金需求日渐旺盛。同时，地方公共财政收入增速下滑，土地出让金收入减少，以及地方政府融资平台进入偿债高峰时期，银行贷款到期债务规模较大等因素，更是加大了地方融资平台的融资需求。于是，地方政府性债务在经历了 2011 年短暂沉寂后，2012 年再次回潮。在传统的银行信贷融资渠道收紧后，越来越多的融资平台改变原有融资模式，通过城投债、信托贷款等非银行方式筹资。

从债券融资角度来看，2009—2011 年三年间，城投债发行规模大体保持稳定。2012 年以来，随着宏观环境的变化和发行条件的渐趋宽松，城投债增长迅猛，全年发行额 1.27 万亿元，到期额 997 亿元，净增加 1.17 万亿元，同比增长 189%。

与此同时，以"影子银行"为代表的银行表外业务膨胀，大量银行资金通过信托、基金、融资租赁等渠道变相地流入地方融资平台。"影子银行"正逐步发展成为信贷紧缩下地方融资主要的替代性解决方案。从信托融资角度来看，2011 年，投向基础产业的信托资金仅新增 209.3 亿元，2012 年则累计新增 7551 亿元，其中单一信托计划 6150 亿元。2011 年，信政合作（信托与政府合作）余额减少 1026.4 亿元，而 2012 年信政合作余额增加 2478.7 亿元。可见，越来越多的信托公司都将业务重点逐步转移到地方政府融资领域。

粗略测算，2012 年，地方融资平台新增债务约 1.9 万亿元，其中通过城投债发行净融资 1.17 万亿元，通过信托计划新增资金 7551 亿元。至 2012 年年底，地方政府融资平台债务规模可能已增长至 12 万亿—13 万亿元。

随着地方债务结构和风险趋向复杂化，特别是违法违规融资有抬头之势［如违规采用集资、回购（BT）等方式举债建设公益性项目，违规向融资平台公司注资或提供担保］，2012年年底财政部等四部门联合发文再次强调对地方政府融资行为进行规范。此次规范涉及多数融资渠道，比较突出的是规范地方政府"土地融资"的模式，并清理无序扩张状态的影子银行业务。同时，发改委于2012年12月中也强化企业债风险防范，明确和细化发债企业资产负债率标准。2013年3月，银监会又发文对商业银行理财资金直接或通过非银行金融机构、资产交易平台等间接投资于"非标准化债权资产"业务进行规范，实际也涉及地方融资平台的整治。

对于融资平台债务的这些监管约束，是否能从根本上解决地方债务潜在的增长压力，还是存有疑问的。首先，在当前的宏观形势下，由于外部需求面临不确定性、消费需求乏力、制造业投资低迷、房地产投资可能受到调控政策的影响，基建投资在稳增长中将继续担当重要角色。从各地规划看，2013年有近20个省份将固定资产投资增长目标设定在20%及以上，个别省份更将此目标定在30%。在此背景之下，新的规范意见将可能激发地方政府新的规避冲动，继续寻找各种替代性融资、变种融资方案。

到目前为止，治理地方融资平台债务，一直是以限制和约束为主。这种"堵"字为先的应对方式，使融资平台债务风险难以从根本上解决。堵歪路后还需要开正路，我们需要按照党的十八届三中全会决定精神，努力"建立透明规范的城市建设投融资机制，探讨地方政府通过发债等多种方式拓宽城市建设融资渠道，允许社会资本通过特许经营等方式参与城市基础设施投资和运营，研究建立城市基础设施、住宅政策性金融机构"。方向已经明了，在今后几年中，我们希望《决定》的精神被付诸实施。

政府隐性担保与或有负债

中国过去30余年的成功赶超，政府发挥了相当大的作用。这个作用不仅体现在它们作为投资主体直接参与经济建设，而且体现在它们向微观主体提供了大量的隐性担保，支持国有企业和国有金融机构发展。

同时，政府还承担了大量市场化经济转型的成本。

对国有企业的隐性担保，主要有如下三种形式：一是对国有企业亏损挂账的隐性担保。在传统计划经济条件下，国有企业的亏损由国家财政提供全额补贴。1985年"拨改贷"改革后，中央财政为国有企业支付的亏损补贴（企业应向财政上缴而实际未上缴的收入）总体上呈下降趋势，但国有亏损企业的亏损额（补贴后的亏损）却呈逐年上升趋势。这些亏损额基本上都以亏损挂账的形式存在。这意味着，中央财政实际上对国有企业的亏损挂账提供着隐性担保。二是对国有企业间债务的担保，典型的如20世纪90年代的清理"三角债"。三是对国有企业拖欠国有银行贷款的担保，这实际上也是政府对于金融业的隐性担保。因为这些不良贷款最终会由中央政府承担。

政府对于金融业的隐性担保，除了上面提到的对于其不良资产的处理（包括核销剥离等），还体现在通过发行债券或直接注入财政资金的方式提高银行资本充足率，以及在最后关头提供银行存款保险等。[①]

中国政府提供的一项重要的隐形担保，就是承担了改革转型的主要成本。其中，社会保障欠账最为显著。在传统体制下，中国一直实行"低工资、低消费、高积累"的政策。从1952—1978年，职工平均货币工资从445元增长到615元[②]，增长了38.2%，而物价上涨了21.5%（零售价格指数从1952年的82.3上升到1978年的100）。考虑到通货膨胀率，实际工资增长16.7%，年均增长仅为0.6%。而积累率却由1952年的21.4%增长到1978年的36.5%，其中个别年份甚至高达40%以上。[③] 这种分配格局，使得国有企业无法为职工积累社会保障基金，从而积下大量历史欠账。这些历史欠账是政府过去长期实施"竭泽而渔"高额积累政策形成的，因此，将其列为政府或有负债，有着充分的理由。

[①] 政府对金融业提供隐性担保，不止是中国特有的现象，这在成熟市场经济国家中也很普遍。

[②] 数据来自《新中国五十五年统计资料汇编》，国家统计局国民经济综合统计司（2005）。

[③] 数据来自《中国统计年鉴》（1981）。

6

资产负债表风险评估

6.1 资产负债表风险评估的一般框架

一国之资产负债表风险，可以从部门内部、部门之间，以及中长期宏观经济运行等三个层次进行分析评估。

第一，部门风险。这指的是各部门内部的资产负债表错配，以及或有债务积累等商业、金融风险。其中，资产负债表错配又包括三方面内容：一是货币错配（currency mismatch）：当一个权益实体（包括主权国家、银行、非金融企业和家庭等）的收支活动使用了不同的货币计值，因其资产和负债的币种结构不同，从而其权益的净值或净收入（或二者兼而有之）对汇率的变动非常敏感时，就出现了货币错配。从存量角度看，货币错配指的是资产负债表（即净值）对汇率变动的敏感性；从流量角度看，货币错配则是指损益表（净收入）对汇率变动的敏感性。净值/净收入对汇率变动的敏感性越高，货币错配的程度也就越严重。二是期限错配（maturity mismatch）：即资产的期限结构与债务的期限结构不对称，主要表现为"借短用长"，导致权益主体仍然需要频繁进入市场，弥合流动性缺口。三是资本结构错配（capital structure mismatch）：指权益实体过分依赖刚性的负债融资，而资本金或所有者权益（equity）在融资结构中的比例过低，亦即出现资产负债率或杠杆率偏高的现象。本质上，以上三种错配所形成的风险集中体现为流动性风险。

第二，部门间风险传导（系统性风险）。系指国民经济各部门之间通过资产、负债、权益等项目的关联与业务往来而形成的具有"传染性"的风险。其中的研究重点在于厘清部门间债务清偿与风险吸收的可能路径，以及资产负债的产权变动关系。在渠道上，这一机制可分为直接传导与通过其他部门（主要是金融机构）间接传导两种；从方向上，又可分为私人部门向公共（主权）部门"自下而上"的传导和公共（主权）部门向私人部门"自上而下"的传导两种。作为示例，图6–1显示了非金融企业、金融机构、居民部门风险向政府部门传导的简化机制。

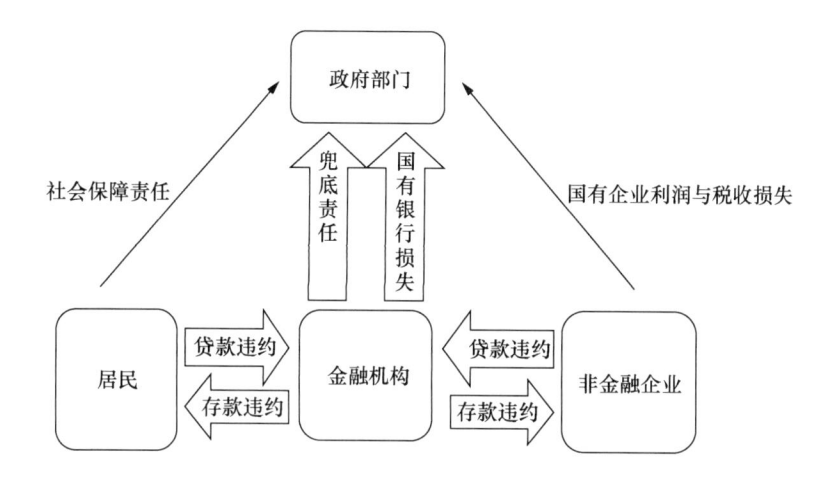

图6–1 部门间风险传导机制

第三，中长期动态风险。这里主要是在结合存量和流量方法的基础上，指向权益实体未来的资产负债动态结构，包括杠杆率、偿付力以及债务可持续性等问题。作为一个体制转型、经济发展方式转型和经济发展阶段提升三者并举且共处的开放型大国，中国当前又面临若干特别的中长期动态风险。这些风险主要来自经济增长路径（如结构性经济增速放缓）转轨、政府转型、人口老龄化、社会福利增进、金融开放（如人民币国际化）等经济社会发展的内外部因素变化。所有这些变化都将在资产负债表上得到反映。显然，这是更为广义的资产负债风险范畴，需综合宏观层面的各类结构分析。这一问题将在下文单独讨论。

6.2 国家资产负债表错配与或有负债风险

资产负债表的期限与资本结构错配风险

前已述及，资产负债表错配，主要有货币、期限和资本结构错配三种形式。这里先就其中的后两种形式展开讨论，而后在下一部分将专门论述货币错配及与之相关的人民币国际化问题。

首先看期限错配风险。中国正处于城镇化加速发展的过程中，城镇化需要大量的投资。相比于工业化，城镇化投资不仅规模巨大，而且期限更长。在资本市场发展滞后、长期资金供给机制很不完善的条件下，商业银行本就存在的"借短用长"风险更加彰显。地方政府的情况亦然。它们承担着大量的城市基础设施投资。这些投资周期长、见效慢，即便是收益前景稳定且良好的项目，也需5—10年方能产生现金流。然而，支持这些项目的资金来源高度依赖于土地出让金、税收收入、中央代地方发行的债券，以及通过地方融资平台所筹措的一些中短期融资。这就导致债务期限与项目的现金流分布严重不匹配。这些错配虽然一般不会产生"偿付风险"，但一定有"流动性风险"存在其中。

其次，关于资本结构错配风险。通过国际比较我们发现（见图6-2），中国非金融企业债务占总债务的比重为62.4%，比其他国家的比重要高30—40个百分点。这凸显出以银行为主导、以债务融资为主体的中国金融体系的痼疾。毫无疑问，这种资本结构错配，使得中国的非金融企业的债务水平和杠杆率均处于极易引发危机的境地。

货币错配风险与人民币国际化

关于货币错配风险。2012年年末，中国的对外资产为51749亿美元，对外负债为34385亿美元，净国际投资头寸达到17364亿美元。由于外币资产大于外币负债，中国面临的主要问题是债权型货币错配。这与亚洲金融危机以及此次危机中危机国家普遍面临债务型货币错配存在明显区别。在中国外汇资产的币种结构中，有60%—70%是美元，20%—

6 资产负债表风险评估 · 69 ·

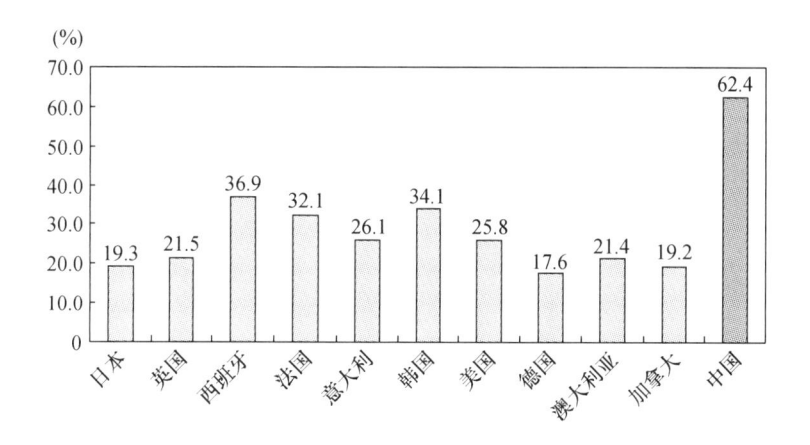

图6-2 非金融企业债务占总债务比重的国际比较

日本 19.3、英国 21.5、西班牙 36.9、法国 32.1、意大利 26.1、韩国 34.1、美国 25.8、德国 17.6、澳大利亚 21.4、加拿大 19.2、中国 62.4

资料来源：中国数据来自课题组估算，其他数据来自 MGI（2012）。

25%是欧元，其余则为英镑、日元等。从2005年7月启动新一轮人民币汇率形成机制改革至2012年年末，人民币对美元汇率中间价已累计升值近32%，这一变化，使得中国外汇资产蒙受了巨大的账面损失（业界所谓"浮亏"）。今后人民币若继续升值，此类损失依然不可避免。

2012年，中国在国际收支方面又出现了一些新的情况，也给央行资产负债表的货币结构带来了新的挑战：持续了13年（1999—2011年）的双顺差格局，转变为"经常项目顺差、资本与金融项目逆差"的新格局。在资本和金融项目逆差中，主要是非直接投资形式的资本流动呈现大额净流出，尤其是其他投资项下净流出2600亿美元。其中，其他投资项下对外资产（包括对外贷款、境外存放和拆放、出口延收和进口预付等）净增加2316亿美元；其他投资项下对外负债（包括贸易融资、境外存入款项等）减少284亿美元。

境内主体境外资产运用的增加和对外负债的减少，与人民币汇率预期分化存在较大的关系。在人民币汇率逐渐趋向合理均衡水平的背景下，人民币汇率由单边升值预期转化为双向波动预期，企业和居民等私人部门因此调整财务运作，由以往的"资产本币化、负债外币化"，尝试转向"资产外币化、负债本币化"，或者资产负债币种均衡化。从境内企业、个人的结售汇意愿看，结汇倾向降低，持汇和购汇意愿上升。2012年，非银行部门结汇较2011年下降2%，售汇增长19%，结售汇顺差 1106 亿美元，较 2011 年下降 70%，仅相当于 2007 年历史最高顺差规模的 22%。

随着国际收支格局的变化，特别是随着境内机构和个人结售汇意愿的改变以及持有的对外资产大幅增加，我国已开始了从"藏汇于国"向"藏汇于民"的转变。2012 年，储备资产增幅明显放缓。如果剔除汇率、价格等非交易价值变动影响，新增储备资产 966 亿美元，较 2011 年下降 75%，增量为 2002 年以来近十年的最低水平。储备资产与 GDP 之比为 1.2%，较 2011 年下降 4.1 个百分点。其中，外汇储备资产增加 987 亿美元，较 2011 年少增 2861 亿美元，低于 2007—2011 年年均增加 4351 亿美元的规模。从国际投资头寸表看，2012 年年末，储备资产占对外金融资产的比重降至 65%，为 2008 年以来的最低点。在 2012 年新增对外金融资产中，储备资产贡献率下降至 30%，远低于 2005—2011 年间 60% 以上的年均贡献率水平。

应该说，国际收支格局的这种变化，使得央行资产负债表中的货币错配风险转变了方向，通过将外汇资产投资与持有风险分散给企业及居民，国家集中承担风险的压力将有所缓解。但在同时，这一变化也对央行的资产负债表带来若干重大结构性影响。由于国际收支"双顺差"规模的大幅缩减（2012 年国际收支总顺差 1763 亿美元，大大低于 2007—2011 年年均 4552 亿美元的顺差规模），央行实施外汇市场干预的压力减轻，外汇的净买入量以及通过购汇渠道所产生的基础货币投放大幅下降。2012 年央行外汇占款余额的增幅仅为 4281.2 亿元，为 2003 年以来最小，尤其是与 2006—2011 年期间每年 2 万亿—3 万亿元的增幅相比，明显减少。从外汇占款增量占基础货币增量的比例看，2013 年仅为 0.16，为 21 世纪以来的最低水平，显著低于 2004—2005 年间超过 200% 以及 2006—2009 年间超过 100% 的水平。

此外，还需关注的是，近年来，人民币国际化进程的推进，也对资产负债表货币错配带来多方面影响。对此，有观点认为：人民币国际化的推进，并不会降低资产负债表中的货币错配风险，反而会加剧这一风险。其背后的逻辑是：跨境贸易人民币结算启动后，人民币贸易结算的主体部分是进口贸易结算（人民币贸易结算的 80%—90% 是进口贸易结算）。在进口贸易结算的过程中，境内企业用人民币替代原外汇支付进口，相应降低了购买外汇的需求。在外汇市场持续供大于求的格局下，外汇需求下降进一步放大了供大于求的局面。货币当局出于稳定汇率的需要，不得不更多地购买外汇。外汇储备资产相应增多，加剧了货币错配风险。

我们的看法是，由于货币错配风险指的是"权益的净值或净收入（或二者兼而有之）对汇率的变动非常敏感"，所以它是始终存在的，是非储备货币国家的"原罪"。因此，人民币国际化，无非只是可能使货币错配风险转换了方向，或者有了新的表现形式而已，对此，需要进行分阶段的考察和动态的分析。首先，在2009年开展跨境贸易人民币结算后的最初一段时间内，进口的人民币结算规模确实大于出口。由于人民币对外支付较多，出现了跨境人民币收入远小于支出的情况，造成跨境人民币净流出。根据国家外汇管理局发布的《中国跨境资金流动监测报告》，2009年10月至2011年8月，月均跨境人民币流入与流出之比为1:2.6。其中，2010年跨境人民币收入与支出之比为1:5.3，2011年前8个月该比例为1:2.2。跨境人民币净流出，相当于替代了境内购汇，减少了购汇需求，相应导致外汇储备增长，从而加剧了债权型货币错配的风险。

但要看到的是，进入2011年第四季度，出口的人民币结算规模开始大于进口，出现货物贸易项下跨境人民币收入大于支出的情况，并导致跨境人民币转为净流入。2011年9—12月，月均跨境人民币流入与流出的比为1.4:1。由于出口当中使用人民币代替了原外汇，相应减少了结汇的外汇资金来源以及货币当局外汇资产的增长，由此降低了货币错配的风险。

进入2012年，随着人民币合格境外机构投资者（RQFII）试点制度推出，境外人民币回流渠道拓宽，资本和金融项目净流入上升。全年RQFII项下境外机构共汇入资金560亿元，汇出资金30亿元，净汇入资金530亿元人民币。特别是2012年下半年以来，随着RQFII-ETF产品的推出，RQFII项下净流入资金的规模显著增加，体现为资本和金融项下的证券投资资本流入增加。在跨境人民币由净支出转为净收入（特别是资本和金融项下）的情况下，客观上减少了境内结汇，放缓了对外资产的积累。这同样有利于减少货币错配的风险。

或有负债风险之一：房地产信贷风险

除资产负债表错配外，宏观经济部门还面临着或有负债风险。在中国，这一问题又集中体现在主权部门面临的房地产信贷和社保基金缺口两类风险。

先来看房地产信贷风险。尽管房地产抵押贷款主要体现为金融部门的资产或债权，但考虑到国有银行在金融体系中的主导地位，以及政府对于金融部门提供着隐性担保，这一风险最终会由政府来部分承担，因此，本质上，这也属于主权部门的或有负债。在历史上，中国处理商业银行的坏账，曾先后采取过政府注资的再资本化方式，以及坏账剥离后由央行再贷款予以替代的方式等加以解决。这些方式将风险从银行部门转移到政府部门，最终形成了国家主权风险。

中国的房地产信贷风险暴露，以房地产开发贷款与住房抵押贷款占银行业全部贷款的比重来衡量，始终没有超过20%。就国际标准而言，这一水平并不算高。同时，中国目前的按揭贷款与抵押品价值比率（loan-to-value ratio）平均低于70%。因此，家庭部门住房抵押贷款的杠杆率水平尚处于低位。从银监会披露的商业银行不良贷款分行业情况看，房地产业和个人住房按揭贷款的不良贷款比率分别为1.26%和0.37%，与其他行业或项目的不良贷款率相比，其水平并不太高。由此可以认为，银行部门的房地产贷款的风险暴露，仍然处于可控的范围之内。

尽管银行贷款对房地产业直接的风险敞口不大，但间接的风险需要重视。首先，在中国银行业的贷款业务中，抵押贷款占比较高。从工行、农行、中行、建行、交行五大行的情况看，所放贷款的30%—45%是抵押贷款，特别是房地产抵押贷款。以房地产为抵押担保的贷款，除了家庭住房抵押贷款和开发商抵押贷款之外，还包括主要以国有企业土地使用权为抵押担保的地方融资平台贷款、其他基础设施投资和产业投资抵押贷款等。如果房地产价格出现大幅度下滑，抵押品的价值就会相应缩水，一旦债务人出现违约的情况，银行部门就会遭受较大损失[1]。

---

[1] Kiyotaki 和 Moore（2002）曾将资产负债表的风险传导机制划分为直接与间接两类途径。其中，间接传导的渠道就是通过资产市场的价格变动，来改变贷款抵押品的价值。Kiyotaki 和 Moore 特别指出，由于日本企业向银行融资时往往以固定资产（如房地产）作为抵押品，间接传导效应尤其明显。鉴于中国银行部门对房地产抵押贷款的依赖，资产负债表的间接传导机制应当关注。

与此同时，由于房地产业的前向和后向产业关联度较高，是国民经济中占据系统重要性地位的产业，一旦房地产业出现大幅度向下调整的情况，将不可避免地冲击大量相关产业，进而对银行系统的资产质量形成连锁性不良影响。此外，地方政府融资平台也与房地产业高度相关。在贷款项目自身现金流有限的情况下，债务偿还对土地出让收入的依赖性极大。审计署的审计结果显示，2010 年年底，地方政府负有偿还责任的债务余额中（67109.51 亿元），承诺用土地出让收入作为偿债来源的债务余额为 25473.51 亿元，占 38%，共涉及 12 个省级、307 个市级和 1131 个县级政府。如果房地产业遭遇困境并影响到土地出让收入的规模，地方融资平台的贷款质量也将受到负面影响。

在实践中，上述间接风险转化为现实风险而集中爆发的必要条件，是房地产价格的深度调整。其充分条件，则存在于住房价值相对于 GDP 和居民收入的比值之高低。如果住房价值/GDP 以及住房价值/居民可支配收入的比值较高，则房地产价格的深度调整极有可能引发房地产市场危机，且极有可能进一步引发全面的经济危机。

通过同主要发达国家的比较研究，我们发现，中国的住房价值与 GDP 的比率目前尚处于较低水平。就此而论，中国房地产市场的风险总体依然可控。但中国住房价值与居民可支配收入的比率却相对较高，说明这一市场已很难持续发展。究其原因，一方面，作为分母，中国居民的收入在 GDP 中的占比远低于发达国家 60% 的平均水平，急须扭转；另一方面，作为分子，中国城镇住房价格在城镇化加速推进的背景下，可能上涨得过于剧烈了。

或有负债风险之二：社会保障基金缺口

另一个或有负债风险是社会保障基金缺口。从近年来欧洲、美国等发达经济体遭遇的主权债务危机看，社会保障体系的资金缺口、特别是养老保障体系的资金缺口，是全面性经济危机最重要的诱因。因此，面对体制转轨和人口老龄化的双重挑战，中国必须高度重视社会保障基金缺口尤其是养老保险基金的支付缺口问题。

就体制转轨的挑战而言，1995 年，中国推行企业职工养老保险制度的改革确定了社会统筹和个人账户相结合的原则。1997 年的"国发

26 号文件"进一步确认了这一混合模型,并宣布要从完全现收现付制向部分个人积累制过渡。这时,理论上在职职工缴纳的养老金有一部分就应放入个人账户积累,而不应用于现收现付的养老金发放。但现实情况是,现收现付制与基金积累制并存的"统账结合"模式是从过去完全的现收现付制转轨而来,而过去个人账户并没有任何资金积累,特别是对于过去没有个人账户的"老人"和个人账户积累额较少的"中人",便会出现养老金支付上的资金缺口。这即是养老金体制转轨形成的所谓转轨成本。

在过去相当长时期中,转轨成本由谁来承担的问题,一直没有彻底解决。中国在从传统的现收现付制转向统账结合的体制时,没有采取专门方式处理转轨成本,而是期冀通过加大企业统筹费率、扩大养老保险覆盖范围,通过统账结合的方式逐步将其消化(宋晓梧等,2000;贾康等,2007)。转轨成本与个人账户的空账问题密切关联,由于没有采取措施解决资金缺口,养老保险管理部门必须挪用个人账户的资金才能保证已退休职工的养老金发放,由此导致按新体制缴费的在职职工的个人账户事实上沦为空账,名义上的统账结合制蜕化成事实上的现收现付制。

如前文所述,国内外机构对于中国养老金隐性债务的规模已有较多测算,但各项研究采取的养老金隐性债务的定义并不完全一致,并且由于其测算方法和时点差异较大,结果也有明显不同。本课题组也对养老金转轨形成的历年隐性债务进行了测算。如图 6-3 显示,2000—2050年,每年企业养老保险的转轨成本在 1000 亿—4000 亿元之间(当年价格),在 2000 年时,转轨成本甚至可以占到企业养老保险支出的近 50%[①]。2000—2011 年,企业养老保险的累计转轨成本即已达到 1.84 万亿元。如前所述,转轨成本造成的资金缺口主要通过挪用个人账户资金发放,而根据《中国养老金发展报告(2012)》,到 2011 年年底,中国城镇基础养老保险个人账户空账额已达到 2.2 万亿元,大于我们计算的累计转轨成本。其中的原因部分在于,1996—1999 年间也有转轨成

[①] 部分原因在于那时只有老人存在,而老人并没有个人账户积累,因此相当一部分养老金都以转轨成本的形式存在,通过挪用个人账户资金发放。

本发生。若假定这四年的年转轨成本等于2000年的水平，则恰好为2.24万亿元。而转轨成本存量①在2011年则为3.47万亿元，占当年GDP比例达到7.33%。

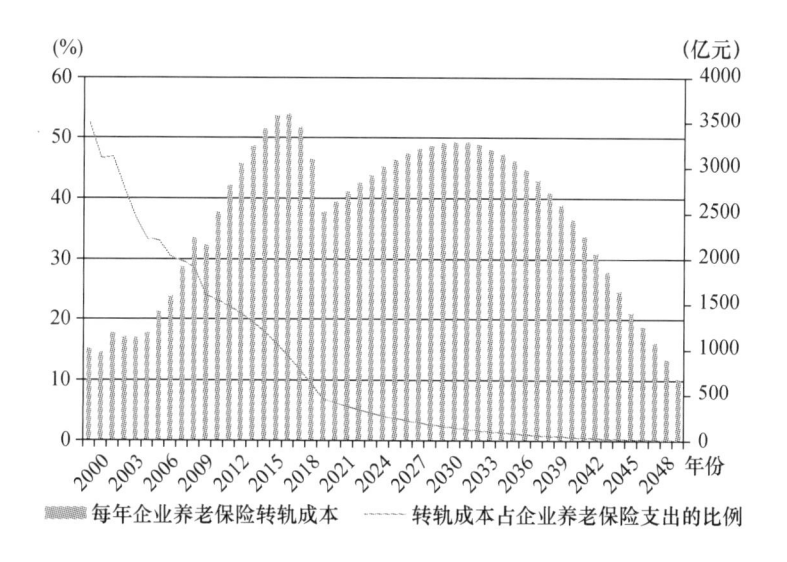

图6-3　企业养老保险转轨成本

资料来源：课题组估算。

不过，由于转轨成本集中在老人和中人上，随着时间推移，转轨成本在养老保险支出中所占比例势必会快速下降。在未来，更令人担忧的是人口老龄化导致的养老保险资金压力。

就人口老龄化的挑战而言，目前中国的人口结构正在发生根本性的变化，老龄化问题日益加重。第六次人口普查数据显示，中国大陆总人口为13.4亿人，其中，0—14岁少年儿童人口2.22亿，占16.6%，比2000年人口普查下降6.29个百分点；60岁及以上老年人口总量增至1.78亿，占13.26%，比2000年人口普查上升2.93个百分点。同时，根据国家统计局的报告，2012年中国劳动人口数量已开始出现下滑，中国15—59岁劳动年龄人口比重首次下降，同时，劳动年龄人口的绝

---

① 即未来仍需支付的转轨成本，已发生的转轨成本则已体现在养老保险个人账户的空账中。

对数也减少了345万人。这些数据告诉我们三个重要信息：其一，中国当前总人口结构中的"少子化"现象十分明显。六普数据显示，中国当前总和生育率为1.188，这使得中国成为目前世界上生育率最低的国家之一。其二，老龄化速度明显超出了以往的人口预测和规划。其三，中国当前的劳动人口规模拐点也已出现，人口红利将逐渐消退。这意味着，一方面，老龄化的加速和老年人口规模的快速扩大将带来更多养老保险支出，另一方面，劳动人口规模下降和生育不足将减缓乃至减少未来养老保险收入，一增一减之间，中国未来的养老保险体系在财务上的可持续性便面临很大问题。

无论是体制转轨还是人口老龄化，都带来养老保险收支的资金缺口和或有债务。事实上，目前某些地区已出现养老保险的收不抵支和资金缺口。根据人力资源和社会保障部统计，不考虑当年1954亿元的财政补贴，2010年当年企业养老保险收不抵支的省份共有15个，缺口达679亿元。这意味着，中国企业养老保险制度潜在的财务风险已经出现显性化的苗头，甚至到了难以离开财政补贴的程度。因此，养老保险的资金缺口，正在实实在在地转变为政府的负债根源之一。

上述讨论的主要是企业职工的养老保险问题，与此同时，为了实现养老保险全覆盖的目标，包括城镇和农村居民在内的非正式就业人群，目前也正逐步被纳入社会养老保险范畴，这更需要财政给予直接的补贴①。因此，如果再考虑到过去未被纳入职工养老保险体系的城乡居民，全口径的社会养老保险欠账规模和政府的支付责任将更加巨大。

我们在养老保险隐性债务专题研究部分估算和预测了2010—2050年历年的养老保险收支情况。结果显示，如果继续执行现行养老保险体系，不对如退休年龄等进行调整改革，那么，到2023年，全国范围内职工养老保险即将收不抵支，出现资金缺口，需要动用养老保险累积结余。到2029年，累积结余将消耗殆尽，需要寻找新的财源才能保证养老金的发放。若我们假定，每当结余耗尽，资金出现缺口，政府就动用财政补贴来熨平缺口，则2010—2050年历年的财政补贴支出折现到

---

① 因为居民养老金的基础养老金部分完全依赖政府财政补贴，而没有相应的缴费收入。个人缴费理论上只用于个人账户养老金累积和发放。

2011年将达到46.5万亿元，与当年GDP的比例为98%。① 若再考虑目前已经广泛开展的城乡居民养老保险，还会为政府带来6.08万亿的隐性债务，这将使养老保险隐性债务的规模进一步扩大到2011年GDP的111%。到2050年时，中国全社会总养老金支出（包括职工和居民养老保险）占GDP比例将达到11.85%，这个结果基本接近于目前部分欧洲高福利国家的水平（见表6－1）。目前，中国全社会总养老保险金支出占GDP比例仅为不到3%。

表6－1　　世界主要发达国家和地区养老金支出占GDP比例　　单位：%

国家	比例1	比例2	国家	比例1	比例2
意大利	15.4	0.2	OECD	7.8	2.2
法国	13.7	0.4	卢森堡	7.7	0.1
奥地利	13.5	0.2	美国	6.8	2.9
希腊	13.0	0.0	英国	6.2	3.2
葡萄牙	12.3	1.0	挪威	5.4	—
波兰	11.8	0.0	荷兰	5.1	3.9
德国	11.3	0.3	以色列	5.0	1.7
日本	10.2	—	新西兰	4.7	1.9
比利时	10.0	3.3	加拿大	4.5	2.7
芬兰	9.9	0.7	澳大利亚	3.5	4.6
匈牙利	9.9	0.2	韩国	2.1	1.1
西班牙	9.3	0.6	墨西哥	1.3	0.3
捷克	8.3	0.4	中国（2010）	2.7	—
瑞典	8.2	1.3	中国（2050）	11.9	—

说明：表中非中国数据来源于OECD Factbook 2013，时间为2009年。中国数据是我们的估算。本表中有两个养老金支出占GDP比例，比例1是公共部门养老金支出，指法定的（强制性）由政府或政府管理的社保基金负责运营管理，因此是政府负有直接偿还责任的养老金支出占GDP的比例。本研究中关于中国的测算即属于第一种；比例2是私人部门养老金支出，指由其他商业保险机构等负责运营管理的，政府不负有直接偿还责任的养老金支出占GDP比例，如企业年金。

---

① 因此，与上文计算得到的2011年制度转轨成本相比，影响更大的是人口结构变迁带来的养老保险收支缺口：由于制度转轨导致的隐性债务占总职工养老保险隐性债务的比例为7.5%，而由人口老龄化导致的隐性债务占总职工养老保险隐性债务的比例则为92.5%。

需要注意的是，以上讨论仅限于养老保险的情况。除此之外，中国的医疗保障、失业保障等同样存在投入不足问题，也都迫切需要完善提高，也都需要大量资金积累。总而言之，作为社会保障体系资金缺口的最终支付者，政府的或有债务风险，特别是养老保险资金缺口带来的潜在债务负担问题，已经成为一个大问题，必须引起高度重视。

6.3 部门间债务清理与风险转移

此处以银行不良贷款处置为例，分析资产负债表风险在非金融企业、金融机构、政府部门间的关联与转移。其中的传导机制可参考上文图 6-1。

由于中国政府拥有大量的主权资产（2011年达到166多万亿元），从总量上看，债务的清理过程一般不会引发较大的风险。在历史上，我们曾经动用外汇资产注资金融机构，有效地解决了大批金融机构的不良资产处置及再资本化问题；也曾用国有股减持收益充实社保基金，为社保体系积累了可观的战略储备；还曾通过出让国有土地和（或）出售地方国有资产的方式，化解地方融资平台债务风险，等等。应当认为，和发达经济体以及世界上大部分新兴经济体相比较，中国巨额的主权资产、正的政府权益，以及能够在诸种社会账户之间用"移山填海"的方式寻求均衡的能力等，均显示出极大的优越性。

中国政府在1998年发行特别国债2700亿元，以补充国有独资商业银行（即工行、农行、中行及建行）的资本金。1999年又成立四家金融资产管理公司，在1999年、2000年两年间从四家银行向资产管理公司剥离近1.4万亿元的不良资产。2003—2005年，再次剥离中行、建行、工行的不良贷款，汇金公司也分别于2003年向中行、建行，2005年向工行进行注资，以利其公司化改造并创造条件上市。2006年3月，华融公司、长城公司、东方公司和信达公司四家资产管理公司对上述不良资产的加权平均资产回收率不到1/4，实际损失为1万亿元左右。再加上2003—2005年中行、建行和工行财务重组过程中的5000多亿不良资产剥离，仅这一阶段的不良资产剥离成本就达1.5万亿元以上。这还不包括数额可观的资产核销和银行注资。2008年农行不良资产（其中可疑类贷款2173.23亿元、损失类贷款5494.45亿元、非信贷资产489.27亿元）剥离8156.95亿元。对于上述不良资产，以2007年12月31日中国人民银行对农行1506.02亿元免息再贷款等额置换不良资产；其余6650.93亿元形成应收财政部款项，并自2008年1月1日起按3.3%的年利率对未支付款项余额计息。农行与财政部建立"共管基金"，用以在15年内偿还农行应收财政部款项的本金，并支付相应利息。共管基金的资金来源包括存续期内农行向财政部上缴分配现金股利、纳付中央财政的企业所得税、不良资产处置回收资金扣除回收费用后的部分，以及财政部减持农行股份收入等。转让资产相关的全部权利由财政部享有，全部风险由财政部承担。不同于其他国有银行，农行不良资产处置方式委托农行自身处置。财政部委托农行成立专门的资产处置机构进行清收。这主要是考虑到农行不良资产构成"笔数多、单笔数额小、分布区域广"，不宜使用传统的资产管理公司模式。

中国不良资产的处置还包括农信社改革成本，以及证券公司重组中的注资（这些资金基本上来自证券投资者保护基金和央行再贷款，其中证券投资者保护基金的股本金和垫付资金来源分别是财政出资和央行再贷款）。[1]

中国的主要银行在改革前都是由政府全资拥有的，股份制改造后也是国有控股。截至2010年年底，中国全部银行业股权结构中，国家股占比53.85%，国有法人股占比6.81%，非国有股占比39.34%。其中，工行、农行、中行、建行、交行五大银行股权结构中，国家股占比68.19%，国有法人股占比1.36%，非国有股占比30.45%。12家全国性股份制银行股权结构中，国家股占比3.60%，国有法人股占比25.93%，非国有股权占比70.47%。基于这种产权关系，多年来，中国政府迫使银行发放了大量非商业性贷款。这些贷款形成了中国银行业不良资产的主要来源。正如中国人民银行行长周小川（2004）曾经指出的，在20世纪90年代及90年代以前，银行业所形成的大量不良资

---

[1] 2005年，中国成立了证券投资者保护基金，由国务院独资设立，财政部出资63亿元作为注册资本和基金股本金，央行出资617亿元作为垫付资金（将来需要偿还央行）。

产的主要构成部分,大体上来看,约30%来自各级政府直接的行政命令和行政干预,另约30%主要是为支持国有企业所造成的,还有大约10%来自地方的行政环境和司法执法的行政环境,再有10%左右来自国家主导的产业结构调整,包括主动"关停并转"一些企业。除此之外的大约20%的不良资产,来自银行自身经营管理不善,也包括机制方面的问题所产生的原因。在此情形下,由政府动用其掌握的其他资源来处置国有银行的不良资产,应当是顺理成章的事。同理,由于中国政府是中国银行业的唯一大股东,政府为其银行注资,亦属题中应有之义。

处置银行不良资产有很多方式,包括坏账剥离、核销不良资产、注资、发行特别国债、发行央行票据和发放再贷款以替换不良资产,以及吸引外部财务投资者等。经过这些处置,银行不良资产率下降很快。但是,通过这些处置,相当部分的不良资产存量并未消失,只是发生了部门之间转移,其中的大部分,由商业银行的不良资产变成了央行的再贷款或财政负债,从而导致主权资产相应减少。我们之前所作的主权负债时间序列分析表明,银行不良资产从2000年的21731亿元下降到2010年4336亿元,与此同时,处置不良资产形成的或有负债却从2000年1.4万亿元上升到2010年的4.2万亿元。两者间"此消彼长"的关系,由此可见一斑。

6.4 主权债务的动态与可持续性

此部分将以主权部门为例,在对若干基本经济变量的假设前提下,以情景分析为方法,透视资产负债表风险的动态轨迹及其决定因素。在某种意义上看,这是将资产负债表方法同传统的宏观经济分析相结合的有益尝试。

前已述及,系统性的经济金融危机过后,政府或主权部门面临的最大挑战之一,就是如何消减公共债务。首先需要明确的是,在现代经济中,政府是宏观经济运行的稳定器和调控者,因而,其去杠杆化的进程要远远落后于私人部门。也就是说,一直要到私人部门去杠杆进程基本

6 资产负债表风险评估

结束，经济开始恢复增长之后，政府才能有环境、有余暇、有条件去消减自身债务。其次，正如 Reinhart 和 Sbrancia（2011）指出的，配合相对稳定的温和通胀，金融压抑是政府消减债务的最有效手段。下面我们将进一步论证，一个增长稳定并伴以温和通胀和低利率的宏观环境，比较有利于消减公共债务，而相反的环境，则会令公共债务问题进一步恶化。

假设政府债务和 GDP 的比值为 Z（即政府债务余额 Z/GDP），这一比值主要由四个变量决定，即政策赤字率（f，政策赤字也即基本逆差，是排除债务利息支出后，财政自主支出 E 和财政收入 T 之差）、通货膨胀率（π）、经济增长率（n）和利率（i）。政府债务余额变化由政策赤字和利息支出决定，有：

$$\frac{dZ(t)}{dt} = -[T(t) - E(t) - Z(t)i(t)] \tag{6.1}$$

上式意味着财政收入增加会减少政府债务余额，财政自主支出和利息支出增加会增加债务余额。设 Y 为实际产出，P 为价格水平，则有 $GDP(t) = Y(t)P(t)$。因此有，

$$\frac{dz(t)}{dt} = \frac{d[Z(t)/GDP(t)]}{dt} = \left\{\frac{dZ(t)}{GDP(t)} - \frac{Z(t)}{GDP(t)}\left[\frac{dY(t)}{Y(t)} + \frac{dP(t)}{P(t)}\right]\right\}\bigg/ dt$$

将（6.1）式以及 $\frac{dY(t)}{Y(t)} = n(t), \frac{dP(t)}{P(t)} = \pi(t), \frac{E(t)-T(t)}{GDP(t)} = f(t)$，$\frac{Z(t)}{GDP(t)} = z(t)$ 代入上式即可得，在任意时间 t，政府债务负担率的变化由下式决定：

$$\frac{dz(t)}{dt} = f(t) - z(t)[n(t) + \pi(t) - i(t)] \tag{6.2}$$

假定其他四个量为常数，上式即是关于 $z(t)$ 的一阶微分方程，可以通过求解（6.2）式来探讨债务负担率的路径，并通过改变参数值进行比较动态分析。（6.2）式的解为：

$$z(t) = \frac{f}{n+\pi-i} + ce^{-(n+\pi-i)t} \tag{6.3}$$

其中 c 为任意常数。这一结果和余永定（2000）给出的结果一致。

（6.3）式的最基本含义是，当政策赤字率、增长率、通胀率和国债利率保持某种稳定关系时，随着时间推移，国债负担率有收敛到特定

稳定水平的趋势。在（6.3）式中，$n+\pi-i$的取值非常重要。首先，z最终能稳定下来的一个关键条件是$n+\pi-i>0$。也就是说，名义增长率（$n+\pi$）要大于名义利率，或者实际增长率要大于实际利率（$i-\pi$）。否则，国债负担率会出现爆炸性增长。其次，$n+\pi-i$的大小决定了国债负担率的收敛速度。显然，增长率和利率之差越大，z向稳定水平的收敛速度就越快；反之则越慢。最后，$n+\pi-i$的大小决定了可持续的政策赤字率水平。$f/(n+\pi-i)$代表z的最终均衡值，如果合理的均衡值一定，那么$n+\pi-i$的大小实际上就决定了政策赤字的空间。显然，增长率和利率之差越大，政策赤字的空间也就越大。比如说，如果国债负担率的合理水平是60%，那么，1%的增长率和利率差就意味着政策赤字率不能超过0.6%，3%的增长率和利率差就意味着政策赤字率不能超过1.8%。

前面讨论的（6.1）式、（6.2）式、（6.3）式是一个微分方程系统，我们可以用相应的差分方程系统进行政策情景模拟。余永定（2000）也进行了相似操作，不过，遗憾的是，该文在进行模拟时没有将利率纳入考虑。各变量的表示形式不变，将时间t放在下标表示离散时间，则政府债务负担率$z_t=Z_t\big/Y_tP_t$的演化路径将由下列差分方程系统决定。

$$Z_t-Z_{t-1}=iZ_{t-1}+Y_tP_tf \tag{6.4}$$

$$Y_t=Y_0(1+n)^t \tag{6.5}$$

$$P_t=P_0(1+\pi)^t \tag{6.6}$$

其中，f、π、n和i是常数，可以通过不同赋值来探讨z_t的路径。正如上文所强调的，最关键的是$n+\pi-i$的取值，它决定了国债负担率是收敛还是发散，收敛速度的快慢，以及政策赤字的操作空间。下面，中国通过设定六个情景，来进行具体说明。表6-2列出了各种情景的初始值和相关参数的赋值情况，表6-3则给出了相应的模拟结果。

在情景一中，由于经济停滞，导致$n+\pi-i$小于零，因而国债负担率走上发散路径，每年以大约3%的速度增长，20年增加了约60%。如果条件不变，这种恶化会一直持续下去，直至债务最终崩溃，出现大面积违约和经济动荡。

情景二和情景三对比了不同$n+\pi-i$取值下收敛速度的不同。二者

6 资产负债表风险评估

表6-2　　　　　各情景初始值及相关参数赋值　　　　　单位:%

	情景一	情景二	情景三	情景四	情景五	情景六
初始值（z_0）	60	200	200	0	0	40
政策赤字率（f）	2	2	2	3	6	3
通货膨胀率（π）	2	3	2	3	3	3
经济增长率（n）	0	8	4	8	8	6
利率（i）	3	5	4	5	5	5
$n+\pi-i$	-1	6	2	6	6	4

表6-3　　　　　国债负担率演化路径情景模拟　　　　　单位:%

年份	情景一	情景二	情景三	情景四	情景五	情景六
2011	60	200	200	0	0	40
2012	63	191	198	3	6	41
2013	65	182	196	6	12	43
2014	68	174	194	9	17	44
2015	71	166	193	11	22	46
2016	73	159	191	13	27	47
2017	76	152	189	16	31	48
2018	79	145	187	18	36	49
2019	81	139	186	20	40	50
2020	84	133	184	22	43	51
2021	87	128	182	23	47	52
2022	90	123	181	25	50	53
2023	93	118	179	27	53	54
2024	96	113	178	28	56	55
2025	99	109	176	30	59	56
2026	102	105	175	31	62	57
2027	105	101	173	32	64	58
2028	108	97	172	33	67	59
2029	111	94	171	35	69	59
2030	114	91	169	36	71	60

的初始条件相同，都是200%的高债务，政策赤字率也均为2%。情景二的增长率和利率差为6%，这种条件下，20年后国债负担率降幅超过一半，最终达到91%。情景三的增长率和利率差为2%，这种条件下，20年间国债负担率只下降了约30%，仍然处在169%的高位。Reinhart和Sbrancia（2011）指出，在1945—1980年间，美国和英国消减的债务平均每年占GDP的3%—4%，澳大利亚和意大利则达到5%。这种强度的去杠杆比较接近情景二设定的情形。

情景四和情景五对比了不同政策赤字率导致的最终均衡值差异。两种情景其他条件相同，只不过情景四的政策赤字率为3%，均衡的政府债务负担率为50%，情景五赤字率为6%，均衡政府债务负担率为100%。如果都从零负债出发，此后每年后者的负担率差不多都是前者的2倍。情景四最终会稳定在50%的水平，情景五则会稳定在100%的水平。情景四和情景五的对比含义明确。宏观环境良好和财政节俭（austerity），会让政府债务稳定在适宜水平；相反，则会出现危险的高债务水平，就像目前很多发达经济体一样。

最后，情景六是对中国债务负担率的一个模拟。假设2011年中国政府债务负担率为40%，此后20年的平均经济增长率为6%，通货膨胀率为3%，利率为5%，政策赤字率为3%，那么，中国的政府债务负担率会缓慢上升，2030年达到60%，最后会稳定在75%的水平（即 $f/(n+\pi-i)$）。

以上模拟分析表明，政府债务占GDP比重的演进路径，主要取决于增长率和利率之差。首先，只有增长率大于利率，国债占比才会收敛；否则就会出现爆炸性增长。其次，增长率和利率之差越大，国债占比向稳定水平的收敛速度就越快。最后，增长率和利率差的大小还决定了可持续的财政赤字水平。从中国的宏观环境看，只要增长率和利率之差可以保持在一个较高的水平，就意味着政府自身债务风险不大，政府债务占GDP的比重会处在比较稳定的水平。由此可见，经济的长期高速增长，是应对主权债务风险的有力武器。

综合以上分析，就中国而言，国家资产负债表近期的风险点主要体现在房地产信贷、地方债务，以及银行不良贷款等项目，而中长期风险则更多集中在对外资产、企业债务，以及社保欠账等项目。而在上文的论述中不难看出，无论哪一类风险，都与当前的发展方式与经济结构密切相关。因此，应对或化解风险的最佳办法，还是转变发展方式，调整经济结构，实现健康、可持续的经济增长。换言之，只有保证未来充裕的收入流量，才是债务存量问题的终极解决之道。这一观点，下文还将进一步论述。

此外，在宏观层面的转变发展方式的同时，微观层面的政策设计也须有更为积极的举措。例如在有关房地产市场、地方政府债务、社会保障转轨等方面，现有的调控政策与制度安排普遍暴露出市场与政府关系失恰等深层矛盾问题。显然，由此积蓄、隐藏的大量风险既威胁整个宏观经济系统的平稳运行，也考验着决策者的智慧与勇气。

7

基本结论与政策建议

7.1 基本结论

本书通过编制、分析中国国家及各部门资产负债表，得到如下基本结论：

其一，中国的国家资产负债表于2007—2011年间呈快速扩张之势。对外资产、基础设施以及房地产资产迅速积累，构成非金融资产扩张的主导因素。这记载了出口导向发展战略之下中国工业化与城镇化加速发展的历史进程。但与此同时，金融资产增长更为迅速，金融相关比有所上升，反映了这一时期金融不断深化的事实。在负债方，各级政府以及国有企业的负债以高于私人部门的增长率扩张，显示了政府主导经济活动或"建设型"、"投资型"政府的体制特征。资产、负债两者相比，负债积累相对较快，导致国家整体资产负债率上升，净资产相对规模下降。这一现象既表明在融资结构中对负债的依赖加强、债务风险上升，又可解读为经济增长对实际财富的积累贡献不足，经济效益、发展质量偏低。

其二，包括中央与地方政府、央行、国有企业在内的中国主权部门资产负债表在2000—2011年间也呈明显的扩张态势。其中，主权资产净值始终为正值且呈上升趋势，表明政府拥有足够的主权资产来覆盖其主权负债。由此可见，政府财务状况在总体上健康、可持续，近期发生类似于欧洲主权债务危机的风险极小。但是，由于旧的发展方式仍在延续，主权部门通过各种显性和隐性担保，积累了大量或有负债。特别是房地产信贷、地方债务、中长期对外资产配置、企业债务与社保欠账等风险点需要密切关注。此外，我们的模拟分析表明，政府债务占GDP的比重的演进路径主要取决于经济增长率和利率之差。因此，保持经济的可持续增长是应对主权债务风险的最基本保障。

其三，对总债务水平与全社会杠杆率（即总债务/GDP）的分析显示，中国的全社会杠杆率虽高于金砖国家，但远低于主要发达经济体，总体上处在温和、可控的范围内。但是，近年来该杠杆率的提高速度较快，必须引起关注。分部门的分析显示：企业负债率（占GDP比重）较高，构成中国资产负债表的显著特色。2012年，该比率已达113%，超过OECD国家90%的阈值，值得高度警惕；居民部门负债率较低，从未来动态看，该部门负债可能会有较大的增长空间；政府部门虽然资产净值较高，但从国际经验看，随着经济进入较高发展阶段，公共服务水平不断提升，政府总债务水平将会提高，甚至会出现资产净值由正转负的情形，需要未雨绸缪。

7.2 政策建议

通过对国家及部门资产负债表的研究，我们认为，应将促进发展方式转型作为实现国民财富持续积累、各经济部门协调发展以及应对资产负债表风险的根本手段。相应的政策建议如下：

第一，为降低对外资产负债表中的货币错配风险，应注重扩大内需，减少对外需依赖，放缓对外资产积累；同时鼓励藏汇于民、促进对外直接投资、推动人民币国际化。更重要的是，在债权型错配状况短期内很难扭转的情势下，我们应更加积极主动地利用主权财富基金的机制，降低货币错配的风险。

第二，减少政府对微观经济活动的干预，强化市场在资源配置中的决定性作用，降低政府或有负债风险。政府主导在赶超体制下发挥了重要作用，但也因此积累了比成熟市场经济体更多的主权级或有负债。降低或有负债风险的根本途径，是减少政府对微观经济活动的干预，进一步推动市场化改革和政府转型，将隐性或有负债转变为显性直接负债，明确负债主体并使之多元化。

第三，推动债务性融资向股权融资格局的转变，降低全社会的杠杆率，缓解企业的资本结构错配风险。中国的金融体系以银行为主导。储蓄的动员、聚集以及分配，主要通过银行体系来进行。依赖银行体系提供资金，既加重了企业资产负债表的资本结构错配风险，又提高了全社会的杠杆率。因此，在中国未来的金融发展中，应认真落实中共十八届三中全会决定，努力"健全多层次资本市场体系，推进股票发行注册制改革，多渠道推动股权融资，发展并规范债券市场，提高直接融资比重"，推动中国金融结构从债务性融资向股权融资格局转变。

第四，调整收入分配格局，深化国有经济布局的战略性调整，应对社保基金缺口风险。可考虑进一步扩大国有资本经营预算收入的规模，包括：进一步扩大国有企业利润上缴的主体，除中央企业外，地方国有企业、铁路等非国资委管理的垄断性行业、国有金融企业等，也要尽快实行资本分红；同时，进一步提高国有企业利润上缴的水平，动态调整分红比例。在此基础上，加大国有资本经营收入补贴社会保障的力度①。此外，进一步实施国有股减持充实社会保障储备资金。在境内证券市场转持部分国有股充实全国社会保障基金的基础上，对非上市国有企业、控股上市公司的上级集团公司、已上市非增发部分的国有股份，在合理确保国有经济控制力的前提下，都可逐步酌情减持，并将减持收益部分划转社保基金。

第五，防范和化解房地产信贷风险。防范化解房地产信贷风险，关键是促进房价向均衡水平合理回归。为此，应重点改革土地制度和财税制度。

土地制度改革的核心是厘清政府的角色定位，逐步弱化政府作为土地交易者和直接经营者的角色，强化其服务者和监管者的角色。一方面，应改革行政性强制交易为市场化自愿交易，政府不再凭借强制力直接介入土地资源的交易，而应按照"依法、自愿、有偿"的原则由土地现有使用者和潜在需求者之间直接谈判和交易，政府只是作为第三方，负责制定交易规则，监督交易行为，提供交易服务，维护好交易环

---

① 2010年中央国有资本经营预算收入中，调入财政用于社会保障的开支为10亿元，占当年央企净利润的比重仅为0.1%。2011年有40亿元被调入财政用于社会保障支出，占央企净利润的比重也仅为0.4%。

境和秩序。

另一方面，可考虑将政府系统与国有土地资产管理与运营系统分开，由单独的国有土地资产管理系统（类似土地国资委）执行所有者职能，取得国家作为资源所有者应得的资源交易收益，政府只是获取资源交易过程中产生的相关税收收入；政府也不再直接经营国有土地资产，而由国有土地资产运营系统（类似土地国有资产经营公司）获得授权独家经营，在这种资源垄断性运营的次优安排下，需要强化政府的监管者角色，通过价格监管防止垄断定价和垄断暴利。在必要和可行的情况下，也可考虑成立若干个国有土地经营公司，形成适度竞争的市场格局，以避免畸高的垄断性价格。

应通过上述交易制度的改革及其"双分开"，从根本上切断政府利用对土地资源的垄断性经营权获取利益的管道，避免体制性扭曲对房价的拉升。

财税体制改革的重点在于弱化地方对土地财政（主要在生产和交易环节）的依赖，切断地方政府与拉升房价之间直接的利益关系。为此，除了调整央地间财政关系外，还要重构房地产相关税费体系，规范土地出让金管理。可考虑将那些税源具有明显的区域性、不易流动以及信息要求较细、外溢性较小、适宜由地方掌握的税种，设置为地方税的主体税种。尤其应调整现行的与土地、房屋有关的财政收入制度，将一次性收取的土地租金和集中在开发和销售环节的税收整合为统一的房地产税或物业税，探索在房产保有环节统一征收以房地产价值为税基的"物业税"，作为地方财政的一个稳定来源，提高地方的财政自给率。并借此把地方上短期行为的土地财政改造成为长期行为的土地财政，即从过分关注经营城市，转向努力提供公共服务[①]。同时，物业税推出后，也可以相应提高房屋的保有成本，抑制现存的大量投资需求。在物业税推出的同时，为遏制地方政府经营土地的冲动，也可考虑将土地批租制改为土地年租制，也就是将一次性收取几十年的土地出让金改为每年收取一次土地年租金（土地使用费）。这也将会在一定程度上对调整

---

① 这相当于利用某种"用脚投票"（流动性要素的退出威胁）的机制。也就是说，居民通过变换居住地选择公共服务，可以影响房地产的价值，进而对基于地方房产价值的不动产税产生实质性影响。于是，地方政府就具有了努力改善公共服务的激励。

地价及其房价起到作用。

第六，妥善解决地方政府债务问题。

解决地方政府债务问题，关键是要通过体制性因素的调整，控制债务增量，削减债务存量。这主要涉及三个层面的改革：

（1）政府职能改革。要克服地方政府的借贷冲动和相应的债务风险，从政府职能的角度看，就是要推动政府由"经济建设型"向"公共服务型"转变，真正落实十八届三中全会决定，"大幅度减少政府对资源的直接配置，推动资源配置依据市场规则、市场价格、市场竞争实现效益最大化和效率最优化。政府的职责和作用主要是保持宏观经济稳定，加强和优化公共服务，保障公平竞争，加强市场监管，维护市场秩序，推动可持续发展，促进共同富裕，弥补市场失灵"。为实现这一转变，必不可少的一环，就是改革和完善政绩考核体制，切实弱化与经济增长规模和速度直接挂钩的倾向，逐步强化对经济增长的质量和效益以及经济发展以外的社会发展、资源节约和环境保护的关注程度。除了完善上级政府对下级政府的自上而下的评价机制外，更应积极引入由公民参与的自下而上的评价机制。这是矫正地方政府行为的关键所在。

（2）投融资体制改革。为减轻财政压力，应改变地方政府主导基础设施投资的局面，促其从第一投资人向最后投资人转变，从投资人向投资监管人转变，也就是将其投资范围应主要限制在民间资本不愿进入的非营利性和公益性领域，原则上不再投资于商业营利性领域。对于具有稳定经营性收入的准公益性项目，以及完全具备市场前景的非公益性项目，应放宽民间资本的市场准入限制，尽快实现商业运作。通过将所有权或经营权让渡给社会力量，实现政府风险向市场风险的转移。

（3）财税体制改革。应设法调整支出责任和收入权力非对称性分权和地方财政高度依赖转移支付和各类融资平台的格局，改变由此衍生的地方政府融资压力和扭曲的行为模式。应根据社会主义市场经济发展的新需要，重新划定各级政府的事权和支出责任。在这里，关键仍然在于迅速落实十八届三中全会的决定，尽快理顺各级政府间的财政关系。

第二编

部门分析

8

居民资产负债表

8.1 导论

在国家统计局发布的《中国资产负债表编制方法》中（国家统计局，2007），"居民部门"被定义为"常住居民户组成的集合。包括城镇常住居民户、农村常住居民户和城乡个体经营者"[①]。本部分的相关估算与分析将在此概念的基础上展开。

应当指出的是，作为国民经济的核心部门之一，居民资产负债的水平与结构直接关系到财富积累、收入配置、消费投资，以及宏观金融风险等一系列关键问题。特别是随着近年来城市化等经济社会结构变迁加快，居民财产与金融风险快速积累，该部门的重要性更进一步凸显。然而，由于相关官方数据至今并未公布，学界从资产负债表视角研究居民部门的文献还极为缺乏。当然，也有学者和机构利用某些局部估算对之进行了分析。如在微观数据运用方面，李实等（2000）和赵人伟（2007）在中国社会科学院经济研究所1995年、2002年住户调查数据的基础上，考察了中国居民财产分配状况；梁运文等（2010）利用奥尔多中心的入户调查数据，对城镇及农村居民的收入和财产分布进行了统计分析；西南财经大学中国家庭金融调查与研究中心（2012）在其《中国家庭金融调查报告》中，较为全面地研究了城乡居民资产负债状

---

① 中国居民部门的概念同加拿大国民资产负债表中定义的居民部门类似，即包括了个人和非公司制的经营单位。而在美国、英国两国的官方统计中，往往将居民和非营利组织合列。

况和分布特点。而在宏观数据运用方面，刘向耘等人（2009）借助资金存量表提供的金融统计以及对实物资产的估算，编制了2004—2007年中国居民资产负债表。据笔者浅识，这可能是最早的完整呈现该部门资产负债表的研究。而中国人民银行在近年来撰写的《中国金融稳定报告》中（中国人民银行，2012），表列并分析了居民部门所持有的金融资产与负债状况，成为相关数据的官方发布。

总体看来，尽管以上研究结果中运用的数据、方法、理论框架等具有较高的参考价值，但其中的数据质量、统计范畴、估算方法（特别是对住房价值的估算）差异较大，甚至不乏明显的矛盾与争议。为丰富、改进关于中国居民资产负债这一重要议题的讨论，本研究将从宏观视角，结合官方数据与自身估算，试编2004—2011历年中国居民部门资产负债表，并以此为基础展开相应分析。

8.2 中国居民资产负债表编制与分析

表8-1列出了我们估算的2004—2011历年中国居民部门资产负债表。

表8-1　　　　　中国居民部门资产负债表　　　　　单位：亿元

项目	2004年	2005年	2006年	2007年	2008年	2009年	2010年	2011年
非金融资产	352136	432052	482591	605463	622183	791506	871851	1044416
房地产	327442	402986	449503	567003	578168	739113	809023	962875
其中：城市	279680	343745	384977	496085	502205	655928	719433	807348
农村	47762	59241	64526	70918	75963	83185	89590	155527
汽车	13642	15960	19274	23576	28118	35123	44637	54458
农村生产性固定资产	11052	13106	13814	14884	15897	17270	18191	27083
金融资产	180369	209083	251600	335495	342870	410869	494832	578034
通货	17820	19945	22469	25211	28622	31982	37691	42652
存款	129575	150551	171535	181840	228478	268650	315642	363332

续表

项目	2004年	2005年	2006年	2007年	2008年	2009年	2010年	2011年
债券	6293	6534	6944	6707	4981	2623	2692	1898
股票	8897	7865	17001	51604	20157	47374	56477	59755
证券投资基金份额	1905	2449	5618	29716	17011	8383	7346	7952
证券公司客户保证金	1339	1566	3128	9904	4760	5695	4447	2607
保险准备金	14113	18315	22680	27097	37831	46226	52667	59084
金融机构理财产品	—	—	—	—	—	—	18063	40754
结算资金	−77	23	17	0	0	0	0	—
其他金融资产	504	1835	2005	3415	1030	−64	−193	—
总资产	532505	641135	734191	940958	965053	1202375	1366683	1622450
金融负债（贷款）	29431	32972	39636	50652	57058	81787	112542	136012
消费性贷款	—	—	—	32729	37210	55334	75064	88717
短期	—	—	3104	4137	6378	9567	13555	
中长期	—	—	29625	33073	48956	65497	75162	
经营性贷款	—	—	—	17923	19848	26453	37478	47295
短期	—	—	—	12792	14555	19550	24781	30198
其中：农户贷款	—	—	—	10677	11972	14623	—	—
中长期	—	—	—	5131	5293	6903	12698	17097
净金融资产	150938	176111	211964	284843	285812	329082	382290	442022
净资产	503074	608163	694555	890306	907995	1120588	1254141	1486438

资料来源：历年《中国统计年鉴》、《中国汽车工业年鉴》、《中国金融稳定报告》，以及中国人民银行公布的"金融机构人民币信贷收支表"、"资金流量表（金融交易）"。

在展开分析之前，关于本表编制有若干说明。首先在居民非金融资产方面：第一，受数据限制，本研究参照刘向耘等人（2009）的方法，将非金融资产大类限定在居民住房资产、农村生产性固定资产及汽车三项。而国家统计局（2007）定义的居民部门存货，如农户粮食储备、牲畜存栏、个体工商户存货等未考虑。第二，住房资产价值按城镇居民和农村居民分别计算。由于此项资产在居民总资产中的特殊地位,其具体估算方法将在后文单独介绍。第三,关于"汽车"一项,由于汽车销售额数据缺失,此处采用《中国汽车工业年鉴》公布的历年汽车主导产品主营业务收入(或销售收入)代替,并采用刘向耘等人的方法对居民持有的汽车资产存量价值进行了推算。由于引用数据有所不同,此处的数值同刘向耘等人的估算并不直接可比,但鉴于汽车资产的相对规模较小,此差异对居民总资产的影响不大。第四,"农村生产性固定资产"一项根据《中国统计年鉴》公布的"农村居民家庭生产性固定资产原值"、"农村户均人数"及"农村居民人口"计算而来。

在居民金融资产方面,本表所列的 2004—2010 年居民金融资产直接引用了《中国金融稳定报告》(2012)。但由于中国人民银行在其后的 2013 年报告中,没有公布相应数据,所以,此处的 2011 年数据是根据 2010 年的存量数据与 2011 年资金流量表(金融交易部分)计算而来。只有其中"理财产品"一项据《中国金融稳定报告》(2013)有关数据推算。应指出,以 2004—2007 年数值看,此处的数据同刘向耘等人基于资金存量表的研究结果有一定差异,特别是"股票"及"证券公司客户保证金"两项的数值偏差较大。

根据定义,居民部门负债仅指金融负债,而后者在本研究中又仅限于贷款。由于《中国金融稳定报告》中的贷款项目分类较粗,所以,此处关于 2007—2011 年间的数据引用了中国人民银行编制的"金融机构人民币信贷收支表(按部门分类)"的有关各年 12 月份数据。由于这一统计始于 2007 年,此前年份仍按《中国金融稳定报告 2012》[①]。

此外,根据国家统计局(2007)的编制框架,居民部门的国外金融资产与负债均为空项。

结合上表,我们尝试总结出以下六个特点:

第一,在 2004—2011 年间,中国居民资产总规模由 53.3 万亿元迅

[①] 需要说明的是,就居民部门而言,"金融机构人民币信贷收支表"与"金融机构本外币信贷收支表"数据高度近似,差异可以忽略不计。例如 2011 年 12 月,两表报告的居民贷款分别为 13.60 万亿元和 13.61 万亿元。

速扩张至162.2万亿元，略快于同期名义GDP的增幅。其与GDP之比也相应地由3.3倍升至3.4倍。同时，居民净资产（总资产减负债）由50.3万亿元增至148.6万亿元，与名义GDP增速基本持平。这一时期居民资产的快速积累主要是经济持续高速增长、金融市场发展以及资产价格快速上升所致。

第二，房地产是居民最重要的资产项目，其在总资产和非金融资产中的占比在考察期内分别保持在60%和93%的水平。而从绝对规模来看，房地产总价值在2004—2011年间增长了近3倍。其中最主要的推动因素是房价上涨、人均居住面积扩大以及城镇人口相对规模增长等因素。

第三，从宏观层面的金融结构看，金融资产扩张快于实物资产。如表8-1显示，两者之比（即金融相关比）在2004—2011年由0.51上升到0.55。事实上，同时期居民金融资产与GDP之比也由1.13升至1.22。这一趋势表明同实体经济相比，金融体系发展较快。这符合美国经济学家哥德施密斯提出的在经济发展过程中，由于金融部门的扩张往往会使金融相关比呈上升趋势的论断。

第四，在金融资产的各项目中，存款仍是居民最大的金融资产持有形式，但其占比持续下降，由2004年的71.8%降至2011年的62.9%。同时，持有现金（通货）和债券的比重也分别下降了2.5个和3.2个百分点。与此形成鲜明对比的是，股票、基金、保险准备金等"非传统"资产的比重明显上升（三项合计占比由14%升至22%），而"理财产品"也几乎从无到有，发展迅速。如表8-1所示，该项目仅在2010年、2011年两年间就增长了226%，在金融资产中的占比已超过7%（相对规模已接近通货），逐渐成为居民资产配置的重要方式之一。但也应看到，部分资产在期内的波动较为剧烈。例如在2007年股票市场繁荣时，居民股票和基金资产价值双双飙升，分别达到2006年数值的三倍和五倍之多。而在次年国际金融海啸的冲击下，股票与基金资产又分别剧烈萎缩60%和40%。由此可见，以上数据不仅显示了近年来中国居民部门金融资产配置日益多元化的趋势，也表明在金融媒介深化发展的同时，居民资产也暴露于更大的市场风险之中。

第五，2004—2011年，居民负债（贷款）绝对规模增加4.6倍，增

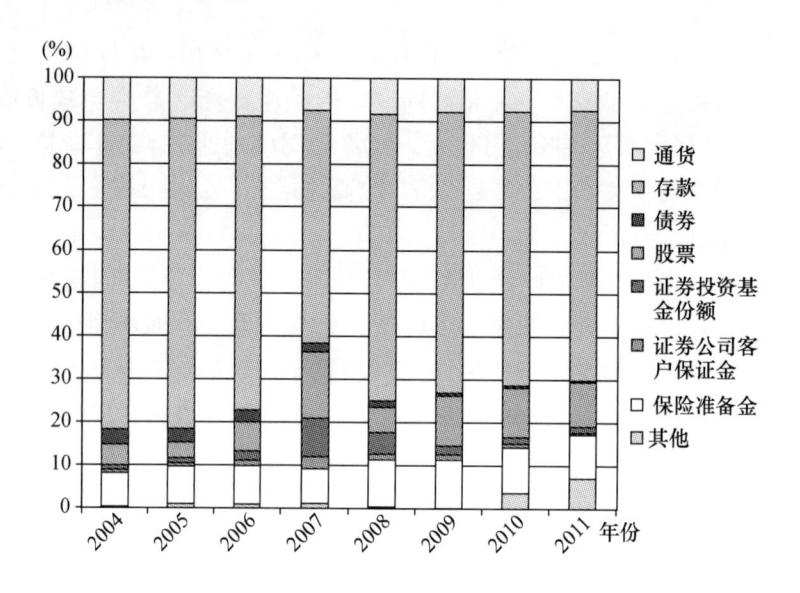

图 8-1 居民金融资产分项构成

资料来源：见正文。

幅快于总资产和金融资产。由下图 8-2 可见，居民总资产负债率（负债/总资产）也因此由 5.5% 升至 8.4%；居民金融资产负债率（负债/金融资产）由 16.3% 升至 23.5%。特别是在国际金融危机的侵袭下，中国居民部门两项负债率自 2007 年开始连续攀升，部门财务风险及其对金融部门的传染值得关注。但有三点积极因素也应强调：首先，横向地同发达国家相比，中国居民整体债务负担仍处于较低水平。例如图 8-2 和图 8-3 所示，中国居民部门的总资产负债率和金融资产负债率在同一时期明显低于美国、日本、德国、英国和加拿大等国。其次，从贷款违约角度看，根据《中国金融稳定报告》（2013）中引用的银监会数据显示，自 2006 年以来中国个人消费性贷款不良率（包括住房按揭贷款、汽车贷款、信用卡贷款）整体持续下降。最后，从债务的期限结构看，自 2007 年以来，中国居民中长期消费性和经营性贷款在金融负债中的比重基本保持在 68% 的水平，没有显示出短期债务压力上升的态势。综合以上分析可以认为，中国居民部门整体上的债务清偿与流动性风险较低。

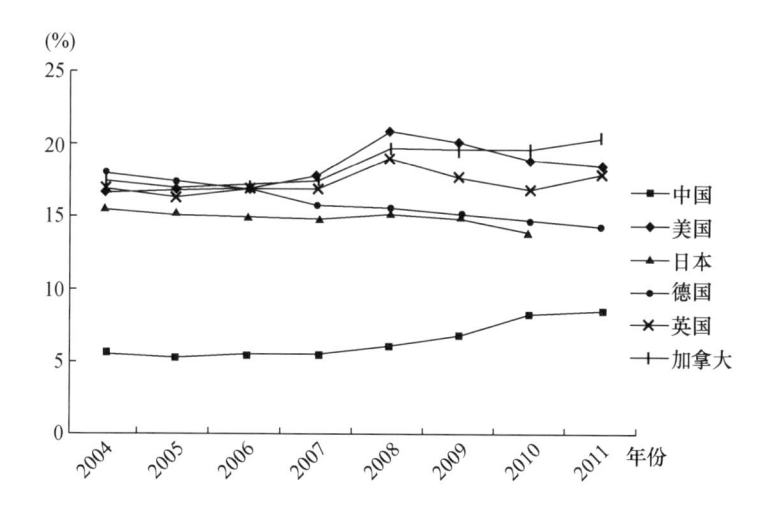

图 8-2 居民资产负债率国际比较

资料来源：见正文。

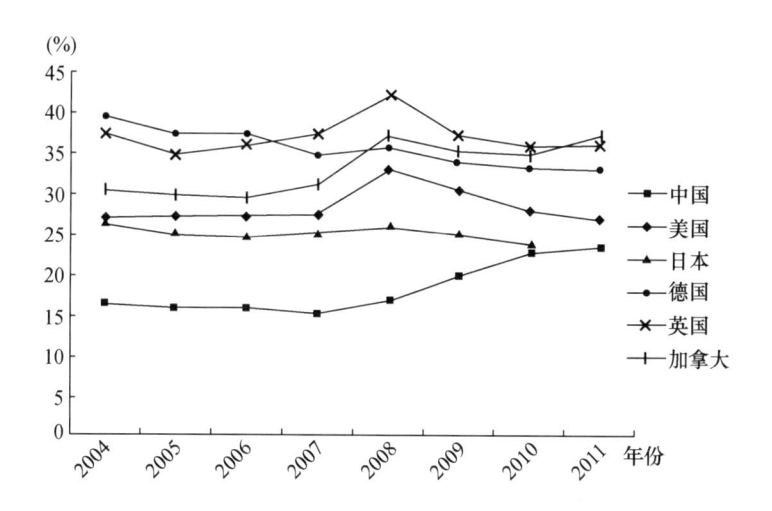

图 8-3 居民金融资产负债率国际比较

资料来源：见正文。

第六，我们的结果同相关研究有一定差异。例如，刘向耘等人（2009）的研究显示，2004—2007 年，居民部门总资产分别为 61.7 万亿元、74.1 万亿元、85.3 万亿元、110.2 万亿元，均高于本研究同期估算。而其中主要差异在于刘向耘等并未考虑房产折旧等问题，因此对住房价值存在一定高估。又如，西南财经大学中国家庭金融调查与研究中心（2012）的报告指出，2011年中国户均家庭资产为121.69万元，其中城镇家庭247.6万元，农村家庭37.7万元。而如果利用总户数等指标换算，本研究表8-1中的数据显示2011年户均资产仅为37.1万元。由于该报告基于特定微观样本，而且对家庭拥有的经营资产以及住房价值的估算同本研究均有不同，所以并不直接可比。[①]

8.3 居民资产负债表研究结论

利用公开数据及课题组估算，本章试编了2004—2011年中国居民部门资产负债表，并在此基础上对居民资产负债结构与趋势变化进行了分析和国际比较。研究发现，在资产方面，考察期内中国居民资产扩张较快，并呈现了显著的结构变化，即传统的资产持有形式——如存款、现金、债券——相对规模下降，而住房、股票、基金、保险等资产项目相对规模增长迅速。这显示了随着经济增长和金融市场的深化发展，财富积累形式日益多元化。但应强调的是，部分资产价值，主要是住房和股票等，受到资产价格波动影响较大，其中的不确定性需要高度警惕。在负债方面，居民债务负担水平在前期表现较为平稳，但自2008年国际金融危机以来，居民资产负债率和金融资产负债率均呈上升态势。尽管同发达国家水平相比尚处于较低水平，但其未来走势值得关注。此外，由于债务刚性和资产价格顺周期性的矛盾，居民负债与上述资产价格波动间的关系更应予以重视。

最后，应当指出，由于本研究主要基于宏观数据，因此未能考虑居民部门内部财产分布状况，以及年龄、职业、受教育水平、婚姻状况等诸多微观变量对资产负债的影响。所以，在今后的研究中，可以尝试将宏观数据和微观调查相结合，相互补充，以便对中国居民资产负债表有更为全面、细致的认识。

---

① 关于西南财经大学所调查的数据研究的讨论，可参见陈杰（2012）以及岳希明和李实（2013）。

9

非金融企业资产负债表

9.1 非金融企业资产负债表编制

编制非金融企业资产负债表，对于非金融企业部门的风险识别以及分析部门间的风险传导具有重要意义。目前，我国并没有公布全国非金融企业的资产负债表，可以获得的涉及非金融企业资产负债表的数据主要包括：①两次经济普查（2004年和2008年）数据中非金融企业资产负债数据；②全国国有企业的资产负债数据；③全国规模以上工业企业、建筑业、房地产业、批发零售业的企业资产负债数据；④上市公司资产负债数据。因此，编制我国非金融企业的资产负债表，只能根据上述可获得的四类相关数据进行估算。

从上述四类基准数据看，编制我国非金融企业资产负债表大致有两条路径。第一条路径是根据基年的非金融企业的资产负债数据（如经济普查年份的数据），利用资金流量表逐年推算，即根据截面数据推算得到时间序列数据。我国的资金流量表核算主要包括由国家统计局编制的实物交易资金流量表和由中国人民银行编制的金融交易资金流量表。非金融企业部门总资产的变化由实物表和金融表共同反映，可以根据当年总资产＝上年总资产＋当年资本形成总额＋当年其他非金融资产获得减处置＋当年资金运用合计，当年总负债＝上年总负债－净金融投资＋贷款＋企业债＋其他对外债权债务的关系对总资产和总负债进行推算，其中资本形成总额和其他非金融资产获得减处置是实物表科目，资金运用合计是金融表科目，净金融投资是实物表科目，贷款、企业债和其他对外债权债务是金融表科目。

第一条路径的主要问题包括：①上期总资产、总负债和当期资金流量表数据直接进行加减运算存在着价值不可比的问题，需要根据一定假设进行调整；②非金融资产中的无形资产和商誉等的价值变动，在这种估算方法中不能体现；③金融交易资金流量表数据反映了非金融企业部门与其他部门（住户部门、政府部门、金融机构和国外部门）由收支和借贷活动产生的资金流动，但没有反映非金融企业部门内部的企业间借贷活动，从而会造成对非金融企业资产和负债的低估。汤铎铎（2013）从这条路径出发，基于经济普查数据估算了1992—2008年的非金融企业总资产和总负债数据，并基于一定假设对2009—2011年数据进行了外推。

第二条路径是根据部分企业资产负债的时间序列数据，通过一定假设，推广到所有非金融企业的时间序列数据。目前，可得的部分企业资产负债时间序列数据包括三类：全国规模以上工业企业、房地产企业、建筑业和批发零售业的资产负债数据；国有企业数据；上市公司数据。根据部分企业数据估算所有非金融企业数据时，需要考虑：①部分企业产出占全部非金融企业的比重；②部分企业与其他企业（全部非金融企业除去部分企业）生产等量产出所需资产的比例关系。一般来说，企业产出与资产的关系与所处行业有关。上述三类时间序列数据中，国有企业增加值没有直接公布的时间序列数据，从而不易计算所占比重。此外，国有企业与上市公司都存在随时间变化，其行业占比也发生变化的情况，从而部分企业与其他企业生产等量产出与所需资产的比例关系较为不稳定，而按行业划分时这种关系相对更加稳定，因此用按行业分的全国规模以上工业企业、房地产企业、批发零售业和建筑业的资产负债数据作为部分数据进行估算相对更为准确。马骏等（2012）即从第二条路径进行了估算，并且以按行业分的全国规模以上工业企业、房地产企业、商业和建筑业的资产负债数据作为基准数据。第二条路径存在的主要问题是，估算所基于的假设可能与实际经济有较大差距，从而带来估算数据的较大误差。

参考汤铎铎（2013）和马骏等（2012）的估算方法，本章将从第二条路径出发对2000—2012年的非金融企业资产负债表进行估算。估算原则是假设条件越少越好、越稳定越好、越接近实际经济越好。

基于上述原则，本章在马骏等（2012）的估算方法基础上，进一步结合经济普查数据，使部分假设更加接近实际经济，以使估算结果更加准确。

马骏等（2012）的估算方法主要为：首先，参照相关统计部门的经验估计，假设全部工业企业资产规模为规模以上工业企业的1.1倍。其次，基于房地产业、商业和建筑业的规模以上企业总资产数据，采用上述同样方法并将工业加总，得到四个行业的总资产规模；最后，由于四个行业在非农业非金融GDP中占比超过60%，且其他行业又是相对轻资产的，从而可以根据GDP占比推出其他行业相对于四个行业的比重，并假定其他行业贡献同等产值仅需四个行业资产的一半，推算出其他行业总资产规模，并加总出全部非金融企业（不包括农业）的总资产；根据非金融上市公司加总数据显示的资产负债率推算出总负债；总资产和总负债的各项组成，则根据非金融上市公司财务数据显示的各项占比进行推算。

马骏等（2012）对非金融企业总资产的估算采用的主要假设包括：①全部工业企业资产为规模以上工业企业的1.1倍，全部房地产业、商业和建筑业资产也为规模以上企业的1.1倍；②其他行业贡献同等产值仅需四个行业资产的一半。这里的两条假设主要基于经验和直觉判断，本章将根据经济普查数据（见表9-1），使两条假设条件更加准确，从而改善估算数据的质量。首先，根据2004年和2008年的经济普查数据，可以看到全部工业企业资产为规模以上工业企业资产的1.1倍与实际经济是较为符合的，但是批发零售业的这一比值较高，全部四个行业（房地产业、批发零售业、工业和建筑业）的这一比重约为1.2，马骏等（2012）的估算方法存在对资产的低估，因此本文的估算将这一比重调整为1.2。其次，马骏等（2012）假设其他行业贡献同等产值仅需四个行业资产的一半，这里将其他行业进一步划分为交通运输、仓储和邮政业、住宿餐饮业和其他第三产业，并根据2004年和2008年的经济普查数据，计算2004年和2008年这些行业贡献同等产值所需资产与四个行业的比例并取平均值，得到交通运输、仓储和邮政业比例为0.95，住宿餐饮业为0.41，其他第三产业为1.07，并根据这一比例、四个行业的历年总资产和四个行业与其他各行业增加值比例计算得到交通运输、仓储和邮政业、住宿餐饮业和其他第三产业的资产，进一步汇总可以得到历年非金融企业的总资产数据。

表9-1　　　　　　　2004年和2008年按行业分类企业
　　　　　　　　　资产负债经济普查数据　　　　单位：亿元

行业	2004年 资产合计	2004年 负债合计	2008年 资产合计
工业	240706.8	136785	473048.3
建筑业	31628.7	19786.9	51711.9
交通运输、仓储、邮政业	35763.2	17050.2	74807.4
房地产业	69774.7	50653	208750.1
批发零售业	61795.8	43163.8	121619.4
住宿餐饮业	6975.8	4222.2	11079.1
其他第三产业（不含金融业）	112817.5	49879.7	274041.1
金融业	322862.7	308258.3	862942.9
合计（含金融业）	882325.2	629799.1	2078000
合计（不含金融业）	559462.5	321540.8	1215057

资料来源：国家统计局：《第一次全国经济普查主要数据公报》、《第二次全国经济普查主要数据公报》。

　　根据非金融上市公司的资产负债率可推算出总负债。这里可以用与估算总资产相同的方法估算得到总负债，但是，由于不同行业贡献同等产值的负债比例并不稳定，因此，根据历年资产负债率推算更加准确。目前可以得到非金融上市公司的时间序列数据和国有企业的时间序列数据，由于非金融上市公司包含了各个行业的国有企业和非国有企业，反映的信息更加全面，其资产负债率与整体非金融企业资产负债率更为接近，因此这里选择用非金融上市公司数据进行推算。

　　非金融企业总资产和总负债的各项组成，则根据非金融上市公司财务数据显示的各项占比进行推算。上市公司资产负债表中资产按流动性分为流动资产和非流动资产，负债按流动性分为流动负债和非流动负债。这里参考国家统计局国民经济核算司（2007）和马骏等（2012），将总资产分为非金融资产和金融资产，其中非金融资产包括固定资产、存货和其他非金融资产。后者又包括无形资产、递延资产、投资性房地产、生产性生物资产、油气资产、商誉、开发支出等①；金融资产划分为货币资金、企业间信用（包括应收票据、应收账款、预付款项和其他应收款）、长期股权投资和其他金融资产；总负债也即金融负债，划分为短期借款、长期借款、企业间负债（包括应付票据、应付账款、预收款项、其他应付款和长期应付款）和其他金融负债。估算得到的2000—2012年的中国非金融企业资产负债表数据见表9-2。

根据经济普查数据调整后，本章估算得到的数据与普查数据更为接近。根据2008年经济普查，非金融企业总资产为1215057亿元，马骏等（2012）估算得到2008年的非金融企业总资产为984782亿元，存在一定程度的低估，本章估算得到1175036亿元，对低估进行了一定程度纠正，使估算结果与实际经济更加接近。

9.2 非金融企业资产负债表分析

趋势分析

（1）总量及结构分析

从表9-2可以看出，2000—2012年，总资产、总负债和净资产都经历了快速增长过程。总资产从305597亿元上升到2296500亿元，总负债从137283亿元上升到1380300亿元，净资产从168315亿元上升到916200亿元。从图9-1可以看出，2000—2012年，非金融企业总资产和总负债相对于GDP快速上升，净资产与GDP比例相对稳定。企业资产规模相对GDP的扩张在一定程度上反映了中国经济结构的转变，随着工业化和城市化的逐步推进，贡献同等产值所需资产较多的行业如资本密集型行业得到了更快发展，从而企业资产规模相对于经济总量更快

---

① 马骏等（2012）估算的非金融资产包括固定资产、存货、无形资产和商誉，这里估算的非金融资产范围大于马骏等的估算范围。

表 9-2　2000—2012 年中国非金融企业资产负债表

单位：亿元

	2000年	2001年	2002年	2003年	2004年	2005年	2006年	2007年	2008年	2009年	2010年	2011年	2012年
总资产	305597	337228	377044	434909	579604	653428	770083	933596	1175036	1361800	1656649	1968060	2296500
非金融资产	168003	202834	235972	276116	380298	446071	534237	621686	818446	905483	1067983	1255309	1408252
固定资产	112904	146731	174564	203224	276040	322564	388346	398520	509293	550917	614615	689625	791625
存货	42777	44757	47928	58447	83048	99670	117449	138784	178448	211319	286998	366971	437733
其他非金融资产	12322	11346	13479	14445	21211	23838	28441	84382	130706	143246	166369	198714	178894
其中：无形资产	9437	9102	9828	10898	14202	15429	19143	29793	49133	58249	68466	86310	104983
金融资产	137595	134443	141072	158793	199305	207357	235847	311910	356590	456317	588666	712751	888247
货币资金	46187	48435	51150	57003	72332	72802	87822	118855	144516	191830	246891	285166	312411
应收票据	4308	5534	7608	11151	13767	14236	17468	21578	20882	27075	41011	56925	59534
应收账款	32162	25853	26458	28949	37321	40984	44439	51852	58962	77851	101530	133159	166383
预付款项	10475	9719	10370	13440	17750	19415	22894	33066	39181	47498	58954	67090	69409
其他应收款	22115	18436	17069	16715	19972	19743	16583	18973	21355	21934	27357	31922	40657
企业同信用	69060	59541	61505	70255	88810	94377	101384	125468	140381	174358	228851	289096	335983
长期股权投资	18628	20206	21998	24978	32051	34105	39097	37503	45531	48318	61848	70977	88217

9 非金融企业资产负债表 · 107 ·

续表

	2000年	2001年	2002年	2003年	2004年	2005年	2006年	2007年	2008年	2009年	2010年	2011年	2012年
其他金融资产	3719	6261	6419	6557	6113	6073	7544	30085	26163	41812	51077	67511	151637
总负债	137283	159474	185498	218265	303496	355400	427745	495380	641437	784095	954214	1168109	1380300
短期借款	43443	47732	51519	61723	82919	89688	99464	101485	138278	131690	171056	194875	232260
长期借款	21239	30256	37111	44646	62767	72798	89970	90987	122949	155502	174489	202313	230578
应付票据	5826	9788	12674	16044	21534	26061	29027	23052	30582	38975	61192	53000	63259
应付账款	19037	19703	25700	31741	44753	56484	68127	93891	113174	149846	209560	235198	278227
预收款项	7372	7959	11375	15983	23620	28543	35799	49504	62631	89845	112732	135565	158420
其他应付款	13294	13886	14337	16925	22927	24989	31764	39688	47442	52560	63788	77227	89222
长期应付款	4049	4753	4832	3100	5248	4513	5551	7266	9483	9934	11553	13141	16351
企业同负债	49578	56090	68918	83793	118082	140590	170268	213401	263313	341161	458824	514131	605480
其他金融负债	23022	25396	27949	28104	39728	52323	68043	89507	116897	155742	146844	256790	311982
净资产	168315	177804	191546	216644	276108	298029	342338	438216	533598	577705	702435	799951	916200
净金融资产	312	-25030	-44426	-59472	-104190	-148042	-191898	-183470	-284847	-327778	-365547	-455358	-492052
资产负债率	0.449	0.473	0.492	0.502	0.524	0.544	0.555	0.531	0.546	0.576	0.576	0.594	0.601

资料来源：CCER 中国金融数据库及笔者计算。

增长。总负债占 GDP 比例较快上升而净资产占 GDP 比例较为稳定，反映出随着经济增长，非金融企业部门的扩张更多通过负债进行融资。①

此外，我国非金融企业具有净金融负债，反映了企业利用金融负债购置非金融资产，企业是债务市场的净筹资人，大多数企业都是这种情况。图 9-1 显示，非金融企业的净金融负债占 GDP 比例自 2000 年起逐步上升，2008 年之后基本保持稳定，在一定程度上反映了非金融企业部门利用金融负债购置非金融资产的规模相对于 GDP 的扩张趋势在金融危机爆发后明显放缓。

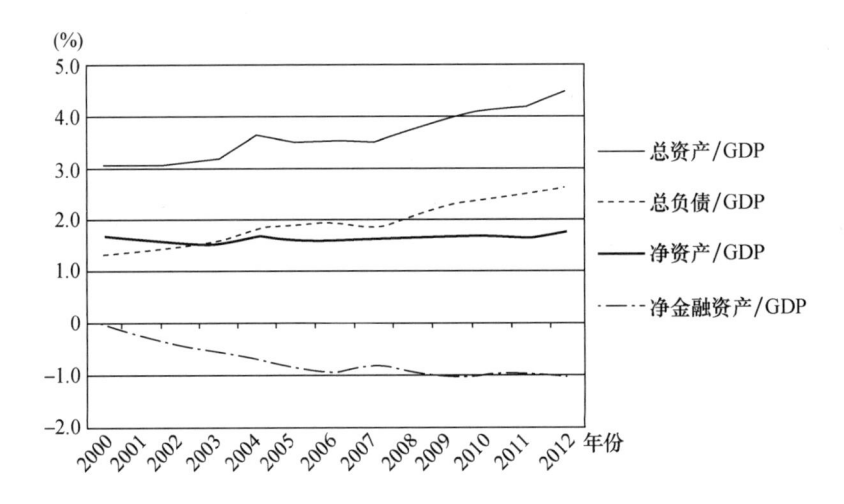

图 9-1 非金融企业总资产、总负债和净资产与 GDP 比例

从图 9-2 可以看出，在非金融企业总资产各项组成中，固定资产、存货、货币资金和企业间信用（应收票据、应收账款、预付款项、其他应收款的总和）是主体，其中固定资产占比远高于其他各项。2012

---

① 2012 年，非金融企业负债占 GDP 比重为 266%，高于第 6 章第 2 节中非金融企业债务余额占 GDP 的比重 113%，这主要是因为资产负债表中的"负债"与"债务"是不同概念，根据 IMF（2011）新近公布的《公共部门债务统计指南》，债务是以债务工具形式表现的负债，即债务只是负债的一部分。第 6 章第 2 节中非金融企业债务主要包括从传统贷款渠道获得的贷款、债务类金融工具（主要包括企业债、短期融资券、中期票据和公司债等）、通过银行部门信贷以外的信用中介活动获得的融资（主要包括信托贷款、委托贷款、银行承兑汇票等形式），而非金融企业负债中的企业间负债以及部分其他金融负债（如应付股利、预提费用等）并不包含在债务中，且企业间负债 2012 年占总负债的 44%，因此非金融企业负债占 GDP 比例远高于非金融企业债务占 GDP 比例。

年固定资产占比较 2000 年下降，在一定程度上可能与 2007 年实行的新会计准则有关。新会计准则规定，旧准则里纳入固定资产核算范畴的作为投资性房地产的建筑物和生产性生物资产不再纳入固定资产的核算范畴，从而使固定资产的核算范围变小。此外，新会计准则里固定资产的折旧范围变大，都可能会导致固定资产占比下降。

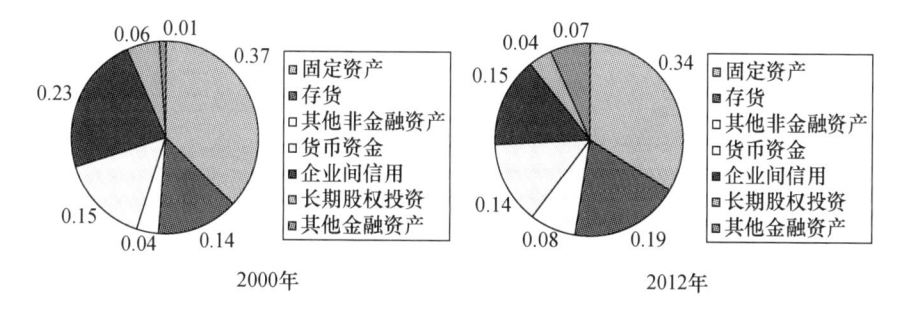

图 9-2　2000 年和 2012 年非金融企业总资产各项组成占比

考虑到新会计准则对统计口径的影响，考察 2007 年之后固定资产占比的变化，从图 9-3 可以看到，2007—2012 年，固定资产占比从 43% 持续下降到 34%，这主要是由于 2007 年金融危机爆发后存货和企业间信用的增速快于固定资产增速，在一定程度可能与企业对经济复苏的预期以及产能过剩导致的存货快速上升以及可能的三角债问题等导致的企业间信用快速上升有关。

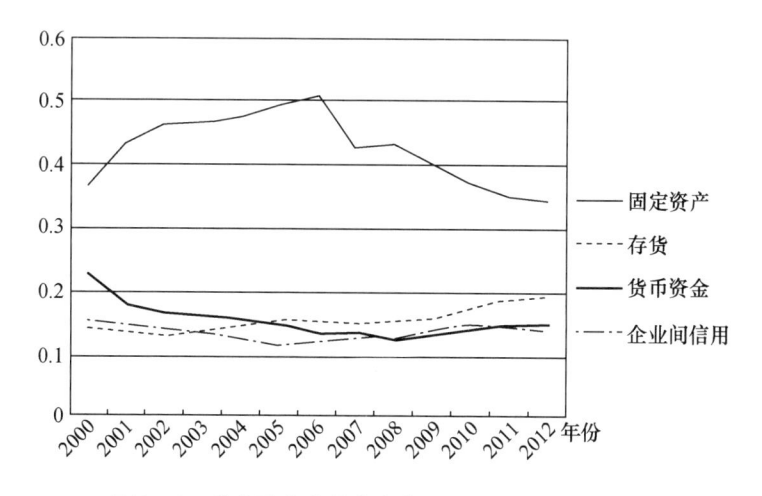

图 9-3　非金融企业总资产主要组成占比的变化趋势

从图 9-4 可以看出，在非金融企业负债各项组成中，企业间负债（应付票据、应付账款、预收款项、其他应付款和长期应付款之和）占比最高，且从 2000 年的 36% 上升到 2012 年的 44%；而短期借款占比有较为明显的下降，从 2000 年的 32% 下降到 2012 年的 17%。由于企业间负债占比最高且持续上升，远高于短期借款占比，如果非金融企业部门出现流动性危机，风险可能首先主要在非金融企业部门内部传导。

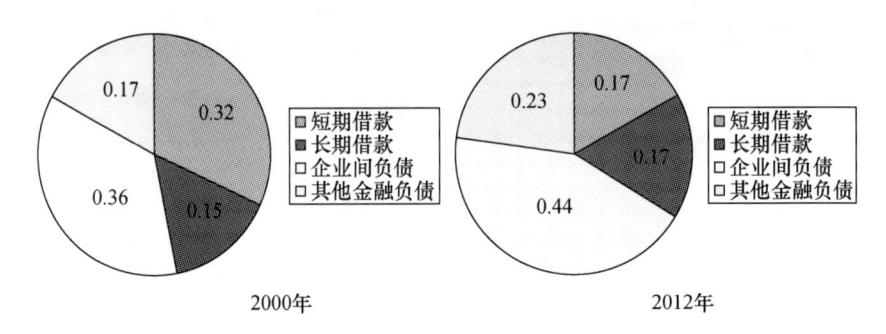

图 9-4　2000 年和 2012 年非金融企业负债各项组成占比

（2）比率分析

图 9-5 反映了非金融企业资产负债率的变化趋势，可以看出，2000—2012 年，非金融企业资产负债率呈持续上升趋势，从 2000 年的 44.9% 上升至 2012 年的 60.1%。一般认为，资产负债率的适宜水平是 40%—60%。我国非金融企业资产负债率目前已将要突破上限。我国非金融企业资产负债率的持续上升趋势，在一定程度与我国以间接融资为主的融资方式和地方政府较强的投资主导能力有关。2007 年之前中国经济持续增长甚至出现过热以及 2007 年金融危机爆发后刺激政策的出台，都刺激了非金融企业的投资需求，但由于直接融资方式始终受到限制，非金融企业主要以间接融资方式实现投资需求，从而推动资产负债率的上升。此外，地方政府具有较强的投资主导能力，使大量资金流向了地方融资平台和一些大型国有企业，而这些企业往往存在预算软约束，也推动了资产负债率的上升，如 2011 年全国国有企业资产负债率为 64%，高于非金融企业的平均水平。我国资产负债率逐步上升且将要突破安全界限的趋势，表明我国当前存在着一定程度的"资本结构错配"，使我国的非金融企业的债务水平处于易于引发危机的境地。

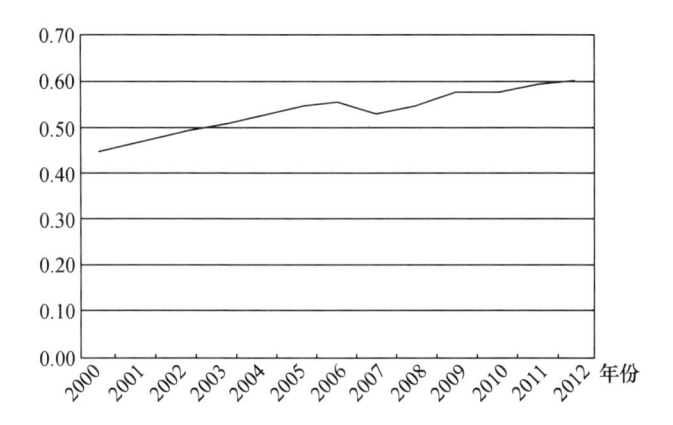

图 9-5 资产负债率变化趋势

图 9-6 反映了非金融企业流动比率的变化趋势，流动比率是流动资产对流动负债的比率，用来衡量企业流动资产在短期债务到期以前，可以变为现金用于偿还负债的能力。流动比率反映了企业资产的流动性，比率越高，偿债能力就越强。可以看出，2000—2012 年，非金融企业流动比率经历了先下降后上升的变化趋势，从 2000 年的 1.45 下降到 2006 年的 0.98，之后逐步回升，2012 年为 1.14。一般认为流动比率应该大于 2，这样即使流动资产有一半在短期内不能变现，也能保证全部的流动负债得到偿还。我国非金融企业目前的流动比率较低，存在"期

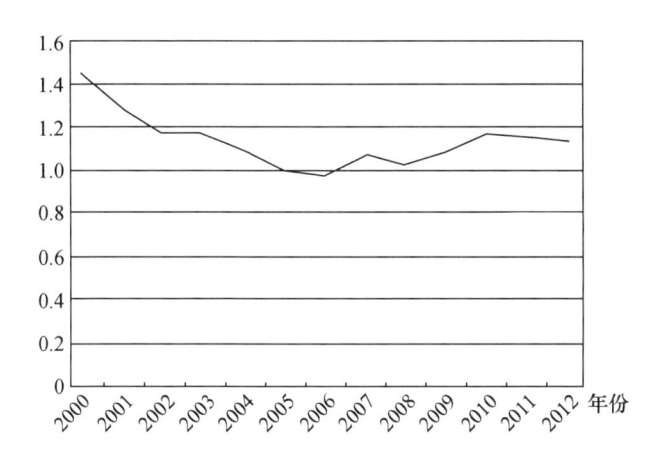

图 9-6 流动比率变化趋势

限错配"风险，在短期受到外部冲击时，容易出现流动性问题。根据上文分析，由于企业间负债远大于短期借款，如果非金融企业部门出现流动性危机，风险可能首先主要在非金融企业部门内部传导。

从上述分析可以看出，我国非金融企业部门存在"资本结构错配"和"期限错配"问题。

我国以间接融资为主、绝大部分金融资源通过银行中介进行配置的金融结构，决定了中国非金融企业的负债率必然高悬。在经济平稳增长的时期，银行贷款构成企业主要的负债来源，有成本低、风险小的好处，但若经济出现大幅度波动，经济增长率出现趋势性下降，则企业负债的相当部分就可能形成不良资产，从而损及企业和银行的资产负债表的健康。由总报告中的杠杆率分析可知，2012年，企业部门杠杆率（企业债务占GDP比重）已达113%，超过OECD国家90%的阈值。而以本章的企业总负债来衡量，其占GDP的比重已经达到266%，值得高度警惕。非金融企业部门"资本结构错配"和"期限错配"的相互配合作用，可能使经济在受到外部冲击后，风险不断传导和放大，酿成全局风险，尽管中国政府部门拥有较大的主权资产，但仍需考虑结构性问题，应注意风险在部门之间的传导和放大机制，避免形成较难控制的整体风险。

10

金融部门资产负债表

10.1 中国现行的金融部门资产负债表统计体系简介

从理论上讲,金融部门资产负债表应包括两个层次:一是金融各分部门(含央行、银行、保险、证券和信托业等)资产负债表(汇总表);二是包含所有金融机构的金融部门合并资产负债表。其中,金融部门合并资产负债表由金融各分部门资产负债表(汇总表)累加并扣除金融机构间债权债务合并而成。由此可见,编制完备的金融分部门资产负债表是形成金融部门合并资产负债表的基础。然而,在现实中,由于金融分部门资产表(汇总表)编制存在诸多不足,中国至今尚无法编制包含所有金融机构的金融部门合并资产负债表。主要原因是:①金融分部门资产表(汇总表)编制的时间前后不一。货币当局和其他存款性公司资产负债表在1997年就开始编制,保险公司和证券公司资产负债表(汇总表)的编制则分别推迟至2007年和2008年,信托业资产负债表的编制更是推迟至2010年。②部分金融分部门资产负债表(汇总表)的编制存在时滞。比如保险公司和证券公司资产负债表(汇总表)的编制就滞后于货币当局和其他存款性公司资产负债表1年。③部分金融分部门资产负债表(汇总表)结构细分不够,不能充分反映金融机构间债权债务关系,并妨碍金融部门合并资产负债表的编制。比如保险公司和证券公司资产负债表(汇总表)分别包含两者对其他金融机构债权债务,但在货币当局和其他存款性公司资产负债表却并没有细分对保险公司和证券公司的债权债务。

因此，中国目前形成了两套不完整的金融机构资产负债表系列。

其一，就是由货币当局和其他存款性公司的资产负债表合并而成的存款性公司概览。如表10-1所示，2011年存款性公司概览就是同年度的存款性公司资产负债表简表。表10-2和表10-3则分别代表2011年的其他存款性公司和货币当局资产负债表。具体编制步骤限于篇幅不再一一列出。

表10-1　　　　　2011年存款性公司概览　　　　单位：亿元

国外净资产	251644.5
国内信贷	687971.6
国内信贷：对政府债权	42363.92
国内信贷：对非金融部门债权	600634.5
国内信贷：对其他金融部门债权	44973.15
负债：货币和准货币	851590.9
货币	289847.7
货币：流通中现金	50748.5
货币：活期存款	239099.2
准货币	561743.2
准货币：定期存款	166616
准货币：储蓄存款	352797.5
准货币：其他存款	42329.69
不纳入广义货币的存款	16809.07
债券	75409.69
实收资本	28861.75
其他（净）	-33055.3

表10-2　　2011年其他存款性公司资产负债表　　单位：亿元

项目	金额
总资产	1137867
国外资产	24211.74
储备资产	176422
储备资产：准备金存款	173004.1
储备资产：库存现金	5101.574
对政府债权	49697.85
央行债券	22323.96
对其他存款性公司债权	179466
对其他金融性公司债权	34329.18
对非金融机构债权	465395.2
对其他居民部门债权	135214.4
其他资产	54224.67
总负债	1137867
对非金融机构及家庭负债（nf）	780043.9
nf：纳入广义货币的存款	758512.7
nf：纳入广义货币的存款：活期存款	239099.2
nf：纳入广义货币的存款：定期存款	166616
nf：纳入广义货币的存款：储蓄存款	352797.5
nf：不纳入广义货币的存款	16809.07
nf：不纳入广义货币存款：可转让存款	7118.482
nf：不纳入广义货币的存款：其他存款	9690.586
nf：其他负债	4722.111
对中央银行负债	6763.862
对其他存款性公司负债	85081.98
对其他金融性公司负债（fc）	52210.89
fc：纳入广义货币的存款	42329.69
国外负债	7765.864
债券发行	75409.69
实收资本	28642
其他负债	101948.9

表10-3　　　　2011年货币当局资产负债表　　　　单位：亿元

总资产	280977.6
国外资产	237898.1
国外资产：外汇	232388.7
国外资产：黄金	669.84
国外资产：其他	4839.492
对政府债权	15399.73
对其他存款性公司债权	10247.54
对其他金融性公司债权	10643.97
对非金融机构债权	24.98933
其他资产	6763.309
总负债	280977.6
储备货币	224641.8
储备货币：货币发行	55850.07
储备货币：其他存款性公司存款	168791.7
不计入储备货币的金融性公司存款	908.3654
发行债券	23336.66
国外负债	2699.438
政府存款	22733.66
自有资金	219.752
其他负债	6437.969

资料来源：CEIC[①]。

其二，就是金融机构人民币信贷收支表。金融机构人民币信贷收支表实质上是另一种形式的资产负债表，其中资金运用项就类似于资产负债表中的资产项，资金来源项就类似于资产负债表中的负债及所有者权

[①] 根据2009年《中国金融年鉴》的定义，货币当局指中国人民银行，其他存款性公司包括：政策性银行和商业银行。商业银行包括：(1) 国有商业银行。(2) 股份制商业银行。(3) 城市银行。(4) 农村商业银行。(5) 合作金融机构，包括城市信用社和农村信用社和农村合作银行。(6) 外资金融机构。(7) 中国邮政储蓄银行。(8) 财务公司，其他金融性公司包括保险公司和养老金基金（企业年金）、信托投资公司、金融租赁公司、资产管理公司、汽车金融服务公司、金融担保公司、证券公司、投资基金、证券交易所和其他金融辅助机构。

益项。金融机构人民币信贷收支表同存款性公司概览的最大区别就是除了央行和商业银行、政策性银行外，金融机构的统计范围还包括部分其他金融性公司，即信托投资公司、金融租赁公司和汽车金融服务公司。金融机构人民币信贷收支表的编制如表10-4所示。

表10-4　　　　2011年金融机构人民币信贷收支表　　　单位：亿元

资金来源和运用	913226.33
存款	809368.33
企业存款	410912.05
个人存款	353536.43
财政存款	26223.07
金融债券	10038.83
流通中现金	50748.46
对国际金融机构负债	776.46
其他（净）	42294.24
贷款	547946.69
国内贷款	546398.25
证券组合投资	96479.39
股权及其他投资	12824.72
金银占款	669.84
外汇占款	253587.01
对国际金融机构资产	1718.67

资料来源：CEIC[①]。

10.2　金融部门资产负债表的编制

由于许多类型的其他金融性公司资产负债表（汇总表）仍然没有得到编制，中国目前尚不具备编制包含所有金融机构的金融部门合并资产负债表的条件，本书将尝试编制包括央行、商业银行和部分其他金融

---

① 根据中国人民银行网站提供的信息，表中金融机构包括央行、商业银行、信托投资公司、金融租赁公司和汽车金融服务公司。

性公司（含保险公司、证券公司、信托投资公司、金融租赁公司和汽车金融服务公司）的金融机构资产负债表。《金融机构资产负债表》的编制分三步走：

第一步，将《金融机构人民币信贷收支表》转换成《金融机构资产负债表》的形式。

第二步，将保险公司和证券公司的资产负债表简化成便于并入《金融机构资产负债表》形式。

第三步，将保险公司和证券公司资产负债表并入《金融机构资产负债表》。下面我们分这三步编制《金融机构资产负债表》。

将《金融机构人民币信贷收支表》转换成《金融机构资产负债表》形式

如表 10-5 所示，将《金融机构人民币信贷收支表》转换成《金融机构资产负债表》形式就是将前者的资金运用和来源项分别转化为后者的资产、负债及实收资本项。具体地讲，《金融机构资产负债表》在形式上与《金融机构人民币信贷收支表》的区别在于：①在《金融机构资产负债表》中，各项贷款和存款项不再细分。②将证券组合投资、股权及其他投资项合并为有价证券及投资项。③将其他存款性金融机构实收资本项从《金融机构人民币信贷收支表》中的其他（净）项单列出来。其他（净）项由央行和其他非存款性金融机构实收资本、金融机构其他资本金、金融机构对实体部门净资产以及错误和遗漏等项内容共同组成①。

从表 10-5 可以得到如下基本发现：

其一，以商业银行为代表的金融机构资产（负债）规模快速扩张，其与 GDP 之比总体保持上升趋势。如图 10-1 所示，2000—2011 年，金融机构资产与 GDP 比例总体保持上升趋势，但不同阶段的表现并不相同。第一个阶段是 2000—2003 年，资产与 GDP 比例从 135% 上升至 166%，2003—2008 年则基本保持平稳，到 2008 年时这一比例为 171%。但 2009 年金融机构资产与 GDP 之比则突然跃升至 200% 以上。

---

① 金融机构对实体部门净资产项为减项。

表10-5　由《金融机构人民币信贷收支表》转换而成的《金融机构资产负债表》

单位：亿元

	2000年	2001年	2002年	2003年	2004年	2005年	2006年	2007年	2008年	2009年	2010年	2011年
资产	133902	154294	182442	225313	262740	302043	365230	454268	538406	681875	805879	913226
各项贷款	99371	112315	131294	158996	178198	194690	225347	261691	303395	399685	479196	547947
有价证券及投资	19651	23113	26790	30259	30931	34942	39491	62790	65302	86643	98526	109304
金银占款	12	256	337	337	337	337	337	337	337	670	670	670
外汇占款	14291	17856	23223	34847	52591	71211	98980	128377	168431	193112	225795	253587
在国际金融机构资产	576	754	798	873	683	862	1075	1073	941	1765	1693	1719
负债和所有者权益	133902	154294	182442	225313	262740	302043	365230	454268	538406	681875	805879	913226
各项存款	123804	143617	170917	208056	241424	287170	335460	389371	466203	597741	718238	809368
金融债券	30	51	90	2226	3955	5673	6483	11505	20852	16203	13527	10039
流通中现金	14653	15689	17278	19746	21468	24032	27073	30334	34219	38246	44628	50748
对国际金融机构负债	368	485	423	483	562	642	926	947	733	762	720	776
所有者权益	-4954	-5548	-6266	-5197	-4670	-15473	-4712	22110	16398	28923	28766	42294
实收资本	7397	7660	8772	10729	11750	10576	13101	18425	21751	23071	26507	28642
其他（净）	-12351	-13208	-15039	-15926	-16420	-26049	-17813	3685	-5353	5852	2259	13652

资料来源：CEIC。

· 120 ·　第二编　部门分析

这种变化部分体现了中国货币政策和经济增长的变迁。2000—2003 年，中国仍处于亚洲金融危机的阴影中，这时的货币政策偏向宽松，2000—2003 年 8 月中国的存款准备金率一直保持在 6% 的低位，这提高了金融机构的货币派生能力，金融机构的资产（负债）占 GDP 的比重明显提高。2003 年 9 月开始，随着经济增长的稳定和提高，货币政策开始从宽松逐步转向收紧，到 2008 年年中，准备金率一度达到 17% 的高位。但从 2008 年下半年开始，为了应对国际金融危机，中国提出了以四万亿元计划为首的一揽子经济刺激措施，而金融机构的信贷支持成为经济刺激计划的核心。这使得金融部门的资产负债表在短时间急剧扩张，其与 GDP 之比在短时间内大幅攀升。

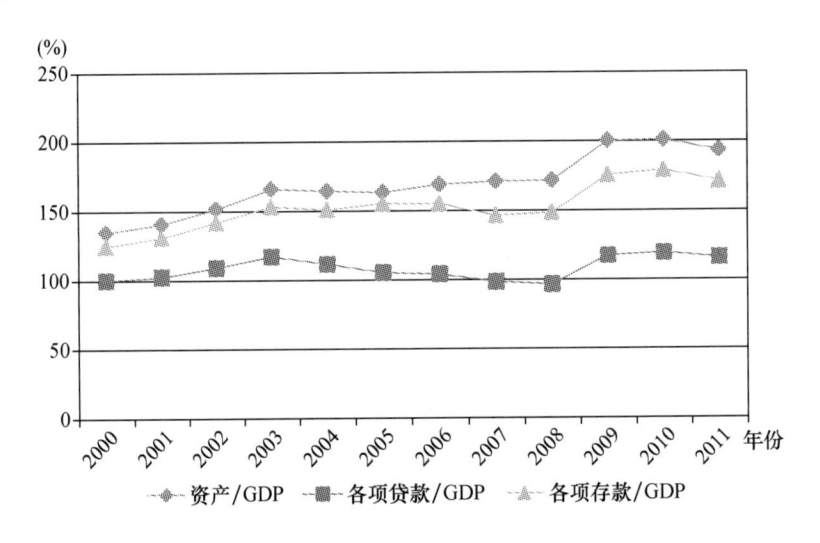

图 10 - 1　金融机构资产和存贷款占 GDP 的比重

其二，资产和负债结构的变化。其中，各项贷款在资产中的占比总体保持下降趋势，从 2000 年的 74.2% 逐步下降到 2011 年的 60%，下降的原因主要是金融部门资产中外汇资产大幅上升，外汇占款在资产中的比例从 2000 年的 10.7% 逐步上升到 2011 年的 27%，特别是 2003 年后上升十分迅速。这种变化主要是 2003 年后中国对外贸易大幅扩张，经常项目和资本项目顺差所致，由于中国特殊的外汇管理制度，外汇以银行，特别是央行资产的形式存在。而在负债和所有者权益的结构中，各项存款占比有所下降，从 2000 年的 92.5% 逐步下降到 2011 年的

88.6%,而债券等形式的负债有所上升,这或许反映金融部门的资金来源比过去更加多元,但存款仍然保持主体地位不变。

保险公司和证券公司资产负债表的简化

为了便于将保险公司资产负债表并入《金融机构资产负债表》,需要将保险公司资产负债表进行简化整理,即把表10-6所示的保险公司资产负债表简化为表10-7所示的形式。

表10-6　　　　　2011年保险公司资产负债表　　　　　单位:亿元

资产	60138.1
货币资金	2770.75
交易性金融资产	978.85
买入返售金融资产	243.91
应收保费	445.04
保户质押贷款	656.32
贷款	810.01
定期存款	14280.14
可供出售金融资产	16051.57
持有至到期投资	14738.4
长期股权投资	885.06
固定资产	745.62
负债和所有者权益	60138.1
卖出回购金融资产款	2965.26
保险保障基金	18.651
应付赔付款	541.45
应付保单红利	935.67
未到期责任准备金	2369.77
未决赔款准备金	2185.48
寿险责任准备金	33183.48
长期健康险责任准备金	1349.36
保户储金及投资款	6028.47
实收资本	2965.59
资本公积	505.59
盈余公积	127.87
未分配利润	622.27

资料来源:CEIC。

表 10 – 7　　　　　　　保险公司资产负债简表　　　　　　单位：亿元

	2007 年	2008 年	2009 年	2010 年	2011 年
资产	24936.4	26941.41	31762.94	38400.72	42134.82
金融机构间债权债务	5853.94	6385.95	8823.35	11406.31	14329.54
有价证券及投资	19253.24	20727.59	25324.66	30792.34	32653.88
贷款	736.74	552.58	1710.03	2161.39	1466.33
其他资产	-907.52	-724.71	-4095.1	-5959.32	-6314.93
负债和所有者权益	24936.4	26941.41	31762.94	38400.72	42134.82
保险准备金	20986.62	25398.745	26621.88	32103.11	39106.741
实收资本	1007.76	1297.2	1878.53	2065.76	2965.59
其他	2942.02	245.465	3262.53	4231.85	62.489

资料来源：根据 CEIC 的数据整理。

从表 10 – 7 中可以发现，保险公司的资产负债表规模也在快速扩张之中，但与 GDP 相比，在样本期并未发生趋势性变化，其规模明显受金融市场影响。资产与 GDP 的比例在 2007—2011 年在 8.5%—9.5% 之间波动，2007 年为 9.4%，到 2011 年则为 8.9%。由于保险公司的业务特性，有价证券及投资是最主要的资产形式，其次为金融机构间债权债务，两者的估值均受到金融市场波动的明显影响，因此在股市和债市低迷的时候，比如 2008 年金融危机时，其规模相对 GDP 明显缩水。

运用类似的方法，将如表 10 – 8 所示的证券公司资产负债表（汇总表）简化，结果见表 10 – 9。

表 10 – 8　　　　　　　2011 年证券公司资产负债表　　　　　　单位：亿元

资产		负债及所有者权益	
货币资金	7960.81	短期借款	0
其中：客户资金存款	6008.49	其中：质押借款	0
客户信用资金存款	44.59	拆入资金	3.9
自有信用资金存款	26.77	交易性金融负债	0.61
结算备付金	875.15	衍生金融负债	13.19

续表

资产		负债及所有者权益	
其中：客户备付金	707.85	卖出回购金融资产款	1866.2
信用备付金	16.87	代理买卖证券款	6820.79
拆出资金	7.9	信用交易代理买卖证券款	44.48
融出资金	376.56	代理承销证券款	2.65
融出证券	6.45	应付职工薪酬	195.54
交易性金融资产	2638.54	应交税费	77.2
其中：抵押证券	30	应付利息	6.6
衍生金融资产	16.35	预计负债	4.59
买入返售金融资产	430.95	长期借款	105.85
应收利息	63.8	应付债券	59.01
存出保证金	182.45	递延所得税负债	6.45
其中：交易保证金	157.39	其他负债	217.22
履约保证金	12.23	其中：应付款项	123.62
可供出售金融资产	1588.23	其他应付款项	20.81
持有至到期投资	92.58	代理兑付债券款	3.29
长期股权投资	852.37	负债合计	9424.29
投资性房地产	20.56	实收资本（或股本）	2135.9
固定资产	293.35	资本公积	1704.53
其中：在建工程	3744	减：库存股	0
无形资产	60.66	盈余公积	380.53
其中：交易席位费	1015	一般风险准备	393.9
商誉	6.65	交易风险准备	370.5
递延所得税资产	83.6	未分配利润	1312.88
其他资产	165.58	外币报表折算差额	0
其中：应收融资融券客户款	0.61	所有者权益	6298.25
应收款项	92.12		
应收股利	3.25		
抵债资产	1.94		
代理兑付债券	0.6		

资料来源：国研网。

表 10-9 证券公司资产负债简表 单位：亿元

资产	2008 年	2009 年	2010 年	2011 年
	3584.9	4840.39	5675.04	6298.87
证券公司对其他金融机构债权债务	1713.37	1993.48	2131.29	1212.4
有价证券及投资	2053.92	3249.09	3960.57	5022.83
其他资产	-182.39	-402.18	-416.82	63.64
负债和所有者权益	3584.9	4840.39	5675.04	6298.87
实收资本	1640.85	1716.85	1891.95	2135.9
其他	1592.02	2709.67	3378.08	3769.85

资料来源：根据 Infobank 和国研网提供的数据整理。

从表 10-9 中可以发现，证券公司资产负债表规模也处于快速扩张中，同样，由于其业务属性，其资产规模与 GDP 的比例明显受到资本市场的影响，在 2008 年时该值为 1.1%，低于样本期平均水平。从内部资产结构来看，样本期内证券公司对其他金融机构债权债务占总资产比例明显降低，而有价证券及投资占比明显升高。这在很大程度上也是受到资本市场波动的影响，债权债务估值受资本市场波动的影响相对偏小，而有价证券及投资受影响更大，2008 年后随着回暖，有价证券及投资在资产中的比例从 2008 年的 57% 提高到 2011 年的 79.7%。

将《保险公司资产负债简表》和《证券公司资产负债简表》并入《金融机构资产负债表》

为了便于将《保险公司资产负债简表》并入《金融机构资产负债表》，我们将《保险公司资产负债简表》继续转换为如表 10-10 所示的《保险公司概览》，包括：①将《保险公司资产负债简表》有价证券及投资、贷款、保险准备金和实收资本项分别归入《保险公司概览》的对应项目。②《保险公司概览》资产项由同表的有价证券及投资和贷款项相加而得。③《保险公司概览》其他（净）项由《保险公司资产负债简表》其他项减去金融机构间债权债务和其他资产项而得。

表 10-10　　　　　　　　保险公司概览　　　　　　单位：亿元

资产	2007 年	2008 年	2009 年	2010 年	2011 年
	19989.98	21280.17	27034.69	32953.73	34120.21
有价证券及投资	19253.24	20727.59	25324.66	30792.34	32653.88
贷款	736.74	552.58	1710.03	2161.39	1466.33
负债和所有者权益	19989.98	21280.17	27034.69	32953.73	34120.21
保险准备金	20986.62	25398.745	26621.88	32103.11	39106.741
实收资本	1007.76	1297.2	1878.53	2065.76	2965.59
其他（净）	-2004.4	-5415.775	-1465.72	-1215.14	-7952.121

资料来源：根据 CEIC 提供的数据整理。

同样，为了便于将《证券公司资产负债简表》并入《金融机构资产负债表》，我们将《证券公司资产负债简表》继续转换为如表 10-11 所示的《证券公司概览》，其方法可概括如下：①将《证券公司资产负债简表》有价证券及投资和实收资本项分别归入《证券公司概览》的对应项目。②《证券公司概览》资产项即为同表的有价证券及投资项。③《证券公司概览》其他（净）项由《证券公司资产负债简表》其他项减去证券公司对其他金融机构债权债务以及其他资产项而得。

表 10-11　　　　　　　　证券公司概览　　　　　　单位：亿元

资产	2008 年	2009 年	2010 年	2011 年
	2053.92	3249.09	3960.57	5022.83
有价证券及投资	2053.92	3249.09	3960.57	5022.83
负债和所有者权益	2053.92	3249.09	3960.57	5022.83
实收资本	1640.85	1716.85	1891.95	2135.9
其他（净）	413.07	1532.24	2068.62	2886.93

资料来源：根据 Infobank 的数据整理。

将《保险公司概览》和《证券公司概览》的项目分别并入如表 10-5 所示的《金融机构资产负债表》，可得如表 10-12 所示的《包含保险公司和证券公司的金融机构资产负债表》。需要指出的是，此表并不总是具有可比性：①2000—2006 年通常只包含央行、商业银行、信托

第二编　部门分析

表10－12　包含保险公司和证券公司的金融机构资产负债表

单位：亿元

资产	2000年	2001年	2002年	2003年	2004年	2005年	2006年	2007年	2008年	2009年	2010年	2011年
	133902	154294	182442	225313	262740	302043	365230	474258	561740	712159	842793	952369
各项贷款	99371	112315	131294	158996	178198	194690	225347	262428	303947	401395	481357	549413
证券和其他投资	19651	23113	26790	30259	30931	34942	39491	82043	88083	115217	133279	146981
金银占款	12	256	337	337	337	337	337	337	337	670	670	670
外汇占款	14291	17856	23223	34847	52591	71211	98980	128377	168431	193112	225795	253587
在国际金融机构资产	576	754	798	873	683	862	1075	1073	941	1765	1693	1719
负债和所有者权益	133902	154294	182442	225313	262740	302043	365230	474258	561740	712159	842793	952369
各项存款	123804	143617	170917	208056	241424	287170	335460	389371	466203	597741	718238	809368
金融债券	30	51	90	2226	3955	5673	6483	11505	20852	16203	13527	10039
流通中现金	14653	15689	17278	19746	21468	24032	27073	30334	34219	38246	44628	50748
对国际金融机构负债	368	485	423	483	562	642	926	947	733	762	720	776
保险准备金	0	0	0	0	0	0	0	20987	25399	26622	32103	39107
实收资本	7397	7660	8772	10729	11750	10576	13101	18425	21751	23071	27245	29513
其他（净）	−12351	−13208	−15039	−15926	−16420	−26049	−17813	2689	−7417	9513	6332	12817

资料来源：CEIC、Infobank和国研网。

投资公司、租赁公司、汽车金融公司数据,但金融机构统计口径也经常发生调整。②从 2007 年开始增加了保险公司数据。③从 2008 年开始又增加了证券公司数据。④从 2010 年开始单列信托投资公司的实收资本数据。

影子银行与金融部门资产负债表

近年来,中国的社会融资结构发生了一定程度的变化,主要表现在两个方面:

一是在社会融资总量中,间接融资(传统银行信贷)的比重在减小,而直接融资的比重在增加,特别是债券融资的占比较大幅度地提升。

从新增人民币贷款占同期社会融资规模的比重看,2011 年为 58.2%,2012 年为 52.1%,2012 年全年下降 6.1 个百分点;2013 年第一季度进一步下降至 44.7%,同比低 18.6 个百分点。而从企业债券融资占同期社会融资规模的比重看,2011 年为 10.6%,比 2010 年高 2.7 个百分点;2012 年为 14.3%,比 2011 年上升 3.7 个百分点;2013 年第一季度进一步上升至 12.2%,同比高 2 个百分点。

二是传统银行系统以外的金融中介活动快速发展,实体经济通过金融机构表外获得的融资明显增多。

2011 年实体经济通过信托贷款、委托贷款、银行承兑汇票实现的表外融资规模占社会融资总量的 19.7%,与同期表内人民币贷款规模之比为 33.8%。2012 年,表外融资规模占社会融资总量的比重上升至 23%,与表内贷款规模之比也上升至 44.1%。2013 年第一季度,这两个比重进一步提高到 32.8% 和 73.2%。

这里想强调的是,中国社会融资结构的变化特别是影子银行的快速发展使得金融部门资产负债表的编制复杂化。

金融稳定委员会(FSB)对影子银行有两种定义:一种是将影子银行广义地界定为"由(部分或完全)在正规银行体系之外的实体及业务活动所构成的信用中介"。根据这一定义,影子银行规模实际上就成了除了银行货币之外的货币替代资产总量。另一种是建议政府部门仅仅加强对那些"增加或促进杠杆"以及"改变期限/流动性、造成有缺陷的信用风险转移、产生重大风险"的影子银行活动的监管和风险控制。这实际构成了影子银行的狭义定义。正如中国社会科学院金融法律与金融监管研究基地的《中国金融监管报告》(2013) 所指出的那样，无论是理论界还是实务界，对中国影子银行体系的界定更是存在巨大分歧。最窄口径只包括银行理财业务与信托公司两类：一是较窄口径包括最窄口径、财务公司、汽车金融公司、金融租赁公司、消费金融公司等非银行金融机构。二是较宽口径包括较窄口径、银行同业业务、委托贷款等出表业务，融资担保公司、小额贷款公司与典当行等非银行金融机构；最宽口径包括较宽口径与民间借贷。该报告认为即使采用最窄口径，2012 年年底中国影子银行体系也规模巨大，达到 14.6 万亿元（基于官方数据）或 20.5 万亿元（基于市场数据）。前者占 GDP 的 29% 与银行业总资产的 11%，后者占 GDP 的 40% 与银行业总资产的 16%。然而，这样的估算方法主要不足有二：其一，没有严格地分析金融机构和业务与信贷扩张以及流动性创造的关系，计算影子银行具有很大的随意性；其二，可能存在重复计算问题。本书则对重复计算问题进行了改进。在我们看来，中国影子银行包括金融机构理财产品和非正规融资两部分。其中金融机构（含央行、商业银行、信托投资公司、金融租赁公司和汽车金融服务公司）理财产品由其企业通知存款和保证金存款、个人保证金存款和结构存款、临时存款和其他存款共同构成，其规模 2011 年年末接近 9 万亿元，与 IMF（2012）的估算（8 万亿—9 万亿元）较为接近①。很显然，这些存款和其他存款多属于金融机构为了绕开利率管制而进行的理财产品创新。另一项对非正规融资的估算也援引自 IMF（2012）。IMF（2012）认为，截至 2012 年第三季度中国非正规融资约占当年 GDP 的 6%—8%。我们取最高值 8%，并与 2011 年中国 GDP（约 47 万亿元）相乘得到非正规融资约为 3.76 万亿元。总的说来，中国 2011 年影子银行规模约为 12.73 万亿元，约占金融机构总资产的 13.94%，GDP 的 1/4。

迄今为止对于影子银行规模的估算有很多种，结果也差异较大。这里不指望给出一个准确的估算，主要是想强调要将影子银行纳入金融部门资产负债表，难度很大。因为影子银行中既有资产也有负债。比如，

---

① IMF（2012）的估算是截至 2012 年第三季度末。

理财产品反映的是金融机构的负债，而信托贷款、委托贷款等则反映的是金融机构的资产。尽管将影子银行各组成部分"分拆"成"资产"和"负债"项，分别纳入金融部门资产负债表，理论上是行得通的，但在实践中会非常复杂，目前还较难实现。但即便如此，我们在讨论金融部门资产负债表的时候，切不可忘还有影子银行这一重要的"暗物质"。

10.3 本章附录：测算口径问题

如果将金融机构的交易区分为三大类，即金融部门与实体部门的金融交易、金融部门与实体部门的实体交易以及金融部门内部的金融交易，那么，金融机构资产负债表按统计口径宽窄也有三种估算方法，即：①窄口径，该种估算方法只统计金融部门与实体部门的交易，同时将金融部门与实体部门的实体交易以及金融部门内部的金融交易尽可能地剔除出去；②中口径，该种估算方法只剔除金融部门内部的金融交易；③宽口径，该种估算方法涵盖金融机构的所有三大类交易。很显然，本章使用的金融机构资产负债表编制方法属于窄口径的估算方法。

由于使用净值法来剔除相关交易的影响，上述金融机构资产负债表三种估算方法之间存在密切联系。与窄口径估算方法相比，根据中口径估算方法编制的金融机构资产负债表只是将其他资产和其他负债（含资本金其他项目）单列，而不计算其净值。相反，在窄口径的估算方法中，其他资产和其他负债则归入其他（净）项。根据宽口径估算方法编制的金融机构资产负债表则进一步将金融机构间债权债务单列，而不计算其净值。相反，在窄口径的估算方法中，金融机构间债权债务是作为净值归入其他（净）项中。

出于研究目的的不同，金融机构资产负债表编制方法也存在选择差异。考虑到金融机构作为中介的特殊性质，金融部门与实体部门的实体交易影响不大，以致窄口径与中口径编制方法差距也较小。因此，在现实研究中，多采用窄口径和宽口径两种估算方法。曹远征、马骏（2012）的研究采用的是宽口径的估算方法。中国人民银行编制的《存款性公司概览》和《金融机构人民币信贷收支表》以及本章编制的

《金融机构资产负债表》采用的则是窄口径的估算方法。由于其他资产和其他负债净值是个绝对值不大的正数，金融机构间债权债务加总净值在理论上更是接近于零，这就造成窄口径和宽口径估算方法差距较大。以 2011 年为例，以宽口径估算的央行和商业银行总资产为 141.88 万亿元，以窄口径估算则只有区区的 95 万亿元，两者相差高达 46.88 万亿元，后者比前者少了近 1/3。[①] 单纯从国家资产负债表编制技术角度考察，采用宽口径估算方法编制《金融机构资产负债表》似乎更加合理。严格地讲，人民银行编制的《存款性公司概览》和《金融机构人民币信贷收支表》以及本章编制的《金融机构资产负债表》应该属于资产负债表退化表，损失了资产负债表的部分信息。不过，采用窄口径估算方法编制《金融机构资产负债表》不仅能突出金融机构中介性质，而且便于集中分析金融部门对实体部门提供的融资服务。因此，本章选择了窄口径估算方法。

总之，金融部门资产负债表不同估算方法可以互相印证，更全面地反映金融部门和实体部门的相互影响。

[①] 宽口径估算的央行和商业银行总资产根据表 10-2 存款性公司资产负债表、表 10-3 货币当局资产负债表的总资产相加而得，窄口径估算的央行和商业银行总资产根据表 10-1 存款性公司概览的国外净资产和国内信贷项相加，再加上表 10-2、表 10-3 提供的商业银行和央行提供的国外负债数据而得。

11

中央银行资产负债表

如表 11-1 所示，中国中央银行的资产负债表是由两个一级项目：资产和负债组成，它们各自有如下的二级项目，下面分析我国历年来的央行资产和负债及结构变化。

表 11-1　　　　　　　中国央行资产负债表（科目设置）

资产	负债
国外资产	储备货币（M1）
外汇	货币发行（M0）
货币黄金	金融性公司存款
其他国外资产	其他存款性公司存款
对政府债权	其他金融性公司存款
其中：中央政府	不计入储备货币的金融性公司存款
对其他存款性公司债权	发行债券
对其他金融性公司债权	国外负债
对非金融性部门债权	政府存款
其他资产	自有资金
	其他负债
总资产（Total Assets）	**总负债**（Total Liabilities）

资料来源：根据中国人民银行 2008 年《货币当局及资产负债表》整理。

"负债"记录着央行的资金来源，"资产"则记录着这些资金的使用去向和配置格局，"资产＝负债"表明央行获得的资金应全额在"资产"中使用和体现。如果说负债方反映着央行通过承担债务的方式来实施货币政策、影响商业银行等金融机构和金融市场的资金数量和流向，那么，资产方则反映着央行通过行使债权的方式来贯彻货币政策意图、调控商业银行等金融机构和金融市场的货币数量。①

11.1 资产项目及其结构变化

由表 11-2 可知，1999—2012 年，央行资产负债表中的资产规模快速增长。央行资产总额由 1999 年的 3.92 万亿元增加到 2012 年的 29.45 万亿元，13 年间增长了 6.5 倍，年均增速达到 16.8%，超过同期名义 GDP 增速。这使得中国央行资产与 GDP 的比例逐渐攀升（见图 11-1），1985 年央行资产规模与国内生产总值之比为 30.27%，而 2010 年该比值达到了 63.83%。其中，1985—2002 年间，该比值相对稳定，但 2003 年以后则快速上升，2011 年该比值又有所回落。我国货币和央行资产规模的快速扩张引起了广为关注的所谓"货币迷失"和流动性过剩问题。

表 11-2　1999—2012 年中国央行资产负债表的资产项目情况　单位：亿元

时间	国外资产 总计	外汇	货币黄金	其他国外资产	对政府债权	对其他存款性公司债权	对其他金融性公司债权	对非金融性部门债权	其他资产	总资产
1999 年	14459	14061	12	385	1583	15374	3833	102		39172
2000 年	15583	14815	12	756	1583	13519	8600	110		43930
2001 年	19860	18850	256	754	2821	11312	8547			48435
2002 年	23243	22107	337	798	2864	12288	7240	207	5266	51108
2003 年	31142	29842	337	963	2901	11983	7256	206	8516	62004
2004 年	46960	45940	337	683	2970	10424	8865	136	9300	78655
2005 年	63339	62140	337	862	2892	12692	13226	67	11460	103676
2006 年	85773	84361	337	1075	2856	6517	21950	66	11413	128575
2007 年	124825	115169	337	9319	16318	7863	12972	64	7098	169140
2008 年	162544	149624	337	12582	16196	8433	11853	44	8027	207096
2009 年	185333	175155	670	9509	15662	7162	11530	44	7804	227535

---

① 王国刚（2010）。

续表

时间	国外资产 总计	外汇	货币黄金	其他国外资产	对政府债权	对其他存款性公司债权	对其他金融性公司债权	对非金融性部门债权	其他资产	总资产
2010年6月	198356	188704	670	8983	15621	8967	11499	44	8446	242932
2010年12月	215420	206767	670	7983	15421	9486	11326	25	7598	259275
2011年6月	234698	226387	670	7641	15405	9678	11254	25	7019	278079
2011年9月	241201	233854	670	6677	15400	9557	11245	25	7485	284912
2011年12月	237898	232389	670	4839	15400	10248	10644	25	6763	280978
2012年3月	240695	235800	670	4225	15349	10552	10635	25	6767	284022
2012年6月	239978	235190	670	4119	15349	13304	10625	25	6790	286071
2012年9月	240191	235297	670	4224	15314	17902	10234	25	5993	289658
2012年12月	241417	236670	670	4077	15314	16701	10039	25	11042	294537

说明：表中数据由中国人民银行网站整理得到。

图 11-1 1985—2011年间央行资产规模与国内生产总值之比

同时，资产的各个子项呈现不同的变化特征，下面我们来分析资产各项的规模及其结构变化特征，并探讨背后的原因。

国外资产快速增加，规模占比明显提高

第一，央行资产结构中，国外资产占总资产的比重占据第一位且保持快速上升的趋势。这一比例由1999年的36.91%上升到2012年的81.96%。

第二，外汇是国外资产的最主要配置形式。央行持有外汇规模由1999年1.41万亿元急剧增加到2012年的23.67万亿元。其占总资产的比重从1999年的35.9%上升到2012年的80.35%。外汇大幅扩张背后的经济背景是，随着国际收支表中"货物"、"经常转移"、"资本项目"和"金融项目"等顺差大量发生，巨额外汇资金流入中国。而作为一个具有主权货币的国家，在中国境内外汇资金是不可流通的，因此各类企业和个人手中持有的外汇收入只能出售给外汇指定银行，外汇指定银行再把超出国家外汇管理局头寸限额的外汇在银行间外汇市场卖出，其中最主要的买家是央行，通过这样形成国家外汇储备。我国在过去为了积累外汇储备，一直实行强制性的银行结售汇制度，目前我国则已经取消强制性结售汇制度，企业和个人可自主保留外汇收入。由于我国的双顺差带来大量外汇资产，央行需要在市场上用人民币购买外汇，因此形成了央行扩展资产负债表的内在要求，这种机制很大程度上体现在央行的外汇占款之中。外汇在资产负债表中资产方的增加，同时也对应着负债方的货币投放。

第三，货币黄金项目在考察期也有明显增长，但绝对量较低。根据世界黄金协会（World Gold Council）发布的数据，截至2012年，中国官方持有黄金储备总量1054吨，黄金储备量在世界国家和组织中排名第六，许多研究者认为，这与我国经济总量排名世界第二的位置并不相称，并进而认为我国央行的资产结构配置有问题。对此，需要注意的是，许多大量持有黄金的国家，如美国、德国等，其货币本身是国际货币，对外汇储备的需求相对较少，像美国基本不需要其他货币储备，因此可以大量储备黄金①。但人民币目前并非国际货币，因此需要保留更多的外汇储备来满足交易支付功能，相应地对黄金需求就少。目前，中央银行的黄金储备主要来源于国内黄金开采收购。

第四，其他国外资产项目主要是在国际货币基金组织的特别提款权（SDR）。我国拥有的SDR很稳定，仅在2008年增加59.97亿，约合

---

① 美国2012年1月的黄金储备达到8133.5吨。

92.96亿美元。此外，2007年8月，为缓解外汇兑付导致流动性过剩的压力，中国央行要求商业银行以外汇缴存本币存款准备金，这部分外汇资金在其他国外资产项目中核算，导致该项目金额在2007年年底出现急升，占总资产比例从2006年的0.84%提升至5.51%，2007年以后其他国外资占总资产的比重有所下降，截至2012年其值为1.38%。

对政府债权在2007年时大幅扩张，其余时间规模基本保持稳定

对政府的债权主要是对政府的借款和透支以及持有的国家债券，1999—2006年间，该项目余额稳定在2000亿元左右，但从2007年8月开始大幅扩张到1.5万亿元以上，其占总资产的比重也由2006年的2.2%上升到2007年年底的9.65%。变动的主要原因是2007年财政部发行1.55万亿元特别国债，筹集资金大部分向央行购买外汇作为中国投资有限责任公司的资本金，反映在货币当局资产负债表上是相应金额的外汇储备转移到对政府债权项目，这使得当年政府的债权占总资产的比重大幅提升到9.65%。2007年以后政府债权有所减少，到2012年年底这一比例已降至5.2%。

除了这部分特别国债，央行对政府债权主要包括两项内容：一是对财政透支，即央行和财政部商议好透支额及期限后，直接加记到政府在央行的存款账户上，形成财政持有的央行负债，这意味着潜在的基础货币供给的增加，但这种方式我国在1994年已停止使用。二是通过公开市场的操作购买国债，如果央行从金融机构手中购进国债，则金融机构在央行的存款账户等值增加，基础货币总量增加，货币供给将扩张。如果央行从社会公众手中购进国债，则央行向交易者签发一张等值的支票，公众把支票存入自己的开户银行，开户银行再将支票交给央行由其支付，于是银行的存款准备金增加，基础货币供给增加。如果操作方向反过来，则是货币供给收紧。

对其他存款性公司债权规模基本保持稳定，占总资产比例明显降低

对其他存款性公司债权规模总体保持稳定，1999年时规模为1.5万亿元，2012年则为1.67万亿元，考察期中间规模相对较低。而其占总资产的比重则呈现明显下行走势，1999年这一比重为39.25%，到

2012年时这一比重下降到5.67%。

对其他存款性公司债权主要反映央行对商业银行的再贷款（根据贷款方式不同，又分为信用贷款和再贴现两种）。再贷款是一种带有较强计划性的数量型货币政策工具，具有行政性和被动性，灵活性不足，再贷款一度是央行主要的货币政策工具。1984年，中国人民银行专门行使中央银行职能后，实行了"统一计划、划分资金、实贷实存、相互融通"的信贷资金管理体制，在原借差计划的体制下，中国人民银行对各专业银行核定了借款基数，由此奠定了中央银行通过再贷款调控基础货币的基础。在此后的十年间（1984—1993年），再贷款成为中央银行吞吐基础货币最重要的渠道，占基础货币供应总量的70%—90%。1993年中国金融工作会议决定改革信贷资金分配体制，收回人民银行各分行调剂再贷款规模的权利，分行再贷款的主要任务变为发放短期资金以解决商业银行短期头寸不足。1998年，中国人民银行取消商业银行贷款规模的指令性计划，标志着再贷款开始成为真正的间接调控工具，其在货币政策调控中的地位不断降低。

目前，央行利用再贷款主要发挥着调剂商业银行头寸不足，通过再贷款充当最后借款人的角色。在1998年亚洲金融危机以及2007年金融海啸后，对其他存款性公司债权规模均有明显增长，反映了再贷款机制的作用和地位。

对其他金融性公司债权规模个别年份增长较快，占总资产比例逐渐下降

对其他金融性公司债权数额有所增加，特别是在1999—2006年规模明显提高。但其占总资产比重明显降低，该比例由1999年的9.8%下降到2012的3.41%。

对其他金融性公司债权主要包括央行对其他金融机构如资产管理公司、信托投资公司发放的信用贷款和债券回购。1999—2005年间，央行向信达、长城、华融、东方四家资产管理公司发放再贷款超过1.2万亿元，用于收购国有商业银行的不良资产，导致该项目金额大幅度增长，对其他金融性公司债权占总资产比重由1999年的9.8%上升到2006年的17.07%，2007年以后规模则不断缩小，到2012年其比重下降为3.41%。

对非金融性部门债权所占规模相对很小,且比例不断下降

对非金融性部门债权从 1999 年的 101.5 亿元下降至 2012 年的 25 亿元,占总资产的比例 1999 年达到 0.26%,最高在 2002 年达到 0.4%,到 2012 年时则降至 0.01%。非金融性部门债权在总资产所占比重相对很小。

其他资产规模基本保持平稳,占总资产比例总体保持下降态势

其他资产主要是央行的代收款项和固定资产,其规模保持在 5000 亿—1.2 万亿元之间,占央行总资产的比例则保持下降态势,到 2012 年时占总资产的比例为 3.75%。

从中央银行资产负债表资产方可以看出,央行控制基础货币的渠道主要有:①央行向金融机构的再贷款,主要控制信用贷款和再贴现的规模数量和利率;②持有政府债权,可以通过公开市场业务买卖国债来进行;③国际储备的变动,在外汇市场上买卖外汇从而影响基础货币;④向其他部门净贷款的变动。这些交易主要包括再贷款、再贴现、公开市场业务和外汇市场的干预,涉及中央银行宏观调控的主要方式,任何一项操作都代表着相应资产的变动,同时意味着基础货币的等量变动。

表 11-3 1999—2012 年中国央行资产负债表的资产项目结构 单位:%

时间	国外资产 总计	外汇	货币黄金	其他国外资产	对政府债权	对其他存款性公司债权	对其他金融性公司债权	对非金融性部门债权	其他资产	总资产
1999 年	36.91	35.90	0.03	0.98	4.04	39.25	9.79	0.26		100
2000 年	35.47	33.72	0.03	1.72	3.60	30.77	19.58	0.25		100
2001 年	41.00	38.92	0.53	1.56	5.83	23.35	17.65			100
2002 年	45.48	43.26	0.66	1.56	5.60	24.04	14.17	0.40	10.30	100
2003 年	50.23	48.13	0.54	1.55	4.68	19.33	11.70	0.33	13.73	100
2004 年	59.70	58.41	0.43	0.87	3.78	13.25	11.27	0.17	11.82	100
2005 年	61.09	59.94	0.33	0.83	2.79	12.24	12.76	0.06	11.05	100
2006 年	66.71	65.61	0.26	0.84	2.22	5.07	17.07	0.05	8.88	100

续表

时间	国外资产 总计	国外资产 外汇	国外资产 货币黄金	国外资产 其他国外资产	对政府债权	对其他存款性公司债权	对其他金融性公司债权	对非金融性部门债权	其他资产	总资产
2007 年	73.80	68.09	0.20	5.51	9.65	4.65	7.67	0.04	4.20	100
2008 年	78.49	72.25	0.16	6.08	7.82	4.07	5.72	0.02	3.88	100
2009 年	81.45	76.98	0.29	4.18	6.88	3.15	5.07	0.02	3.43	100
2010 年 6 月	81.65	77.68	0.28	3.70	6.43	3.69	4.73	0.02	3.48	100
2010 年 12 月	83.09	79.75	0.26	3.08	5.95	3.66	4.37	0.01	2.93	100
2011 年 6 月	84.40	81.41	0.24	2.75	5.54	3.48	4.05	0.01	2.52	100
2011 年 9 月	84.66	82.08	0.24	2.34	5.41	3.35	3.95	0.01	2.63	100
2011 年 12 月	84.67	82.71	0.24	1.72	5.48	3.65	3.79	0.01	2.41	100
2012 年 3 月	84.74	83.02	0.24	1.49	5.40	3.72	3.74	0.01	2.38	100
2012 年 6 月	83.89	82.21	0.23	1.44	5.37	4.65	3.71	0.01	2.37	100
2012 年 9 月	82.92	81.23	0.23	1.46	5.29	6.18	3.53	0.01	2.07	100
2012 年 12 月	81.96	80.35	0.23	1.38	5.20	5.67	3.41	0.01	3.75	100

说明：表中数据由中国人民银行网站整理得到。

11.2 负债项目及其结构变化

央行负债数额和负债结构的变化是反映央行货币政策取向和调控结果的一个主要方面。如实行从松货币政策条件下，央行负债中的"货币发行"将会加大、"存贷款金融机构的存款"将会减少；如实行从紧货币政策条件下，央行负债中的"货币发行"将会减少、"存贷款金融机构的存款"将会增加。因此，央行负债的变化反映了货币政策的走势和央行的调控能力高低。

1999—2012 年中国央行资产负债表的负债项目情况见表 11-4。由于央行资产负债表的总资产和总负债遵守会计平衡，总负债等于总资产，因此，同样的央行负债自 1999 年来快速增长，增速超过同期 GDP 的名义增速。

表 11-4   1999—2012 年中国央行资产负债表的负债项目情况

单位：亿元

时间	储备货币 总计	货币发行	金融性公司存款	不计入储备货币金融性公司存款	发行债券	国外负债	政府存款	自有资金	其他负债	总负债
1999 年	33620	15070	14729	3822	119		1786	367	-541	39172
2000 年	36491	15938	16019	4534			3100	357	-553	43930
2001 年	39852	16869	17089	5894			2850	355	-517	48435
2002 年	45138	18589	19138	7411	1488	423	3085	220	754	51108
2003 年	52841	21240	22558	9043	3032	483	4955	220	474	62004
2004 年	58856	23104	35673	79	11079	562	5832	220	2106	78655
2005 年	64343	25854	38391	98	20296	642	7527	220	10648	103676
2006 年	77758	29139	48459	160	29741	926	10211	220	9720	128575
2007 年	101545	32972	68416	158	34469	947	17121	220	14837	169140
2008 年	129222	37116	92107	591	45780	733	16964	220	13586	207096
2009 年	143985	41556	102429	625	42064	762	21226	220	18653	227535
2010 年 6 月	154235	42567	111668	612	46975	719	31023	220	9148	242932
2010 年 12 月	185311	48646	136665	657	40497	720	24277	220	7592	259275
2011 年 6 月	203470	48816	154654	803	27266	4866	34542	220	6912	278079
2011 年 9 月	212204	52203	160001	861	22451	4672	35712	220	8793	284912
2011 年 12 月	224642	55850	168792	908	23337	2699	22734	220	6438	280978
2012 年 3 月	226684	54379	172306	1107	21440	1847	23085	220	9640	284022
2012 年 6 月	228051	54294	173757	1182	18691	1097	27550	220	9280	286071
2012 年 9 月	236033	59178	176855	1297	17464	1242	28149	220	5254	289658
2012 年 12 月	252345	60646	191699	1349	13880	1464	20753	220	4526	294537

说明：表中数据由中国人民银行网站整理得到。

下面具体分析资产负债表中的负债各项目规模及其结构变化特征，并探讨背后的原因：

央行总负债快速增长，储备货币占据主要位置

1999—2012 年间央行总负债由 1999 年的 3.92 万亿元增加到了

2012年的29.5万亿元。其中，储备货币占据主要位置，储备货币总额从1999年的3.4万亿元增加到2012年的25.2万亿元，占总负债的比例1999年为85.85%，2007年最低，达到60.04%，到2012年上升到85.68%。

储备货币包括货币发行和金融性公司存款两项。在考察期初期，两者规模基本持平，1999年货币发行和金融性公司存款分别为1.5万亿元和1.47万亿元。但随后金融性公司存款明显增速更高，到2012年增长至19.17万亿元，同期货币发行只有6.06万亿元。因此，引致储备货币快速增长的主要是金融性公司存款，而不是货币发行。在"储备货币"中，"货币发行"的增减意味着货币政策的松紧，而"金融性公司存款"的增减则意味着货币政策的紧松，二者的货币政策取向和效应是相反的。就此而言，2004年以后的货币政策属于从紧范畴。由此可以判断，这13年来中国人民银行主要不是通过"货币发行"来调整债务性资金和贯彻货币政策意图，而是通过"金融性公司存款"从金融运行中获得资金，因此，从这方面看货币政策总体上不属于从松范畴（王国刚，2012）。

储备货币实际上就是货币理论中通常所称的基础货币。发行货币即为现金发行，金融性公司存款主要包括商业银行的法定准备金和超额准备金。储备货币中的其他非金融机构的存款主要包括机关团体的存款和邮政储蓄存款等。基础货币最终形成老百姓手中的现钞、商业银行的库存现金以及商业银行在央行的准备金存款。在央行资产负债表中，基础货币的投放体现为负债项下"储备货币"的增加（M1）。其中，"货币发行"展示的是现钞的投放数量（M0）。

1999—2012年，我国货币发行年均增长11.3%，接近GDP增长率，货币发行与经济发展基本保持协调。同时，央行通过调整存款准备金率控制金融机构在中央银行准备金规模。1999年时，为了应对亚洲金融危机，我国一度将准备金率下调至6%，随后存款准备金率又从6%逐步提高，到2011年最高达到21%，2012年年底时则为19.5%。存款准备金率的调整对于央行回收流动性过剩发挥了重要作用，同时也引起金融性公司在央行存款的金额明显增加，如果按准备金率简单换算，将2012年年底19.5%的准备金率调整到6%，则对应的准备金数额会降至 5.9 万亿元，仍与货币发行的 6.06 万亿元基本持平。

发行债券规模和占总负债比例先增后减

发行债券的规模和占总负债比例先增后减，金额由 1999 年的 118.9 亿元最高增长到 2010 年 6 月的 4.7 万亿元，随后规模又不断下降，到 2012 年规模为 1.4 万亿元，占总负债的比例从 1999 年的 0.3% 最高增长到 2006 年的 23.13%，到 2012 年则降为 4.71%。

中央银行债券作为一种特殊的金融债券，其特殊性表现在期限较短，可控性强，它是为了调节金融机构的流动性，而向金融机构发行的债务凭证。其发行时可以回笼基础货币，到期时则体现基础货币的投放。许多发展中国家的货币政策调控中，由于金融市场，特别是国债市场不发达，因此中央银行债券往往成为公开市场操作的主要工具，这成为发行中央银行债券的一个重要目的，中国人民银行发行的中央银行债券即是所谓的央行票据。中央银行债券的作用是可以在央行总负债不变的情况下改变负债结构，而商业银行在资产总量不变的情况下改变资产结构。直接政策效果是改变了基础货币量，这与法定准备金率类似，但比法定准备金灵活，原因在于央行债券可上市交易。

基于中央银行债券的这个作用原理，可以发现发行债券量与储备货币量在短期明显负相关，计算可发现 1985—2011 年的发行债券占总负债比重与储备货币占总负债比重的相关系数为 -0.88。从表 11-5 中也容易发现，当发行债券从 1999 年时占总负债的 0.3%，扩大到 2006 年的 23.13% 时，储备货币占总负债的比例则从 85.83% 下降到 60.48%。因此，央行通过发行债券来回收金融机构手中的基础货币，从而实现货币政策的紧缩。2008 年以来，央行发行债券规模占总负债比例逐渐缩小至 2012 年的 4.71%，这反映了金融危机以来的货币政策相对宽松。

国外负债保持上升态势，占总负债比例较小

考察期内，央行的国外负债总体保持上升趋势，从 2002 年的 423 亿元，到 2011 年增加至 2699 亿元，随后规模又有所缩小，到 2012 年国外负债 1464 亿元。同时，国外负债占总负债的比例相对很小，2002 年占比达到 0.83%，2012 年则为 0.5%。央行国外负债主要包括从国外银行借款、对外国中央银行的负债、国际金融机构的贷款、在国外发行的央行债券等。理论上，对外负债的目的主要是平衡国际收支、维持本币汇率的稳定，特殊时期还需要央行从国际市场借款来应付货币危机或金融危机。

政府存款规模保持增长态势，占总负债比例相对稳定

政府存款由 1999 年的 1785.5 亿元增长到 2012 年的 2.08 万亿元，其占总负债的比例则由 1999 年的 4.56% 变为 2012 年的 7.05%，占总负债的比例相对保持稳定。

政府存款是各级政府在央行账户上的预算收支差额。1999 年以来，伴随我国经济快速增长，我国财政收入也有快速增长，政府财政状况好转，财政结余增加。央行政府存款占总负债的比例在 2010 年中最高达到 12.77%。

政府在央行存款数量的增加意味着潜在的基础货币供应的减少，当财政资金得到使用时，则表现为央行资产负债表负债项中"政府存款"的减少和"储备货币"（主要是金融性公司存款）的增加，意味着货币供应量增加，因此政府存款和储备货币数额在短期存在负相关关系。若允许财政透支，即是央行向政府贷款，则会直接表现为资产项下"对政府债权"的增加以及负债项下"储备货币"（金融性公司存款）的增加。

不过，按照《中国人民银行法》的规定，目前已经不允许中央银行以财政透支的方式投放基础货币。《中国人民银行法》第二十九条规定，中国人民银行不得对政府财政透支，不得直接认购、包销国债和其他政府债券。第三十条规定，中国人民银行不得向地方政府、各级政府部门提供贷款，不得向非银行金融机构以及其他单位和个人提供贷款。因此，央行可以通过在公开市场购买国债来调节货币供给，但在理论上不能直接为政府贷款融资。

其他负债由减项变为正值，占总负债比例相对较小

考察期内，"其他负债"从对央行总负债的减项（即负数）转为正数，且一度在总负债中占有重要地位，2007 年所占比重达到 8.77%。

这意味着，在金融性公司存款和发行债券之外，中国人民银行对其他负债的资金来源依赖程度提高了，它将影响货币政策的选择（王国刚，2010）。但近年来其他负债的比重有所下降，到 2012 年降为 1.54%。

表 11-5　　1997—2012 年中国央行资产负债表的负债项目结构　　单位:%

时间	储备货币 总计	货币发行	金融性公司存款	不计入储备货币金融性公司存款	发行债券	国外负债	政府存款	自有资金	其他负债	总负债
1999 年	85.83	38.47	37.60	9.76	0.30		4.56	0.94	-1.38	100
2000 年	83.07	36.28	36.47	10.32			7.06	0.81	-1.26	100
2001 年	82.28	34.83	35.28	12.17			5.89	0.73	-1.07	100
2002 年	88.32	36.37	37.45	14.50	2.91	0.83	6.04	0.43	1.47	100
2003 年	85.22	34.26	36.38	14.58	4.89	0.78	7.99	0.35	0.76	100
2004 年	74.83	29.37	45.35	0.10	14.09	0.71	7.41	0.28	2.68	100
2005 年	62.06	24.94	37.03	0.09	19.58	0.62	7.26	0.21	10.27	100
2006 年	60.48	22.66	37.69	0.12	23.13	0.72	7.94	0.17	7.56	100
2007 年	60.04	19.49	40.45	0.09	20.38	0.56	10.12	0.13	8.77	100
2008 年	62.40	17.92	44.48	0.29	22.11	0.35	8.19	0.11	6.56	100
2009 年	63.28	18.26	45.02	0.27	18.49	0.33	9.33	0.10	8.20	100
2010 年 6 月	63.49	17.52	45.97	0.25	19.34	0.30	12.77	0.09	3.77	100
2010 年 12 月	71.47	18.76	52.71	0.25	15.62	0.28	9.36	0.08	2.93	100
2011 年 6 月	73.17	17.55	55.62	0.29	9.81	1.75	12.42	0.08	2.49	100
2011 年 9 月	74.48	18.32	56.16	0.30	7.88	1.64	12.53	0.08	3.09	100
2011 年 12 月	79.95	19.88	60.07	0.32	8.31	0.96	8.09	0.08	2.29	100
2012 年 3 月	79.81	19.15	60.67	0.39	7.55	0.65	8.13	0.08	3.39	100
2012 年 6 月	79.72	18.98	60.74	0.41	6.53	0.38	9.63	0.08	3.24	100
2012 年 9 月	81.49	20.43	61.06	0.45	6.03	0.43	9.72	0.08	1.81	100
2012 年 12 月	85.68	20.59	65.08	0.46	4.71	0.50	7.05	0.07	1.54	100

说明：表中数据由中国人民银行网站整理得到。

11.3 央行资产负债表变动与货币政策：以外汇占款的冲销为例

从央行资产负债表中，外汇是央行资产最主要的存在形式，这主要是由于20世纪90年代以来中国的许多产品因价格低廉在国际市场上的竞争力逐步增强，外商直接投资也迅速增长，形成了经常项目和资本项目长期的"双顺差"局面。表11-6显示，中国经常项目和资本项目顺差不断增长，特别是2003年后增长十分迅速，带动中国的储备资产和外汇储备也大幅增加，经常项目和资本项目顺差之和与外汇储备增量的相关系数达到0.99。

表11-6　　　　　　国际收支状况与储备资产　　　　　　单位：亿美元

年份	经常账户	资本和金融账户	经常与资本和金融账户之和	储备资产增量	外汇储备增量
1992	64.01	2.51	66.52	21.02	22.69
1993	119.03	234.74	353.77	17.67	17.56
1994	76.6	326.4	403	305.3	304.21
1995	16.2	386.8	403	224.8	219.77
1996	72.4	399.7	472.1	316.4	314.31
1997	369.6	210.1	579.7	357.2	348.62
1998	293.2	-63.2	230	64.3	50.69
1999	211.1	51.8	262.9	85.1	97.16
2000	205.2	19.2	224.4	105.5	108.93
2001	174.1	347.8	521.9	473.3	465.91
2002	354.22	322.91	677.13	755.07	742.42
2003	458.75	527.26	986.01	1170.23	1168.44
2004	686.59	1106.59	1793.18	2063.64	2066.81
2005	1341	1010	2351	2506	2526
2006	2327	526	2853	2848	2853
2007	3540	951	4491	4607	4609
2008	4124	463	4587	4795	4783
2009	2611	1808	4419	3984	3821
2010	3054	2260	5314	4717	4696

资料来源：国家外汇管理局。

由于我国的外汇管理制度，经常项目和资本项目顺差形成的外汇流入需要中央银行用人民币购买，从而形成外汇储备和相应的国内人民币投放，这导致基础货币也快速增加，并通过商业银行的派生存款和货币乘数效应，引发通货膨胀压力和资产泡沫压力。这个问题在2007年我国股市泡沫和通货膨胀攀升时尤其引人关注。在这种宏观背景下，近年来我国货币政策的自主性和有效性受到资本流入和外汇占款较快增长的挑战。为此，央行必须通过大规模的货币冲销操作来回收由于外汇流入导致的过多流动性①。对冲型货币政策工具的作用已成为当前各界关注和讨论的热点，也是摆在决策者面前的紧迫课题。

许多经济体都曾采用过对冲型货币政策，但以针对短期性国际资本流动为主。如德国和日本是发达经济体中为维护汇率稳定和防止国内通货膨胀采取对冲操作手段的代表性例子，其他一些新兴市场国家很多也有这样的案例，20世纪90年代以来主要东亚经济体面临持续性经常账户和资本账户顺差，其对冲干预更成为一种重要的、常规性的货币政策策略。

理论上，常见的货币政策工具都可以作为对冲型货币政策的主要工具，对冲型货币政策操作的总体思路和原则主要是：通过合理安排货币政策工具组合、期限结构和操作力度，对冲外汇流入，保持银行体系适度的流动性和货币信贷总量。在外汇占款快速增长的背景下，为了控制国内货币供应量、抑制通货膨胀，人民银行通过公开市场操作、提高法定存款准备金率、收回再贷款、发行央行票据等方法冲销这种由国际收支双顺差所引起的被动的货币供给变动，从而保持物价稳定并促进经济增长。

但冲销操作的力度和可持续性也受到诸多因素的影响，其中一个重要因素是冲销操作的成本。一般来说，央行的冲销操作成本是多方面的，包括央行票据的利息成本、准备金存款利息成本乃至诸多隐性的成本，如金融市场扭曲、道德风险和资源错配的风险，等等。Calvo（1990）提出，冲销操作会导致利率水平上升，诱发巨额的财政成本，使冲销操作难以持续；货币冲销操作的规模也会受到一些因素限制，完全冲销经常难以实现（Christensen，2004）。余永定（2003）指出，中

---

① 朱孟楠、赵茜（2012）发现，外汇占款短期对国内价格水平有明显的正向影响，而央行的冲销干预政策则使得外汇占款对CPI的整体影响变小。

国货币冲销的收益成本不对称且最终需要财政承担损失;武剑(2005)认为,长期使用冲销政策不仅会制约货币政策的操作空间,还将引起国内利率上升,经济结构扭曲,"热钱"套利动机增加,进而引发系统性金融风险;史焕平(2006)认为,央行票据的效率会逐渐下降继而不可持续;余明(2010)对央行票据和存款准备金率这两种冲销方式的不可持续性进行了文献梳理。谭小芬(2012)的研究认为,央行货币冲销操作的力度明显受到国内货币市场利率的影响,利息成本越高时,冲销操作力度越弱。皇甫秉超(2010)也认为,央行的冲销力度受到冲销操作的利息成本的明显影响,同时,鉴于越来越大的外汇储备规模,为了避免过高冲销成本支出,央行更加倾向于采用如利率、公开市场操作等手段来减少冲销的成本。

无论如何,冲销操作对于当前的中国是十分必要的。伍戈(2011)根据中国央行资产负债表以及相关数据计算了1996—2010年间对冲措施对基础货币的对冲量和总对冲比率(见表11-7)。

表11-7　　　外汇占款和对冲措施对基础货币的影响　　　单位:亿元

年份	基础货币当年新增额	外汇占款新增额	央行当年对冲量	准备金对冲量	央行票据对冲量	回购对冲量	再贷款对冲量	总对冲比率	准备金资金占总对冲量的比例
1996	6147.2	2764.6	1788.5	4784.7	—	11.7	-3007.8	64.7	—
1997	3805.2	3072.2	1889.4	1777.0	—	0	112.4	61.5	—
1998	247.6	440.4	-118.9	-1389.2	—	-701.9	1972.1	-27.0	—
1999	3681.9	1013.2	-2406.0	135.3	—	-1919.7	-621.6	-237.5	—
2000	2174.4	753.1	-2746.2	566.8	—	0	-3313.0	-364.6	—
2001	4262.6	3812.8	2259.1	1899.3	—	810.3	-450.5	59.3	—
2002	4743.8	4609.3	1875.4	1548.7	—	-103.5	430.2	40.7	—
2003	7508.5	11458.9	4558.9	3923.5	1544.1	112.2	-1020.8	39.8	86.1
2004	6606.2	16098.2	12385.9	4736.6	8047.5	50.0	-448.2	76.9	38.2
2005	5478.6	17441.4	7790.2	2727.7	9217.0	2880.0	-7024.5	44.7	34.9
2006	13414.7	22220.8	15807.8	11263.9	9444.6	-2330.0	-2570.0	71.1	71.3
2007	23736.3	25842.0	39136.8	21161.7	4728.6	4016.0	9230.5	151.4	54.1
2008	27850.7	34268.4	39263.9	27261.5	11310.7	205.7	485.5	114.6	69.4
2009	18213.7	25530.3	10904.3	11544.7	-3715.6	1488.3	1587.0	42.7	105.9
2010	41326.1	31612.1	29932.3	34235.9	-1567.0	-3300.0	563.4	94.7	114.4

从表 11-7 来看，央行对冲操作中贡献作用最大的是准备金对冲量。王国刚（2012）也认为，自 2001 年以来央行不断提高存款准备金率的主要目的即在于获得资金来对冲外汇占款，其基本操作过程是：央行提高法定存款准备金率→金融机构按规定向央行缴纳法定存款准备金→央行的"金融性公司存款"增加→央行使用这些资金向金融机构购买外汇资产（从而央行的"外汇"增加）→金融机构按照法定存款准备金率要求缴纳给央行的人民币资金又回流到金融机构。[①]

在实践操作中，央行对冲外汇占款防止基础货币过快增长的措施主要有两种：一是直接减少对金融机构、非金融机构和政府部门信贷；二是增发票据，加大正向回购的操作力度。就此为分析方便，按照中央银行的资产负债表各项目之间的关系，可将中央银行资产负债表从表 11-8 的形式合并为表 11-9。

表 11-8　　　　　　中国央行资产负债表（科目设置）

资产（A）	负债（L）
国外资产（A1）	储备货币（L1）
外汇	货币发行（M0）
货币黄金	金融机构存款
其他国外资产	非金融性公司存款
对政府债权（A2）	发行债券（L2）
对其他存款性公司债权（A3）	国外负债（L3）
对其他金融性公司债权（A4）	政府存款（L4）
对非金融性部门债权（A5）	自有资金（L5）
其他资产（A6）	其他负债（L6）
总资产	**总负债**

---

① 同时，由于外汇资金在经济中各个部门和个体之间分布并不均衡（中小型金融机构缺乏外汇存款），因此利用提高准备金率对冲外汇占款的过程中仍然有着明显的资金紧缩效应，特别是小微企业与中小金融机构的资金联系更加紧密，这种结构不平衡造成两个问题：一是中小金融机构向小微企业的放款能力明显降低；二是向小微企业放款的利率水平上升。王国刚（2012）认为，这是导致近年来小微企业贷款难的一个重要成因，这种机制解释了人们的一个实践认知上的反差现象——从许多宏观指标看，宏观层面上资金相对过剩，而微观层面上感到资金相当紧缺。

表 11-9　　　　　　中国央行资产负债表（科目设置）

资产（A）	负债（L）
NFA：国外净资产（A1 - L3）	MB：基础货币（L1）
NDC：净国内信贷 （A2 + A3 + A4 + A5 + A6 - L4 - L5 - L6）	BI：发行债券（L2）

根据资产等于负债的原则有以下等式成立：

$$\begin{aligned} MB &= (A1 + A2 + A3 + A4 + A5 + A6) - (L2 + L3 + L4 + L5 + L6) \\ &= (A1 - L3) + (A2 + A3 + A4 + A5 + A6 - L4 - L5 - L6) - L2 \\ &= NFA + NDC - BI \end{aligned} \quad (11.1)$$

基础货币增量表达式为：

$$\Delta MB = \Delta NFA + \Delta NDC - \Delta BI \quad (11.2)$$

因此，基础货币的供应结构划分为净国外资产（NFA）、净国内信贷（NDC）、发行债券（BI）三项，净国外资产、净国内信贷变动会引起基础货币同方向变动，发行债券会引起基础货币反方向变动。其中净国外资产主要受经常项目差额、金融与资本项目差额因素影响，为央行货币政策不可控因素；不考虑政府存款等因素，净国内信贷和发行债券为央行可控因素。因此，讨论货币供给可控性问题实际上就是探讨影响基础货币的不可控因素（净国外资产变化）和可控因素（净国内信贷和发行债券）力量大小以及谁占主导地位的问题。

由（11.2）式可得到：

$$\Delta MB = \Delta NFA + \Delta DC \quad (11.3)$$

其中，$\Delta DC = \Delta NDC - \Delta BI$。

如果央行冲销是完全的，则有：

$$\Delta MB = \Delta NFA + \Delta DC = 0 \quad (11.4)$$

因此，由式可知，在完全冲销的情况下，国内信贷的变动 ΔDC 必然与国外净资产的变动 ΔNFA 数量相等，方向相反。因此，判断冲销干预是否完全，可以通过估计央行的反应函数来实现。根据 Sarno 和 Taylor（2001），央行反应函数可设为：

$$\Delta MB_t = \nu_1 \cdot \Delta NFA_t + \nu_2 \cdot cap\_gdp + \nu_2 \cdot \pi_t + \omega_t \quad (11.5)$$

其中，cap_gdp 为 GDP 增长率的缺口，π 为通胀率。为了估计

(11.5) 式,选择 2002 年第二季度至 2011 年第二季度数据,ΔMB、ΔNFA 由央行资产负债表计算得到,通胀率为消费价格指数,由同比季节数据转化为环比季节数据。cap_gdp 为利用 GDP 增长率通过 HP 滤波法得到。这样,我们可估计得到如下的模型:

$$\Delta MB_t = 0.3819 \cdot \Delta NFA_t + 1.4324 \cdot cap\_gdp + 14.42\,\pi_t \quad (11.6)$$
$$\quad\quad (5.15) \quad\quad\quad (4.48) \quad\quad\quad (2.95)$$

其中,$R^2 = 0.48$,$\bar{R}^2 = 0.45$,D. W = 1.8825,小括号内为 T 检验的统计量。

由(11.6)式可知,在其他条件不变情况下,国外净资产增加(或减少)1 个单位,基础货币量变动就会相应增加(或减少)0.3819 个单位;反过来讲,则意味着外汇净资产的冲销系数为 0.6181,即 1 个单位的国外净资产的增加对应的人民币增量中有 61.81% 都被央行冲销掉了。由(11.6)式我们可测算出由国外资产引起的中国央行储备货币的增量(见表 11-10)。

表 11-10　　　　　　　央行资产负债表的数据　　　　　单位:亿元

年份	国外净资产	国外净资产增量(实际值计)	货币当局储备货币	货币当局储备货币增量(实际值计)	由国外资产引起储备货币增量(实际值计)
2002 年第一季度	18686.49		41221.1		
2002 年第二季度	19368.71	618.51	40554.5	-799.99	236.21
2002 年第三季度	20540.32	1071.98	39864	-874.10	409.39
2002 年第四季度	22396.74	1803.95	45138.2	5156.27	688.93
2003 年第一季度	24355.23	1738.69	44113.3	-1378.95	664.01
2003 年第二季度	26270.89	1747.93	43206	-1110.58	667.53
2003 年第三季度	29044.35	2428.80	46730.4	2991.41	927.56
2003 年第四季度	30176.72	593.34	52841.4	5032.38	226.60
2004 年第一季度	32945.93	2084.96	50461.1	-3102.02	796.25
2004 年第二季度	35369.29	1676.29	51305.8	-62.98	640.18
2004 年第三季度	38402.1	2091.72	53150	735.87	798.83
2004 年第四季度	45835.62	6375.47	58856.1	4733.32	2434.79
2005 年第一季度	50814.9	3969.27	57588.3	-1671.01	1515.86

续表

年份	国外净资产	国外净资产增量（实际值计）	货币当局储备货币	货币当局储备货币增量（实际值计）	由国外资产引起储备货币增量（实际值计）
2005 年第二季度	55341.4	3600.89	57360.2	-613.60	1375.18
2005 年第三季度	59479.9	3480.50	60771.2	2839.93	1329.20
2005 年第四季度	62697.7	2204.71	64343.1	2498.18	841.98
2006 年第一季度	67747.3	4054.46	62551.3	-1833.13	1548.40
2006 年第二季度	72728.4	3558.30	63096.2	-158.82	1358.91
2006 年第三季度	77485.8	3286.79	66187.1	1981.09	1255.23
2006 年第四季度	84846.3	5107.63	77757.8	8733.09	1950.60
2007 年第一季度	95015.5	6825.14	76990.1	-1920.38	2606.52
2007 年第二季度	103945.6	5699.14	82664	3375.08	2176.50
2007 年第三季度	114765	6468.36	88048.7	2642.42	2470.27
2007 年第四季度	123877.9	4650.75	101545.4	8495.09	1776.12
2008 年第一季度	136488.2	7753.02	104224.2	655.99	2960.88
2008 年第二季度	148675.3	6879.06	115353.1	6582.55	2627.11
2008 年第三季度	157016.6	4838.60	117336.1	515.27	1847.86
2008 年第四季度	161810.9	2774.50	129222.3	8029.56	1059.58
2009 年第一季度	165300.8	7174.29	124276.7	-35.84	2739.86
2009 年第二季度	171131.4	3548.34	123929.7	-837.18	1355.11
2009 年第三季度	178973.4	3721.95	133406.6	5464.91	1421.41
2009 年第四季度	184571.3	2341.78	143985	6356.45	894.33
2010 年第一季度	191372.3	2792.85	150032.8	2704.88	1066.59
2010 年第二季度	197637.2	1855.61	154234.5	960.87	708.66
2010 年第三季度	204094.9	2187.96	161320.3	3108.02	835.58
2010 年第四季度	214699.5	4109.04	185311.1	13702.25	1569.24
2011 年第一季度	221697.54	2262.48	192565.38	2752.72	864.04
2011 年第二季度	229831.43	2418.99	203469.88	4581.60	923.81

12

中央政府资产负债表

12.1 关于中国政府资产负债表的文献回顾

国际金融危机后,政府资产负债表受到极大关注。一方面,发达国家的政府债务规模日益膨胀,政府资产负债表恶化,欧债危机和美国联邦政府债务上限问题,已经损害世界发达经济区域的债务信用,这不但危及其本国的信用基础,更严重的是美元和欧元作为当今国际货币体系中的两种最重要储备货币,欧债和美债的信用降级也增加了国际货币体系的系统性风险。另一方面,中国经历国际金融危机的冲击后,通过积极的刺激政策促使经济率先恢复高增长,但积累了大量的地方政府债务,关于我国政府财政状况和财政风险的讨论自然会受到很多关注。

稍早一些的研究更关注政府负债。比如在分析国有银行不良资产时,樊纲(1999)较早引入了"国家综合负债"概念,并以此来衡量我国的财政和金融风险。张春霖(2000)探讨了中国政府债务的可持续性。而刘尚希、赵全厚(2002)较早地对政府债务和资产进行了全面而翔实的分析,他们将政府债务分四类:①显性直接负债:国债、欠发工资、粮食亏损挂账、乡镇债务等;②隐性直接债务:养老保险基金、失业救济、农村社保等;③显性或有负债:其他公共部门债务(政策性金融债,铁路部门债券,国有企业和金融机构外债)、国债投资项目配套资金、政府担保等;④隐性或有负债:国有银行不良资产、国有企业未弥补亏损、对供销社系统及农村合作基金会的援助等。他们将政府资产总规模等同于国有资产总量,即政府拥有的国有资产的净值,这包括经营性国有资产和非经营性国有资产两大部分。非经营资产主要是行政事业单位、境外派出机构和基本建设单位的存量资产。其余的即为经营性资产，分布在工业、商业、交通、农业以及金融服务等行业和领域。

应该说，刘尚希等（2002，2003，2005）率先从资产负债的存量角度对我国的财政风险进行了比较细致的分析，是该领域的重要研究成果。然而，由于我国会计制度落后、相关统计数据匮乏以及此前研究的不足，使得这一研究存在一些欠缺，该文最后并没有形成一张完整的资产负债表。

编制国家资产负债表（包括政府资产负债表）是浩大的工程，其中存在诸多困难，比如资产方数据的获得和计量。张国生（2006）明确指出，由于在资产计量方面存在难以克服的障碍，政府资产负债表的使用价值十分有限。这些障碍包括：第一，部分资产的公允价值不可得，只能使用历史成本计量，这会使加总结果失去意义；第二，部分资产的公允价值和历史成本均不可得，致使无法列出，这包括自然资源、文化自然遗产、高质量的管理、技术创新或软件产品、商誉、人力资本、社会资本等；第三，大部分政府资产具有专用性，其市场不存在或不发达，这导致其可变现净值通常远远低于账面价值或评估价值。

尽管如此，中央政府的资产负债表相对而言比较简单，而且国际上已有不少国家（包括美国、加拿大、英国、澳大利亚等）编制了国家资产负债表，其中最详细的当属美国。应该说，国家资产负债表本质上属于国民账户统计体系中的一个部分，国民收入统计的流量指标最终形成国家资产负债表的存量指标，国民收入统计与国家资产负债表之间存在相互匹配的关系。由联合国、国际货币基金组织、世界银行、经济合作与发展组织、欧盟委员会等国际组织制定并颁布的 SNA（System of National Accounts，国民账户体系），作为宏观经济统计的基本框架和国际标准，为经济分析、政策制定和国际比较研究提供了一套兼具综合性、一致性和灵活性的宏观经济统计工具。最新版本的 SNA2008 修订了 SNA1993，在统计单位和机构部门、生产边界和产出计算、资产和资本形成、金融工具和金融资产、政府和公共部门、全球化相关议题等方面作了不少具体的修改，而且美国联储联合美国经济分析局已经公布了根据 SNA2008 新标准编制的国民账户体系，其中就包括各部门的资产负债表。

因中国存在规模很大的国有企业（包括金融和非金融），而且建立全国统一的社保体制还有待时日，这种体制上的差异给中国中央政府的资产负债表编制带来了极大挑战，当前关于中国债务负担可持续性的争论根源也在于此。受数据限制，目前公开的中央政府资产负债表研究主要是采用直接枚举的方法，即分别列举并推算资产和负债方的项目，加总后把两者的差值作为净值（净资产）。比如马骏等（2012）将中央政府的资产方列举为非经营性资产、中央政府持有的公司权益、四大资产管理公司与中投公司的投资等，将负债列举为国债、铁道部债务、四大资产管理公司与中投公司的债务等，这种方法没有从资产负债表的基础数据合并得到中央政府的资产负债表，可能存在重复计算，也可能存在遗漏，而且对中央政府资产负债表的涵盖范围以及债务处理与国际通行做法不完全一致。

本章在现有数据的基础上，借鉴SNA2008的一些基本概念和方法，尝试编制中国中央政府的资产负债表，并对2007—2011年中国中央政府资产负债表的变化做一些简单的分析。

12.2 中央政府资产负债表的编制

中央政府资产负债表中资产和负债的基础数据应来源于与中央政府经济活动有关的经济主体的资产负债表，通过合并各部门的资产负债表，得到中央政府的资产负债表。按照不同的标准，大体上可以编出三种口径的中央政府资产负债表：①窄口径：按照政企分开的原则，中央政府的资产负债表仅包括预算单位，国有企业（包括金融和非金融）都划归企业部门，其所有者权益被列入中央政府的权益性投资，这是比较符合国际惯例的。②中口径，按照中央政府参与经济活动的范围划分中央政府资产负债表的涵盖范围，将中央政府的国有企业（包括金融和非金融两大类）统统划入中央政府资产负债表的合并范围，这种做法不符合国际惯例，根据SNA2008的规则，这种口径相当于公共部门的资产负债表，而不是一般性政府的资产负债表。③宽口径：添加或有资产和或有负债，这样的做法有利于分析潜在的债务水平，但是不符合会计原理，或有资产和或有负债是未来可能发生的资产和负债，不应被列入当前的资产负债表。

我们按照一般 SNA2008 关于一般性政府的定义，划定中央政府资产负债表的涵盖范围，编制中央政府的资产负债表，其基本口径是前述窄口径范围。与中央政府有关的部门和单位主要包括中央政府管辖的行政部门、中央管理的事业单位、中央的企业化管理的事业单位，中央所属非金融国有企业和金融部门国有企业，社会保险账户，中央银行，地方政府和国际部门。

对上述六类单位分别按照下述方法处理：①中央政府作为经济活动的主体，除了自身的行政部门之外，其参与管理的事业单位和企业化管理的事业单位是属于预算管理单位的，应该并入中央政府资产负债表。②中央所属的金融和非金融国有企业的资产负债表本身被并入企业部门计算。政策性银行、四大资产管理公司，以及中投公司和汇金公司等都被纳入了（国有）企业部门。但所有这些中央所属的金融和非金融国有企业，其部分所有者权益属于中央政府的资产。③社会保险账户与中央政府资产负债表的关系比较繁杂，目前中国的社会保障体制仍然是碎片化状态，各险种支付主体承担各自的责任，中央政府和各地方政府分别承担了社会保险责任。由于未能提供中央政府的社会保险账户数据，这里仅将社保理事会的资产负债表纳入中央政府的资产负债表。④虽然中国的中央银行独立性比发达国家小，但国际上对中央银行的处理一般是将其放在金融部门内，我们也参照这一通行做法。因此没有将中国人民银行的资产和负债并入中央政府资产负债表，仅仅将货币当局资产负债表中负债方的自有资金加入中央政府的金融资产项目，将政府存款放入中央政府资产负债表中的存款项目。人民银行对中央政府债权统一归并到中央政府财政债券项目中。⑤中央政府与地方政府的关系主要通过财政上解和财政补助等体现，这一流量关系在资产负债表中最终体现为国库存款的增加或减少，国库存款余额中包含了这一关系。⑥国际部门与中央政府相关的单位发生的经济往来都已经记录在本单位的资产负债表中，在合并形成中央政府资产负债表时，会自然形成国际部门与中央政府的资产负债关系，因我们所采用的数据没有如此详细的科目，所以我们编制的中央政府资产负债表中没有汇总出一个单独的对国际部门的资产负债类别，但这一类别已经分散包含在其他各科目中。

根据上述方法，我们按照以下步骤编制了中央政府资产负债表：第一，合并了中央行政单位、中央事业单位、中央企业化管理事业单位的资产负债表；第二，将中央非金融国有企业（包括中央部门和中央管理两类）以及金融国有企业的所有者权益按照国有资本比例计算出中央政府对国有企业的投资权益；第三，合并社保基金理事会的资产负债表；第四，资产方加入国库存款和人民银行自有资金，负债方加入国债。最后加总得到总资产、总负债和净值。

表12-1　　2007—2011年中国中央政府资产负债简表　　单位：亿元

	2007年	2008年	2009年	2010年	2011年
总资产	140905.9	164818.7	194291.9	230148.4	258055.2
非金融资产	16671.7	18933.8	22103.6	25876.7	29013.5
库存	291	256	287.1	375.3	440.4
建筑物	16270	18645.4	21722.9	25389.5	28507
机器设备	81.6	1.5	56.2	61.9	11.4
无形资产	29.1	30.9	37.4	50	54.8
金融资产	124234.2	145884.9	172188.3	204271.7	229041.7
现金和存款	10973.1	11026.5	12361.8	13174.2	12100.3
现金和可支付存款	10888.9	10937.8	12282.2	13087.9	12004.3
定期存款	46.6	42.9	50.1	49.7	56.3
非官方外币	37.5	45.9	29.5	36.6	39.7
债券（资产）	0.7	0.7	0.6	0.6	0.6
债券　　资产管理公司持有的债券	0.7	0.7	0.6	0.6	0.6
贷款（资产）	0	0	0	0	0
证券和投资基金份额	111592.3	133217.9	158123.4	188951.2	214528.7
中国人民银行自有资金	219.75	219.75	219.75	219.75	219.75
公司权益证券	86561	105935.1	125277	150733	172283.9
行政事业单位权益	19488.5	22185.7	25715.3	29821.3	33660.2
社保基金持有的证券	1584.4	1333.6	1880.5	2223.7	2432.7

续表

	2007 年	2008 年	2009 年	2010 年	2011 年
公共—私人投资计划的权益投资	3738.6	3543.7	5030.8	5953.4	5932.1
预付款	485.8	521.1	479.5	544.5	650.4
其他应收款	615.4	504.6	591	800.5	839.8
应收账款	615.4	504.6	591	800.5	839.8
其他（各种杂项资产）	567	614	631.9	800.7	921.9
总负债和净值	140905.9	164818.7	194291.9	230148.4	258055.2
总负债	56059.6	57502.4	64680.3	72244.4	77531.9
货币性负债	370.6	649.6	558.2	365.8	494
现金和存款（负债）	341.6	220.8	224.7	241.9	260.9
交易性负债	29	428.8	333.5	124	233.1
债券（负债）	52074.8	53271.6	60237.8	67548.1	72044.5
财政债券（包括长期国债）	51467.5	52799.4	59737	66988	71410.8
外债	607.3	472.2	500.7	560.1	633.7
其他借款	143.1	120.6	149.8	189.6	203.5
贷款（抵押）（负债）	1175.6	946.1	813.3	709.6	951.8
其他应付款	1499.7	1635	1857.6	2075.9	2408.7
其他（各种杂项负债）	795.9	879.6	1063.7	1355.3	1429.5
净值	84846.25	107316.3	129611.6	157904	180523.3

12.3 中央政府资产负债表分析

根据编制的中央政府资产负债表，可以做出以下几点分析：

第一，中央政府的总资产和总负债均在快速增长，资产增长速度更高。2007—2011 年，中央政府总资产从 14.1 万亿元增加到 25.8 万亿元，总负债从 5.6 万亿元增长至 7.7 万亿元，按复利计算的年均增幅分别为 12.9% 和 6.7%，净资产从 8.5 万亿元增长至 18.0 万亿元，按复利计算年均增幅为 16.3%。这 5 年中,资产扩张的速度比负债增长的速度快 6.2 个百分点。

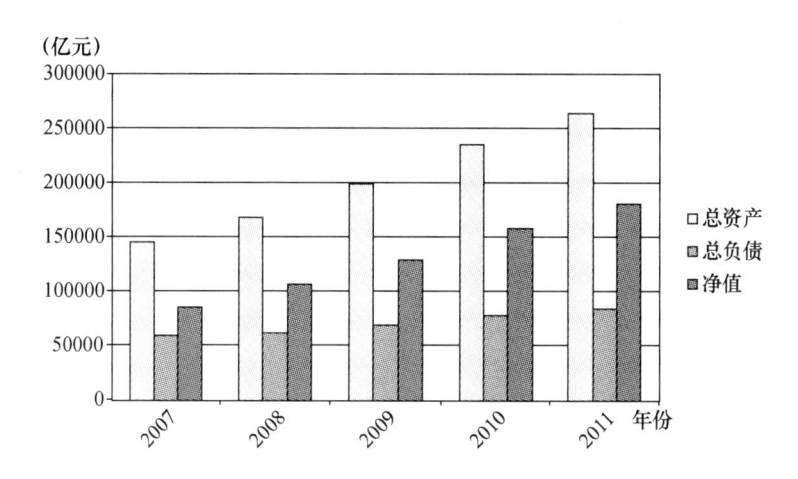

图 12-1 2007—2011 年中央政府资产负债

第二,国有企业权益占据中央政府总资产结构主要位置。中央政府总资产中,对国有企业投资权益占比最高,2011 年中央政府对国有企业投资权益为 17.2 万亿元,占中央政府总资产的比重为 66.8%,行政事业单位的权益占比为 13.1%,社保基金的资产占比为 3.2%,现金和存款占比为 4.7%,非金融资产占比为 11.3%,其他资产占比为 0.9%。

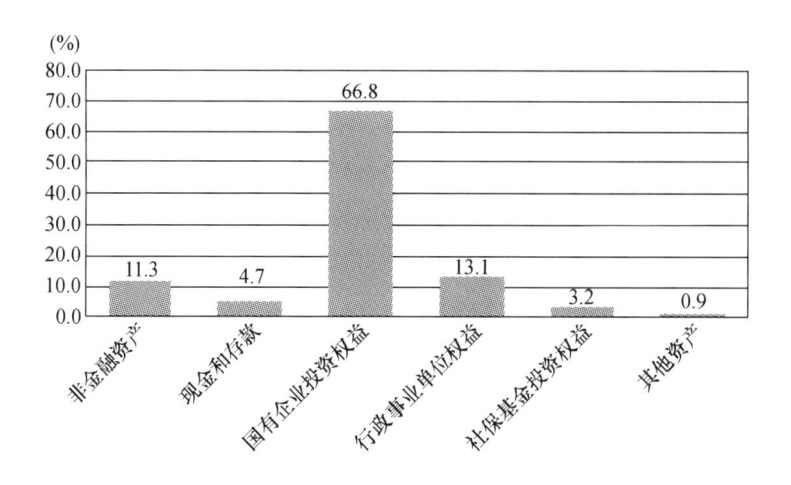

图 12-2 2011 年中央政府总资产分布结构

第三，国债占据中央政府总负债结构主要位置。中央政府总负债中，国债占比最高，2011年中央政府债务余额为7.1万亿元，占中央政府总负债的比重为92%，短期借款（含社保基金的经营性借款）占比为0.6%，外债占比为0.8%，其他借款和其他应付款占比分别为1.5%和5%。

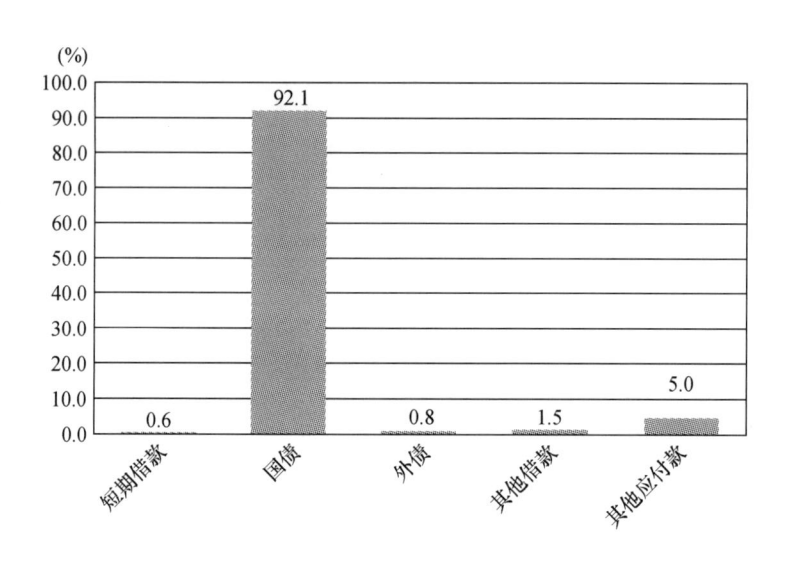

图12-3　2011年中央政府总负债分布结构

第四，国有企业权益占据中央政府资产净值主要部分。从中央政府的资产和负债结构可以看出，中国中央政府的总资产和净值均主要来源于中央政府对国有企业的投资权益。2011年，中央政府对国有企业投资权益为17.2万亿元，中央政府净资产为18.0万亿元，如果没有国有企业的投资权益，中央政府的净资产将降为0.8万亿元。因此，中国的国有企业对于中国中央政府保持较大的净资产份额至关重要。

第五，社会保障领域的隐性债务在未来可能对中央政府的资产负债造成明显影响。从以上分析可知，目前中央政府保持较大的净资产份额，似乎没有明显的债务风险。不过，如前所述，这里计算的中央政府资产负债表为窄口径版本，没有或有资产和或有及隐性债务。如果把或有、隐性的资产和债务，特别是社会保障体系欠账所导致的隐性债务加入中央政府的资产负债表中，则结果可能会发生较大改变。

社会保障领域的隐性债务又以养老保险最为主要。一方面，我国的养老保险体系从无到有，又经历了从完全现收现付制向统账结合的部分个人积累制的转变，由此形成了制度转轨导致的养老保险隐性债务。另一方面，我国未来人口结构将发生根本性改变，人口老龄化严重，人口生育不足，这导致养老金的支出将大幅扩大，而收入增速却降低，一增一减，会对养老保险体系造成极大压力。从国际经验来看，养老保险的资金缺口一般由政府承担。

据本课题组估算，2011年养老保险转轨成本存量为3.47万亿元。如果按中央政府负担30%的比例计算，意味着只此一项，就会给中央带来1.04万亿的隐性债务负担。如果再加上已存在的2.2万亿元个人账户空账（仍以30%比例计算），则中央政府的养老保险隐性债务负担将上升至1.7万亿元。[1]

---

[1] 注意到，这是窄口径的养老保险隐性债务，债务发生与制度转轨相关，而没有考虑人口老龄化导致的养老保险收支缺口引起的债务问题。

13

地方政府资产负债表

全球金融危机以来，因经济刺激计划的推出以及私人部门金融风险的转嫁，一些发达经济体的财政赤字和政府债务水平均明显上升。国际货币基金组织曾经预测，到2014年，除了德国和加拿大，七国集团的其他几个国家政府债务占GDP的比重都将超过100%。当主权债务问题困扰发达经济体之时，国内外对中国主权债务特别是地方政府债务问题的关注度也日益提升。特别是在我国应对金融危机过程中，地方政府融资平台债务的大规模扩张，带来一定的隐忧。有鉴于此，摸清地方政府资产负债的现状，识别可能的风险点，提出规避风险的建议，就显得尤为重要。基于此背景，本章试图厘清地方政府资产和债务的类型，评估地方政府债务的风险，分析地方政府债务的形成机制，进而提出防范风险的相关对策参考。

13.1 地方政府资产估算

从目前地方政府所掌握的资产看，主要包括如下类型：

地方国有经营性资产

地方国有经营性资产是地方政府作为出资者将资源投入生产经营、以获取利润作为目标的资产，包括非金融企业国有资产和金融企业国有资产两部分。

非金融企业国有资产是地方国有经营性资产的主体。由于我们在接下来估算地方政府负债时,考虑了地方国有非金融企业债务。因此,这里是将国有企业国有资产总额与国有企业负债相加得到非金融企业国有(总)资产。需要说明的是,这里国有企业国有资产总额实际上是国有权益的概念。在国有企业所有者权益总额(即净资产总额)中,除了国有权益外,还包括其他所有者的权益(如在合资、合作和股份制国有企业中的外商和中国港澳台商、集体企业或个人所有者的权益),需要予以扣除,由此得到的国有企业中的国有权益,才是政府真正能够支配和动用的资产。我们根据国有非金融企业资产负债表数据对国有权益的规模进行了估算,基本方法是:先根据各部门国有资本占实收资本的比例计算国有资本的占比;再先后将归属于母公司所有者权益与国有资本占比相乘计算出国有权益规模。

地方金融企业国有资产主要指地方政府对金融企业各种形式的投资和投资所形成的权益,以及依法认定为地方政府所有的其他权益。由于接下来估算地方政府负债时,没有直接对应的地方国有金融企业债务。因此这里只考虑国有权益规模,而不再考虑国有总资产(即国有权益与负债的加总)。估算方法与上述非金融企业相同,数据来源为国有参股以上金融企业主要财务指标统计。需要说明的是,在地方金融企业国有资产中,其他国有法人的权益已基本体现在非金融国有企业的资产负债表中(从现实经验来看,地方金融企业国有资产中有较大一部分属于国有企业法人),但由于缺乏进一步的数据,无法测算地方金融企业国有资产中非金融国有企业占有的比例,因此无法进行剔除,这里特别指出。

地方国有非经营性资产

这主要是指地方行政单位和事业单位所占用的国有(公共)财产。作为政府履行公共行政和公共事务职能的支撑,这部分资产是各个国家主权资产的组成部分。就中国而言,考虑到政府的规模特征,这部分资产在国家主权资产中占有相对突出的地位。这里根据地方部门决算资产负债简表,将行政单位和事业单位的净资产作了加总。

地方政府所拥有的资源性资产

这里主要考虑地方政府所拥有的国土资源性资产。具体估算参见本书第三编有关内容。需要说明的是，我们倾向于将上述方法得到的国土资源性资产全部视作地方政府所有。理由如下：一方面，就城市土地而言，名义上为国家所有，但在现有的使用权批租（出让）制度下，按照所有权与使用权相分离的原则，由地方政府代表国家行使城市土地所有权，其可以一次性出让若干年的土地使用权，并一次性收取整个租期的土地出让金。这实际上就赋予了各级地方政府对国土资源较大的支配权力和收益分享权力。作为这一权力的重要体现，土地出让金多年来无须上缴中央财政，而全部归地方政府支配和使用。另一方面，就农村和城市郊区的土地，名义上为集体所有，但通过征收或者征用，可变更为城市土地，成为国有资源性资产，可供地方政府进行批租。综上所述，此处的估值可认定为地方国土资源性资产的最大值。

地方政府在中央银行的存款

主要是指地方各级财政国库开设在中国人民银行国库单一账户上的财政国库存款，即在国库的地方预算资金（含一般预算和基金预算）存款。国库存款与其他财政存款（未列入国库存款的各项财政在商业银行的预算资金存款以及部分由财政部指定存入商业银行的专用基金存款等，作为银行存款体现在行政单位的资产项中）共同构成财政性存款。它是各级财政部门代表本级政府掌管和支配的一种财政资产。这里的数据来源于地方财政国库库款余额统计。

13.2 地方政府负债估算

关于政府负债的统计，目前国际上普遍采用财政风险矩阵法（Fiscal Risk Matrix）。该方法由世界银行高级经济学家汉娜在1998年发表的世界银行政策研究工作论文中最早提出（Hana，1998）。在此风险矩阵中，政府负债可按不同标准划分为两种类型：从负债的法律强制性角度看，可分为显性负债和隐性负债。其中，显性负债是由政府特定的法律或合同所带来的负债；隐性负债是基于道义或预期的政府责任，它不是建立在法律或合同的基础上,而是建立在公共预期、政治压力的基础上。从负债发生的条件看,可分为直接负债和或有负债。其中,直接负债是指不需要特定事项的发生,在任何情况下政府都需要承担支付责任的负债;或有负债是指基于特定事件发生的政府负债。

将上述两个分类进行交叉组合,形成四种政府负债,即直接显性负债(Direct Explicit Liability)(在任何情况下都会发生的基于法律或合同基础之上的地方政府负债)、直接隐性负债(Direct Implicit Liability)(在任何情况下都会发生,但并非基于法律或合同关系的政府责任,而是表现为政府道义上的一种责任)、或有显性负债(Contingent Explicit Liability)(在某一特定事件发生的条件下政府应履行的法定或合同约定的债务责任)和或有隐性负债(Contingent Implicit Liability)(在某种特定情况下政府承担的非法定性的责任或义务)。

借鉴汉娜的财政风险矩阵,可对中国地方政府负债作如下分类:

直接显性负债

(1)地方政府债券。1994年颁布实施的《预算法》第二十八条明确规定:"地方各级预算按照量入为出、收支平衡的原则编制,不列赤字。除法律和国务院另有规定外,地方政府不得发行地方政府债券。"但在此后的两次金融危机期间,地方政府债券以某种变通和迂回的形式出现了。

先是自1998年开始,为应对亚洲金融危机、扩大国内需求,国家实施积极财政政策、发行长期建设国债。在此过程中,为增加地方的经济和社会发展建设项目的资金,国务院决定增发一定数量的国债,债券筹集的资金由财政部转贷给地方政府使用。1998—2005年间,中央财政共发行了约9900亿元长期建设国债,其中转贷给地方的约占1/3。在国债转贷模式下的地方债,由于最终是以中央政府的信誉做担保,因此其实质仍然是中央政府发行的"国债",并不能算是真正意义上的地方债。

之后是2009年,为应对国际金融危机,增强地方安排配套资金和扩大政府投资的能力,根据《预算法》特别条款规定,正式允许地方政府发行债券。这是以各省份和计划单列市政府作为发行和偿还主体,由财政部代理发行并代办还本付息和支付发行费。2009—2011年，以中央代发形式的地方政府债券规模，每年均为2000亿元。在由中央政府代替地方政府发行债券的模式下，尽管地方政府在法理上仍不具备相对独立的发债权，但至少名义上的地方政府债券首次出现了。

（2）地方性政府主权外债。这主要是指以地方政府名义由中央政府统一借入并管理的外国政府贷款和国际金融组织贷款（世界银行贷款、亚洲开发银行贷款、国际农业发展基金贷款），其实质是中央外债转贷资金。

由于这类外债是通过中央政府代理的，因此在国家外汇管理局发布的各年中国对外债务简表中，地方政府并没有作为债务人出现。因无法得到这方面的系统资料，只能依据之前获得的财政部若干年份的统计资料，计算地方性政府主权外债占国家全部外债之比例的均值（8%左右），并假设该比例大体保持稳定。然后将各年中国外债余额与该比例相乘，推算地方性政府主权外债规模。再以当年汇率平均价计算，折合成人民币。

直接隐性负债

这里主要考虑以隐性养老金债务为主的社会保障基金缺口。从目前养老保险的事权分配来看，养老基金欠账除了中央补助一部分外，大部分需要由地方各级政府承担。如果按70%的比例测算，2011年地方政府养老金隐性负债约在2.43万亿元。

或有显性负债

（1）地方政府负有担保责任的债务。地方政府提供的债务担保并不必然形成地方政府的债务，如果被担保单位能够按时履行债务的偿还义务，那么地方政府就可以免除相关责任，这样就不会构成地方政府的债务。但如果被担保单位不能按时还款，那么按照担保合同或协议，地方政府就要承担连带责任，需动用预算来进行垫付。在这种情况下，政府提供的债务担保就形成了地方政府的或有负债。

《担保法》第二章第八条规定："国家机关不得为保证人，但经国务院批准为使用外国政府或者国际经济组织贷款进行转贷的除外。"但实际上由地方政府出面担保或提供变相担保（如地方财政出具的还款承诺、地方人大同意将项目还款资金纳入预算、地方政府回购承诺等）的做法比较普遍。

根据审计署2011年6月发布的《全国地方政府性债务审计结果》，截至2010年年底，地方政府提供直接或间接担保形成的或有债务23369.74亿元。该份审计结果还披露了2008—2010年地方政府债务余额年度增长率分别为23.48%、61.92%和18.86%。又根据审计署2013年6月发布的《36个地方政府本级政府性债务审计结果》，2010—2012年间，政府性债务余额增长12.94%，由此推算年均增速为6.27%。我们假设2011年全国地方政府债务余额也以相同速率增长，并假设地方政府提供直接或间接担保形成的或有债务的增速与各年份地方政府债务余额年度增长率相同，由此得到相应年份该部分债务存量。

（2）地方公共部门债务。一是地方政府各部门所属公共事业单位的债务。特别是像交通、教育等部门，大量利用其代为政府行使非税收入的权力，进行各种投融资活动。其资金来源一方面是收取的公共收入，包括基金、收费等；另一方面也以收入权为质押向金融机构贷款融资。这部分债务在清债时，如若原借债主体不能偿还，将转化为地方政府的直接债务。

根据审计署资料，截至2010年年底，地方经费补助事业单位和公用事业单位债务总计19688.53亿元，别除负有担保责任的债务（为避免与上面担保债务重复计算），负有偿还责任的债务和其他相关债务17831.92亿元。这里也假设该部分债务的增速与地方政府债务余额年度增长率相同，由此得到相应年份该部分债务存量。

二是地方政府融资平台债务。这是目前各方面比较关注，也是讨论最多的地方政府债务形式。所谓"地方政府投融资平台"，是指由地方政府及其部门和机构等通过财政拨款或注入土地、股权等资产方式设立，承担政府投资项目融资功能，并拥有独立法人资格的经济实体。20世纪90年代起，面对巨大的城市基础设施建设压力，各地政府开始建立各种专业投融资公司或事业单位承担建设任务，并利用这些单位法人承接银行或信托资金，绕过《预算法》进行预算外借贷。在应对亚洲金融危机、政府投资扩张的时期，具有地方政府投融资平台性质的城市建设投资公司曾作为承贷的主体，大量出现在以"打捆贷款"协议为主要内容的"银政合作"中。2002年，重庆组建八大政府建设性投资集团，被世界银行称为"重庆国有投资集团模式"，地方政府投融资平台自此进一步推广。在应对国际金融危机的过程中，人民银行和银监会于2009年3月联合发布《关于进一步加强信贷结构调整促进国民经济平稳较快发展的指导意见》，其中提到，要"支持有条件的地方政府组建投融资平台，发行企业债、中期票据等融资工具，拓宽中央政府投资项目的配套资金融资渠道"。之后，地方政府投融资平台大量涌现。

根据审计署资料，截至2010年年底，全国省、市、县三级政府共设立融资平台公司6576家，其中：省级165家、市级1648家、县级4763家；有3个省级、29个市级、44个县级政府设立的融资平台公司均达10家以上。从这些公司的经营范围看，以政府建设项目融资功能为主的3234家，兼有政府项目融资和投资建设功能的1173家，还进行其他经营活动的2169家。

从地方政府平台公司的融资形式看，主要有三类：一是银行贷款。相关数据来自银监会的统计。二是发行城市建设投资公司债券（简称"城投债"，含企业债、中期票据、短期融资券等）。这种债券名义上是企业债券，实质为准政府债券，类似于国外的市政债券。相关数据来自债券市场的统计。三是基建信托等影子银行渠道。可根据中国信托业协会发布的信托公司主要业务数据，统计相关年份投向基础设施项目的信托贷款总额（其中，2009年的数据由于统计缺失，以2010年第一季度末的数据替代）。

需要说明的是，由于2009年之前地方政府平台公司的融资规模相对有限，信息披露也不充分，这里暂时将2007年和2008年的融资规模分别设定为1万亿元和2万亿元。

或有隐性负债

（1）地方金融机构不良资产。这里主要考虑地方银行业金融机构的情况。按照所有制的属性可分为两类：一类是地方国有或国有控股的金融机构；另外一类是地方非国有的金融机构，包括集体性质的农村合作金融机构。当出现不良资产和支付缺口的时候，对于第一类地方国有金融机构而言，从产权属性的视角看，自然演变成地方政府的直接债务。而对于第二类地方非国有金融机构来说，出于维护金融和社会稳定的考虑，地方财政将不得不承担部分兜底责任，付出直接的援助成本，从而也形成地方政府的债务。

银监会提供了各年份银行业金融机构五级分类不良贷款总额（其中，2007—2009年为商业银行不良贷款总额）。根据2010年度中央和地方银行类贷款质量统计，可以得到地方银行类不良贷款的占比（52.8%）。这里假设该比例近年来保持稳定，由此推算相关年份地方银行业金融机构不良贷款余额。

（2）地方国有企业债务。从理论上讲，地方国有企业是自主经营、自负盈亏的法人主体和经济实体，因此其债务应该是由企业自己来承担。但从出资人的角度看，又很难割断地方政府与地方国有企业的天然联系。当企业不能偿还债务的时候，财政就不得不承担起代替企业清偿债务的责任。而且从社会稳定的角度出发，地方政府也会对地方国有企业进行一定的救助，承担最后支付人角色。这样地方国有企业债务也就间接地构成了地方政府的或有债务。

这里的数据来源于国有非金融企业资产负债表。需要指出的是，在地方国有企业中，大多包括了地方政府融资平台这一有政府背景的实体。为防止交叉重复，需要进行相应扣除。

13.3 地方政府资产负债表编制结果

在上述估算方法的基础上，本报告试编了地方政府资产负债简表（2007—2011年）（见表13-1）。

通过表13-1可以看出，2007—2011年间，地方政府的总资产从49.87万亿元增加到89.98万亿元，增长了0.8倍。在总资产构成中，地方政府所拥有的资源性资产和地方国有经营性资产是绝对主体，且增长较快（见图13-1）。

表 13-1　　地方政府资产负债简表（2007—2011年）　　单位：亿元

	2007年	2008年	2009年	2010年	2011年
总资产	498735.23	586179.42	637972.16	755268.95	899837.01
1. 地方国有经营性资产	132688.47	156721.1	183431.44	233896.12	292156.98
2. 地方国有非经营性资产	44531.79	48581.63	54961.69	62250.4	70758.03
3. 地方政府所拥有的资源性资产	312720.97	370983.69	386071.03	443371.43	520022
4. 地方政府在中央银行的存款	8794	9893	13508	15751	16900
总负债	138932.2	157734.69	189351.81	240953.14	288592.18
1. 直接显性负债	2367.7	2167.76	4342.49	6972.84	9591.1
A. 地方政府债券	—	—	2000	4000	6000
B. 地方性政府主权外债	2367.7	2167.76	2342.49	2972.84	3591.1
2. 直接隐性负债	18120.53	20095.72	20353.79	22126.48	24287.95
3. 或有显性负债	27337.31	41408.12	123341.03	151047.66	157940
A. 地方政府负有担保责任的债务	9833.79	12142.77	19661.57	23369.74	24835.02
B. 地方公共部门债务	17503.52	29265.35	103679.46	127677.92	133104.98
（a）地方政府各部门所属公共事业单位的债务	7503.52	9265.35	15002.46	17831.92	18949.98
（b）地方政府融资平台债务	10000	20000	88677	109846	114155
4. 或有隐性负债	91106.66	94063.09	41314.5	60806.16	96773.13
A. 地方金融机构不良资产	6697.26	2958.15	2625.9	6566.74	5561.64
B. 地方国有企业债务	84409.4	91104.94	38688.6	54239.42	91211.49
净资产	359803.03	428444.73	448620.35	514315.81	611244.83

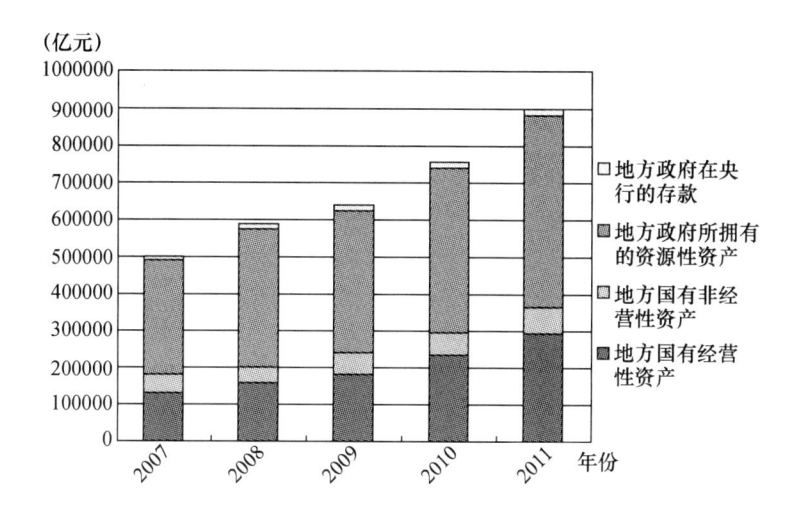

图 13-1 地方政府总资产的规模与构成 (2007—2011 年)

2007—2011 年间，地方政府的总负债从 13.89 万亿元增加到 28.86 万亿元，增长了 1.08 倍。在总负债构成中，直接负债的规模相对有限，或有负债占有绝对比重，特别是或有显性负债规模较大，且增长较快（见图 13-2）。

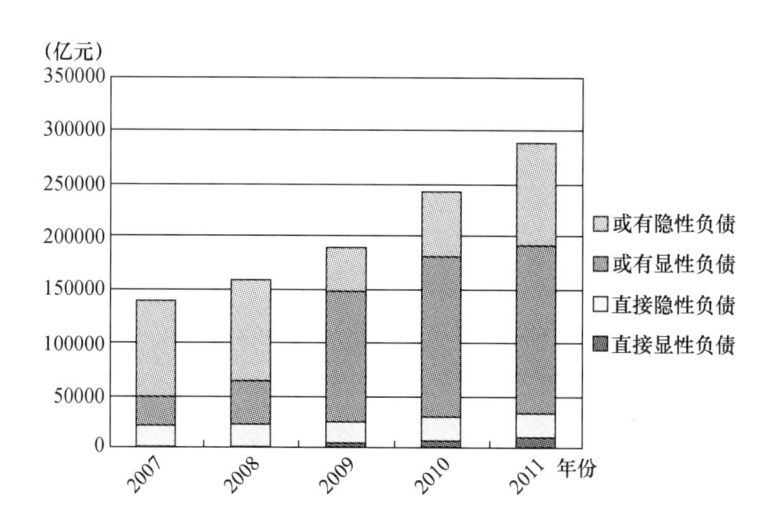

图 13-2 地方政府总负债的规模与构成 (2007—2011 年)

2007—2011 年间,地方政府的总资产和总负债都呈扩张的态势,而总资产的增幅要高于总负债,从而,地方政府净值的规模一直处于不断增长之中,从 35.98 万亿元增加到 61.12 万亿元,增长了 0.70 倍(见图 13-3)。因此,从资产净值角度看,地方政府似乎没有广泛和全面的债务风险。

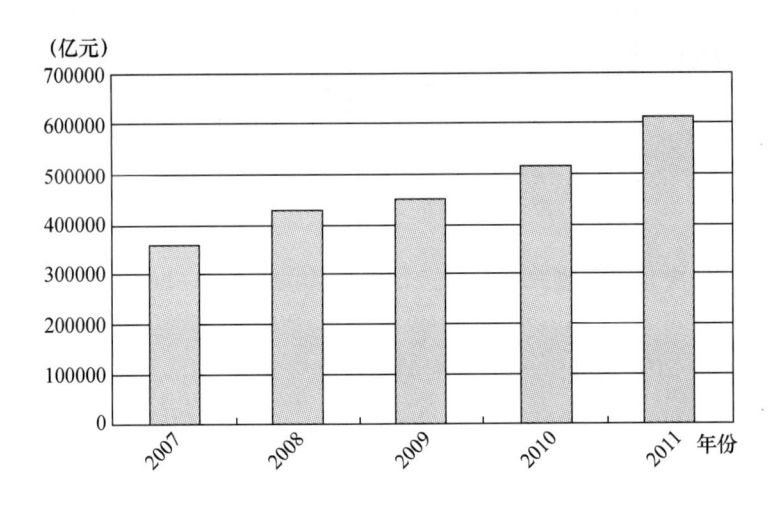

图 13-3　地方政府净资产的规模(2007—2011 年)

13.4　地方政府债务风险分析

债务风险的层级分布

从地方政府的级次来看,省一级的债务风险相对较小,地市和县一级风险较大,特别是区县一级的债务风险逐步扩大。

就省级政府而言,一般债务的规模并不是很大(见图 13-4),而且财政实力普遍雄厚,其融资平台的资产质量相对较高,商业银行对其融资平台贷款时条件也比较优厚,风险暴露相对较小。

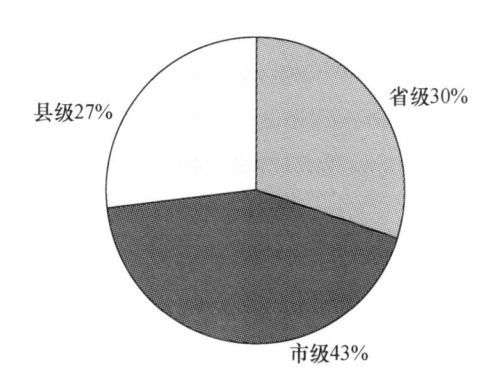

图 13-4　2010 年年底全国地方政府性债务余额层级分布情况

资料来源：审计署，2011 年。

就市、县政府特别是县一级政府而言，县域经济总的来说发展较为薄弱，财政收入总量不足；而且受制于工业化和城市化水平，土地财政效应有限。特别是随着国家开发银行等银行逐步开拓县一级的政府融资平台（县级的地方融资平台约占总量的 70%），使这一级的债务风险进一步暴露。

审计署的审计结果显示，2010 年年底，有 78 个市级和 99 个县级政府负有偿还责任债务的债务率高于 100%，分别占两级政府总数的 19.9% 和 3.56%。由于偿债能力不足，部分地方政府只能通过举借新债偿还旧债，截至 2010 年年底，有 22 个市级政府和 20 个县级政府的借新还旧率超过 20%。还有部分地区出现了逾期债务，有 4 个市级政府和 23 个县级政府逾期债务率超过了 10%。

债务风险的地区分布

从地区看，总的判断是中、西部地区的债务风险要大于东部地区。东部地区尽管债务规模比中、西部地区要大（见图 13-5），但其经济基础和政府财力较为充裕，尤其是土地收益较多，融资平台的资产质量较优，化解债务风险的能力因此较强。而中、西部地区经济基础相对薄弱，财政能力不足，土地收益有限，资产质量整体弱于东部发达地区，债务风险压力相对较大。特别是西部地区债务风险比较集中，有些地方负债与其还本付息能力严重错位。

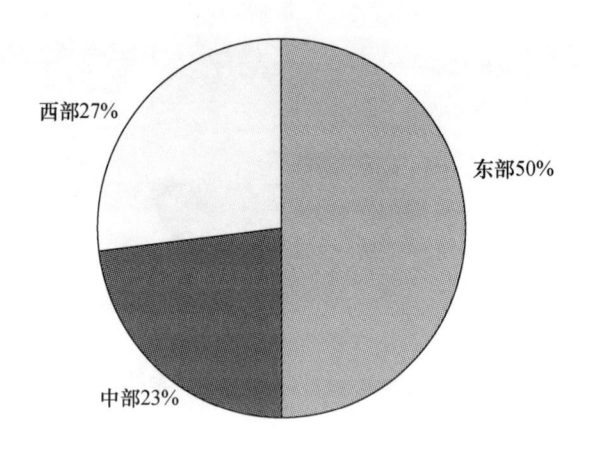

图 13-5　2010 年年底全国地方政府性债务余额地区分布情况

资料来源：审计署，2011 年。

尤其应看到，近年来，中、西部地区在城镇固定资产投资中的占比不断提高。2004 年，东部 10 省（市）和东北 3 省城镇固定资产投资所占份额为 59.4%，中部 6 省为 17.8%，西部 12 省（区、市）为 20.8%。到 2011 年，包含东北 3 省在内的东部地区的份额下降至 52.5%（其中东部 10 省市下降至 42%），而中部地区和西部地区的份额则分别提高至 22.5% 和 23.1%。如果我们将城镇固定资产投资的区域结构近似看作债务的地区分布，那么随着固定资产投资比重的区域间变化，中、西部地区的债务风险正在逐步加大。

债务风险的部门分布

从部门上看，部分地区高速公路、普通高校和医院债务规模大，承受了不小的偿债压力。

根据审计署的报告，截至 2010 年年底，地方政府性债务余额中用于高速公路建设的债务余额为 11168.11 亿元，其中政府负有偿还责任的债务 754.02 亿元、政府负有担保责任的债务 7809.63 亿元、其他相关债务 2604.46 亿元，分别占 6.75%、69.93% 和 23.32%。部分地区的高速公路处于建设期和运营初期，其收费收入不足以偿还债务本息，主要依靠举借新债偿还，2010 年全国高速公路的政府负有担保责任的债务和其他相关债务借新还旧率达 54.64%。

审计署的报告还显示，截至 2010 年年底，1164 所地方所属普通高校和 3120 家公立医院分别有政府性债务 2634.98 亿元和 977.74 亿元。其中有 387 所高校和 230 家医院 2010 年政府负有担保责任的债务和其他相关债务的借新还旧率超过 50%，当年借新还旧偿债额分别为 542.47 亿元和 95.29 亿元。有 95 所高校和 575 家医院存在债务逾期现象，逾期债务分别为 27.18 亿元和 30.42 亿元。

债务风险的项目分布

从项目上看，大致分为两类：一类项目可以依靠其自身稳定的经营收益偿还债务本息；另一类收益性不强的项目则需要政府资源给予支持。特别是在应对金融危机期间，随着融资平台的高速扩张，一些地方政府将一些难以产生收入的资产也注入其中，部分区县级融资平台甚至完全没有经营收入，高度依赖于财政补贴。

银监会的数据显示，截至 2010 年 6 月末，地方融资平台贷款 7.66 万亿元中，能够依靠项目现金流偿还本息的占 24%，约 1.8 万亿元；还款来源不足，必须依靠第二还款来源覆盖本息的贷款占 50%，有 4 万亿元；项目借款主体不合规，财政担保不合规，或本期偿还有严重风险，例如贷款挪用和贷款做资本金，占比约 26%，近 2 万亿元。审计署的审计结果则显示，部分地方的债务偿还对土地出让收入的依赖较大。2010 年年底，地方政府负有偿还责任的债务余额中（67109.51 亿元），承诺用土地出让收入作为偿债来源的债务余额为 25473.51 亿元，占 38%，共涉及 12 个省级、307 个市级和 1131 个县级政府。这些缺少第一还款来源的项目隐藏着一定的债务风险。

债务风险的期限分布

从偿债年度看，根据审计署的报告，2010 年年底，地方政府性债务余额中，2011 年、2012 年到期偿还的占 24.49% 和 17.17%，2013—2015 年到期偿还的分别占 11.37%、9.28% 和 7.48%，2016 年以后到期偿还的占 30.21%。由此可以看出，2011—2013 年是地方政府债务到期偿还高峰。在债务集中到期时如果由于现金流不足出现偿付困难，同时又无法做到债务展期的情况下，容易引发违约风险。尤其需要注意的是，地方政府融资平台往往存在着资产负债表的期限错配问题：一方面，其债务多是3—5年的中短期银行信贷；另一方面，其投资的项目多是一些中长期的城市基建项目，需要5—10年才能产生现金流和收益。这就导致债务期限与项目的现金流分布的严重不匹配，造成流动性的支付问题。这种债务偿还的"流动性风险"需要给予关注。

13.5 地方政府债务风险的形成与防范

深入探究地方政府债务风险的累积，有着深刻的体制性根源。而要防范地方政府债务风险的进一步累积，从根本上要通过体制性因素的调整，来控制债务增量。这主要涉及四个层面的改革：一是政府职能的改革；二是投融资体制的改革；三是财税体制的改革；四是金融体制的改革。

政府职能的改革

近年来，随着新发展理念的兴起，一些衡量社会发展和可持续发展的指标也开始被纳入对地方官员的考核和评价体系之中，但这种积极的变化仍不足以撼动GDP在整个考评体系中的核心地位。可以说，在现有的政绩考核体系和政治激励结构下，经济增长和财政收入增长成为重要的信号显示机制和上级识别（地方努力程度）机制，发展经济遂成为地方全部工作的核心。

对于这种强烈的增长偏好，我们可以通过比较"十一五"和"十二五"规划中各省的GDP目标来加以透视。"十一五"时期的GDP增长规划，国家层面为7.5%，地方层面为10%，后者高出前者30%多一些。而到了"十二五"时期，国家规划的增长目标为7%，地方规划的增长目标为10.5%，后者高出前者50%。从中央与地方增长目标的差距看，"十二五"规划比"十一五"规划进一步扩大了。这种扩大的趋势在中、西部地区尤其明显：中部6个省，"十一五"规划的经济增速平均为10%以上，而"十二五"规划平均为11%以上；西部的12个省区市，"十一五"规划平均为10%以上，"十二五"规划平均为12%以上，追求五年翻一番和力争翻一番几乎成为普遍目标。

在这种增长优先战略的驱动下，各级政府将精力相对较多地投入生产经营领域，承担了大量的经济建设职能。在我们看来，地方政府过度渗入微观领域、直接参与经济运作，尤其是在招商引资、土地经营方面所具有的强烈冲动，都表现出鲜明的公司化行为特征。美国斯坦福大学政治系教授戴慕珍（Jean Oi）曾使用"地方政府公司主义"（local state corporatism）[①]这一概念相对直接地剖析了中国地方政府的企业化行为。目前来看，这种"地方政府公司主义"或者说地方上"建设（发展）型政府"的特征仍然广泛存在。

为了考察这种建设型政府的特征，我们根据国际货币基金组织2008年《政府财政统计年鉴》披露的资料，对有关国家政府根据职能分类的财政支出结构作了比较。之所以选择2007年的数据，主要是为了剔除金融危机这一非常态事件下政府深度介入经济事务对财政支出结构的扭曲性影响。从表13-2中可以看出，无论是与发达经济体还是与新兴和发展中经济体相比，无论是与转轨经济体还是与具有政府主导传统的东亚经济体相比，中国在经济事务方面的支出比例显著偏高。在所有可获得数据的国家中，中国是除不丹外经济性支出占比最高的国家，比次高的国家高出了13个百分点左右。分层级看，这种建设型政府的特征更多表现在地方层面，因为从中央层面看，中国政府的经济性支出占比在有关国家比较中并不是特别突出（见表13-3）。

---

① 见 Oi（1992）。

表13-2 中国与若干国家政府财政支出结构的比较（2007年） 单位：%

国家	一般公共事务	国防	公共秩序和安全	经济事务	环境保护	住房与社区生活设施	健康	文化娱乐和宗教事务	教育	社会保障
中国	18.2	5.24	4.98	37.68	3.21	0.44	2.51	1.27	9.32	17.15
美国	13.47	11.54	5.71	9.98	—	1.85	21.06	0.87	16.93	18.59
德国	13.61	2.41	3.51	7.23	1.1	1.93	14.01	1.36	9.09	45.75
法国	13.28	3.39	2.41	5.36	1.66	3.62	13.72	2.9	11.24	42.41
意大利	15.98	3.14	3.89	10.23	1.83	2.16	12.75	3.05	11.22	35.93
日本	12.91	2.59	3.89	10.55	3.55	1.81	19.6	0.43	10.74	33.93
新加坡	12.37	27.99	6.24	9.81		12.19	6.04	0.48	20.82	4.07
波兰	12.58	3.89	4.72	10.15	1.4	1.7	10.62	2.64	12.72	39.57
乌克兰	7.66	3.04	5.25	13.54	0.66	2	9.05	1.9	14.01	42.89

资料来源：IMF：《政府财政统计年鉴》（2008）。

表13-3 中国与若干国家中央政府财政支出结构的比较（2007年） 单位：%

国家	一般公共事务	国防	公共秩序和安全	经济事务	环境保护	住房与社区生活设施	健康	文化娱乐和宗教事务	教育	社会保障
中国	60.49	11.37	1.82	19.67	0.03	0.27	0.16	0.32	1.22	4.65
美国	13.4	19.96	1.53	5.91	—	1.95	25.18	0.15	2.39	29.54
德国	14.56	3.68	0.5	5.37	0.06	0.71	20.35	0.15	0.59	54.03
意大利	19.98	3.52	4.08	6.39	0.4	0.5	13.54	0.83	10.9	39.87
韩国	24.02	11.33	5.48	17.63	—	4.42	0.99	1.01	15.36	20.73
新加坡	12.37	27.99	6.24	9.81		12.19	6.04	0.48	20.82	4.07
波兰	13.88	4.63	5.29	6.8	0.21	0.42	11.58	0.9	11.48	44.82
乌克兰	23.52	3.65	6.24	11.58	0.58	0.59	3.1	0.84	5.81	44.08
智利	7.71	6.51	7.02	14.3	0.32	1.49	15.94	0.71	17.24	28.76
墨西哥	38.36	3.04	2.72	8.11	—	6.92	4.95	0.56	24.73	20.12

资料来源：IMF：《政府财政统计年鉴》（2008）。

地方层面的这种建设型政府的特征，还可以从城镇固定资产投资项目隶属关系的变化中反映出来。从图13-6可以看出，进入21世纪后，地方项目的增长态势要显著于中央项目的增长态势。这就导致地方项目占比不断增加，从2002年开始超过80%，到2011年已超过92.8%。表明地方投资的主导性不断趋强。

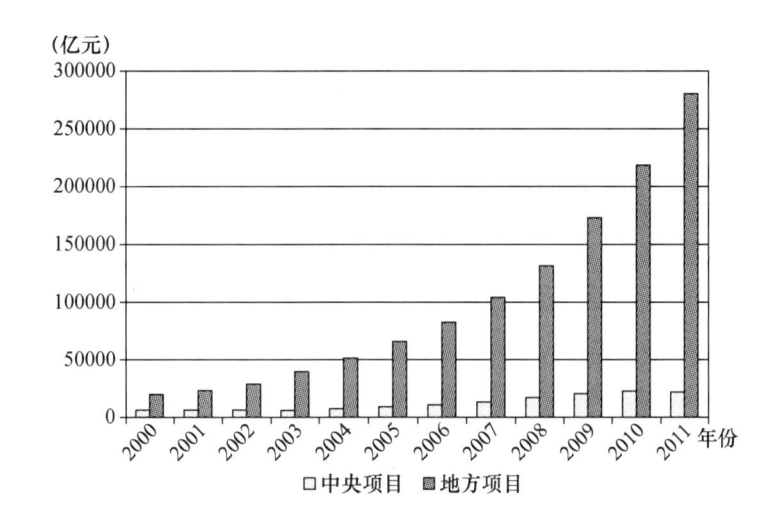

图13-6 按隶属关系分城镇固定资产投资的变化情况

资料来源：《中国统计年鉴》（2012）。

在建设型政府的体制背景下，地方政府寻求经济规模扩张的内在冲动进一步衍生出借贷上的冲动。而要克服地方政府的借贷冲动和相应的债务风险，从政府职能的角度看，就是推进由经济增长型政府向公共服务型政府的转变。这就首先需要完善政绩考核体制。在政绩评价体系和考核指标的设计中，应尽量弱化与经济增长规模和速度直接挂钩的倾向，逐步强化对经济增长的质量和效益以及经济发展以外的社会发展、资源节约和环境保护的关注程度，从而构建更科学、更合理的政绩考核制度。为更好地做到这一点，除了完善上级政府对下级政府的自上而下的评价机制外，还应积极引入由公民参与的自下而上的评价机制。这是矫正地方政府行为的关键。

投融资体制的改革

通过对 2010 年年底全国地方政府性债务资金（已支出部分）的投向进行分解（见图 13-7），可以发现：占据前三位的分别是市政建设、交通运输和土地收储，合计占比达到 72%。此三项均与城市基础设施建设直接相关。

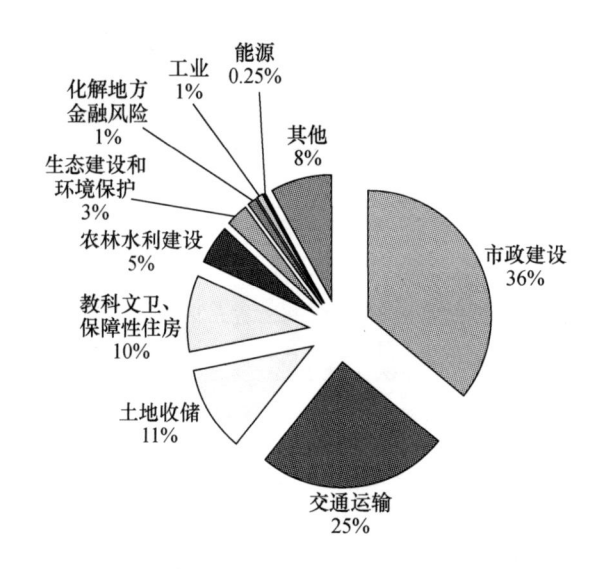

图 13-7　2010 年年底全国地方政府性债务资金投向情况

资料来源：审计署，2011 年。

从目前地方政府所介入的基础设施项目看，根据外部性的程度进而盈利性前景的大小，可以分为四类：第一类是纯公益性项目，产出服务无偿提供，不仅谈不上投资盈利，就连日常经营费用和维修费用也要从外部补充。第二类是低收费项目，产出服务虽有收益，但未必能够补偿日常经营费用和维修费用，投资基本无法回收，更无法盈利。第三类是一般收费项目，营业收入补偿经营费用有余，但只能部分地实现投资回收，因此难以靠自身积累来完成更新性质的投资。第四类是能够全部回收投资而且能够产生资本积累的项目。在这四类项目中，前两类由于从根本上缺乏营利性，因此是公益性的；第四类由于具有盈利前景，因而是商业性的；而第三类则需视情况而定。

根据上述分类，对于非公有资本不愿进入的无经济效益或经济效益不高的非营利性和公益性项目，一般只能由政府承担投资责任；而对于能够盈利且非公有资本有能力投资的商业性项目，通常都能通过市场竞争达到良好的均衡状态，因此无须政府介入。但长期以来，由于投融资体制上的障碍，基础设施领域民间资本进入依然有限。表13-4关于2011年基础设施行业固定资产投资结构的分析，可以看到私人资本进入的不足。正是由于政府的大包大揽，使得基础设施领域中一些能够通过运营和管理产生稳定经营性收入，因而可以部分市场化的准公益性项目，以及可以自负盈亏、完全按照市场化原则运作的非公益性项目，无法吸引到足够的私人资本，从而相应增加了地方政府债务的风险。

表13-4 基础设施行业的固定资产投资结构（2011年） 单位：亿元

	总投资额	国有控股	集体控股	私人控股
电力、热力的生产和供应业	11603.5	8636.6（74.4%）	459.2（4%）	1999.9（17.2%）
燃气的生产和供应业	1244.4	610.1（49%）	41.7（3.4%）	503.2（40.4%）
水的生产和供应业	1811.3	1271.1（70.2%）	165.8（9.2%）	286.4（15.8%）
铁路运输业	5915	5760.0（97.4%）	26.4（0.4%）	110.9（1.9%）
城市公共交通业	2225.3	2122.9（95.4%）	29.1（1.3%）	50.2（2.3%）
航空运输业	835.8	748.7（89.6%）	59.9（7.2%）	20.7（2.5%）
电信和其他信息传输服务业	1680.3	1262（75.1%）	27.5（1.6%）	75.5（4.5%）

资料来源：根据《中国统计年鉴》（2012）有关数据计算得到。

为减轻财政压力,应改变地方政府主导基础设施投资的局面,更多采用公—私合作伙伴关系(Public – Private Partnership,PPP)的模式,促使地方政府从第一投资人向最后投资人转变,也就是将其投资范围主要限制在民间资本不愿进入的非营利性和公益性领域,原则上不再投资于商业营利性领域。对于具有稳定经营性收入的准公益性项目,以及完全具备市场前景的非公益性项目,应放宽民间资本的市场准入限制,尽快实现商业运作。通过将所有权或经营权让渡给社会力量,实现政府风险向市场风险的转移。

财税体制的改革

就地方财政而言,为实现收入与支出数量的对等性,大体存在着两种不同的匹配方式,即直接匹配方式和间接匹配方式。前者是指在财政分权体制设计上,各级政府的支出数量与本级财政的收入数量基本相当;后者是指在财政分权体制设计时,收入的划分不考虑地方政府本级收入和支出的匹配问题,而是在中央集中收入后,通过转移支付实现各级政府收入和支出的匹配。而这实际上又涉及两种不同形式的财政下放,即支出责任和收入权力同时下放的财政下放形式,以及只有支出责任下放而收入权力不下放的财政下放形式。国外政治经济学文献的最新进展对这两种不同形式的财政下放进行了区分,发现:那种只有支出责任下放,但收入权力上收,地方政府因此需要大量上级转移支付的财政下放形式,与支出责任和收入权力同时下放的财政下放形式,在治理绩效上存在很大差别。前者很容易产生一系列地方激励扭曲导致的成本。一些国别与跨国研究也表明,一些发展中国家,比如拉美国家,在支出责任下放的情况下通过上级转移支付融资,结果是地方政府出现道德风险,政府支出规模和债务增加[①]。

进一步分析,转移支付所导致的地方政府道德风险,源于转移支付可能造成官员行为问责制的不完备性并由此带来软预算约束问题,相应会降低财政拨款的使用效率。相关研究表明,在长期内,相对于中央政府对上缴税款的减免,中央政府的总量拨款(尤其是无条件或非配套

---

① 参见袁飞等(2008)。

补助）在刺激受补助政府的支出方面，其效应要大得多。同时，地方政府的预算支出对所接受转移支付增长的弹性，要大于对本地区非公共部门收入增长的弹性。也就是说，中央政府总量拨款所带来的预算支出，可能并没有像本地税收收入增长所带来的预算支出那样，对地方政府具有硬约束。这种现象被称作"黏蝇纸效应"（flypaper effect）[1]，即资金被黏住（money sticks where it hits）。之所以造成这样一种状况，一个重要原因是：如果地方政府的支出超过预算从而产生赤字时，可以不为其缺口负责，而由上级政府的事后追加补助来填补，那么地方政府就处于简单的收入接受者的地位。由于补助不是自有收入，只是一种廉价资金，可能使地方政府产生"财政幻觉"，刺激其超额支出、过度支出，并可能引致支出方向的不合理以及资金使用的低效率。应该说，软预算约束的存在，在一定程度上诱导地方政府财政赤字的增加，使地方财政陷入恶性循环。

运用上述有关理论来分析中国的分税体制安排，可以发现：其更多呈现出地方政府收入与支出数量间接性匹配，以及支出责任和收入权力非对称性分权的特征。从图13-8可以看出，分税制改革以来，中央财政自给率总体呈现上升的态势，而地方财政自给率则总体呈现下降的态势。这样，地方财政对中央财政转移支付的依赖度相应提高，无论是地方可支配财力中中央补助所占的比重，还是转移支付在地方财政支出中所占的比重，都处在相对较高的水平（2009年地方可支配财力中中央补助所占的比重全国平均为46.8%，同年地方财政支出的39.1%来源于中央财政转移支付）。当政府的大部分支出并非来自自身的收入来源时，其预算约束就会软化，行为的可问责度（accountability）也会相应降低。

不仅如此，在现行的预算制度下，尽管规定地方政府不允许发行公债，但事实是，地方政府还是通过各种非正规渠道变相举借了大量的债务。在地方发债非公开、非透明的情况下，由于缺乏有效的监督约束机制，也形成预算软约束和道德风险，并最终导致地方政府债务

---

[1] 关于粘蝇纸效应的经典分析，参见Gramlich（1969，1977），Henderson and James（1968）。

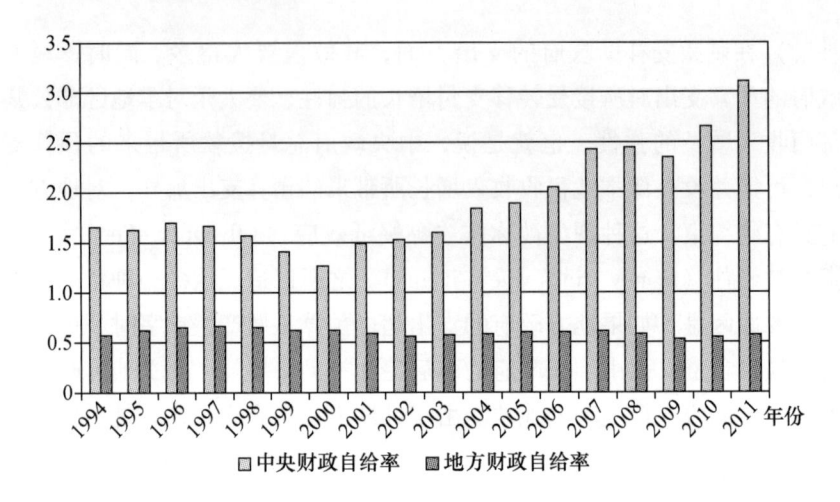

图 13-8　分税制以来中央和地方财政自给率的变动情况

说明：财政自给率 = 各级政府本级收入/本级支出。根据各年《中国统计年鉴》计算所得。

的无序增长。

有鉴于此，应设法调整支出责任和收入权力非对称性分权和地方财政高度依赖转移支付的格局，改变由此衍生的地方政府融资压力和扭曲的行为模式。在事权划分上，在继续充分发挥地方政府作用的同时，适当强化中央政府的支出责任。可考虑将养老、流动人口子女义务教育、司法、食品药品监管、跨流域大江大河的治理和跨区域的污染等领域的支出责任，适度上划到中央。在财权划分上，以设法增加地方自主性财政收入为核心目标，完善地方主体税种，合理划分共享税，改革税权过度集中的体制。

与此同时，应以 2009 年中央代理发行地方政府债券和 2011 年在沪、浙、粤、深开展地方政府自行发债试点为契机，明确赋予地方政府合法的举债权，由地方政府在资本市场上公开发债。通过推行地方政府的阳光融资制度，逐步提高地方政府债务风险的透明度，并以市场化的方式对地方政府借贷形成有效的监督，从而增强地方财政的预算和负债约束，抑制财政机会主义行为，防止借贷冲动。

金融体制的改革

观察地方政府性债务资金的来源，可以发现，银行贷款占了绝对比例（见图 13-9）。这就意味着，在债务扩张的过程中，现有的银行体制和信贷行为的影响不容忽视。事实上，正是银行部门的放贷冲动与地方政府的借贷冲动相呼应，放大了地方政府的债务规模。

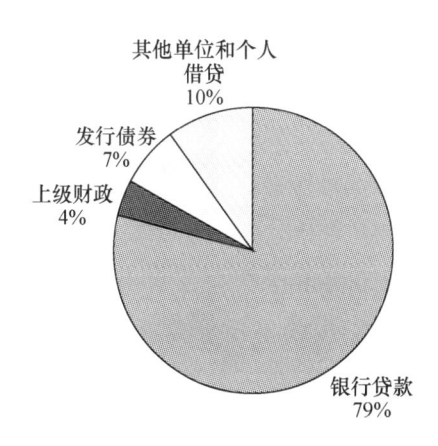

图 13-9 2010 年年底全国地方政府性债务资金来源情况

资料来源：审计署，2011 年。

（1）国有商业银行股权结构过于集中导致的放贷冲动。目前来看，国有商业银行虽然进行了股份制改造和上市，但基本的产权格局并没有太大变化。截至 2010 年年底，中国全部银行业股权结构中，国家股占比 53.85%，国有法人股占比 6.81%，非国有股占比 39.34%。其中，工行、农行、中行、建行、交行五大银行股权结构中，国家股占比 68.19%，国有法人股占比 1.36%，非国有股占比 30.45%。12 家全国性股份制银行股权结构中，国家股占比 3.60%，国有法人股占比 25.93%，非国有股占比 70.47%。

在这种产权结构下，政府作为其主要出资人，凭借着国家信誉和最后救助者的身份为其提供了某种隐性风险担保，由此所引致的预算软约束和道德风险，容易刺激国有银行的贷款冲动。特别是地方政府和国有银行之间存在某种天然的联系，国有银行也更偏好贷款给地方政府。这是因为，在间接融资仍然占据绝对主导地位的金融结构下，具有强势地位的国有商业银行由于本身风险厌恶程度较高，再加上商业化改革和利率市场化改革不彻底所导致的贷款约束与激励机制之间的不对称分布，使得有着各种隐性支持的地方政府格外受到青睐。在国有银行以"准财政"的角色来为地方政府的优先项目提供信贷支持时，银行的风险意识就会弱化，信贷规模也会无节制地扩张。国际金融危机以来，信贷财政化倾向加剧，贷款向国家重点工程项目集中的趋势日趋明显，这在某种程度上进一步强化了银行贷款的"地方政府情结"。

（2）"大而不倒"格局导致的放贷冲动。进入新世纪以来，银行业金融机构资产规模的市场份额发生了一定程度的变化（见图13-10），但大型商业银行主导的基本格局并未发生实质性改变。大型商业银行占银行业金融机构资产的份额始终保持在50%以上的水平，2011年虽然下降至50%以下的水平，但仍达到47.3%。这种相对集中的资产分布格局，凸显了大型商业银行的系统重要性，政府也由此倾向于提供某种免于破产的隐性担保，进而引致其借贷行为上的道德风险。

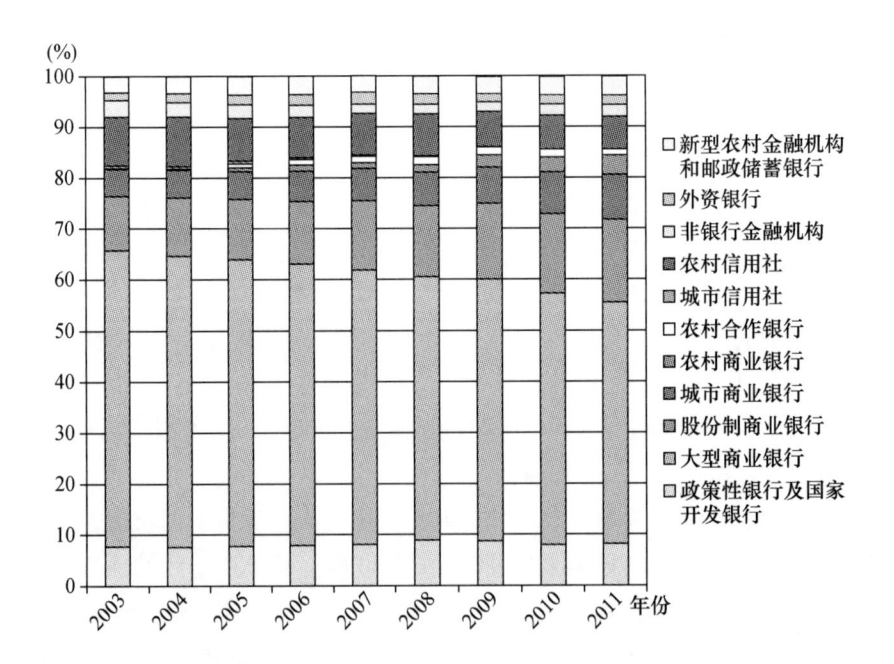

图13-10 银行业金融机构总资产分布的变动情况

资料来源：根据《银监会2010年报》整理得到。

（3）地方性金融机构（主要是城市商业银行）的准财政化倾向导致的放贷冲动。目前来看，地方政府凭借所掌握的重要资源，特别是人事任命权，对地方性金融机构仍然握有较大的控制权，有的地方政府甚至把城市商业银行当作自己的第二财政。一些地方通过培育金融控股集团来主导当地金融资源整合，强化地方控股权，包括强化对农村合作金融机构的控股地位。在这种仍然具有行政主导特征的间接融资型金融结构下，地方政府对如何向地方投资项目配置资金仍具有重要的影响力和话语权。不仅如此，地方政府在引导地方金融机构资金配置行为的过程中，可以为贷款提供各种形式的担保或变相担保，也可以以土地作为抵押物向银行申请土地抵押贷款，获得廉价的金融资源。从某种程度上说，地方政府一旦掌握了土地，也就掌握了对地区金融资源的重要配置权。在政府仍然主导资源配置的情况下，"银政合作"仍然是地方政府支配金融资源的典型方式。还应看到的是，在现行金融集权体制（金融监管的垂直管理体制）下，分配给地方政府的金融风险控制的责任较小，由此形成投融资激励和风险控制不对等的局面。这也诱使地方政府大量利用银行信贷以支持其投资扩张的偏好。于是，地方政府的投资冲动就逐步演变为地方银行机构的信贷扩张冲动。

（4）信贷利率管制下银行传统粗放的经营模式导致的放贷冲动。目前，就大多数商业银行的收入来源而言，主要是以利差收益为主高度依赖贷款规模扩张。据 IMF（2011）对中国 17 个主要商业银行的考察，利息收入占营业收入的比重近年来一直高于 80%（见图 13 - 11）。在此态势下，即使是采取了引入战略投资者、上市等改革措施，在银行间信贷竞赛格局中以及市场竞争压力下，也仍倾向于与地方政府合作，想方设法增加信贷规模。

为有效约束银行部门的放贷冲动，应从根本上改变国有银行一统天下的金融体制，鼓励非国有银行的发展，开展银行业的竞争，从产权关系上进一步加强对风险的控制；并继续深化国有及国有控股商业银行改革，使其真正实现经营机制和运营模式的转变。同时应进一步推进利率市场化进程；积极发展直接融资，建立多层次的资本市场体系；应特别注意规范政府的土地抵押贷款和为企业投资担保的行为，促使金融资源的配置从行政主导向市场主导转变。

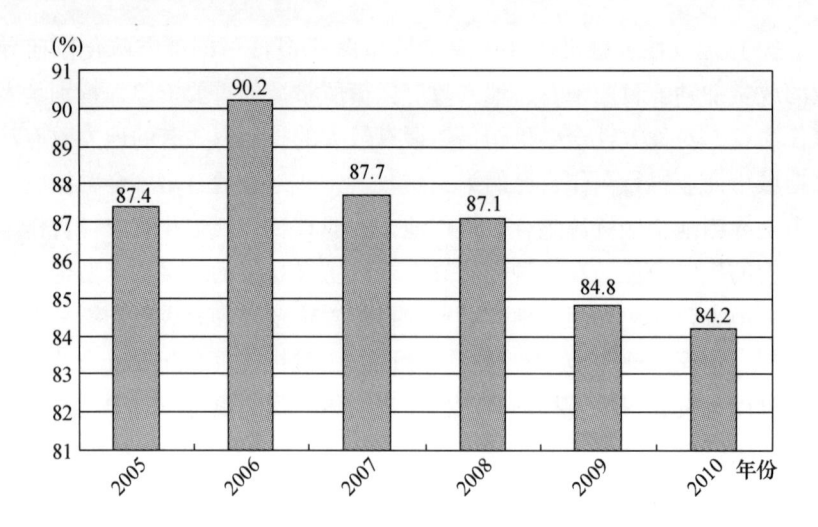

图 13-11 近年来主要商业银行利息收入在营业收入中的占比情况

资料来源：IMF，2011 年。

14

对外部门资产负债表

国际投资头寸表（International Investment Position，IIP）是一国的对外资产负债表，反映了一个国家或地区对世界其他国家或地区在特定时点的金融资产、金融负债及其各项组成部分的存量状况。其中，对外金融资产由对外直接投资、证券投资（股本证券、债务证券）、其他投资（贸易信贷、贷款、货币和存款、其他资产）和储备资产（货币黄金、特别提款权、在基金组织中的储备头寸、外汇）组成，对外金融负债由外商直接投资、证券投资（股本证券、债务证券）和其他投资（贸易信贷、贷款、货币和存款、其他负债）组成。国际投资头寸各项目的变动既可能是由于交易引起的，也可能是价格变化或汇率变化等引起的。国际投资头寸表与国际收支平衡表共同构成了一国或地区完整的国际账户体系。

目前，国际货币基金组织公布了多数国家的国际投资头寸表，中国则从2006年开始公布了自2004年起的国际投资头寸表。国际投资头寸在一定程度可以反映一国面对外部冲击时的应对能力和潜在的风险，如较大的国际储备往往表明了一国具有较强的应对外部冲击的能力。对总量指标包括总资产、总负债、净资产以及结构指标的分析，有助于识别一国对外经济活动的主要问题和矛盾，更好地预测潜在的经济风险从而及早采取应对政策。

下面主要依据国际投资头寸反映了什么特点、能够揭示什么风险，以及受什么因素影响的思路进行分析，首先介绍中国国际投资头寸的主要特征及形成原因并进行了国际比较，然后分析了对外资产负债表方法对风险的揭示，最后通过国际比较和面板数据方法分析了国际投资头寸（主要包括对外总资产、总负债和净资产）的影响因素，并对我国未来国际投资头寸的走向进行了大致判断。

14.1 中国国际投资头寸主要特征及国际比较

中国国际投资头寸的主要特征

表14-1给出了中国2004—2012年的国际投资头寸数据,其主要特征表现为对外资产主要集中于货币当局、以外汇储备为主;对外负债主要集中于私人部门、以来华直接投资为主;对外资产和对外负债逐年增长且对外资产增速快于对外负债,从而对外净资产为正且逐年增长。

表14-1　　　　2004—2012年中国国际投资头寸表　　　　单位:亿美元

项目	2004年	2005年	2006年	2007年	2008年	2009年	2010年	2011年	2012年
净资产	2764	4077	6402	11881	14938	14905	16880	16884	17364
A. 资产	9291	12233	16905	24162	29567	34369	41189	47345	51749
1. 在国外直接投资	527	645	906	1160	1857	2458	3172	4248	5028
2. 证券投资	920	1167	2652	2846	2525	2428	2571	2044	2406
2.1 股本证券	0	0	15	196	214	546	630	864	1298
2.2 债务证券	920	1167	2637	2650	2311	1882	1941	1180	1108
3. 其他投资	1658	2164	2539	4683	5523	4952	6304	8495	10437
3.1 贸易信贷	432	661	922	1160	1102	1444	2060	2769	3387
3.2 贷款	590	719	670	888	1071	974	1174	2232	2778
3.3 货币和存款	553	675	736	1380	1529	1310	2051	2942	3816
3.4 其他资产	83	109	210	1255	1821	1224	1018	552	457
4. 储备资产	6186	8257	10808	15473	19662	24532	29142	32558	33879
4.1 货币黄金	41	42	123	170	169	371	481	530	567
4.2 特别提款权	12	12	11	12	12	125	123	119	114
4.3 在基金组织中的储备头寸	33	14	11	8	20	44	64	98	82

续表

项目	2004年	2005年	2006年	2007年	2008年	2009年	2010年	2011年	2012年
4.4 外汇	6099	8189	10663	15282	19460	23992	28473	31811	33116
B. 负债	6527	8156	10503	12281	14629	19464	24308	30461	34385
1. 来华直接投资	3690	4715	6144	7037	9155	13148	15696	19069	21596
2. 证券投资	566	766	1207	1466	1677	1900	2239	2485	3364
2.1 股本证券	433	636	1065	1290	1505	1748	2061	2114	2622
2.2 债务证券	133	130	142	176	172	152	178	371	742
3. 其他投资	2271	2675	3152	3778	3796	4416	6373	8907	9426
3.1 贸易信贷	809	1063	1196	1487	1296	1617	2112	2492	2915
3.2 贷款	880	870	985	1033	1030	1636	2389	3724	3680
3.3 货币和存款	381	484	595	791	918	937	1650	2477	2446
3.4 其他负债	200	257	377	467	552	227	222	214	384

资料来源：国家外汇管理局网站。

图14-1和图14-2显示了2012年中国对外总资产和储备资产的各项组成占比，可以看到我国的对外总资产以外汇储备为主，由于外汇储备的流动性和可控性较强，有利于维护金融安全。从图14-3可以看出，外汇储备近年一直保持快速增长，是我国对外总资产持续快速增长的主要原因。但外汇储备占对外总资产的比例在2009年开始逐步下降，在2012年新增对外总资产中，储备资产贡献下降至30%，远低于2004年以来65%的年均贡献水平。

图14-4反映了对外总负债以来华直接投资为主，且来华直接投资增长是对外总负债增长的主要原因，2008年之后，来华直接投资和其他投资的增速加快，从而使对外总负债的增速明显加快。由于来华直接投资具有长期经营、稳定性高的特点，受到短期冲击的可能性小，这种结构在一定程度上有利于防范金融风险。来华直接投资占对外总负债之比在2009年开始有所下降，这主要是因为金融危机后外国来华直接投资的撤资清算以及外方股东贷款的流出较大。

· 190 ·　第二编　部门分析

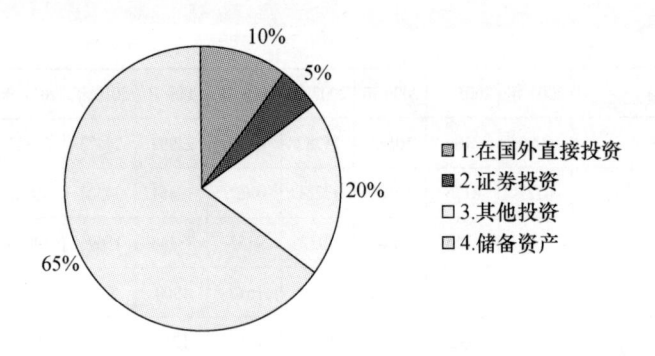

图 14-1　2012 年中国对外总资产组成

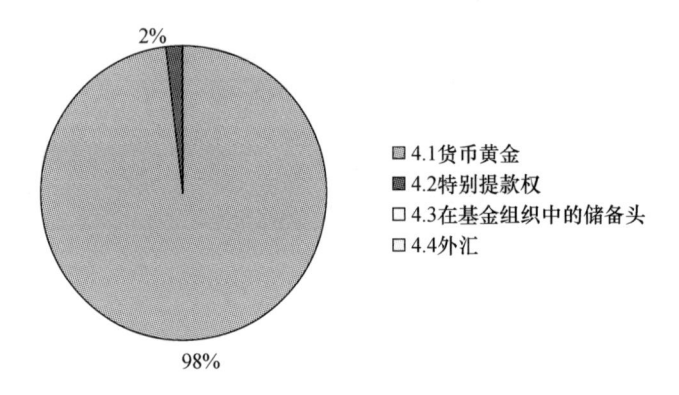

图 14-2　2012 年中国储备资产组成

图 14-5 显示了我国对外总资产和总负债均呈增长态势，反映了随着我国对外开放的逐步扩大，与世界经济的联系日益紧密。由于对外总资产增长快于对外总负债，对外净资产为正且逐年增长，但 2008 年后对外净资产的增速明显趋缓，这与金融危机后净出口下降、来华直接投资的撤资清算等有关。拥有较多的对外净资产，表明我国具备较强的国际清偿能力和对外金融影响力，成为国际资本供应的重要力量。但拥有较大的对外净资产并不能代表金融实力较强，如美国有较大的对外净负债但金融实力最强，一个国家的金融实力更多取决于金融市场的发育程度、金融部门的国际竞争能力及其主权货币的国际化程度等多种因素。

当不考虑净误差与遗漏时，国际收支平衡表存在恒等式：经常账户差额 + 资本与金融账户差额 + 储备资产变化 = 0，并可以变换得到：

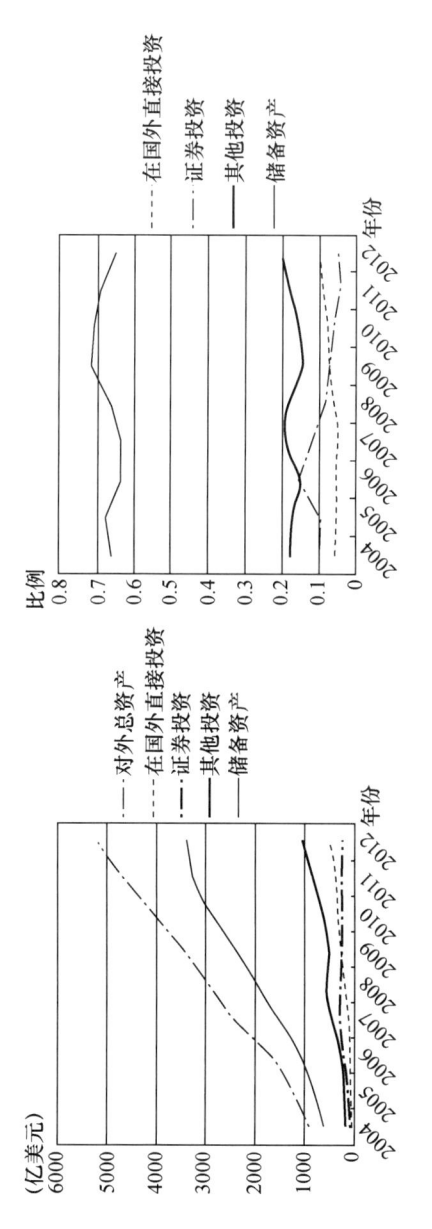

图14-3 中国对外总资产各项组成及其占总资产比例的变化趋势

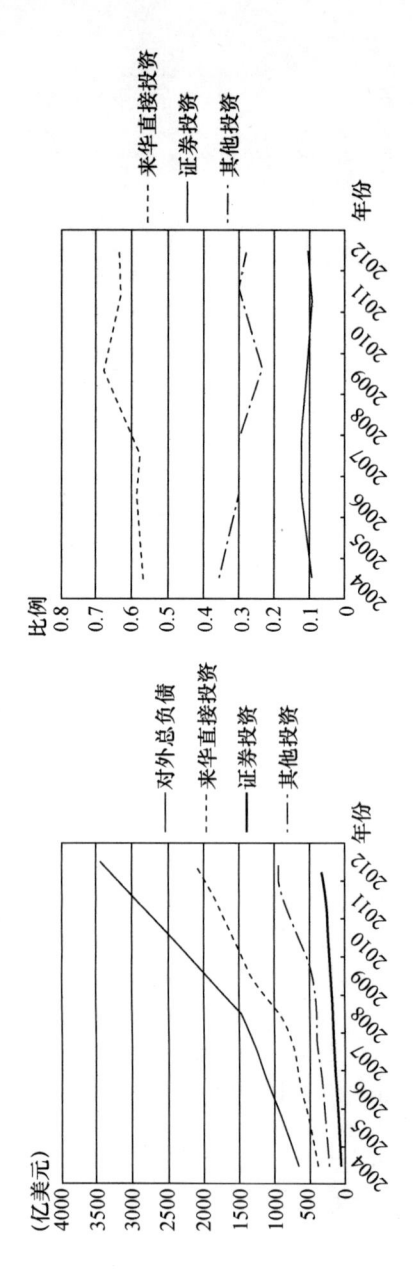

图 14-4 中国对外总负债各项组成及其占总负债比例的变化趋势

14 对外部门资产负债表

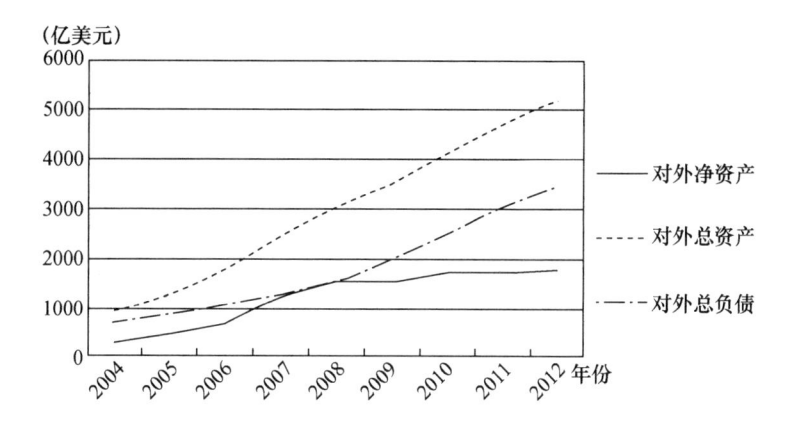

图14-5 中国对外总资产、总负债及净资产的变化趋势

－储备资产变动额＝经常账户差额＋资本与金融账户差额，其中，储备资产变动为负表明储备资产净流出，即储备资产的积累。可以看出我国储备资产的增加主要来源于经常账户与资本账户的"双顺差"。

上述等式还可以变换为：经常账户差额＝－储备资产变动额－资本与金融账户差额，即国际经济恒等式：经常账户差额＝资本净流出（包括私人部门和政府部门），可以看出我国高额的对外净资产主要是经常账户盈余逐年累积的结果。

由于中国的工业化和出口导向政策形成了巨额贸易顺差，持续的贸易顺差带来对外净资产的不断积累，而在我国以前的结售汇制度以及后来对外汇市场的干预下，对外净资产的不断累积主要表现为外汇储备的迅速增加。我国以外汇储备为主的大量的对外资产积累，构成中国资产积累中至为突出的一个特点，而这在一定程度上是我国政府为了维持一定的目标汇率主动选择的结果。由于外汇储备是一国政府干预外汇市场、稳定本币汇率的重要手段，拥有充足的外汇储备有助于提高国家的国际清偿能力和信誉，增强国家的抗风险能力，维护国家经济金融安全。1998年的亚洲金融危机，香港特别行政区政府正是因为有充足的外汇储备作保障，才赢得了港元保卫战的胜利。此外，我国以来华直接投资为主的对外负债结构，也与我国特定发展阶段的招商引资优惠政策等有关，来华直接投资有助于引进先进技术和优化企业管理制度，对我国的经济增长和金融稳定具有积极作用。

但是，当前对外资产负债结构存在问题已开始逐步显现，由于对外资产主要集中在政府部门，对外负债集中在民间部门，中国的对外金融资产负债存在主体错配；虽然中国的国际投资头寸表上的数据都是以美元为计价单位，但实际上中国拥有的对外资产主要以外币计价，而负债主要以本币计价，人民币对主要货币的升值将不可避免地带来资产负债的净损失。此外，对外负债的回报率远高于对外资产的收益率，这些都导致了中国的福利损失。而外汇储备过多也会迫使中央银行投放过多的本币，从而造成通货膨胀压力。

对外资产负债表是对外经济活动长期累积的反映，对外资产负债总量和结构特点，是由经济体的发展阶段和特点决定的。当前我国对外资产负债特点是由我国的经济发展阶段和特点，以及我国政府一个时期以来的特定考虑或在特定约束条件下不得不作出的选择决定的，在一定程度上是政府在最大收益、抵御风险和经济增长之间权衡取舍之后的结果。随着经济发展，相对应的对外资产负债结构会逐步调整，如最近几年就出现了储备资产占比下降和来华直接投资占比下降的趋势。我国也应依据经济不同发展阶段的规律，主动推进对外部门的相关改革，进一步优化对外资产负债结构，逐步减少对外资产负债结构可能对经济带来的负面影响。

国际比较

下面主要对美国、日本、德国和中国的对外资产负债的总量和结构进行对比分析。从图 14-6 可以看出，2005—2012 年，美国、中国、日本、德国四国对外总资产、总负债和净资产规模占 GDP 比例都呈上升趋势，其中德国上升幅度最多，中国则上升幅度最小。除美国之外其他国家都具有对外净资产，而美国具有对外净负债且对外净负债占 GDP 比例上升，这主要与美国多年持续贸易逆差，其他三国则持续贸易顺差有关。

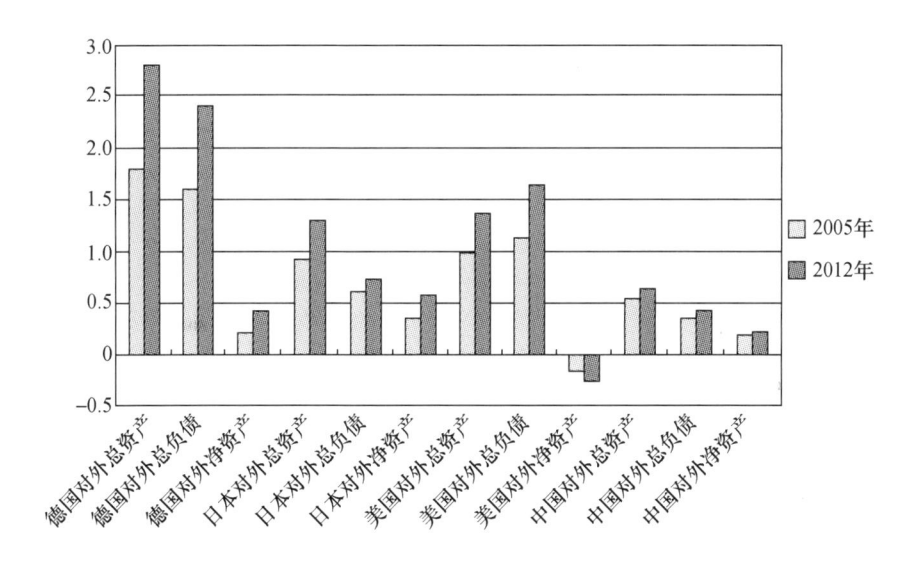

图14-6 美国、中国、日本、德国四国对外总资产、总负债和净资产占GDP之比

资料来源：IMF国际金融统计数据库。

从图14-7可以看出，美国、中国、日本、德国四国的对外总资产各项组成所占比例大体较为稳定。美国和德国的储备资产规模都极小，占总资产比例约为2%，日本储备资产占比接近20%，而中国储备资产占比则接近70%；日本对外证券投资占总资产比重最高，其后是美国和德国，约为30%，中国证券投资占比则逐年下降，2012年不到5%；美国的对外直接投资占总资产比重最高，接近30%，其后依次是德国、日本，中国对外直接投资占比2012年接近10%。总体来看，对外总资产各项组成中，中国大部分为储备资产，日本证券投资占比最高，美国、德国具有极低的储备资产，而美国、德国其他几项组成较为均衡、占比较为接近。

从图14-8可以看出，美国、中国、日本、德国四国的对外总负债各项组成所占比例也较为稳定。中国外商直接投资占对外总负债比例最高，占比超过60%，其次是美国和德国，占比约为15%，日本则为5%；美国、日本、德国三国证券投资占比均高于外商直接投资和其他投资占比，约为50%，而中国证券投资占比低于外商直接投资和其他投资，占比不到10%。总体来看，美国、日本、德国对外总负债各项

· 196 ·　第二编　部门分析

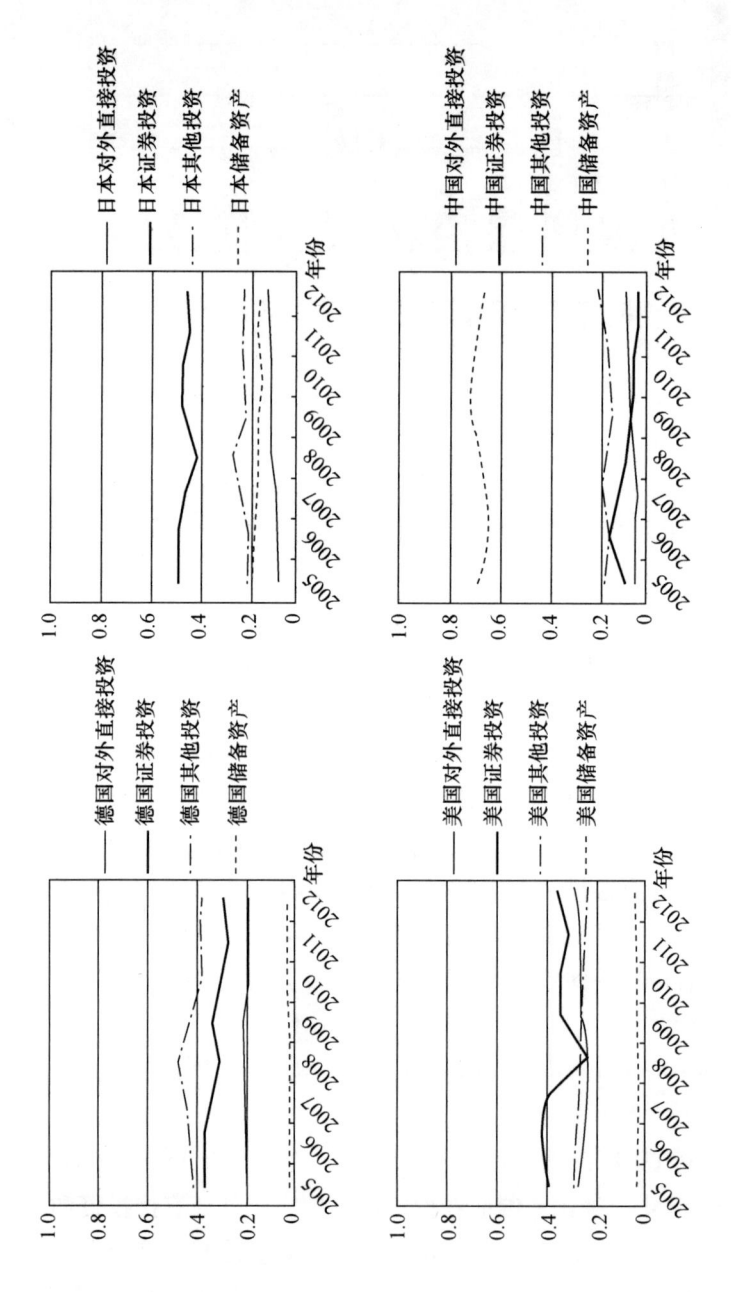

图 14-7　美国、中国、日本、德国四国对外总资产各项组成占比

资料来源：IMF 国际金融统计数据库及作者计算。

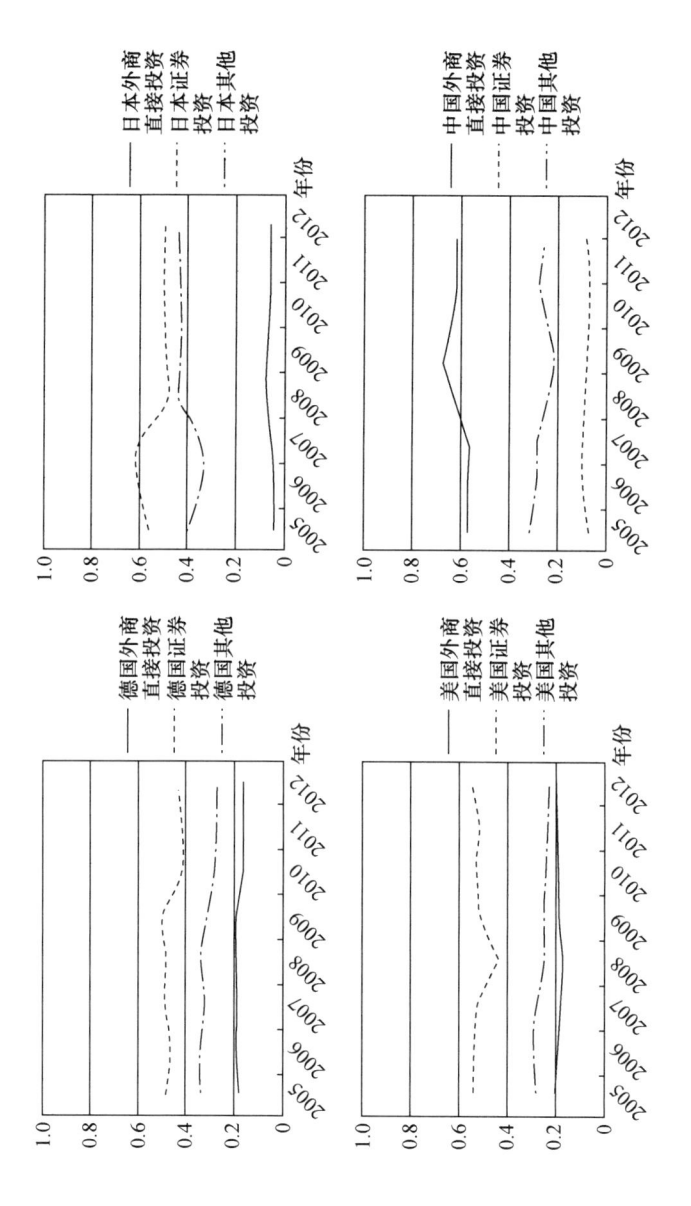

图 14-8 美国、中国、日本、德国四国对外总负债各项组成占比

资料来源：IMF 国际金融统计数据库及作者计算。

组成中,均有证券投资占比最高,接下来依次是其他投资和外商直接投资的特点,而中国则是外商直接投资占比最高,其次分别为其他投资和证券投资,证券投资占比较低与中国资本市场发育不成熟且对外开放程度较低有关。

通过国际比较也可以看出我国具有对外资产以储备资产为主、对外负债以外商直接投资为主的特点。不同国家对外资产负债的总量和结构特征是各国多年形成的国际分工地位、各国金融体系等的发展水平以及各国对外经济贸易相关政策等因素共同决定的。对外资产负债结构的改变将随着上述相关因素的改变而逐渐改变,如前所述,我国也应通过主动推进相关改革,逐步减少当前对外资产负债结构可能带来的负面影响。

14.2 对外资产负债表方法的风险揭示

下面分别讨论我国对外资产负债表所揭示的外债违约风险和资产负债表错配风险。

外债违约风险

一国外债危机的爆发与其外债水平、债务阈值以及突发因素冲击有关,一国的对外资产负债表可以反映一国的外债水平,并在一定程度上揭示了债务阈值,从而可以对外债危机起到预警作用。

当其他条件不变,外债水平越高,外债危机爆发的概率越高。但是一些国家在较低的外债水平就会爆发外债危机,而另一些国家可能会多年维持较高的外债水平,因此债务阈值对外债危机的爆发概率有至关重要的意义。债务阈值与一国的经济增长速度及波动性、债务违约的历史、制度因素、外汇储备水平等诸多因素相关,具有较高的债务不耐水平的国家具有较低的债务阈值,莱因哈特和罗格夫(2010)指出,债务不耐能通过相对少的变量(主要包括一国自身违约和高通胀的历史纪录)加以系统地识别。外汇储备水平较高,相应的债务阈值一般也较高,从而使一国具有较高的外债承受能力。

此外，一些不确定的突发因素对于外债危机的爆发也有较为重要的作用，莱因哈特和罗格夫（2010）指出，国家违约通常是在考虑了政治和社会因素之后复杂的成本—收益分析的结果，而不仅仅是经济金融事件。违约背后的社会、政治和经济问题非常复杂。国家违约的主要决定因素通常是偿还意愿而非偿还能力，一个违约国家一般要作出偿还（全额偿还）是否有必要的战略性决定。此外，在一些不是偿付能力不足的问题而是流动性危机的情况，信心的冲击在危机的爆发中会起到重要的作用，只要债权人有信心，借款人就能轻易的展期贷款，但如果由于某些原因导致债权人信心丧失（可能是外部原因），贷款将崩盘，流动性危机就发生了。因此从技术角度讲，各国有时会面临多重均衡，意味着国家违约与不违约情况的区别有时会非常小，对于一个给定的债务结构，并假定所有参与者都追求自身利益，基于期望和信心可能产生截然不同的均衡结果。在信心泡沫破灭之前，即便是一个相对脆弱的经济体都能平稳运行很长一段时间，而且经常使很多债务问题被掩盖。

对外资产负债表可以反映一国外债的规模和结构，以及外汇储备的规模，从而为判断外债危机的爆发概率提供了一定依据。除了对外资产负债表所呈现的存量指标，很多流量指标及国内经济指标对危机有较好的预警作用，如资本流动水平、进出口水平等，Reinhart 和 Rogoff（2008）的研究表明，对外主权债务违约（或重组）、货币崩溃、通货膨胀危机和银行业危机四种危机在大量资本流入时的条件概率都明显高于无条件概率，即在出现资本流入时，金融危机的发生概率更高。此外当其他国家爆发金融危机时，通过危机的传染也会增加一国爆发危机的概率。

由于突发因素的冲击以及债务阈值的复杂性等，难以给出外债水平及其他一些预警信号的确定的危机爆发临界值并准确预测危机的爆发时点，但是结合存量和流量指标，仍旧能通过可能是较为模糊的信号，对外债危机爆发概率作出更准确、更早的判断，从而可以及时采取应对措施，避免较大规模危机的爆发。从中国当前情况看，中国的外债水平较低，特别是相对于庞大的高流动性的外汇储备而言，此外，中国具有广泛的资本账户管制，因此爆发外债危机的可能性非常低。

资产负债表错配风险

资产负债表错配风险主要包括期限错配、货币错配和资本结构错配。期限错配主要指权益实体的资金来源和运用在期限上的不匹配，从而流动性问题可能导致违约或债务重组等风险；货币错配指权益实体的净值对汇率变动非常敏感（由于存在净外币债务或净外币资产），从而汇率变动有可能给权益实体带来损失；资本结构错配主要指权益实体过分依赖于负债融资，而资本金或所有者权益在融资中的比例过低而带来风险。

部门资产负债表（包括政府、非金融企业、金融企业和居民部门）可以反映部门层面可能面临的期限错配、货币错配和资本结构错配，而对外资产负债表则可以反映一国整体层面面临的期限错配、货币错配和资本结构错配。由于对外资产负债表可以看做各部门资产负债表金融资产负债部分的汇总，一国整体面临的资产负债表错配风险往往表明某个或某些部门面临资产负债表错配风险。

根据 Allen 等（2002），一国整体的期限错配主要由短期外债与政府和私人部门持有的具有流动性的硬通货储备的对比反映，一国整体的货币错配由以硬通货计值的对外净资产（或净负债）反映，而一国整体的资本结构错配由净外债存量与净 FDI 存量的对比反映。

对于期限错配，我国具有流动性的硬通货储备数据较难获得，但 2011 年我国短期外债余额与外汇储备的比例为 16.3%，2007—2011 年 5 年平均比例约为 13.5%，从整体层面看期限错配的风险较小；对于货币错配，近年来我国一直拥有较高的以外币（主要是美元）计值的对外净资产（主要为外汇储备），存在着较为严重的债权型货币错配，这与亚洲金融危机及此次危机中危机国家普遍面临债务型货币错配存在明显区别，使我国在汇率升值时面临账面损失；对于资本结构错配，2012 年我国净 FDI 存量（外国来华直接投资与我国对外直接投资之差）为 16568 亿美元，外债余额为 7369.9 亿美元，净外债存量进一步小于外债余额，从而净外债存量远小于净 FDI 存量，我国更多的是通过股权而非债权向外融资，从而基本没有资本结构错配风险。从国家层面看，我国主要面临着货币错配风险，而这种货币错配风险主要体现在拥有大量外汇储备的政府部门。

对外资产负债表可以揭示一国作为整体面临的错配风险，并进一步说明该国一个或几个部门可能存在错配风险。结合对外资产负债表和各部门资产负债表，可以较好地判别我国各部门和整体面临的错配风险。由于资产负债表结构存在错配时，更易受到冲击的影响，且资产负债表的错配会影响投资者的信心和投资意愿，从而进一步放大冲击的影响，而部门受到冲击后错配风险会在部门间传导，不同的错配风险也会相互作用进一步放大，最终可能形成整体风险。因此，尽管与外债违约风险一样，错配风险可能在较长一段时间内并不会爆发，但需要对资产负债表反映出的错配风险进行预警并尽早采取必要的应对措施。

14.3 国际投资头寸的影响因素分析

国际比较

下面通过对历史数据的国际比较，对经济发展阶段和全球失衡等因素对国际投资头寸的影响得到直观认识。由于 IMF 公布的各国国际投资头寸数据的起始时间差别较大，如中国的数据起始时间为 2004 年，从而利用 IMF 公布的国际投资头寸数据进行国别数据的加总时，只能以最晚公布国际投资头寸国家的公布时间作为时间起点，从而限制了对数据的利用和分析，因此这里对 IIP 历史数据进行国际比较时将采用 Lane 和 Milesi–Ferretti（2007）估算的历年 IIP 数据。

从图 14 -9 可以看出，不论是发达国家还是新兴市场国家，对外总资产和总负债规模均非常接近并表现出相同的上升变化趋势，由于发达国家和新兴市场国家整体上对外总资产和总负债基本平衡，发达国家和新兴市场国家作为整体均未表现出较大的对外净资产或净负债。此外还可以看出，尽管发达国家的对外总资产和总负债规模远大于新兴市场国家的对外总资产和总负债规模，新兴市场国家的对外总资产增速高于发达国家，2010 年发达国家对外总资产是 1982 年的 26 倍，而新兴市场国家 2010 年对外总资产是 1982 年的 56 倍，这主要与新兴市场国家的经济规模增速快于发达国家有关。

图 14-10 反映了发达国家的对外总资产和总负债占世界总资产和总负债（这里世界表示发达国家和新兴市场国家之和）的比例远大于新兴市场国家的对外总资产和总负债占世界总资产和总负债的比例，且这两个比例基本稳定，发达国家对外总资产和总负债规模约为新兴市场国家的 9 倍。从图 14-9 和图 14-10 可以看出，发展阶段是影响对外总资产和总负债规模的重要因素，但对对外净资产规模并没有确定的影响。

从图 14-11 可以看出，尽管发达国家对外总资产和总负债占世界总量的比重趋于稳定，但由于对外总资产和总负债的增长速度快于 GDP 增速，发达国家对外总资产和总负债占其 GDP 的比重自 20 世纪 80 年代起呈现快速上升的趋势。发达国家对外总资产和总负债占其 GDP 比重不断上升的过程伴随着全球经济失衡的不断加剧，因此考察两者之间的因果联系具有重要意义。如果剔除引起全球失衡的主要国家后，对外总资产和总负债占其 GDP 比重的上升趋势有所放缓，就可在一定程度反映比重的快速上升趋势与全球经济失衡之间存在联系。但从图 14-12 显示的去除引起全球失衡的主要四国美国、中国、日本、德国之后发达国家和新兴市场国家对外总资产和总负债占 GDP 比重的变化趋势，可以看出发达国家对外总资产和总负债占 GDP 比重进一步上升，从而说明全球经济失衡并不是引起发达国家对外总资产和总负债占其 GDP 比重快速上升的主要原因，这一比重的快速上升可能与发达国家资本管制程度的降低、贸易开放度的不断提高以及 90 年代以来金融衍生品的快速发展等因素有关。

从图 14-13 和图 14-14 可以看出，在 25 个发达国家和地区中，10 个国家和地区具有对外净资产（以色列、芬兰、丹麦、荷兰、比利时、新加坡、中国香港、瑞士、德国、日本）；在 21 个新兴市场国家中，3 个国家具有对外净资产（马来西亚、阿根廷、中国），大多数新兴市场国家和地区则都表现为对外净负债。可以看出一国对外净资产与其所处发展阶段的关系并不十分密切，一国在国际分工中的地位是影响其对外净资产的重要因素。在 46 个样本国家和地区中，美国具有最大的净负债，净资产排在前三位的则分别为中国、德国和日本，美国、中国、日本、德国承担了世界经济的主要失衡，这与其在国际分工中的地位是一致的。图14-15反映了美国、中国、日本、德国四国经常账户差额占GDP的比重，可以看出自20世纪80年代起，四国经常账户余额与GDP之比不断提高。

从国际比较中得到的主要结论包括：①对外总资产和总负债与经济发展阶段有显著关系，发达国家具有较高的经济、金融开放度，从而具有较高的对外总资产和总负债水平。由于发达国家资本管制程度的降低、贸易开放度的不断提高以及20世纪90年代以来金融衍生品的快速发展等因素，发达国家对外总资产和总负债占其GDP的比重自80年代起呈现快速上升的趋势。②对外净资产与经济发展阶段关系不十分密切，主要与一国在国际分工中的地位有关。全球经济失衡主要影响了相关国家的对外净资产，对对外总资产和总负债的影响并不大。

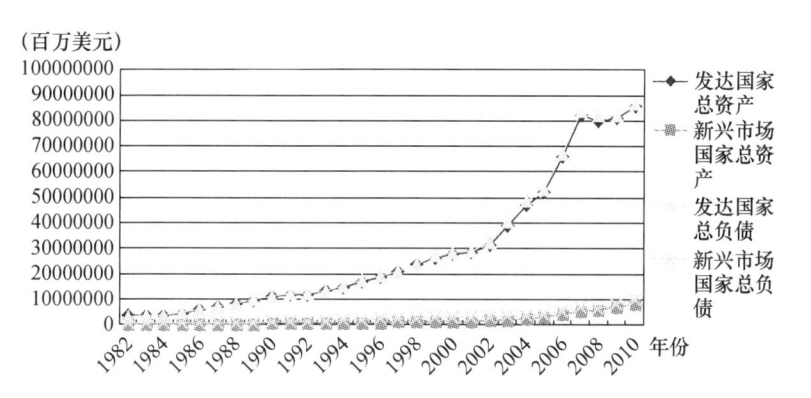

图14-9 发达国家和新兴市场国家对外总资产及总负债

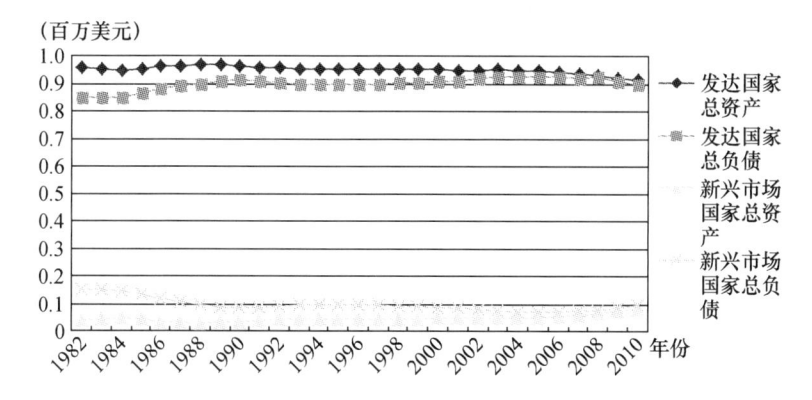

图14-10 发达国家和新兴市场国家对外总资产及总负债占世界总资产和总负债比重

·204· 第二编 部门分析

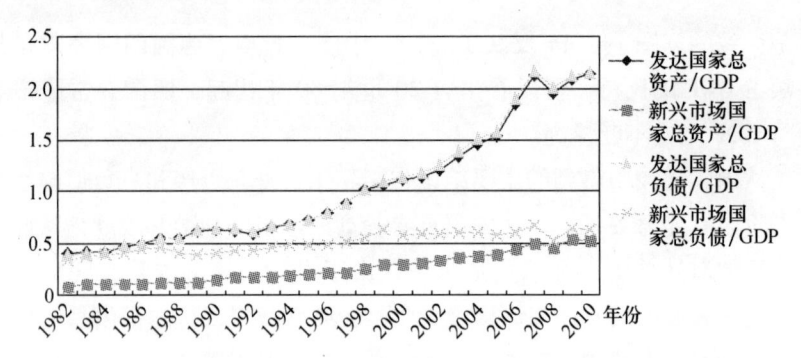

图 14-11 发达国家和新兴市场国家对外总资产及总负债占 GDP 比重

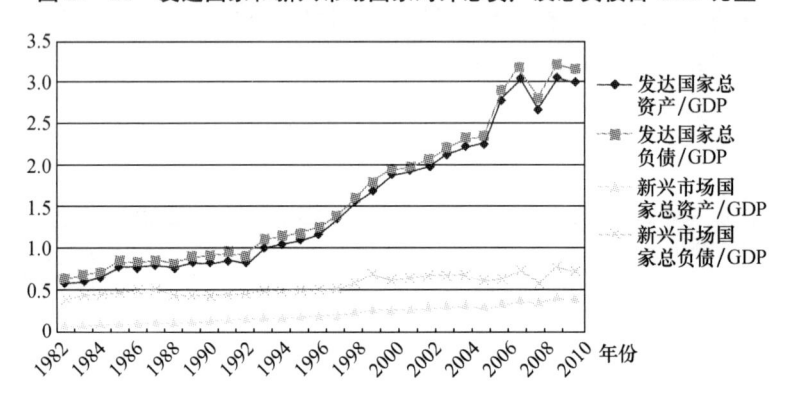

图 14-12 发达国家和新兴市场国家对外总资产及总负债占 GDP 比重（除美国、日本、德国、中国四国）

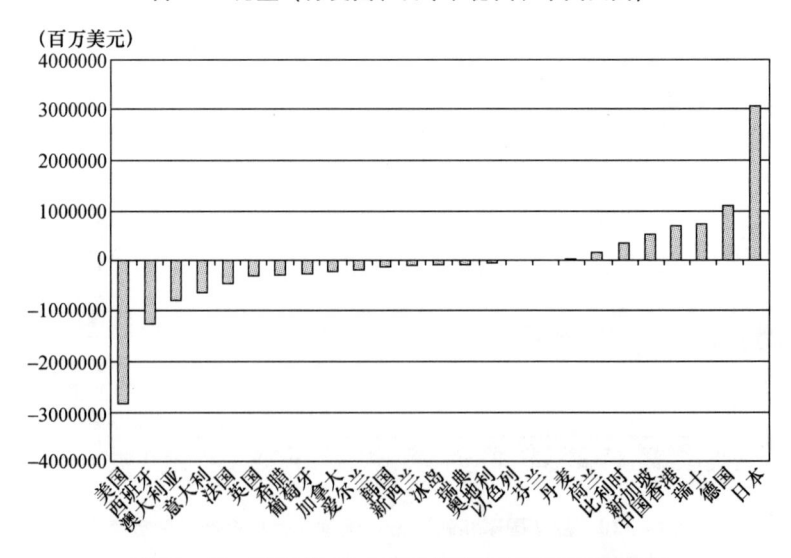

图 14-13 2010 年 25 个发达国家和地区对外净资产

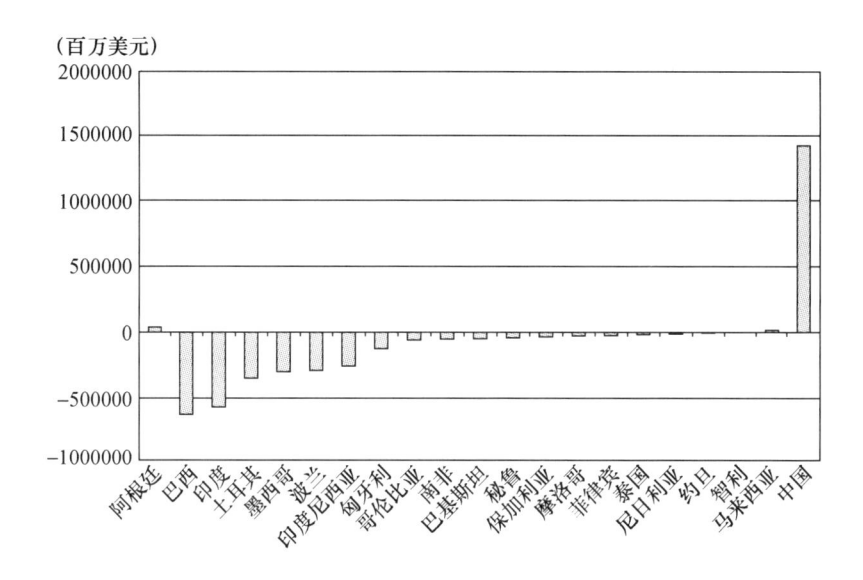

图 14-14　2010 年 21 个新兴市场国家和地区对外净资产

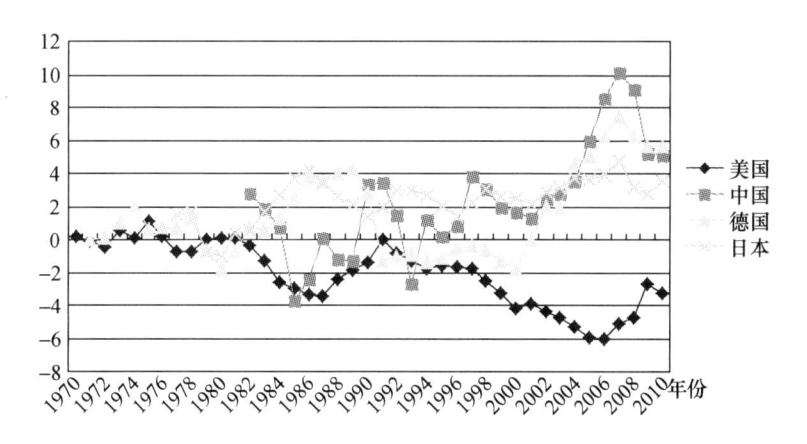

图 14-15　美国、中国、日本、德国四国经常项目差额占 GDP 比重

国际投资头寸影响因素的面板分析

下面利用面板数据方法进一步分析影响对外总资产、总负债和净资产的因素。由于各国 IIP 数据公布的起始时间不一样的问题可以在面板分析中通过建立非平衡面板数据模型解决，因此在面板分析中将采用国际货币基金组织公布的 IIP 数据，这一数据较 Lane 和 Milesi-Ferretti (2007) 的估算数据更加准确。这里采用了 28 个发达国家和 27 个新兴

市场国家的面板数据，最长时间段为 1988—2010 年。

由于一国对外总资产和总负债规模受该国经济规模的限制，因此这里以 GDP 作为该国经济规模的代理变量，分别以对外总资产/GDP、对外总负债/GDP 和对外净资产/GDP 作为被解释变量。

Lane 和 Milesi‐Ferretti（2008）实证研究了驱动金融全球化的因素，其中对外总资产（总负债）/GDP 可以反映一国金融全球化水平，并提出影响对外总资产（总负债）/GDP 的影响变量包括贸易开放度、人均 GDP 水平、人口规模、资本管制程度、本国金融发展水平以及区分欧盟国家和国际金融中心的两个虚拟变量。面板回归结果表明，资本管制程度影响不显著，其余变量的影响显著且与预期方向相符。

参考 Lane 和 Milesi‐Ferretti（2008）的解释变量，本研究对外总资产/GDP 和对外总负债/GDP 的解释变量包括资本管制程度、贸易开放程度、经济发展水平和金融市场发展水平，各解释变量的代理变量和对被解释变量的影响预期分别为：

资本管制程度：资本管制程度数据来自 Chinn 和 Ito（2008）的测算，该数值越大表示资本管制程度越低。由于各国资本管制程度短期内发生变化的概率很小，因此资本管制程度 2010 年的数据直接取 2009 年数值。资本管制程度越低，一国对外总资产和总负债的规模应越大。

贸易开放程度：以进出口总额与 GDP 的比值表示，贸易开放程度越大，一国对外总资产和总负债的规模应越大。

金融市场发展水平：以股票市场总市值和银行提供的本国信贷之和与 GDP 之比表示。金融市场发展水平越高，一国对外总资产和总负债的规模应越大。

经济发展水平：以人均 GDP 水平作为代理变量。经济发展水平越高，一国对外总资产和总负债的规模应越大。

根据 Hausman 检验，并结合作为解释变量的资本管制程度数据的性质，各模型采用随机影响变截距的形式。由于发达国家与新兴市场国家可能具有不同的经济环境和结构，这里分别对全部国家、发达国家和新兴市场国家进行回归。对外总资产、对外总负债的回归结果分别见表 14-2 和表 14-3。

从表 14-2 和表 14-3 的回归结果可以看出，在全部国家、发达国家和新兴市场国家三类样本中,贸易开放程度、人均 GDP 和金融市场发展水平在三类样本中对对外总资产和对外总负债的影响都显著且符号与预期一致,这一结果与 Lane 和 Milesi - Ferretti (2008) 类似。但与 Lane 和 Milesi - Ferretti 不同的是,资本管制程度对对外总资产的影响在新兴市场国家不显著,对对外总负债的影响在新兴市场国家虽显著但符号与预期相反,在发达国家和全部国家对对外总资产和总负债的影响则显著且符号与预期相符。这一结果在一定程度表明,从整体或是资本管制程度较低的国家看,资本管制程度对于对外总资产和总负债规模有一定解释力,管制程度较低的国家将形成较高的对外总资产和总负债规模,从而具有较高的金融全球化水平;但是,对于资本管制通常较为严格的新兴市场国家,资本管制程度对于对外总资产的解释力有限,往往是由于尽管资本管制较为严格,但这些国家可以通过政府持有外汇储备形式形成较高的对外总资产,而资本管制程度越高,新兴市场国家的对外总负债越高,可能是由于资本管制程度较高在一定程度上反映了经济发展水平较低,而这些国家往往会形成较大的对外总负债。

表 14 - 2 和表 14 - 3 的回归结果表明,一国发展水平越高,贸易开放程度越高,以及金融市场发展水平越高,对外总资产和总负债越大。这一回归结果进一步解释了近年来随着中国的经济快速发展、贸易开放度和金融市场发展水平不断提升,对外总资产和总负债的持续上升趋势,并预示了随着未来中国经济的进一步发展,对外总资产和总负债规模还将继续上升。

表 14 - 2   对外总资产的回归结果

	全部国家	发达国家	新兴市场国家
样本数	881	515	366
资本管制程度	- 0.0668 **	- 0.0824 *	0.0037
贸易开放程度	0.0120 ***	0.0154 ***	0.0037 ***
人均 GDP	0.0001 ***	0.0001 ***	0.00005 ***
金融市场发展水平	0.0032 ***	0.0033 ***	0.0015 ***
R^2	0.5495	0.5811	0.3138

说明:*、**、*** 分别表示 10%、5% 和 1% 的显著性水平。

资料来源:IFS 数据库、WDI 数据库、Chinn 和 Ito (2008) 数据库。

表 14-3　　　　　　　　对外总负债的回归结果

	全部国家	发达国家	新兴市场国家
样本数	881	515	366
资本管制程度	-0.0900***	-0.2104***	0.0452***
贸易开放程度	0.0116***	0.0138***	0.0051***
人均GDP	0.0001***	0.0002***	0.00006***
金融市场发展水平	0.0031***	0.0026***	0.0020***
R^2	0.4331	0.4635	0.4290

说明：*** 表示1%的显著性水平。

资料来源：IFS 数据库、WDI 数据库、Chinn 和 Ito（2008）数据库。

一国可能具有较高的对外总资产和总负债水平，但是其对外净资产水平可能为正、基本平衡或者为负，影响一国对外净资产的因素不同于影响对外总资产和总负债的因素。Lane 和 Milesi-Ferretti（2008）提出，影响一国对外净头寸的因素主要包括经济发展水平、人口因素、政府债务水平、一国金融部门情况等，但未进行进一步的回归分析。本研究将进一步基于面板数据分析影响一国对外净资产的因素。

参考 Lane 和 Milesi-Ferretti（2008），本研究对外净资产/GDP 的解释变量考虑劳动人口比重、人均 GDP 和政府债务。此外，徐建炜、姚洋（2008）表明金融业相对于制造业的比较优势可能是影响对外净资产和全球失衡的重要原因，因此我们引入了金融业相对制造业的比较优势作为解释变量，各解释变量的代理变量和对被解释变量的预期影响分别为：

金融业相对于制造业的比较优势：以股票市场总市值与银行提供的本国信贷之和与 GDP 之比除以制造业增加值与 GDP 之比计算得到，这一比例越高，金融业越具有相对制造业的比较优势，对外净资产水平越低。

劳动人口比重：以 15—64 岁人口数量与总人口数的比例表示。劳动人口占总人口的比重越大，储蓄率越高，经常账户余额越大，由于对外净资产是经常账户余额累计的结果，因此对外净资产应越大。

政府债务：以中央政府债务占 GDP 之比表示。政府债务负担越大，国民储蓄越低，对外净资产应越小。

对外净资产的回归结果见表 14-4。从表 14-4 可以看出，政府债务在三类样本中对对外净资产影响都显著且符号与预期一致，政府债务越大，国民储蓄越低，对外净资产越小。

劳动人口比重对对外净资产的影响显著，但是在发达国家影响为负，在新兴市场国家影响为正，这一结果在一定程度可能说明在新兴市场国家，劳动人口比重与储蓄率有较强的正向关系，而在发达国家，劳动人口比重对储蓄率的影响较弱，储蓄率还受到其他多种因素影响，如老龄化程度较高的日本劳动人口比重低于美国，但是储蓄率却高于美国。

人均GDP在新兴市场国家对对外净资产的影响显著为负，在全部国家样本和发达国家样本则影响不显著。在全部样本国家影响不显著与国际比较中得到的结论一致。在新兴市场国家范围影响显著，在一定程度上可能表明经济发展水平较低的国家，可能会期望持有更多的对外净资产以应对经济风险。而在发达国家范围内，经济发展水平对对外净资产没有一致的影响，如德国、日本和美国都具有较大的人均GDP，但是对外净资产迥异。

金融业相对于制造业的比较优势在新兴市场国家和发达国家尽管影响都显著但是方向相反，没有预期的回归结果，这可能是由于国际分工格局对于对外净资产有重要影响，但是用金融业增加值与制造业增加值之比衡量的金融业相对于制造业的比较优势，并未完全反映出这种国际分工格局，例如德国、日本的金融业增加值与制造业增加值之比相对其他许多国家较高，但是相比这些国家更具制造业比较优势并持有较大的对外净资产。一些实证研究表明金融发展水平确实对对外净资产有显著的负向影响，与预期相符，如徐建炜和姚洋（2008）、肖立晟和王博（2011）等。

表14-4　　　　　　　　　　对外净资产的回归结果

	全部国家	发达国家	新兴市场国家
样本数	429	269	160
劳动人口比重	-0.0244*	-0.0742***	0.0185**
人均GDP	0.0000	-0.00001	-0.00007***
政府债务	-0.0082***	-0.0121***	-0.0030***
金融业相对于制造业比较优势	0.0027***	0.0033***	-0.0126**
R^2	0.1426	0.1975	0.2020

说明：*、**、***分别表示10%、5%和1%的显著性水平。

资料来源：IFS数据库、WDI数据库。

上述计量分析结果在一定程度可以解释近年来随着中国经济快速发展、贸易开放度和金融市场发展水平不断提升，对外总资产和总负债呈持续上升趋势，且由于我国在国际分工中所处的地位，对外净资产不断积累。根据国际比较和计量分析结果可以作出大致判断，随着未来中国经济的进一步发展和对外开放程度的逐步提高，对外总资产和总负债与GDP的比例还将继续上升，但随着全球经济再平衡、我国劳动人口比重的下降，以及金融市场的进一步发展等因素，对外净资产与GDP之比可能会逐步呈现下降趋势。

附 录

趋势分析包含国家（基于 Lane 和 Milesi–Ferretti 数据库，2007）：

发达国家和地区（25个）：澳大利亚、奥地利、比利时、加拿大、丹麦、芬兰、法国、德国、希腊、中国香港、冰岛、爱尔兰、以色列、意大利、日本、韩国、荷兰、新西兰、葡萄牙、新加坡、西班牙、瑞典、瑞士、英国和美国。

新兴市场国家（21个）：阿根廷、巴西、保加利亚、智利、中国、哥伦比亚、匈牙利、印度、印度尼西亚、约旦、马来西亚、墨西哥、摩洛哥、尼日利亚、巴基斯坦、秘鲁、菲律宾、波兰、南非、泰国和土耳其。

面板分析包含国家（基于 IMF 提供的 IIP 数据库）：

发达国家（28个）：澳大利亚、奥地利、比利时、加拿大、捷克、丹麦、爱沙尼亚、芬兰、法国、德国、希腊、中国香港、冰岛、爱尔兰、意大利、日本、韩国、荷兰、新西兰、葡萄牙、新加坡、斯洛伐克、斯洛文尼亚、西班牙、瑞典、瑞士、英国和美国。

新兴市场国家（27个）：阿根廷、巴西、保加利亚、智利、中国、哥伦比亚、匈牙利、印度、印度尼西亚、约旦、哈萨克斯坦、拉脱维亚、立陶宛、马来西亚、墨西哥、摩洛哥、尼日利亚、巴基斯坦、秘鲁、菲律宾、波兰、罗马尼亚、俄罗斯、南非、泰国、土耳其和乌克兰。

第三编

相关专题

15

养老金缺口和隐性债务预测研究

15.1 导言

在历届政府的努力推动下,近年来中国社会养老体系逐步建立健全,2005 年《国务院关于完善企业职工基本养老保险制度的决定》确立和完善了中国社会统筹与个人账户相结合的混合型养老保险制度框架;2009 年《国务院关于开展新型农村社会养老保险试点的指导意见》和 2011 年《国务院关于开展城镇居民社会养老保险试点的指导意见》则分别确立了农村和城镇居民养老保险的基本框架。这些政策措施完善了中国养老保险的基本制度,使得中国的社会保障和社会福利在短时间内获得了跨越式发展,养老保险覆盖人口大幅增加。

然而,为了兑现政府对职工和居民的养老保险承诺,未来中国需要支付大量养老金来保障老年人口的生活。尤其是目前中国职工养老金的个人账户累积体系很不完善,主要依赖现收现付的社会统筹积累和发放养老金,而居民养老体系中基础养老金的发放主要依赖政府提供补贴资金,在这种制度安排下政府负有潜在偿还责任,对职工和居民的养老保险承诺成为政府的隐性债务。未来,由于中国老龄化的加速,这方面的支出将大幅增加,对政府的财政构成严重压力,并危害政府资产负债表的健康。这一潜在问题在 2010 年欧债危机爆发后显得尤为突出。自 2010 年欧洲大面积爆发政府债务危机以来,世界各国对政府债务问题均予以高度关注,而国际货币基金组织(2009,2010)、欧盟等国际机构的一系列研究也表明,在这些发达国家政府债务飙升的背后,其社会保障体系长期以来的资金缺口是重要因素。

那么，中国目前的养老保险体系能否稳定持续？将来会不会导致严重的政府债务问题？养老保险对政府财政的压力有多大？如何应对可能出现的资金短缺？这些是我们必须要考虑的问题。中央政府应未雨绸缪，合理设计养老金改革方案，既要建立健全覆盖全民的养老保险体系，又要避免过度福利化的政策引起过高债务负担，危害国家资产负债表健康和削弱国际竞争力。

本章在利用一个人口增长和迁移模型对中国2010—2050年人口结构进行预测的基础上，建立养老保险精算评估模型，分析和预测了中国未来的养老保险收入、支出和收支缺口，计算维持现行养老保险体系所需的政府财政补贴金额，警示未来可能由于养老保险资金缺口而导致的债务风险。

15.2 中国养老保险体系的基本框架和资金缺口计算方法

由于发展阶段和体制等方面的因素，中国社会养老保险体系从无到有，是一个渐进的建立和改革的过程，与中国社会中其他领域广泛存在的"双轨制"一样，养老保险也是一个多轨并行的体系。目前中国的养老保险主要分为职工养老保险和居民养老保险两大部分，其中职工养老保险又包括企业职工养老保险和机关事业单位的养老保险两种类型，而居民养老保险则分为城镇和农村居民养老保险两种类型。

目前养老保险体系的基本制度框架

（1）职工养老保险。

企业职工养老保险。目前企业职工的养老保险所依据的政策规定主要是1995年"国发6号"《国务院关于深化企业职工养老保险制度改革的通知》，1997年"国发26号"《国务院关于建立统一的企业职工基本养老保险制度的决定》和2005年"国发38号"《国务院关于完善企业职工基本养老保险制度的决定》。在缴费端，根据规定，企业缴纳基本养老保险费的比例，一般不超过企业工资总额的20%，个人的缴费比例则为本人缴费工资的8%，因此，总缴费率应为小于等于28%的水平。个人缴费进入个人账户，企业缴费则进入统筹账户。在支出端，由于养老体系初创并经历多次改革，针对不同的改革试点，对不同的人群采取不同办法，将企业退休职工按退休时间和参加工作时间区分为三类：2005年年底前已退休人员（老人）、1997年前参加工作至2005年后退休人员（中人）和1997年后参加工作人员（新人）。三类人的养老金发放办法略有不同。对于新人而言，其养老金包括社会统筹的基础养老金和个人账户养老金两部分；对中人而言，由于养老保险制度初创，从1997年（或1995年）才开始缴纳个人账户养老金，个人账户缴费时间过短，资金积累不足，因此在基础养老金和个人账户养老金基础上，补发过渡性养老金，来保证中人的养老金水平；对老人而言，则仍按国家原来的规定发给基本养老金，其水平应基本等于全额缴费的新人基础养老金加个人账户养老金的水平。

机关事业单位养老保险。在过去的计划经济体制下，机关、事业单位和企业都由政府控制，采取的收入和养老制度基本一致。20世纪90年代市场化改革将企业推向市场，同时建立企业职工基本养老保险制度。但机关事业单位的养老保险改革并未触及，其养老金并未纳入社保体系，而继续由财政负担，机关事业单位及其个人不需缴纳保费，由国家财政统一筹资，养老金支付也由财政统一负责。2008年国务院发布《事业单位工作人员养老保险制度改革试点方案》，逐步推行事业单位养老保险向企业职工养老金制度并轨，并先期确定在山西、上海、浙江、广东、重庆五省市开展试点。但由于目前事业单位的养老金替代率要明显高于企业职工，现行情况下改革会导致事业单位职工养老金待遇明显降低，因此遇到很大阻力。据相关调查和报道，目前事业单位养老保险改革进展十分缓慢。

（2）居民养老保险。

城镇居民养老保险。2011年"国发18号"《国务院关于开展城镇居民社会养老保险试点的指导意见》确定了城镇居民养老保险的基本制度框架，城镇居民养老保险实行社会统筹和个人账户相结合的混合制度，年满60周岁且未享受职工基本养老保险和其他国家规定的养老待遇的，可按月领取基础养老金。养老金待遇由基础养老金和个人账户养老金两部分组成，基础养老金由中央政府和地方政府提供资金，现行中央确定的基础养老金标准为每人每月55元，地方政府可以根据实际情况调高，调高和加发部分由地方政府支付。个人账户养老金月计发标准由个人账户储蓄额除以139。其中个人缴费、地方政府对参保人的缴费补贴等均记入个人账户，养老金中的个人账户养老金由个人账户的累积资金支付。城镇居民养老保险自2011年7月即启动试点工作，并在2012年基本实现城镇居民养老保险制度全覆盖。

农村居民养老保险。2009年《国务院关于开展新型农村社会养老保险试点的指导意见》确定了农村居民养老保险的基本制度框架，农村居民养老保险同样实施社会统筹和个人账户相结合的混合制度，年满60周岁且未享受职工基本养老保险和其他国家规定的养老待遇的，可按月领取基础养老金。从政策规定情况来看，除个人账户的缴费标准在城乡之间有明显差异外，其他制度安排农村与城镇居民养老保险基本一致。根据《意见》，2009年起开始试点，以后逐步扩大试点，在全国普遍实施，2020年前基本实现对农村适龄居民的全覆盖。

养老金缺口和债务风险的定义和性质

本章所讨论的养老金缺口和隐性债务，是指在现行制度安排下，为了兑现政府对当前在职职工、退休职工和居民的养老保险承诺，未来需要政府通过财政支出来提供补贴和资金支持的资金。在基金积累制下，除非极端情况，政府是没有对养老金的偿还责任的[1]。但由于中国目前职工主要采取现收现付（社会统筹）的养老金制度，该制度实际上是一种专款专用的工资税制度，政府对当代劳动人口征税，并将税款用于当代退休人口养老，而居民养老金中的基础养老金完全依赖政府补贴，所以这两部分养老金政府都负有最终偿还责任[2]。

养老金缺口导致的财政债务是一种隐性负债。它并不直接反映在政

---

[1] 例如，由于投资收益风险，养老基金投资失败导致养老金大幅缩水，这时政府或许会出于人道对养老金进行补贴。

[2] 基金积累制本质上是通过这一制度实现个人收入在生命周期内的平滑化，通过强制性储蓄的方式保障其老年收入和生活。而现收现付制本质上是不同代际的人之间收入的征税和转移支付，从而达到收入平滑目的。

府的当期资产负债和财政收支表中，但随着时间的推移，由于养老金支出大幅增加，可能会在短时间内使债务显性化，从而对政府资产负债和财政收支情况造成很大压力。同时，它也是一项或有负债，是否会出现养老金缺口、规模有多大、对政府财政造成的压力如何，取决于未来的具体情况，具有较大的不确定性。

而导致养老金缺口的或有属性的一个重要影响因素是养老金相关政策的不确定性。目前中国的养老金制度仍处在转轨和逐步完善过程中，离建立全面的养老保险体系仍有差距，未来中国的养老保险会何去何从、政策如何变化，都具有很大的不确定性，这导致养老金缺口的债务风险也具有很大的不确定性。

下面我们对要测算的资金缺口和隐性负债给出基本定义。衡量养老金缺口和隐性负债有多种方式，一是养老金当期缺口，等于当年需要的养老金支出与养老金收入差额，若收入大于支出则体现为盈余，反之为缺口；二是养老金隐性负债（累计缺口），等于从一个时点起、未来一定年限内每年养老金收支缺口的累计现值之和，当期缺口是一个流量概念，而隐性负债（累计缺口）是一个存量概念，这里的负债是已经扣除养老金征缴收入的净负债；三是转轨成本，是指我国从1995年开始试点、1997年广泛推行的养老保险由现收现付制向统账结合的部分积累制转轨，由此导致的老人和中人在个人账户上缺乏资金累积引起的养老金支付缺口和隐性债务。转轨成本理论上是养老金隐性负债的一部分。

另外，由于本研究定义的隐性债务在职工养老保险部门是指对当前在职职工和退休职工的养老承诺，因此，如果职工在2010年参加工作，年龄大于或等于20岁，则退休年龄为60岁的情况下在职职工至少在2050年前即已退休。因此，这里上文所述的"从一个时点起、未来一定年限内"在本研究中为2010—2050年。

15.3 中国2010—2050年的人口规模和结构预测

准确地预测未来人口规模和结构是研究分析养老金缺口和债务风险

问题的基础。从目前情况看，中国未来人口结构的快速老龄化是一个必然趋势，这将从根本上降低养老金的缴费人口与受益人口的相对比例，增加所需政府财政补贴的金额，进而可能导致收支危机。由于中国目前已经建立了覆盖范围较广泛的城镇职工养老保险体系，同时城镇和农村居民养老保险体系也已初步建立，且中央政府规定了相应的养老金支付标准，因此本研究试图估算包括职工养老保险和居民养老保险在内的全口径的养老金收支缺口和隐性债务。这个工作需要我们对未来城镇和农村的人口结构都有清晰的了解。本部分我们将在合理确定人口的生育、死亡、迁移的参数基础上，以2010年人口普查等数据为基础数据，对2010—2050年人口结构进行预测。

生育、死亡、迁移的参数设定和人口预测模型建立

（1）生育率的低估问题和调整。根据2005年全国1%人口抽样调查数据，当年中国育龄妇女（15—49岁）的总和生育率为1.33，而根据2010年人口普查数据，中国育龄妇女的总和生育率已经下降到1.188，这使得中国几乎成为世界上生育率最低的国家。然而，从已有研究情况来看，中国的官方生育率统计存在较明显的低估问题。产生的原因，一是漏报，主要是由于统计上的不完善，部分新出生人口没有被官方统计到出生人口中去；二是由于计生政策导致的瞒报。

官方生育率的低估现象可以从多个方面得到证实，例如，根据历年人口统计数据中的年龄数据，i岁儿童人口，扣除死亡人口，在下一年将变为$i+1$岁，人口数量应是相等的。但从实际数据看低龄人口会随着逐渐长大而被各种途径统计到，反而导致人口增多。马骏（2012）利用1989—2009年的各年人口统计数据，发现统计中的出生组人数（0—4岁）比5年后的（5—9）岁人口明显要低，差距达到5.9%—13.2%。再例如，从小学入学人口中也可以证实生育率的低估现象，历年的小学入学人口数均明显超过对应年龄段的官方人口出生统计数（假定7岁入学）。

在本研究中我们利用小学入学人口数来对生育率进行校准。目前，中国的小学适龄儿童入学率已超过99%，因此利用小学入学人数作为低龄人口的真实统计值应没有问题。然后，我们利用历年《中国教育统计年鉴》中的小学入学人口数与对应年龄的官方统计人口数进行比较，计算出生育率被低估的程度。最终，我们确定目前中国生育率被低估的程度为18%，也就是说只有82%的新生人口被官方统计到。然后我们再用这个结果去放大城乡镇各年龄育龄妇女的生育概率，利用这个方法调整后，我国的总和生育率为1.4486，具体到城市、镇、农村则分别为1.082、1.4161、1.7615。

理论上说，二胎政策放开将会提高生育率，但根据国际经验，随着经济发展水平和国民收入的进一步提高，生育率会进一步降低，两者综合的作用结果则难以得知。同时，我们难以判断中国何时会放开二胎政策，放开到什么程度。因此判断中国未来生育率会如何变化有较大难度，简便起见，我们假定2010—2050年中国的生育率均保持调整后的生育率水平不变。

(2) 出生人口性别比例的高估问题和调整。如前所述，生育率低估现象中很重要的一个原因在于计生政策导致的瞒报。显然，为了规避计生政策，相对于男孩，女孩更有可能被瞒报，这会造成官方的出生人口性别比例的高估。这一问题同样可以从一些数据中得到证实，例如，即使考虑到死亡人口的情况，我国人口中低龄人口的男女性别比例也会随着年龄的升高而逐步降低，同时，小学入学人口中学生的男女比例也明显低于官方人口统计中的相应年龄段男女性别比例。

在此，为了校正这个问题，我们利用《中国教育统计年鉴》中的小学生入学人口男女性别比例，与人口统计年鉴中相应年龄的男女性别比例进行比较，来得到出生人口性别比例的高估程度。根据2010年教育统计年鉴，小学入学人口中6—11岁的在校学龄人口的男女性别比例平均为1.159，6岁入学人口的性别比为1.16，而同期人口统计年鉴中6—11岁的儿童性别比平均为1.217，6岁人口性别比为1.247，两者分别为前者的1.05倍和1.074倍。同时可以发现，随着年龄的提高，人口统计中性别比被高估的程度逐渐降低，到11岁时被高估程度只有1.01倍。

因此，我们假定出生人口中男女性别比例被高估的程度为1.07倍。根据2010年人口普查数据算得的全国出生人口男女性别比例为114:100，经过调整后男女性别比例变为107:100，假定2010—2050年的出生人口均保持这个性别比例。需要注意的是，由于没有分城乡的入学人口情况，因此我们无法推算分城乡的出生人口性别比例，城、乡、镇出生人口性别比均使用 1.07 进行调整。

（3）死亡率调整与预期寿命。我们利用"六普"中当年的各年龄死亡人口/该年龄平均人口，来得到各年龄段的死亡率数据。利用分年龄的死亡率数据，就可以计算当年人口的零岁人口预期寿命。预期寿命计算公式为：

$$预期寿命 = \sum_{i=0}^{N}(i+0.5) \times prob(i) \qquad (15-1)$$

其中，prob（i）是一个人活到 i 岁死亡的概率，等于

$$prob(i) = death(i) \times \prod_{n=0}^{i-1}(1-death(n)) \qquad (15-2)$$

其中，death（i）是利用人口调查数据算得的各年龄死亡率。

表 15 - 1 是用这个方法和 2000 年、2005 年、2010 年人口普查或抽样调查数据算得的人口预期寿命。

表 15 - 1　　　　　　2000—2010 人口预期寿命

年份	城市 男	城市 女	镇 男	镇 女	农村 男	农村 女	平均
2000	74.39	78.65	72.60	77.08	68.71	72.04	73.91
2005	76.88	81.39	74.44	79.77	71.21	76.02	76.62
2010	79.43	83.43	76.92	81.43	72.94	78.24	78.73

说明：注意到或许由于死亡率的基础数据不同等原因，这里算得的预期寿命与中国官方统计部门公布的并不一致，官方的结果明显偏低，例如，2000 年官方统计的中国平均预期寿命为 71.4 岁。

显然，随着未来我国经济的进步和医疗保障水平的进一步提高，我国居民的预期寿命也会不断提高。因此我们还需要进一步给定未来死亡率和预期寿命的变动方式。在比较多种预期寿命提高的方式后，我们选定如下方案：观察上表中的三个时期人口的平均预期寿命，可以发现 2005 年比 2000 年预期寿命提高 2.71 岁，2010 年比 2005 年提高 2.12 岁，2010—2005 年的预期寿命增长速度为 2005—2000 年增速的 78.12%。通过假定未来城乡镇分性别的居民预期寿命提高速度均为每

五年降低 21.88%，我们就可以算出未来的预期寿命增长趋势。即假定预期寿命增长服从如下公式：

$$\Delta E_t = E_t - E_{t-5} = (\Delta E_{t-5}) \times 0.7812 = (E_{t-5} - E_{t-10}) \times 0.7812$$

通过这种增长方式，预期寿命不断增长且增速递减。如图 15-1 所示，按照这个增长方式，到 2050 年平均的预期寿命将达到 85.2 岁，这与中国科学院的《中国可持续发展总纲》中给出的中国到 2050 年人口预期寿命将达到 85 岁的预测基本一致。得到预期寿命后，我们再反推该预期寿命对应的分城乡、性别和年龄的死亡率①，然后利用这个死亡率数值进行未来人口规模和结构的预测。假定死亡率每五年变动一次，即 2010—2014 年使用 2010 年推知的死亡率，2015—2019 年使用 2015 年推知的死亡率，以此类推。

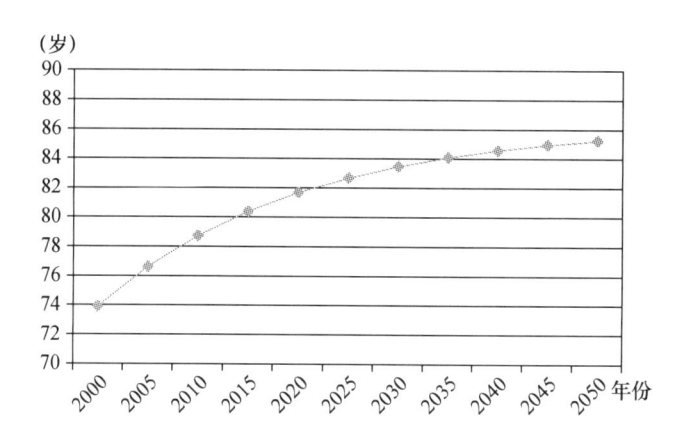

图 15-1 预期平均寿命增长趋势

（4）城乡镇迁移概率测算和城市化。另一个必须要考虑的问题是城市化进程对人口结构带来的影响。由于中国的养老保险体系仍然是城乡二元分割的，职工养老保险基本集中在城镇，同时城镇和农村的居民养老保险情况也略有不同，这就要求我们区分城乡人口，考虑城乡迁移对人口结构和养老保险造成的影响。现有研究文献缺乏对中国分年龄、

---

① 即假定所有年龄的死亡率同比例缩小 x 倍，然后求出使算得的预期寿命等于预测的预期寿命的 x 值，进而相应调整死亡率。

性别的城乡居民迁移概率的测算，为弥补这一缺憾，我们利用历年城、乡、镇分年龄和性别的人口变动数据来估算当前的人口迁移概率。

简单地说，利用2005年人口1%抽样调查、2006—2009年人口0.1%抽样调查、2010年人口普查数据和历年总人口数据，我们即可推算历年城、乡、镇分性别和年龄的人口数量①。排除死亡的人口，如果农村的i年龄人口在t年比$t-1$年的$i-1$年龄人口有所减少，则可以假定这部分人口迁移到了城镇。反过来，扣除死亡人口，如果城市的i年龄人口在t年比$t-1$年的$i-1$年龄人口有所增加，则可以认为多出的人口是来自城乡迁移。这样，我们可以得到下式：

$$\frac{\text{农村}i-1\text{年龄人口向城市迁移的概率}}{1} = \frac{\text{扣除死亡人口后城市的}i\text{年龄人口在}t\text{年的增加量}}{\text{农村}t-1\text{年的}i-1\text{年龄人口}}$$

以此类推，我们可以得到农村分性别和年龄的人口向镇迁移的概率。由于某一年份的计算结果容易有较大误差，因此我们用2005—2010年，共5年的计算结果取平均，来降低计算误差。

同时，由于缺乏进一步的镇与城市间人口迁移的数据，简便起见，我们假定镇与城市之间没有迁移，从当前的情况看这个假定对结果没有影响。这是因为，在计算中我们发现，扣除死亡人口后，只有农村的各年龄人数总体是减少的，即体现为净迁出，而镇和城市扣除死亡人口后，人口均体现为净迁入，那么这时城市的人口究竟是从农村迁来还是从镇迁来对人口的结构是没有影响的。举个简单的例子，有农村100人，城市100人，镇100人，现发生迁移，农村往城市迁入10人，往镇迁入10人，镇往城市迁入5人，则人口结构变为80:115:105。但如果我们不知道从镇往城市迁入多少人，那么这时假定从农村迁入城市为15人，从农村迁入镇为5人，得到的人口结构变动结果是一样的。因此，由于缺乏进一步的镇与城市间迁移数据，同时城市和镇都体现为净迁入，我们假定城市与镇没有迁移。并且，未来在计算养老金情况时城市和镇还会并表，所以它也不会对养老金计算造成干扰。

除此之外，我们假定城乡镇之间的迁移只发生在1—50岁，超过50岁人口不存在迁移。首先，我们的计算发现，50岁是一个城乡迁移

---

① 注意实际人口抽样比例并不恰好等于1%或0.1%。

的重要门槛，一旦超过 50 岁，农村居民向城镇迁移的概率就基本接近为 0 了（见图 15-2）；其次，在出生人口的计算中育龄妇女的生育年龄为 15—49 岁，因此超过 50 岁的人口也不会对城乡镇的生育状况造成影响；最后，如果一个农村居民在年轻时未进城工作并获取养老保险资格，那么可以预见其在年龄较大后进入城市（如超过 50 岁），也不太可能会获得城镇职工养老保险资格①，从这个角度考虑，我们也假定超过 50 岁的人不会迁入城镇，毕竟，我们预测人口结构的最终目的是为了考察养老金问题。另外，这里我们假定少年儿童（1—15 岁）也是存在迁移的，这与马骏（2012）的假设不同。我们的计算发现，少年儿童也具有较高的迁移概率，虽然未成年人不具有独立的经济行为能力，但他们却会以随迁子女身份迁入城镇，其随年龄逐渐下滑的迁移概率的变动趋势与 20 岁以上人口的变动趋势十分接近也佐证了这一点。

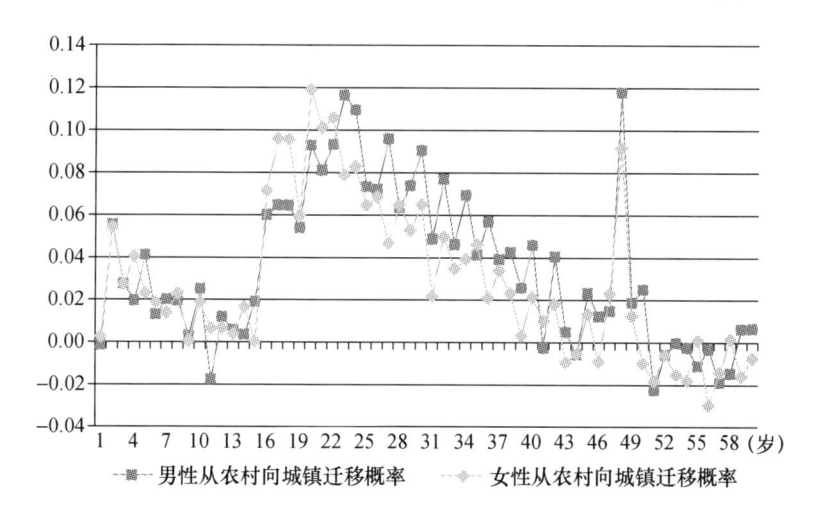

图 15-2 分性别和年龄农村居民向城镇迁移概率

资料来源：笔者估算。

综上所述，根据城乡镇迁移概率的计算结果，2005—2010 年，一个农村居民从出生到 50 岁时预期仍然留在农村的概率，男性是 10.3%，女性是 14.6%。我们把算得的分年龄和性别城乡镇迁移概率

---

① 根据"国发 [2005] 38 号"规定，缴费年限累计不满 15 年的人员，不发给基础养老金，个人账户储存额一次性退还给本人，终止基本养老保险关系。

作为 2010—2050 年农村人口向城镇迁移的概率来进行人口迁移预测。

2010—2050 年人口结构的预测

在以上参数设定的基础上，我们以 2010 年人口普查中城市、镇、乡村分性别、年龄的人口数据为基础数据，来预测未来我国的人口结构。[①] 同时我们将城市和镇的人口预测数据合并为城镇人口预测数据。预测结果中的一些较为重要的特征结果如下：

（1）人口规模和城市化率。如图 15-3 所示，预测结果表明我国的总人口规模将在 2027 年达到顶峰，为 14.15 亿人，之后人口规模开始逐渐下降，到 2050 年总人口降到 13.13 亿人。城市化率（城市和镇人口/总人口）则将保持稳步上升态势。2010—2030 年，城市化率每年平均提高 1 个百分点，从 0.5 提高到 0.71，这与国家发改委近期在中国未来城市化规划中所透露的城市化速度目标相一致。到 2030 年后，由于农村人口规模减小且农村老龄化严重，农村居民城市化的速度放缓较为明显，到 2050 年城市化率最终达到 83%。城镇人口在这一时间段内基本保持增长趋势，从 6.7 亿逐渐增长，到 2050 年为 10.92 亿，这时城镇人口也已经停止增长。而农村人口在这一时期内则一直保持下降态势。

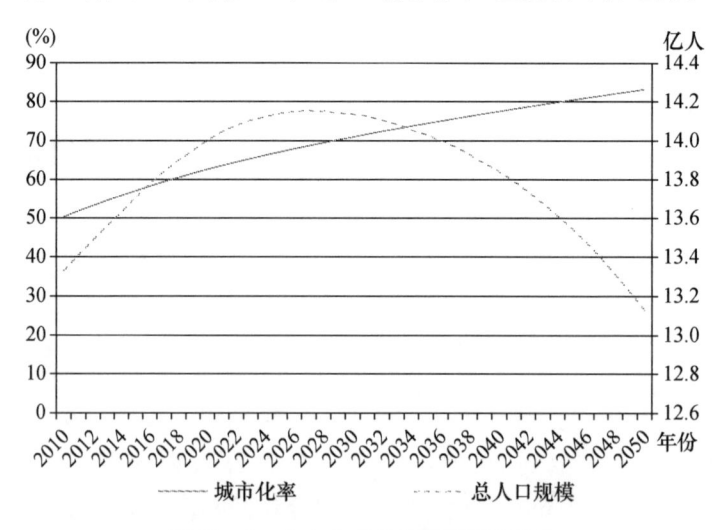

图 15-3 未来人口总规模和城市化率

---

① 同时我们将城市和镇的人口预测数据合并为城镇。

(2) 人口年龄结构的变动趋势。图 15-4 为中国 2010—2050 年的老人抚养比、少儿抚养比和总抚养比预测结果图。这里老人定义为 65 岁及以上人口，少儿定义为 0—14 岁人口，劳动人口为 15—64 岁人口。结果显示，未来我国的少儿抚养比基本保持平稳中略有下滑态势，少儿抚养比约为 20%，到 2050 年少儿抚养比降为 17.95%。老人抚养比则保持稳定上升态势，尤其在 2027 年后上升十分迅速，这主要是由于 1962 年后的生育高峰人口逐渐步入老年所致，2050 年老人抚养比将达到 59.46%。总体抚养比的变化趋势基本与老人抚养比保持一致，到 2050 年总抚养比上升到 77.4%。

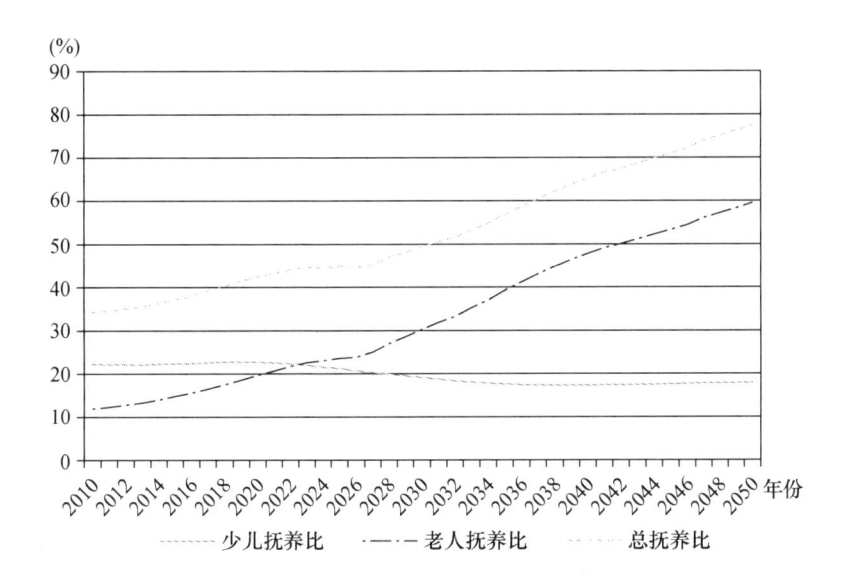

图 15-4 全国人口抚养比的变化趋势

城镇的人口结构则相对更加年轻一些。如图 15-5 所示，城镇少儿抚养比经历了一个先升后降的过程，从 2010 年的 18% 逐步提升到 2023 年的 20.45%，之后开始逐渐下滑，到 2050 年下降到 17%。老人抚养比则保持稳步上升态势，从 2010 年的 10% 逐步提高到 2050 年的 46.5%。总抚养比从 2010 年的 28% 逐步提升到 2050 年的 63.6%。导致城镇人口抚养比更低的原因是由于城乡迁移的存在，更多的农村年轻人迁移到城镇，从而使城镇劳动年龄人口长期保持相对旺盛。

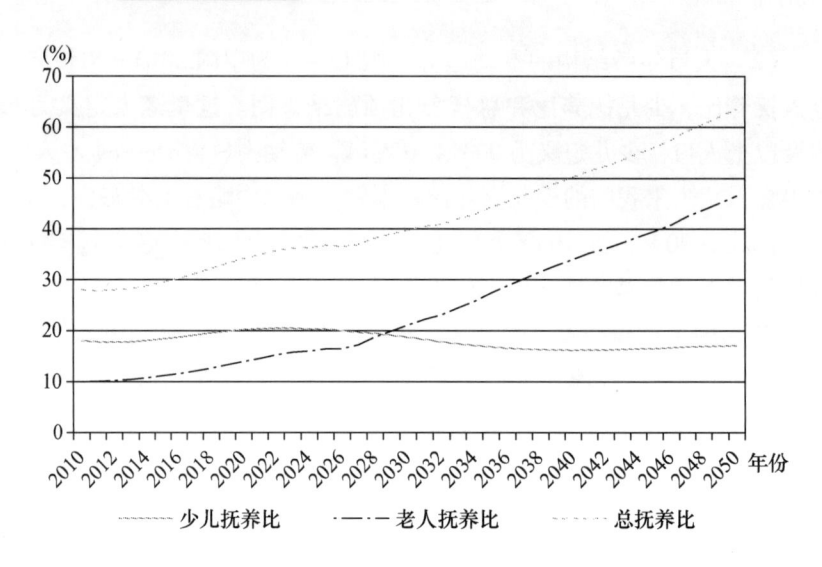

图 15-5　城镇人口抚养比的变化趋势

农村的抚养比情况则让人担忧。农村的少儿抚养比从 2010 年的 27.1% 小幅上升，随后 2017 年开始逐步下降，到 2031 年下降至 20.1% 后又开始逐步上升，2050 年少儿抚养比回升至 25.9%（见图 15-6）。老人抚养比则一直保持快速上升态势，2010 年时老人抚养比仅为 14.21%，到 2050 年提高到 178.8%，扩张了 10 倍以上。总抚养比则与老人抚养比保持同步，从 2010 年的 41.29% 上升到 2050 年的 204.7%，即平均每个劳动力要抚养超过两个老人或小孩。这是在我们对劳动力的统计采取了 15—64 岁口径的情况下，如果采用 20—60 岁这样的口径，这个比例还要进一步提高。

当然，研究农村的抚养比问题还要考虑到一个实际情况，即农村的老人不一定是由农村的劳动力抚养。由于快速的城市化进程，年轻人可能已迁移到城镇，但其父母却留守农村，这时农村父母的赡养责任实际是由部分城镇人口来承担的。因此，从实际赡养责任的角度来看，城镇的老人抚养比可能有所低估，而农村的老人抚养比却被高估了。

无论如何，未来我国的人口抚养比，尤其是老人抚养比的大幅上升是确定无疑的，这对我国未来的老年人养老问题构成巨大挑战。

(%)
250
200
150
100
50
0
2010 2012 2014 2016 2018 2020 2022 2024 2026 2028 2030 2032 2034 2036 2038 2040 2042 2044 2046 2048 2050 年份

‑‑‑‑‑ 少儿抚养比   —·— 老人抚养比   ········ 总抚养比

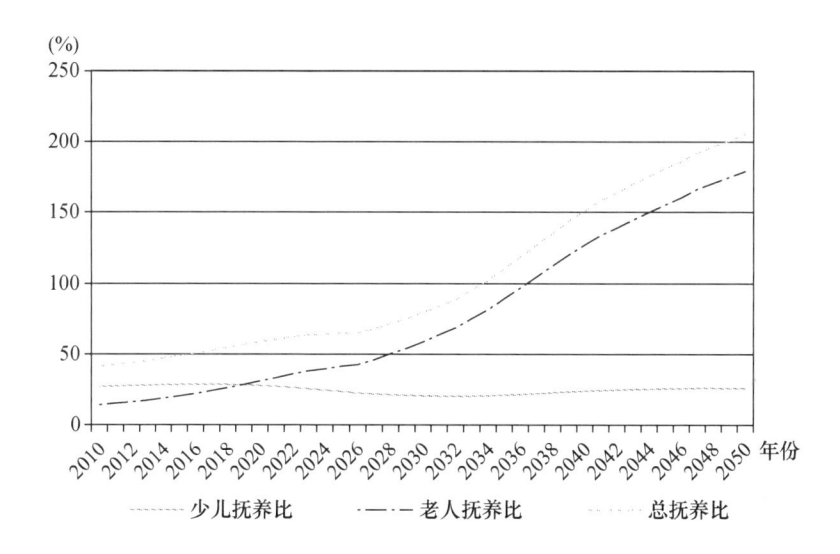

图 15-6　农村人口抚养比的变化趋势

15.4　职工和居民养老保险人口的估算

城镇职工养老保险受益人口的预测

　　如前所述，我国的养老保险是一个多轨并行的体系，目前主要分为职工养老保险和居民养老保险两大部分，其中职工养老保险又包括企业职工养老保险和机关事业单位的养老保险两种类型。而职工养老保险又根据参加工作时间和退休时间的不同分为三种类型，即2005年年底前已退休人员（老人）、1997年前参加工作2005年后退休人员（中人）和1997年后参加工作人员（新人）。各种人口分别执行略有区别的养老金政策。下面利用相关数据对职工和居民养老金人口规模和结构进行预测。

　　（1）2005年底前已退休人员（老人）预测。根据"国发 [2005] 38号文件"规定，2005年年底前已退休人员仍按国家原来的规定发给基本养老金，同时执行基本养老金调整办法。尽管他们缴费年限可能很短，但为了保障他们的生活，其养老金发放标准相当于全额缴费年限的新人职工。《中国统计年鉴》的数据显示，2005年企业离退休人员总数为4005.2万人，但未区分其性别和年龄结构。在此，性别结构我们用2005年人口抽样调查数据中城镇离退休人员男女比例作为企业已离退休人员男女比例的代理变量，结果为女性/男性＝105.77/100，女性要多于男性。其原因在于：①女性退休年龄更早；②中老年女性比男性有更低的死亡率，这导致虽然就业人口中男性超过女性，但退休人口反而女性多于男性。年龄结构我们则假定已退休人口的年龄结构与同期城镇人口总体的分性别年龄结构一致，男性在60岁退休，女性在53岁退休，从而得到分性别和年龄的2005年前已退休人口数量。

"老人"的死亡率及其变动则假定与上面总体人口预测部分的城市分性别年龄死亡率相同，在此基础上预测"老人"在未来的规模和结构变化。如图15-7所示，随着老人的逐渐死亡，老人的人口规模也不断减少，到2050年时，老人的人口规模只剩下85.3万人，且男性老人均已超过100岁，女性老人也已达到98岁，这部分人口逐渐消失。

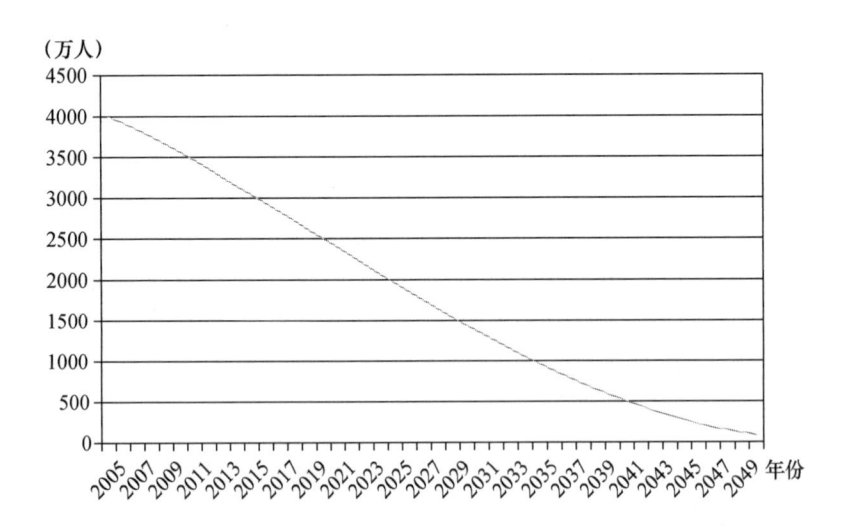

图15-7 退休老人预测

(2) 1997年前参加工作，2005年后退休人员（中人）预测。根据"国发〔2005〕38号文件"，1997年前参加工作，2005年后退休人员为中人。由于其缴费时间相对较短，个人账户资金累积较少，为了保障他们的生活，中人在发给基础养老金和个人账户养老金的基础上，再发放过渡性养老金。根据《中国统计年鉴》的数据，2010年我国共有城镇离退休企业养老金人口5811.6万人，扣除上面预测得到的2005年底前已退休人员数量，2005年后新增退休人员为2242.1万人。假定男性60岁退休，女性53岁退休，则2005—2010年新增退休人员在2010年的年龄结构为男性60—64岁，女性53—57岁。这部分人口的性别比例假定等于2010年人口普查数据中城镇相应年龄段离退休人员男女比例，为男/女＝100/132，同时利用"六普"中相应年龄段的人口结构数据，推算2006—2010年间退休人员的年龄结构。

2010年后退休中人预测则利用总人口规模和结构的预测结果推算。利用上面得到的2005—2010年退休人口数据，与相应年龄段的城镇总体人口规模相除，即得到2005—2010年退休企业养老金人口占相应年龄城镇总人口的比例，结果为男性0.7373，女性0.6313，意即当前城镇男性有73.73%会在达到退休年龄后进入企业养老金受益人口，女性当前有63.13%在达到退休年龄后进入企业养老金受益人口。随着未来城镇养老保险覆盖范围的不断扩大，劳动力市场的进一步规范，预期这个比例在未来还会提高。本研究中，我们假定2010年后，城镇企业退休人口进入养老金比例每年提高1%，增长到男性为80.73%，女性70.13%时则不再增长。没有将比例设定更高的原因是考虑到另外还有部分非企业的养老保险体系的人口，还有部分不就业人口以及其他因为某些原因未能进入的人口。[①]

与老人一样，中人的死亡率及其变动假定与总体人口预测部分的城市分性别年龄死亡率相同。在以上参数设定下，中人的数量变化预测结果见图15-8。

退休中人一开始会快速增长，到2030年增速略有下降，因为这时

---

① 依据国际经验，即使是养老保险制度非常健全的发达国家，养老保险的覆盖率也只有90%左右（Holzmann, 2009）。由于过去我国城镇就业比例在过去保持在接近90%的水平，因此即使达到90%的养老保险覆盖率，养老保险人口占总适龄人口的比例也不超过81%。

· 230 · 第三编 相关专题

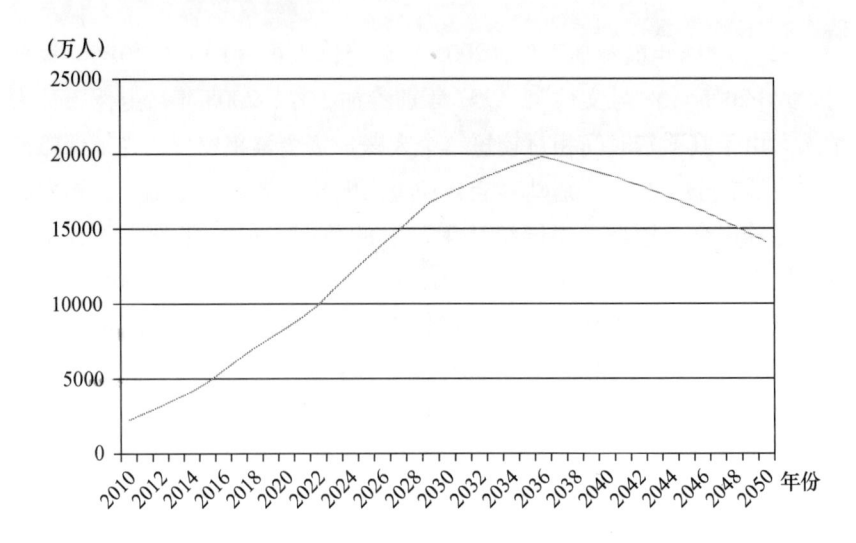

图 15-8 退休中人预测

已经没有新增女性退休中人，而到 2036 年退休中人数量达到顶点，为 1.98 亿人。2036 年后没有新增男性中人，这样中人将不断老去，到 2050 年时，中人数量减少到 1.41 亿人。

（3）1997 年后参加工作的退休人员（新人）预测。1997 年后参加工作的企业就业人员（新人）按规定缴纳养老金，并在退休后领取基础养老金和个人账户养老金，这部分人口实际上是"中人"的后续。因此，基本参数设定与中人相同，预测结果如图 15-9 所示。在当前的退休年龄设定下，退休新人直到 2030 年才会出现。但由于未来特定的人口结构、较高的预期寿命等因素，退休新人增长十分迅速，到 2050 年，退休新人将达到 2.15 亿人，成为企业养老金受益人群的主体。

（4）机关事业单位养老金退休人口预测。根据《中国统计年鉴》，2010 年机关事业单位养老金退休人员总数为 493.3 万人，这部分人口的性别比例我们用 2010 年人口普查中城镇相应年龄段（男性 60 岁以上，女性 55 岁以上）离退休人员性别比来替代，结果为女/男 = 114.7/100，从而推算已退休人口女性为 263.54 万人，男性为 229.76 万人。同时，假定其年龄结构与城镇相应年龄段的总体人口年龄结构相同。将这部分机关事业单位已退休人口与相应年龄段的城镇总体人口规模相除，就得到当前已退休机关事业单位养老金人口占相应年龄段城镇总人

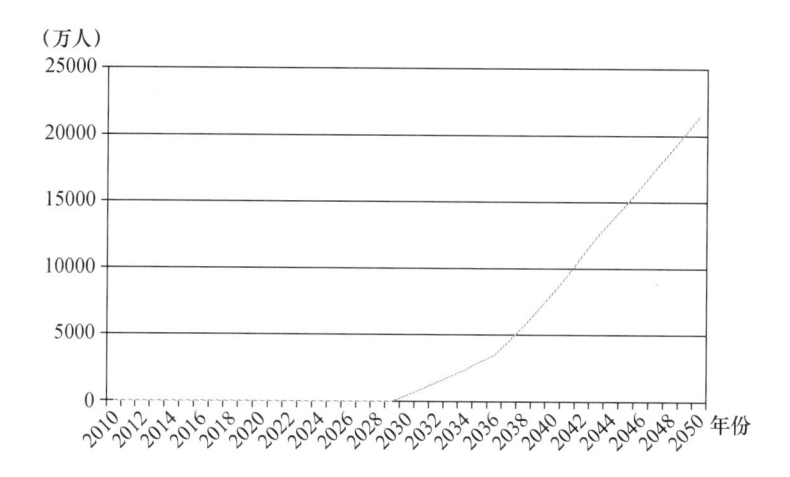

图 15-9 退休新人预测

口的比例，其中男性为 6.02%，女性为 4.48%。当前机关事业单位养老保险改革面临较大不确定性，因此难以判断未来这一比例会如何变化，为简便起见，假定机关事业单位职工退休后养老金人口占城镇总人口比例保持 6.02% 和 4.48% 不变。

死亡率的设定则与企业保持一致，在以上参数设定基础上，就可以得到机关事业单位养老金人口的预测，结果如图 15-10 所示。

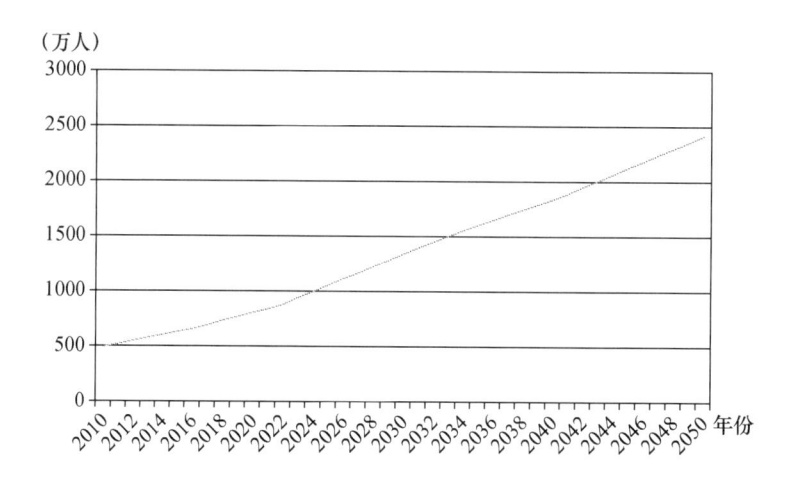

图 15-10 机关事业单位退休养老金人口

在当前的退休年龄设定下，机关事业单位退休养老金人口在未来逐步增长，到 2050 年，该类人口规模会达到 2417 万人。但相对于企业养老金人口而言，规模仍较小。

城镇职工养老保险缴费人口的预测

与养老金退休人口相对应，养老金缴费人口也区分为城镇企业职工与机关事业单位职工两类。根据《中国统计年鉴》，2010 年城镇企业在职养老金人口为 1.782 亿人，同时用 2010 年人口普查中的就业人口性别比例作为在职养老金人口的性别比例（123∶100），得到在职养老金男性有 9830 万人，女性 7992 万人。再用这部分人口规模除以相应年龄段城镇人口规模，得到当前企业男性和女性在职养老金人口占城镇相应年龄段总人口的比例分别为 0.4345 和 0.4194。未来，随着养老保险体系的进一步健全，可以预期这个比例也会进一步提高，因此，与进入企业退休人员进入养老金人口比例相同，假定这个比例未来每年提高 0.01 个点，分别提高到 0.5045 和 0.4894。

同时，2010 年机关事业单位在职养老金参保人口为 1579.6 万人，利用 2010 年人口普查中城镇相应行业和年龄的就业人口性别比[①]，我们推算机关事业单位在职人口的性别比例为男/女 = 1.117。这样，我们计算出机关事业单位在职参加养老保险职工男性为 833.4 万人，女性为 746.2 万人。假定这部分人口的年龄结构与相应年龄段城镇总体人口的年龄结构相同，得到其年龄结构。继而，利用在职人口除以相应年龄段城镇总体人口，得到机关事业单位男性和女性在职职工养老金人口占城镇相应年龄人口的比例分别为 4.09% 和 4.21%。同样，由于未来机关事业单位养老保险改革面临较大不确定性，为简便起见，假定机关事业单位在职职工养老金人口占城镇总人口的比例在未来保持不变。

这样，利用上述参数和已经得到的未来城镇人口结构预测数据，我们就可以预测城镇职工的养老金缴费人口规模。如图 15-11 所示，养老金缴费人口在未来会快速增长，但增速逐渐降低。到 2021—2038 年，

---

① 采用的行业为国家机构、中国共产党机关、人民政协和民主党派、教育、卫生、研究与试验发展等七个机关事业单位集中的行业，同时，由于机关事业单位的女性干部退休年龄为 55 岁，这里计算中男性的年龄区间为 20—59 岁，女性为 20—54 岁。

平均人口规模基本稳定在 2.95 亿的水平，之后由于老龄化以及城市化速度放缓的影响，城镇劳动人口规模下降，缴费人口随之下降，到 2050 年，缴费人口规模将达到 2.52 亿人。

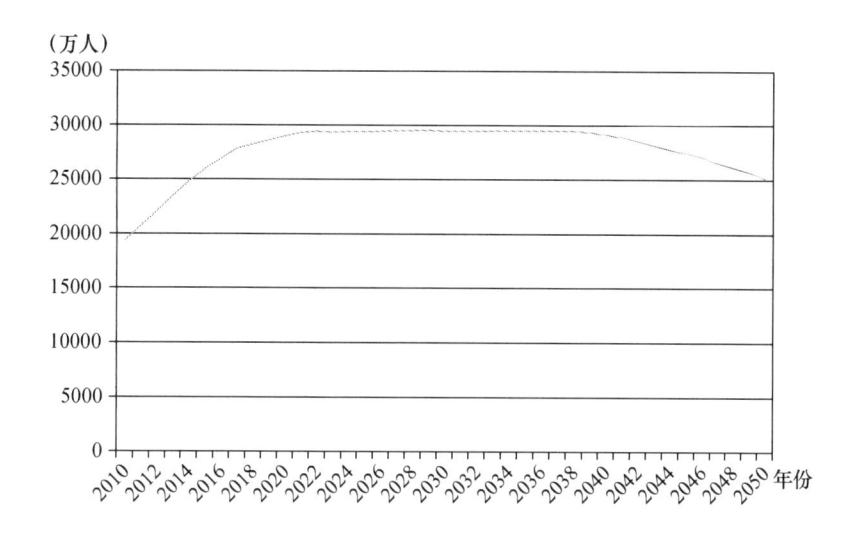

图 15-11　城镇职工养老金缴费人口规模预测

城乡居民养老保险受益人口预测

我们假定，城镇中没有被纳入企业和机关事业单位养老保险的人口，均是城镇居民养老保险的基础受益人群。因此，用相应年龄的总城镇人口规模预测的数据，老人—中人—新人—机关事业单位养老金受益人口即为城镇居民养老保险的基础受益人群预测数。而农村中相应年龄段的人口则全部是农村居民养老保险的基础受益人群（为简便起见，我们假定农村居民不加入城镇职工养老保险）。有了养老保险基础受益人群的预测，再乘以实际领取养老金人口与基础受益人群的比例，即得到实际的城乡居民养老保险受益人口预测。

除了城镇职工养老保险体系之外，我国的城乡居民养老保险体系目前也逐步建立起来。根据"国发〔2011〕18 号文件"，2011 年 7 月即启动试点工作，而 2012 年明确要基本实现城镇居民养老保险制度全覆盖。农村的预定步伐则稍慢，根据"国发〔2009〕32 号文件"，我国从 2009 年起展开新农村养老保险试点工作，2009 年首期试点全国 10%

的县（市、区、旗），并逐步扩大试点，到 2020 年前实现对农村适龄居民的全覆盖。

尽管在法律上仍处于试点阶段，但实际上居民养老保险的推进十分迅速。从相关的统计数据看，养老保险的实际推进速度可能远快于预定的 2020 年全覆盖步伐。《2012 年度人力资源和社会保障事业发展统计公报》显示，到 2012 年年底时，全国所有县级行政区均已全面开展国家城乡居民社会养老保险工作，从制度上基本已实现了全覆盖。根据官方统计，2011 年年底城乡居民养老保险的 60 岁以上人口数为 9157 万人，为我们预测的城乡居民养老金基础受益人口的 67%，而到 2012 年城乡居民养老保险的 60 岁以上人口数就提高到 1.3 亿人，占居民养老金基础受益人口的 92%。因此，中国的居民养老保险推进十分迅速，如人社部公报所言，城乡居民养老保险至少在制度上已基本实现全覆盖。

未来，随着制度的进一步完善和推广，我们假定实际 60 岁以上居民养老保险人口占养老保险基础人口的比例会继续提高，从 2013 年开始，这个比例达到 95%，然后未来以每年提高 1 个百分点的速度继续增长，2016 年后，覆盖率将维持 98% 的比例，直到 2050 年。在以上这些参数设定和总体人口预测数据基础上，可以估算 2010—2050 年的城乡居民养老保险金领取人口，结果见图 15 - 12。

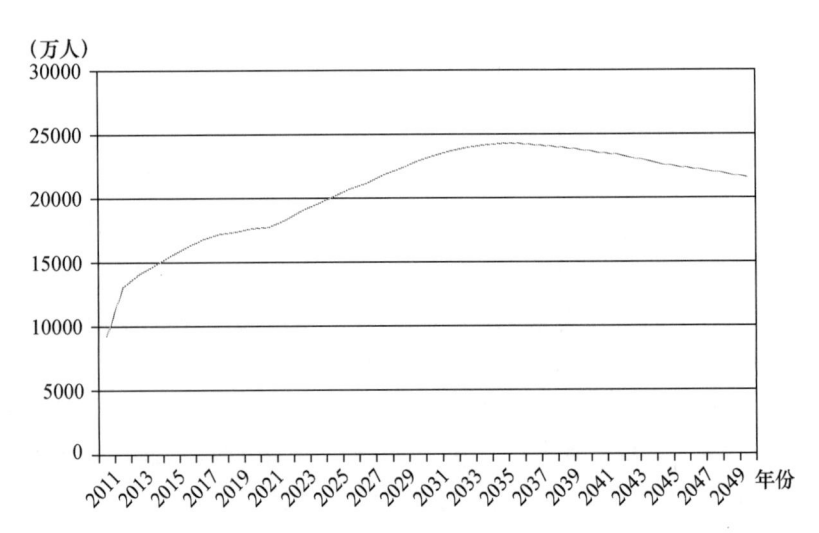

图 15 - 12　城乡居民养老保险金领取人口

15.5 养老保险收支缺口和隐性债务的预测

基于总体人口规模和结构预测，以及一系列参数设定，我们已经讨论和估算了 2010—2050 年各部分养老金人口的规模和结构。本节我们将对 2010—2050 年我国的养老金收支缺口和隐性债务进行推算。

基准参数的设定

测算涉及一系列参数，包括 GDP 增长率、价格指数、社会平均工资水平、国家财政收支、养老金缴费率、养老金替代率、养老金投资收益率，等等，此处给出养老金收支测算中的参数基准设定。

——价格指数：假定未来年均价格增长率为 2.3%，且 GDP 平减指数和消费者价格指数都服从这个速度增长。

——GDP 增长率：2012 年中国 GDP 增长率为 7.7%，2013 年上半年经济较为疲软，假定全年增长率达到 7.625%，然后未来实际经济增长率每年下降 0.125 个百分点，到 2050 年经济增长率匀速下降到 3%。选择这样的经济增速变迁理由：一是简单方便；二是按照这个速度，结合本研究关于未来人口总量的预测，到 2050 年时，中国人均 GDP 将达到 26.9 万元（2010 年价格），按美元兑人民币汇率 6.2 计算，则人均 GDP 将达到 4.34 万美元。而根据一些国际研究机构，如普华永道（2013）、高盛（2012）等的研究，认为到 2050 年，美国人均 GDP 将达到约 85000—90000 美元，而中国的人均 GDP 届时将达到美国的约 50% 的水平[①]。因此 2050 年中国人均 GDP 为 4.34 万美元的预测也与这些研究基本保持一致。

——工资增速：假定未来全社会平均工资增长率等于 GDP 增长率×价格增长率，意即等于名义 GDP 增速。

---

① 受经济危机影响，越近的研究预测越保守，得出的美国 2050 年人均 GDP 预测越低，花旗（2011）和亚开行（2011）预测美国人均 GDP 在 2050 年将达到接近 10 万美元，而普华永道（2013）和高盛（2012）的预测则在 85000—90000 美元之间，但各研究均认为届时中国的人均 GDP 将达到美国 50% 左右。

——国家财政收支：2012年，中国国家财政收入和支出占GDP比例分别为0.2259和0.2427，假定未来这个比例仍然保持。

——各级财政对养老金补贴：目前，城镇基本养老保险基金的收入来源主要是两部分：征缴收入和各级财政补贴收入，另外还有小部分利息收入等。2012年各级财政对养老金补贴金额为2648亿元，占国家财政支出比例为2.1%，且这个比例在近三年基本稳定。假定未来这个比例保持不变。

——投资收益率和负债利息率：中国对养老金的投资有很强约束，目前养老金只能得到一年期固定存款的利息收益，基准情形假定未来仍采取这个办法，收益率为年息3%。如果养老金发生亏空，需要相关部门借贷来支付养老金的话，则假定负债的利息率为5%。

——养老金缴费率：目前我国法律规定养老金的缴费比率为28%，其中20%由企业支付并进入统筹账户，8%由个人支付并进入个人账户。但利用养老金征缴收入/养老金缴费人口/全社会平均工资，得到的实际缴费率在2010—2012年平均只有15.49%。实际缴费率与法定缴费率有明显差异的原因来自于多个方面，比如相关规定要求企业缴纳的比例不超过工资的20%，因此28%的缴费率应是缴费率的上限，比如个体工商户和灵活就业人员的缴费比率要低。但最主要的原因可能在于，全社会平均工资水平与职工的缴费工资水平有差别，前者比后者的统计口径更宽。根据人社部统计公报的数据推算，2011年缴费工资与社平工资的比例约为55%（王晓军，2013）。在本研究中假定未来实际缴费率保持在2012年15.32%的水平不变。

——养老金替代率：关于各人群的养老金替代率水平的基准水平，我们使用马骏（2012）的设定，即老人为42.6%且保持不变，中人的替代率水平从42.3%逐步降低至32%后保持不变，新人的替代率则保持在32%的水平不变。机关事业单位的替代率维持63.5%的水平不变。

——居民养老保险标准：根据"国发[2009]32号"和"国发[2011]18号"文件，目前城乡居民养老保险最低标准即为中央确定的基础养老金每人每月55元，地方政府可以根据地方实际情况提高基础养老金标准，提高和加发部分的资金由地方政府支出。由于缺乏地方政府自行提高各地养老金标准的数据，我们以最低标准每年660元为基期标准，并假定未来养老金标准提高速度等于名义 GDP 增速。

基准情形的养老保险收支缺口和隐性债务估算结果

在以上基准参数设定基础上，我们再设定好相关的养老保险收支方程，即可得出估算结果。下面我们先给出城镇职工养老保险收支和隐性负债的预测结果，再给出城乡居民养老保险中需要的财政补贴的预测结果，然后将职工和居民的养老保险需要的财政补贴支出加总，得到总的全社会养老保险形成的隐性债务负担。

（1）城镇职工养老金收支预测。如图 15 - 13 所示，从对城镇企业职工的养老金收支预测结果来看，2010—2021 年，企业养老金的征缴收入都足以支付养老金支出并略有结余。但从 2022 年开始，企业职工养老金就开始收不抵支。到 2050 年，当年的城镇企业职工养老金收支缺口将达到 61.6 万亿元（2050 年价格）。

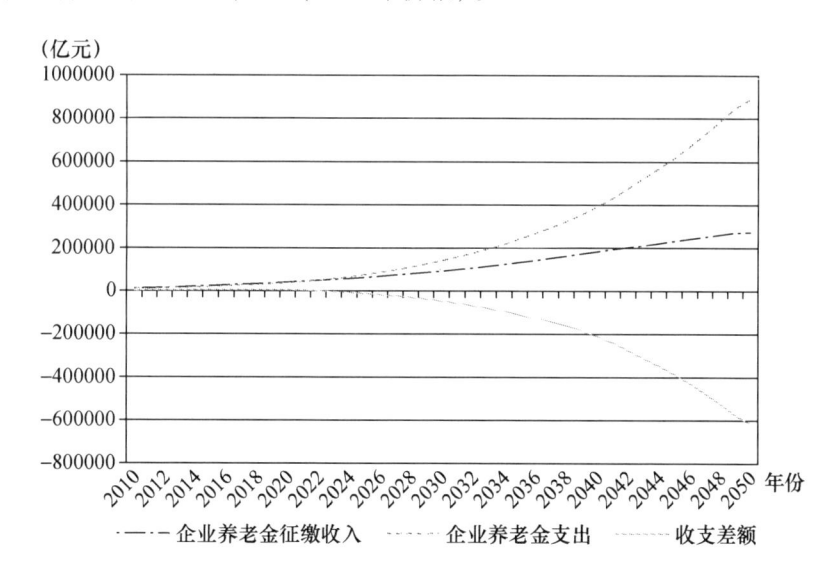

图 15 - 13 城镇企业职工养老金收支预测

机关事业单位的养老金收支情况则略有不同。如图 15 - 14 所示，由于机关事业单位的养老金替代率过高，因此从一开始机关事业单位的养老金就是收不抵支的赤字状态。2050 年，机关事业单位当年的养老金收支缺口达到 9.64 万亿元。由于机关事业单位人口规模相对较小，因

· 238 ·　第三编　相关专题

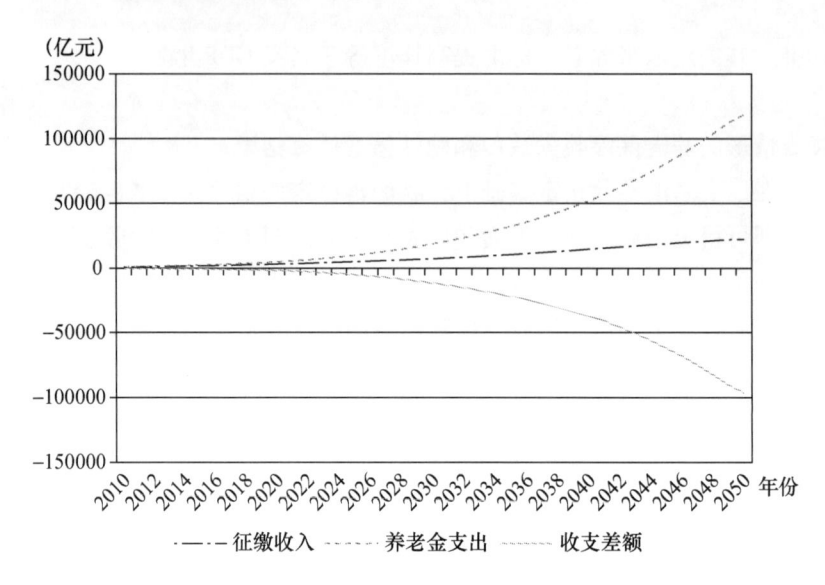

(亿元)

图 15-14　机关事业单位职工养老金收支预测

此其收支缺口远小于企业养老金。

　　将企业和机关事业单位的养老金收支合并，再加入各级财政对养老金的补贴收入，就可得到总的城镇职工养老金收支预测。如图 15-15 所示，城镇职工养老保险收支在 2010—2022 年均为正，从 2023 年开始收不抵支，需要动用累积结余来弥补资金缺口。到 2029 年累积结余消耗殆尽，如果政府不采取任何行动，则到 2050 年累积缺口将达到 802 万亿元，占 2050 年当年 GDP 的 91%。

　　（2）城乡居民养老金支出预测。城乡居民养老金理论上不存在账户统筹的问题，基础养老金完全由政府财政发放，个人账户养老金则来自居民个人账户养老金的累积。按照前面的参数设定，预测城乡居民养老保险中基础养老金支出（政府财政补贴）的结果如图 15-16 所示。

　　从图 15-16 中可以发现，尽管城乡居民养老保险的基础养老金支出均在快速增长，但由于城镇有职工养老保险，居民养老保险的受益人口并不是很多，所以这部分支出以农村为主。同时，由于居民养老保险的基础养老金保障水平较低，因此这部分支出相对城镇职工的养老金支出而言实际上很小。但由于这部分支出完全由财政负担，对财政而言也是一笔不小的支出负担。

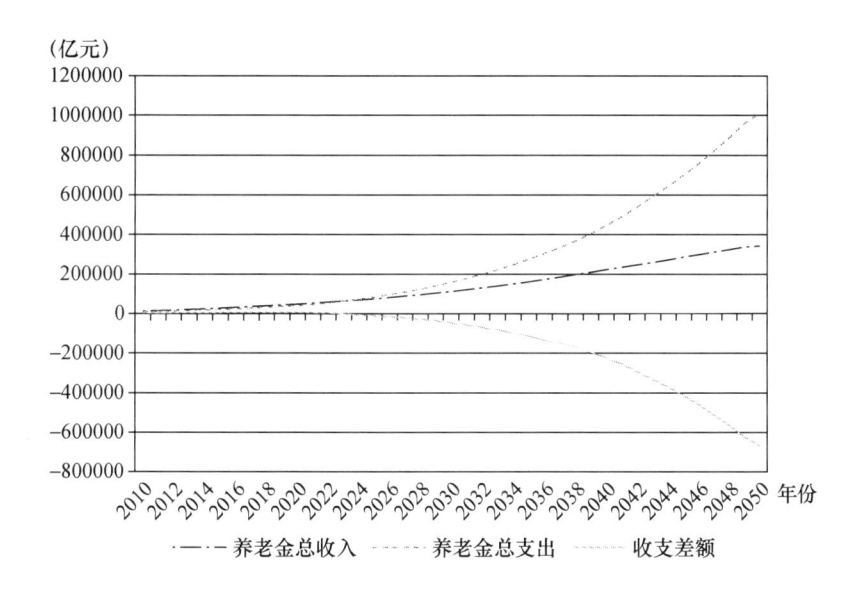

15 养老金缺口和隐性债务预测研究 · 239 ·

图 15-15 城镇职工养老金总体收支预测

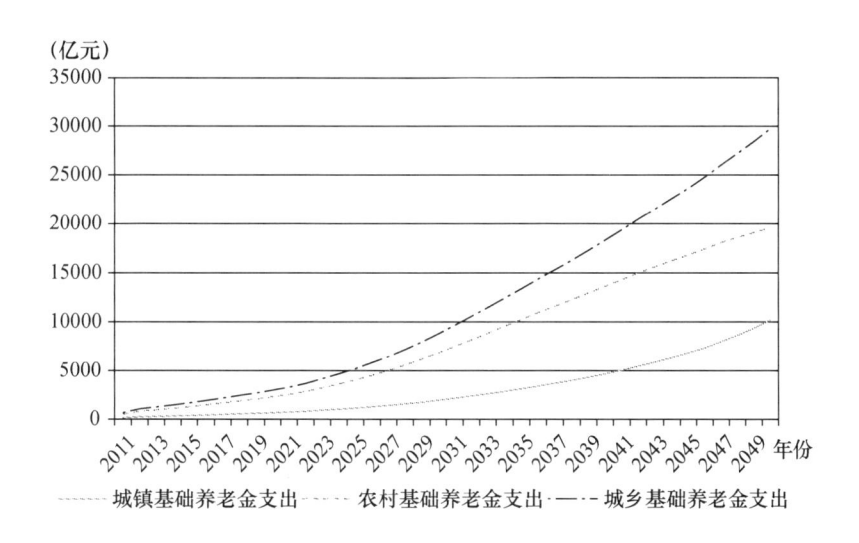

图 15-16 城乡居民养老保险基础养老金（财政支出）预测

（3）维持养老保险体系对财政压力预测和总体养老保险的隐性债务。前面的计算显示，假如职工养老保险出现收支缺口且累积结余不足以弥补缺口时，若政府不采取任何行动，则到 2050 年累积缺口将达到

802万亿元，占2050年当年GDP的91%。而马骏的研究中这个变量的计算结果则为83%。① 但假设政府不采取任何行动任由缺口扩大是不现实的。现在我们模拟这样一个政策情形，即当城镇职工的养老保险收支出现缺口且累积余额不足以偿付养老金支出时，政府会采取措施而不是撒手不管，具体措施是，政府财政对养老金进行补贴，弥补每年需要支出的养老金，且使得每年养老金累积结余为0。意即政府会承担起养老的责任，但仅限弥补养老金缺口。同时，我们将城镇职工和城乡居民养老保险的相关收支项目合并，来估算未来要维持这样一个养老保险体系对社会和政府财政造成的总的资金压力有多大。

政府为了使养老保险累计结余为0所需要的财政补贴，再加上职工养老保险收入中原本就有的各级财政补贴收入，以及城乡居民养老保险中的基础养老金补贴支出，就构成了维持这样一个养老保险体系至少需要的总政府补贴金额。用这个金额分别除以当年的GDP和政府财政支出，结果见图15-17和图15-18。

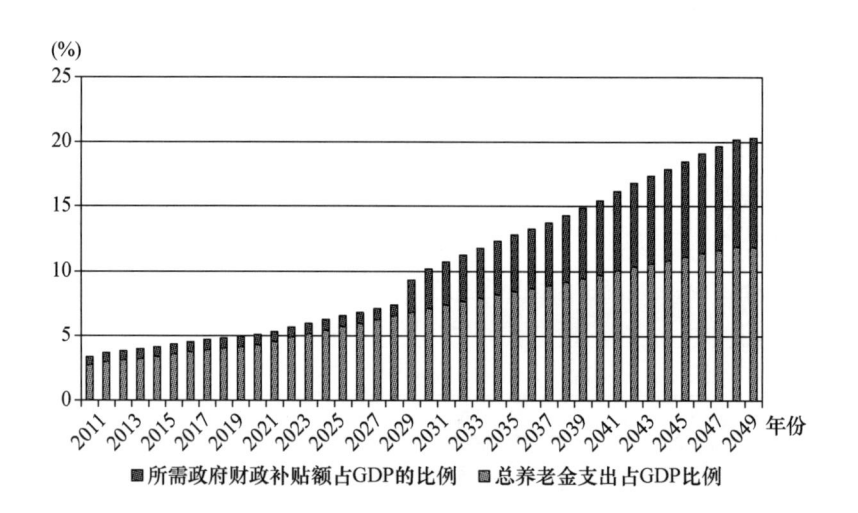

图15-17 维持中国养老保险体系所需政府补贴占GDP的比例

说明：总养老金支出占GDP比例即为总的养老金支付额占GDP的比例，由维持养老金体系运转所需政府财政补贴+养老保险缴费收入所形成的支出两部分组成。

---

① 其结果折算到2011年，但由于折现因子是名义GDP增长率，因此理论上2011年的这个比率和2050年应是一样的。

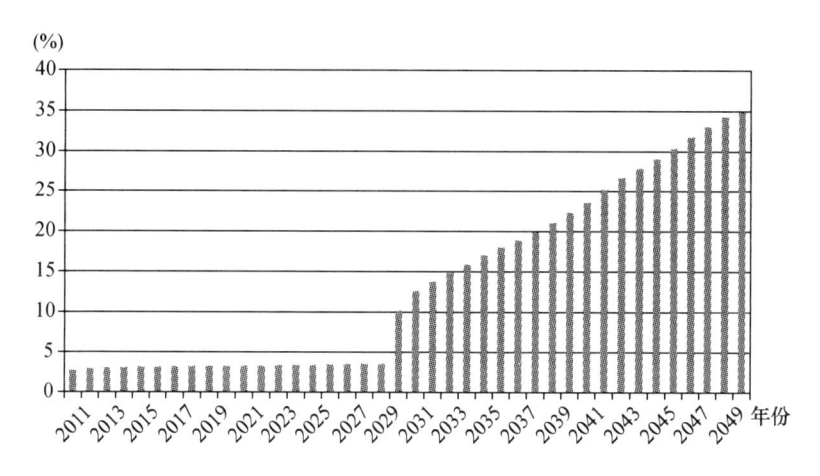

图 15-18 维持我国养老保险体系所需政府补贴占财政支出的比例

如图所示,总养老金支出占 GDP 的比例随着时间不断增长,从 2011 年的 2.73% 逐步增长到 2050 年的 11.85%。但直到 2029 年前,维持养老保险体系所需资金占 GDP 和财政支出的比例均不高,这是因为城镇职工养老保险尚未出现资金缺口,累积结余仍为正。从 2030 年开始,由于职工养老保险的累积结余已不足以弥补资金缺口,政府需要加大补贴力度,这两个比率均开始快速增长。到 2050 年,为了维持养老体系运转所需财政补贴占当年 GDP 的比例已达到 8.46%,而占当年财政支出的比例达到 34.85%,即大约 1/3 的财政支出被用于弥补养老保险的资金缺口。①

我们再将 2010—2050 年每年所需的政府财政补贴折现到 2011 年②,然后将历年所需政府补贴加总,就得到整个养老保险体系的隐性债务规模为 62.5 万亿元,占 2011 年 GDP 的 132%。其中,城镇职工养老保险隐性债务规模 46.5 万亿元,占 GDP 的 98%,再加上原本就有的各级政府财政补贴,隐性债务规模则达到 56.4 万亿元,占 GDP 的 119%;城

---

① 必须要考虑到的一个因素是,我国的财政收支占 GDP 比例要明显低于发达国家。发达国家的财政收支占 GDP 的比例大都在 40% 左右。

② 折现因子采用当年的名义 GDP 增长率。用名义 GDP 指数做平减的方便之处在于,虽然折现后绝对金额发生变化,但其金额与 GDP 的比例则仍会保持不变,从而避免设定折现因子对分析造成明显影响。

乡居民养老保险隐性债务规模6.08万亿元，占GDP的13%。[1]

如果看多年的隐性养老金累积债务占GDP的比例这个数据，超过100%的债务比例数字似乎让债务看起来十分严重。但因为债务的偿付是平均到许多年份的，这样看来似乎对经济和政府财政压力就小了许多。根据估算结果，基准情形下，到2050年总养老金支出占GDP比例达到11.85%，这个结果基本接近目前部分欧洲高福利国家的水平（见本书第一编有关内容）。

养老保险转轨成本的估算

以上测算的养老保险隐性债务是宽口径的，还有另外一个窄口径的养老保险隐性债务，即所谓的转轨成本。中国最初确立的养老保险体系是完全的现收现付制，1995年"国发6号文件"《国务院关于深化企业职工养老保险制度改革的通知》推行基本养老保险社会统筹和个人账户相结合的模式，强调要建立多层次的社会保障体系。1997年"国发26号文件"进一步明确这一模式，从完全现收现付制向部分个人积累制过渡。然而，这造成了一个问题：已退休人员在工作时并未缴纳个人账户养老金，或者缴纳的钱相对较少，但又要保障他们退休后的生活，而在新的统账结合模式下在职职工所缴纳的养老保险部分理论上应进入个人账户，这时留给统筹账户的缴费收入与对老人和中人的养老金发放之间就存在资金缺口。这就是养老保险新老体制转换带来的所谓"转轨成本"。

长期以来，转轨成本由谁来承担的问题一直没有彻底解决。中国在设计养老保险改革方案时，没有采取专门方式处理转轨成本，而是期冀通过加大企业统筹费率、扩大养老保险覆盖范围，靠统账结合的方式逐步将其消化（宋晓梧等，2000；贾康等，2007）[2]。在这种情况下，现有企业和在职职工既要为职工的个人账户（部分积累制下的义务）缴纳保险费，又要为已退休的职工提供养老金（现收现付制下的义务——转

---

[1] 注意这里的隐性债务均为净债务，因为它已经扣除养老保险的收入所能涵盖的支出。

[2] 部分学者对此表示反对，如孙祁祥（2001）认为，转轨成本应由政府负责，而不应由企业和个人承担。一方面让企业和个人承担并不公平，另一方面这样会阻碍企业和个人参加养老保险的积极性并引起缴费率下降。

轨成本）。转轨成本与个人账户的空账问题密切关联，由于没有采取措施解决资金缺口，养老保险管理部门必须挪用个人账户的资金才能保证已退休职工的养老金发放，由此导致按新体制缴费的在职职工的个人账户事实上沦为空账，名义上的统账结合制蜕化成事实上的现收现付制。

对于养老金隐性债务的规模，国内外机构已做过许多测算，其中一些研究估算的是养老金转轨成本导致的隐性债务的规模。不过，过去研究者们对转轨成本的精确定义没有一致意见，在计算方法、参数选定等诸多方面也存在差异。孙祁祥（2001）将转轨成本定义为向"老人"支付的基本养老金和为"中人"支付的过渡性养老金两部分。贾康等（2007）也采取了这个定义并通过计算这两部分的支出来推算转轨成本和隐性债务。王燕等（2001）则认为，体制转轨导致了养老保险个人账户的空账，因此在计算中将转轨成本定义为养老保险个人账户由名义性的空账变成完全积累的个人账户的财务支出。即假设2001年前参加养老保险体系的职工和退休人员仍按旧的现收现付制运作，而2001年以后参加工作的职工则建立新的完全累积的个人账户制，这时为保障旧体制人群养老支付的政府财政补贴即为转轨成本。

何平等（2001）则对一些学者的研究提出批评，认为某些研究者对隐性债务和转轨成本的测算存在两个明显的误区：一是把老制度下的政府养老保险承诺全部划为债务。按其意见，将向"老人"支付的基本养老金全部算作转轨成本的做法就是有问题的，因为新制度中仍然保留了20%的统筹账户比例，这部分统筹账户本来就应用于退休人员的基础养老金发放，中人同时也在缴费。二是采用假定老制度停止，新制度一步到位的方法推算转轨成本。实际上，如果把对老人和中人承诺的养老金待遇维持不变，同时继续通过现收现付的收支办法，企业缴费费率暂不降低，那么政府需要筹措的转轨费用就会大大降低。

在我们看来，赵俊康（2006）的定义或许更为准确，他提出既然转轨成本是在旧制度的基础上建立新制度导致的，那么转轨成本可以通过比较在旧制度的基础上建立新制度的养老金投入与假定没有旧制度负担的新养老金制度在收支上的差异得到。他估算了中国1996—2076年历年可能发生的转轨成本，不过其所依赖的基础数据，特别是人口的预测数据有些粗糙，同时老人和中人的人口变迁趋势也有些奇怪。马骏

（2012）也采取了赵俊康的定义来计算转轨成本。具体而言，假定无旧制度负担的养老金替代率和现实情形分别如下。

表15-2　　　　　　　　转轨成本估算的替代率设定

	假设无负担新制度的替代率	现实新制度的替代率设定
老人	32%	保持44%不变
中人	32%	从44%逐步降至32%
新人	32%	32%

资料来源：马骏（2012）。

然后计算两个情形下的养老金支出差异，即得到转轨成本所带来的养老金缺口。

这里，我们也采用赵俊康和马骏的这个定义，来测算养老保险的转轨成本及隐性债务的规模和变化。历年的转轨成本估算结果如图15-19所示，2000—2050年，每年企业养老保险的转轨成本在1000亿—4000亿元之间（当年价格），在2000年时，转轨成本甚至可以占到企业养老保险支出的近50%[1]。2000—2011年，企业养老保险的累计转轨成本已达到1.84万亿元。如前所述，转轨成本造成的资金缺口主要通过挪用个人账户资金发放，而根据《中国养老金发展报告2012》，到2011年年底，中国城镇基础养老保险个人账户空账额已达到2.2万亿元。空账额大于累计转轨成本原因部分在于1996—1999年这四年中也有转轨成本发生。若假定这四年的年转轨成本等于2000年水平，则恰好为2.24万亿元。

图15-20是估算得到的历年留存转轨成本[2]（当年价格）以及其与GDP的比例。由于价格因素和人口因素的影响，留存转轨成本额从2000年的1.53万亿元扩张到2014年的3.6万亿元，随后保持逐步下降

---

[1] 部分原因在于那时只有老人存在，而老人并没有个人账户积累，因此相当一部分养老金都以转轨成本的形式存在，通过挪用个人账户资金发放。

[2] 转轨成本存量，即折现过的未来仍需支付的转轨成本，已发生的转轨成本则已体现在养老保险个人账户的空账中。

趋势。转轨成本额占 GDP 比例则一直保持下降趋势。2011 年的留存转轨成本为 3.47 万亿元，占当年 GDP 比例达到 7.33%。

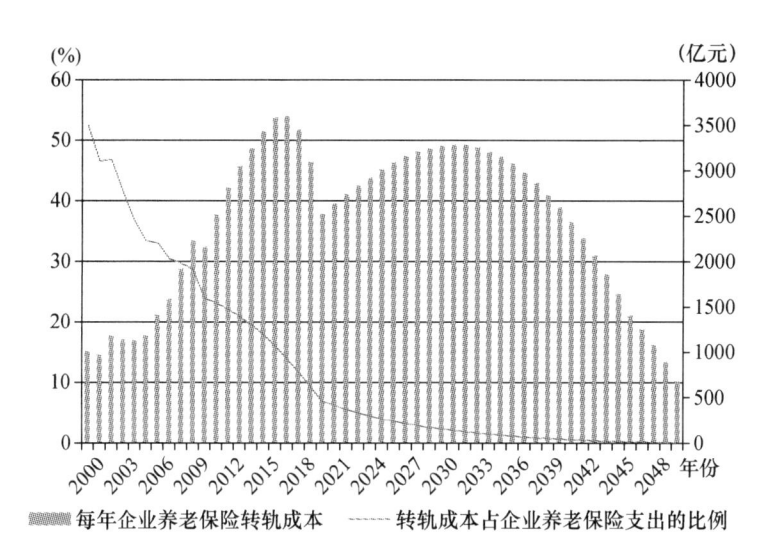

图 15-19　转轨成本支出占企业退休职工养老金支出的比例

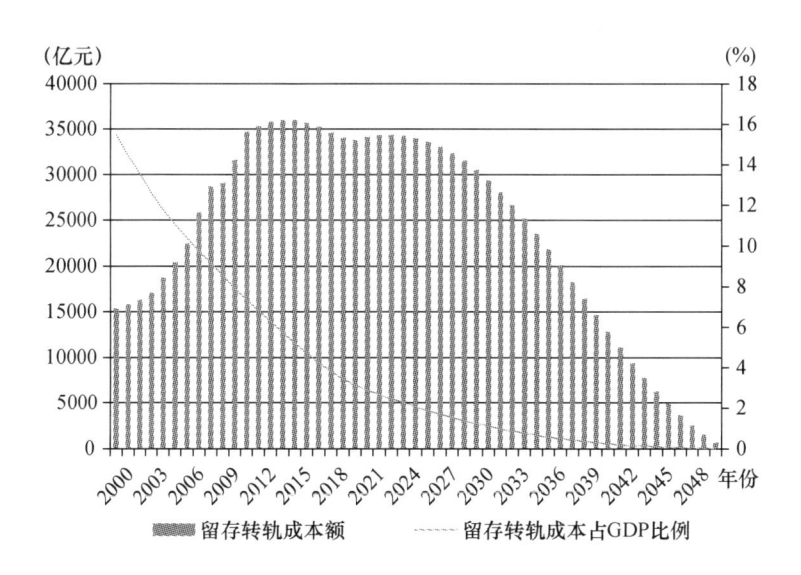

图 15-20　留存转轨成本额

回顾前面我们计算得到的 2011 年职工养老保险体系隐性债务规模 46.5 万亿元，占当年 GDP 比例达到 98%。由于转轨成本是隐性债务的一部分，所以我们可以将隐性债务分解，得到由体制转轨导致的隐性债务占总职工养老保险隐性债务的比例为 7.5%，而由人口老龄化导致的隐性债务占总职工养老保险隐性债务的比例则为 92.5%。因此，可以发现，短期内体制转轨成本相对十分重要，并形成严重的个人账户空账。但从长期来看，更严重的是由人口老龄化导致的养老保险隐性债务。

不过，从政府负担责任角度讲，体制转轨成本是一种直接隐性债务，政府应负起直接偿还责任，而由人口老龄化导致的隐性债务更多是一种或有隐性债务，政府的偿还责任相对要小。

15.6 进一步的养老金收支情景分析和政策模拟

本部分我们将进一步做养老金收支的情景分析和政策模拟，来看不同参数设定下养老金的收支情况和债务负担。这个工作实际是进行参数设定，特别是做相关政策变量的敏感性分析，来看政策的具体效果。下面，我们将分别改变养老金投资收益率、退休年龄和领取居民养老金年龄、养老金替代率这几个变量，来考察这些可能的政策措施对养老金收支缺口的影响。

改变养老金投资方式，提高养老金投资收益率

中国养老保险体系一个广被人诟病的问题即是年投资回报率过低，甚至存在贬值的风险。目前相关养老金管理法律规定，不论是职工养老保险的个人账户养老金还是居民养老保险的个人账户养老金，均参考中国人民银行公布的金融机构人民币一年期存款利率进行计息。而中国由于存在金融体系的管制，存款利率长期保持很低水平，在通货膨胀较高时期甚至可能低于通货膨胀率，从而使养老金面临贬值风险。过低的投资回报率也限制了企业和居民参加养老保险的热情。

当然，换一个角度看，由于目前养老金空账问题严重，在个人账户未做实的情况下，贸然改变投资方式，提高养老金投资收益率，存在着较大的风险。一方面，个人账户空账运行，里面没有钱，不把个人账户做实，提高收益率的实际操作至少从个人账户部分看就无从谈起；另一方面，若对公众许诺更高的投资回报率，但个人账户没有做实，投资收益也没有累积，无异给公众开一张空头支票，将来个人账户养老金的承诺需要兑现时则会面临更大问题；最后，还会存在投资风险问题。

但无论如何，中国养老金的投资回报确实太低了。根据全国社保基金理事长戴相龙提供的数据，我国养老保险基金的90%以上都躺在银行账上，没有用于回报更高的投资工具，十年来，年均投资收益率不到2%（戴相龙，2011）。如果能切实提高养老保险基金的回报率，将会对养老基金在未来财务上的可持续性起到一定帮助。特别的，若在养老金的发放端仍然采用较低名义回报率（比如仍用存款利率），而在养老金的管理端却能够获得较高的回报率[1]，则将可以大大提高养老基金的资金实力和自身可持续性，更好地应对未来人口老龄化时的潜在资金缺口。在这方面，全国社保基金是一个较为成功的典范。由于投资渠道的灵活多元，全国社保基金设立十年来，已累计投资收益2771亿元，年均投资收益率为9.17%，比同期年均通货膨胀率高出7.03%。

总之，不管是业界、公众还是学者，呼唤养老金"入市"的声音一直不绝于耳。在此，我们假定改变中国养老金投资方式，投资于高风险高回报的债券和权益市场，提高投资回报率，并观察这一政策对养老金收支有何影响。我们把基准参数设定中的投资回报率从3%大幅提高到9%，但养老保险支出水平不变，然后再度进行估算[2]（见图15-21）。

如图15-21所示，在回报率设为3%时，职工养老保险累积结余在2023年达到顶峰，为10.66万亿元，在2030年养老金累积结余消耗殆尽。若将投资回报率提高到9%，则职工养老保险累积结余将在2026年达到顶峰，为18.3万亿元，随着收支缺口的增大，到2032年累积结余消耗殆尽。到2050年，职工养老保险累积缺口达到760万亿元，这比基准情形的802万亿元降低了5.2%，占当年GDP的比例达到87%。

---

[1] 但由养老保险管理机构兜底保障最低收益率，即使发生投资风险也必须保证按最低收益率支付。

[2] 和前面的研究一样，这里的养老金收支计算加入了原有的各级政府补贴。

·248· 第三编 相关专题

(亿元)

```
----- 收益率提高后职工养老保险累积结余        ——— 职工养老保险累积结余
```

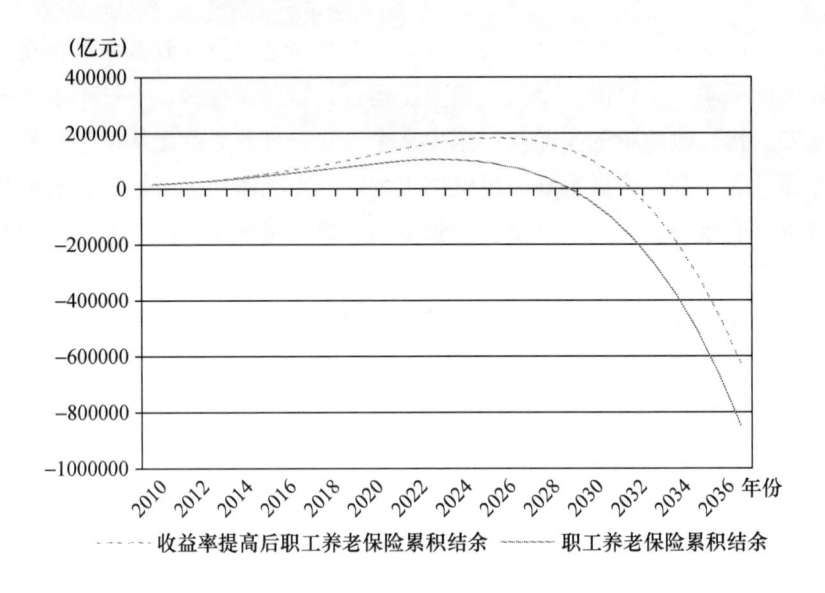

图 15-21 投资回报率提高对职工养老金结余的影响

因此，投资回报率提高对于增强职工养老保险体系持续性有一定帮助，但作用似乎仍然不够大，养老保险累积缺口的出现被推迟了两年多，到 2050 年的养老保险累积缺口降低了 5.2 个百分点，政策效果相对令人失望。

提高退休年龄和领取居民养老金年龄

目前，我国退休年龄相对于其他国家明显偏低，根据 1999 年《关于制止和纠正违反国家规定办理企业职工提前退休有关问题的通知》，我国企业男性职工退休年龄为 60 岁，女性职工 50 岁，女干部 55 岁。而在本研究的基准参数设定中企业男性职工退休年龄为 60 岁，女性为 53 岁，机关事业单位男性职工退休年龄为 60 岁，女性为 55 岁。相对于美国、日本、欧洲以及其他 OECD 国家，我国的退休年龄明显偏低。

退休年龄的提高与人们预期寿命的提高是一致的。在过去，由于预期寿命较短，退休年龄也低，而随着营养状况的改善、医疗保障水平的提高，预期寿命和人们身体健康水平也快速提高，因此从生理上人们就具备了更长劳动年限的能力。同时，适当提高退休年龄从一定角度看也符合人们的利益，一方面，在职工资毕竟要高于养老金收入；另一方面，在基金积累制下，提高退休年龄可以为劳动者积攒更多的个人账户养老金。

不过，在现收现付的养老金制度安排下，人们提高退休年龄的意愿可能会低于基金积累制。这是因为，统筹支付的养老金水平主要取决于劳动者在退休前的工资水平，而与劳动者劳动年限，特别是养老金缴纳年限没有必然关系，因此提高劳动年限不符合他们的利益。并且，当养老金的替代率水平越高时，劳动者就有越强的动机尽早退休。以上或许是目前我国提高退休年龄的讨论受到普通居民如此多舆论抵制的原因。

提高退休年龄，一方面可以减少养老金领取人口，从而减少养老金支出；另一方面可以增加养老金缴纳人口基数，从而提高养老金收入。下面我们改变基准模型中关于企业和机关事业单位劳动者的退休年龄，并且相应提高居民养老保险的基础养老金领取年龄，来研究提高退休年龄对养老金收支缺口和财政补贴压力的作用。

具体而言，我们假定从 2015 年开始实行退休年龄改革，并假定两种改革方案：高速改革方案和低速改革方案，逐步提高退休年龄。改革时间表如表 15-3 所示，高速改革方案从 2015 年开始改革，各人群退休和领取居民养老金年龄每两年提高一岁，逐步将男性职工退休年龄提高到 65 岁，女性提高到 60 岁，领取居民养老金年龄与男性职工退休年龄相同，之后的退休年龄均不再调整。低速改革方案同样从 2015 年开始改革，只不过调整节奏变成每四年提高一岁，步伐要慢一些。下面我们给出高速改革方案和低速改革方案的政策模拟结果。

表 15-3　退休年龄和领取居民养老金年龄改革方案设定

年份	高速方案				低速方案			
	男性职工	女性企业职工	女性机关事业单位职工	领取居民养老金年龄	男性职工	女性企业职工	女性机关事业单位职工	领取居民养老金年龄
2015	61	54	56	61	61	54	56	61
2017	62	55	57	62	61	54	56	61
2019	63	56	58	63	62	55	57	62
2021	64	57	59	64	62	55	57	62

·250· 第三编 相关专题

续表

年份	高速方案				低速方案			
	男性职工	女性企业职工	女性机关事业单位职工	领取居民养老金年龄	男性职工	女性企业职工	女性机关事业单位职工	领取居民养老金年龄
2023	65	58	60	65	63	56	58	63
2025		59			63	56	58	63
2027		60			64	57	59	64
2029					64	57	59	64
2031					65	58	60	65
2033						58		
2035						59		
2037						59		
2039						60		

（1）高速改革方案测算结果。如图15-22显示，高速改革方案对降低养老金收支缺口，缓解养老保险支出带来的财政压力起到了十分明显的作用。在基准情形下，2030年累积结余即已消耗殆尽，到2050年累积缺口达到802万亿元，占当年GDP比例达到91%。而在高速改革方案下，城镇职工养老金的累积结余直到2043年才被消耗殆尽，2043年后开始有较大的累积缺口。到2050年时，累积缺口达到197.5万亿元，占当年GDP的比例为23%。因此，提高退休年龄的高速改革方案对降低养老金收支缺口起到了十分明显的作用。

提高领取居民基础养老金年龄也对降低居民基础养老金支出起到了一定作用（见图15-23），提高领取年龄改革使得养老金领取人口减少，因此居民养老保险基础养老金支出也比基准情形明显降低，2050年的年度支出只有基准情形的84%。

将职工养老金的收支和居民养老保险合并，得到维持我国现行养老体系所需政府补贴额占GDP的比例，结果见图15-24所示。在基准情形下，从2030年起就需要政府大幅加强对养老保险的补贴，才能维持养老保险体系运转，到2050年，政府补贴额占GDP比例将会上升至

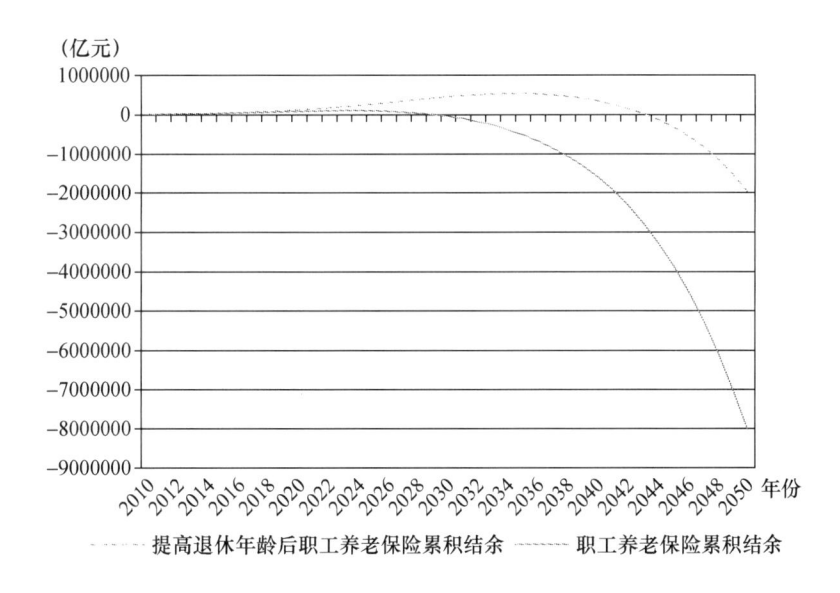

图 15-22　高速改革方案下职工养老保险累积结余

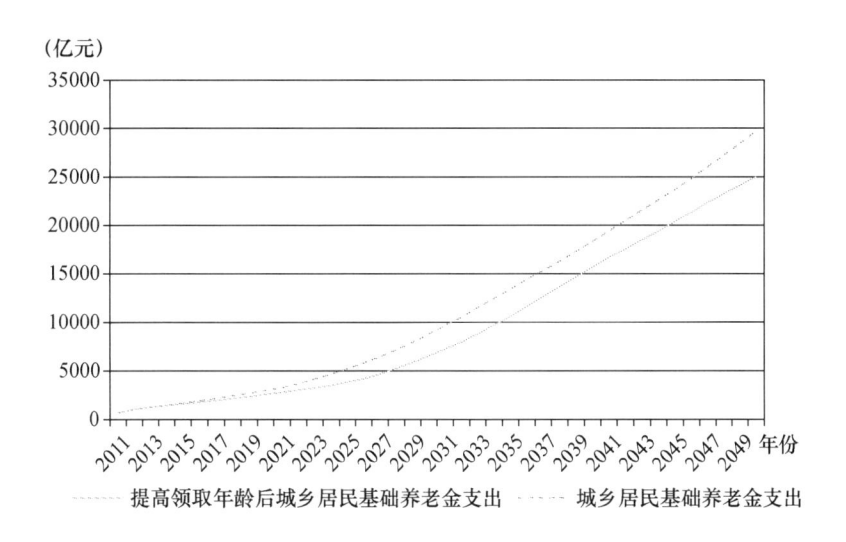

图 15-23　高速改革方案下城乡居民基础养老金支出

8.46%。而在高速改革方案下，直到 2044 年，财政补贴才由于职工养老金累积结余耗光而开始大幅增加，到 2050 年，财政补贴占 GDP 比例将达到 4.97%，这比基准情形的情况要好许多。

· 252 · 第三编　相关专题

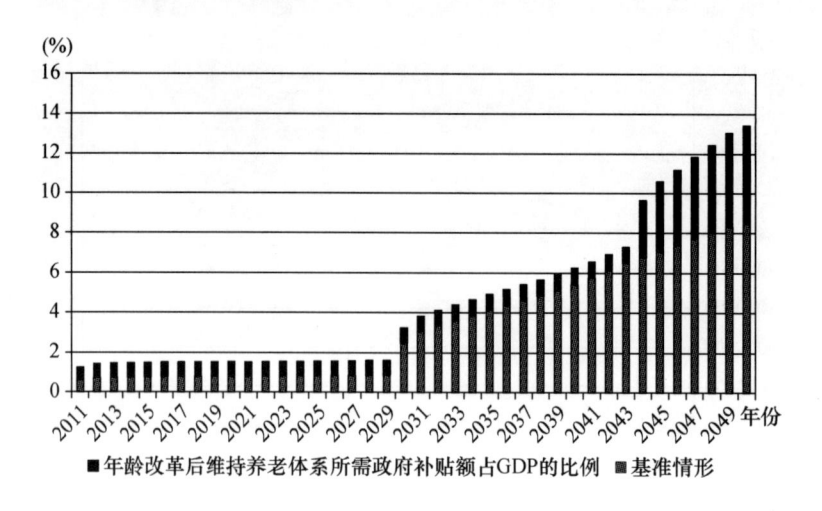

图 15-24　高速改革方案下维持养老体系所需政府补贴占 GDP 的比例

（2）低速改革方案测算结果。低速改革方案的政策效果如图 15-25 至图 15-26 所示。从计算结果来看，即使将退休年龄和领取居民养老金年龄的提高步伐从两年提高一岁变为四年提高一岁，这项政策措施仍然起到了很强的效果。在低速方案下，职工养老保险累积结余直到

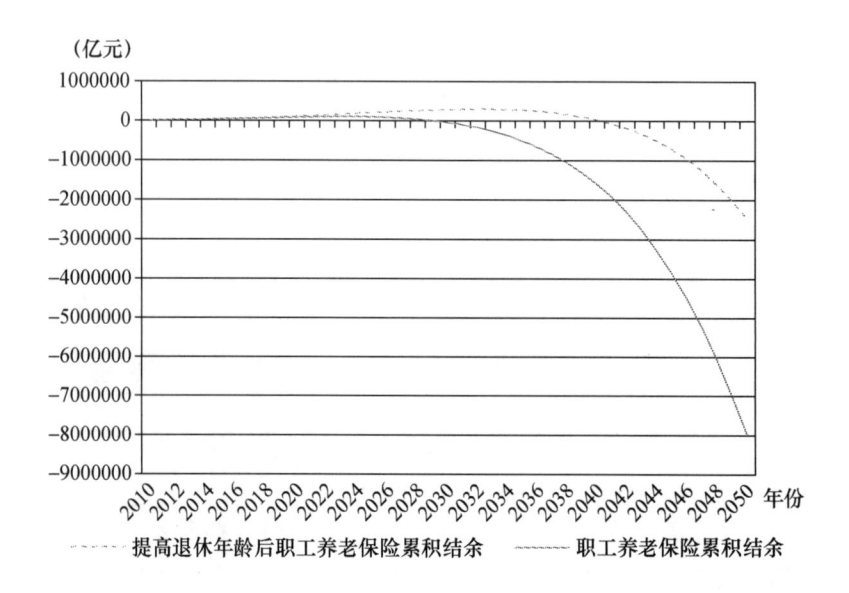

图 15-25　低速改革方案下职工养老保险累积结余

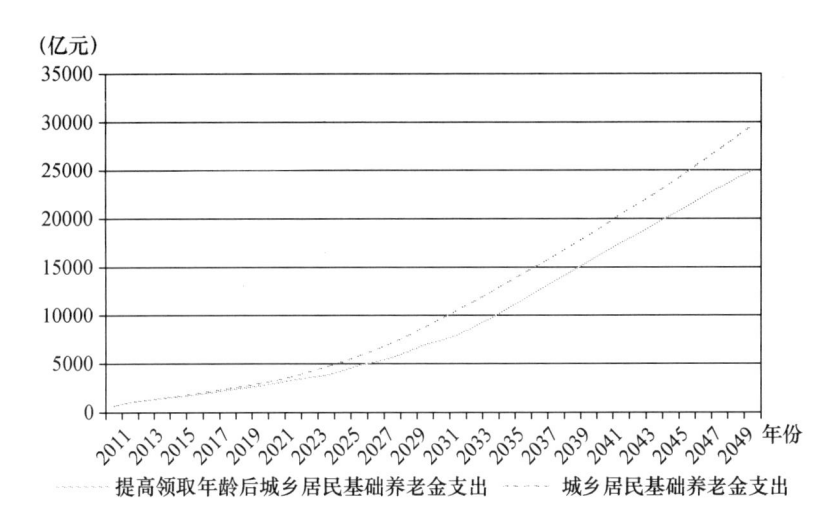

图 15-26 低速改革方案下城乡居民基础养老金支出

2041年消耗殆尽并变为负值，这只比高速方案下提早了两年。到2050年，职工养老保险累积缺口为248.4万亿元，占当年GDP的比例达到28%，比高速方案下的23%提高了5个百分点。从图15-26来看，即使在提高领取居民基础养老金年龄的低速方案下，城乡居民基础养老金支出也明显要低于基准情形。

综上所述，提高退休年龄和领取居民基础养老金年龄是一项十分强有力的措施，对于缓解养老金收支缺口问题，减轻政府在养老保险方面的财政压力帮助巨大。并且，即使调整步伐从两年提高一岁的激进改革方案变为四年提高一岁的低速方案，政策效果也并未因此大打折扣。

维持高养老金替代率

在基准情形参数设定中，我们假设企业职工的养老金替代率在未来会下降到32%的水平，而实际上2012年我国总体的职工养老金在约44.69%的替代水平（以社平工资计算）。这里我们假定未来我国企业和机关事业单位职工保持44.69%的平均养老金替代率水平不变，重新估算结果（见图15-27和图15-28）。

可以预料，如果维持目前相对较高的养老金替代水平不变，那么中国未来养老金的收支缺口和对财政的压力会比基准情形大许多。到2025

· 254 · 第三编 相关专题

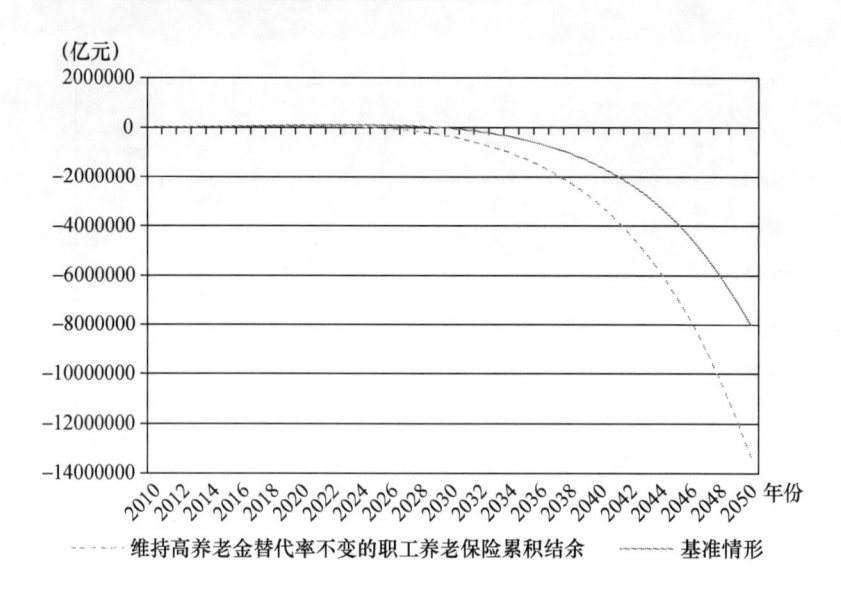

图 15-27　维持目前养老金替代水平不变的职工养老保险累积结余

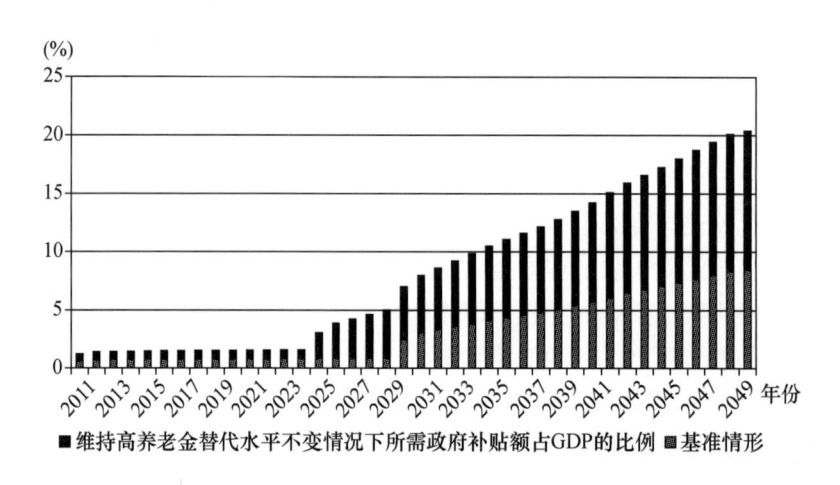

图 15-28　维持目前养老金替代水平不变情况下所需政府补贴额占 GDP 的比例

年，我国职工养老保险累积结余就会被消耗殆尽并转为负值，比基准情形的 2029 年提早 4 年。到 2050 年，养老金累积缺口将达到 1332 万亿元，远高于基准情形的 802 万亿元。占当年 GDP 的比例将达到 152%。

维持养老保险体系运转所需的政府财政补贴也大幅上升，从 2025 年开始补贴额度就明显提高，到 2050 年，维持目前养老金替代水平不变情况下所需政府补贴额占 GDP 比例将上升至 11.95%，而总养老金支出占 GDP 比例将上升至 15.34%，明显高于基准情形的 11.85%。

提高养老金投资回报率、提高退休年龄以及保持高替代率的综合效果

我们当然希望未来中国职工和居民的养老资金能够得以切实保障。但为了降低养老金缺口，避免债务危机和降低中国国际竞争力，我们必须在政策上有所取舍。如果必须在提高退休年龄（领取基础养老金年龄）和维持相对高的替代率水平之间做出取舍，我们认为，提高退休年龄改革并维持相对高的替代率水平的改革方案，要比维持低的退休年龄同时降低养老金替代水平的方案更加可取。一方面，第二种方案会降低退休职工的养老金待遇水平；另一方面，第二种方案还会造成劳动力供给不足，降低中国的国际竞争力。第一种方案在保障劳动力供给的情况下，还可以给已退休职工更高的保障水平。

下面我们尝试如下的综合改革方案，即把本部分讨论的投资回报率、退休年龄和领取居民基础养老金年龄、保持高替代率三种情景分析结合到一起，尝试在不降低养老金替代率的情况下，提高投资回报率，提高退休年龄和领取居民基础养老金年龄（高速改革方案）。

测算结果见图 15-29 和图 15-30。在这一套综合改革方案下，即使维持了高的替代率水平，但由于另外两项政策措施发挥了较强的作用，养老保险的收支情况仍然得到了很大的改善。与在基准情形下 2029 年累积结余消耗殆尽，只保持高替代率水平情景分析下 2025 年累积结余即消耗殆尽相比，综合改革方案使得这一时点延后到了 2040 年。到 2050 年，职工养老金累积缺口为 455.4 万亿元，占当年 GDP 比例为 52%，这同样比基准情形下的 91% 和高替代率情景分析下的 152% 大为缩小。

在综合改革方案下，为维持这种养老保险体系所需的政府补贴额规模也明显缩小，且时点大为延后。基准情形下，2030 年即需要大幅提高政府财政补贴才能继续维持养老保险体系运转，而在综合改革方案下，直到 2041 年，政府才需大幅提高对养老保险的补贴，时点被延后了 11 年。到 2050 年，政府补贴额占 GDP 比例会达到约 7.64% 的水平。

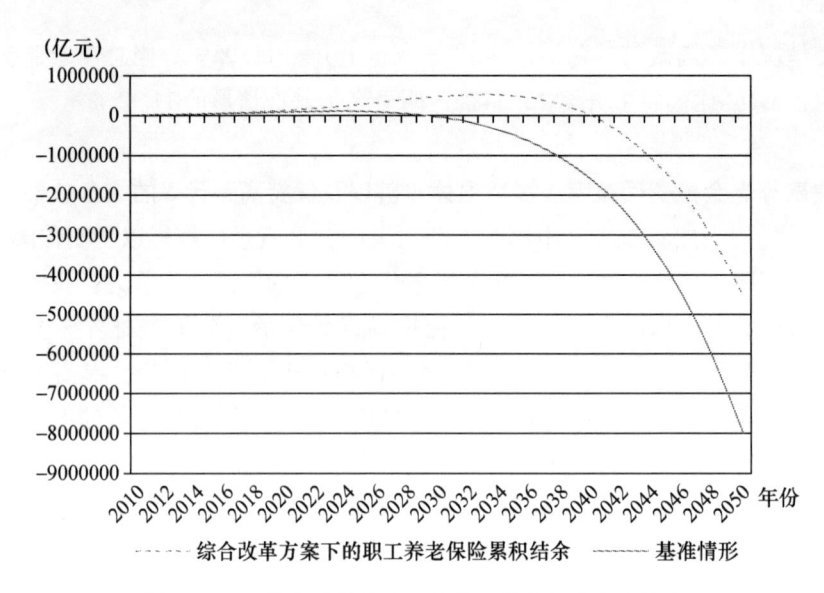

图 15-29 综合改革方案下的职工养老保险累积结余

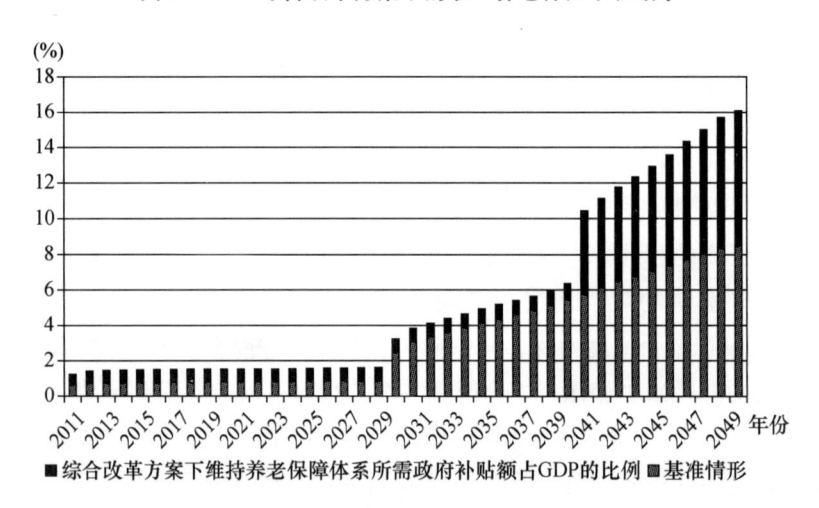

图 15-30 综合改革方案下维持养老保险体系所需政府补贴额占 GDP 的比例

15.7 总结

本章在利用一个人口增长和迁移模型对我国 2010—2050 年人口结构进行预测的基础上，建立养老保险精算评估模型，通过合理的假定和谨慎的计算，分析和预测了我国未来的养老金收支状况，以及计算维持现行养老保险体系所需的政府财政补贴金额。测算结果显示，如果按现行养老保险制度继续发展，在未来随着人口老龄化的加速，养老金会出现很大的缺口。如果政府放任缺口扩大并不采取行动，2029年累积结余即消耗殆尽，到2050年职工养老金累积缺口将达到802万亿元，占2050年当年GDP的比例达到91%。如果再加上居民养老保险体系的支出，养老保险偿付压力将更大。假定未来政府通过财政补贴方式为养老保险体系融资，从而保证养老保险累积结余大于或等于0的话，2010—2050年所有的财政补贴形成的隐性债务折现到2011年，总额将达62.5万亿元，占2011年GDP的比例达到132%。其中，城镇职工养老保险隐性债务规模46.5万亿元，占GDP比例达到98%，再加上原本就有的各级政府财政补贴，隐性债务规模则达到56.4万亿元，占GDP比例为119%；城乡居民养老保险隐性债务规模6.08万亿元，占GDP比例为13%。到2050年，职工和居民总养老金支出占GDP的比例将达到11.85%，这一水平与当前欧洲一些高福利国家的水平大致相当。

同时，我们还估算了企业职工养老保险的转轨成本，2011年的留存转轨成本总额为3.47万亿元，占2011年GDP比例达到7.33%。转轨成本是养老保险隐性负债的一部分，是导致当前养老保险个人账户空账运行的主要原因，但从测算结果来看，转轨成本导致的养老保险潜在债务在总体的隐性负债中只占很小一部分，由于制度转轨导致的隐性债务占总职工养老保险隐性债务的比例为7.5%，而由人口老龄化导致的隐性债务占总职工养老保险隐性债务的比例则为92.5%。因此，未来人口老龄化导致的养老金隐性债务更加让人担忧。

本章还在多种情境下分析了某些政策措施和养老金制度设计对养老保险财务的可持续的影响。发现提高退休年龄和领取居民基础养老金年龄可以起到很好的作用，能够大幅降低养老金缺口程度。同时，提高养老保险的投资收益率也起到一定帮助，但作用相对较小。而维持高的养老保险替代率将明显提高养老保险潜在债务水平。我们更偏向提高退休年龄和领取居民基础养老金年龄，提高投资收益率，同时保持高的养老保险替代率的综合改革方案。

从国际经验上看，解决或缓解养老保险的融资缺口问题，通常有以下几个选择供政府考虑：一是养老保险体系的内部改革，主要是通过降低养老金保障水平、提高退休年龄等方法来减少养老金支出，降低养老保险隐性债务；二是通过对国有企业、国有资产进行私有化等方式获取现金流，实现国有资产和养老保险债务的转换；三是通过提高税收、发行债券并对养老保险进行财政补贴来为养老保险融资。此处主要讨论了第一种方法的政策效果，但第二种和第三种也是重要的选项，其中通过国有资产的股息或者出售国有资产的方式已经被许多学者讨论过，而第三种方式往往被人忽视。我国过去30多年的经济发展体现出政府主导的赶超模式特征，这种模式下政府财政支出重建设而轻民生。未来随着我国经济的进一步发展和基础设施建设的进一步完善，在建设方面的财政支出和债务负担或许会降低，从而有更多的资金可以用于加强社会保障，政府将能够也应当负担起更多社会保障的责任。

16

居民住房资产价值研究

近年来，人们对房地产市场的关注热度始终不减。但依笔者所知，相关讨论大多缺乏严谨的数据支持，而本研究试图从宏观视角，对中国住房市场化改革以来（1998年至今）的历年居民房地产价值进行估算，并在此基础上展开相关分析。

16.1 居民住房价值估算

城镇居民住房价值

显然，在我国现有的城乡二元社会结构中，城镇居民住房构成了居民住房总价值的主体部分。而就一般意义而言，对房地产市场的讨论也主要指城镇房地产。所以，此处的讨论也着重于此。

具体估算步骤如下：

第一步，我们采取了国家统计局住户调查中提供的城镇常住居民人均住房建筑面积以及城镇人口数，计算出历年城镇居民住房存量面积。

第二步，关于折旧问题，这里参考了税法关于房屋折旧最低年限20年的规定，并考虑到我国住房寿命一般为40—50年的实际情况，采用了每年3%的折旧率。同时，严格来讲，房地产价值由房产与地产价值两部分构成，而后者一般并不存在折旧问题。我们根据国家统计局公布的1998—2011年相关数据，计算得出土地价值（以土地购置费用计算）约占房屋销售总额的1/5。据此，我们仅就住房价值的80%进行折旧（如此即等同于适用2.4%的折旧率）。

第三步，由此计算出的经折旧调整后的住房面积再乘以相应年份的城镇新建住宅销售均价，即可得出城镇住房总价值。具体计算公式如下：

住房总价值 = $\alpha \beta' p_t$

$\boldsymbol{\alpha} = (A_t, A_{t-1}, \cdots, A_{1979})$

$\boldsymbol{\beta} = (1, 0.976, \cdots, (1 - 0.03 \times 0.8n))$　　$n = t - 1979$

其中，向量 α 表示历年新增住房面积（A_t），向量 β 为线性折旧系数，p_t 为 t 年住房均价。

应当指出，由于数据缺失，以上计算中忽略了1978年及以前住房存量面积对考察期内住房面积的影响。但考虑到这一初始存量数值较小以及折旧问题，此忽略对住房价值估算影响微弱。事实上，1978年住房存量面积仅为11.55亿平方米。即使将其全部视为1978年当年新建，按上述折旧方法，到考察期起始年1998年已经折旧至原价值的50%，合当年价1.1万亿元，仅占本研究估算的该年住房价值10.1万亿元的11%。同时应注意到，由于折旧的存在，1998年实际上是受此问题影响最大的一年，而其对以后各期的影响逐渐减弱。

此外，作为参考，我们也估算了未考虑折旧的住房价值，即按照未经调整的当年住房存量面积直接乘以新建住宅销售均价得出总价值[①]。据此方法，2011年城镇居民住房价值为112.8万亿元。

由图16-1可见，自住房市场化改革以来，城镇住房总价值由1998年的10.1万亿元迅速扩张近8倍，到2011年已达80.7万亿元。在此期间，除2006年、2008年、2010年和2011年外，住房价值增速普遍快于同期名义GDP，由此导致两者之比从1.2倍升至1.7倍。而究其原因，主要在于房屋单价上升、人均居住面积改善，以及城镇人口增加等因素。事实上，在1998—2011年，以上三项指标的增幅分别为269%、175%和166%。

此外，从图16-1还可看出，人均住房价值的增长在多数年份也快于居民可支配收入（2008年仍是明显例外），导致两者之比从4.5倍升至5.4倍。特别的，这一指标很好地反映了居民对住房支出的实际承受

---

① 刘向耘等人（2009）曾应用相同估算方法。

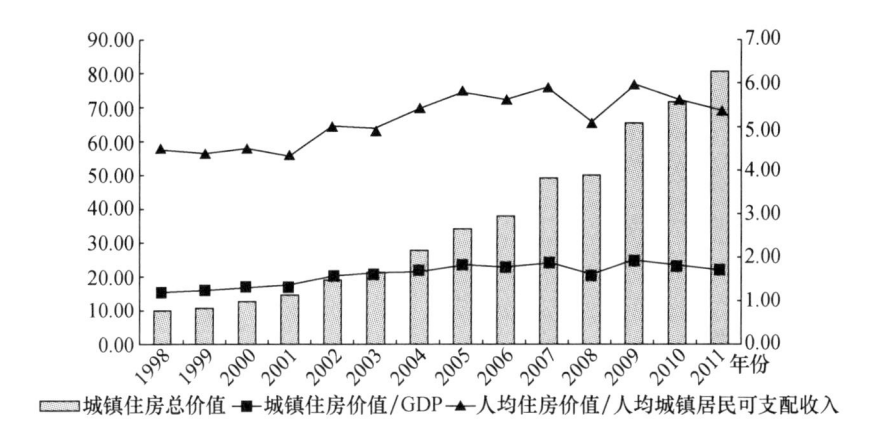

图 16-1 城镇居民住房价值及收入比（折旧调整后）

说明：1. 房产价值折旧方法见正文。
2. 城镇住房价值以左轴表示，单位万亿元；其余两比率以右轴表示。

能力。此处的数据就可以解读为一个代表性城镇居民以 4—6 年的总收入可以购得平均售价、平均面积的住房。

需要指出的是，上述结果同某些学者的估算也有较大出入。例如汪涛曾估算 2010 年中国城镇住房价值约为 30 万亿元，占当年 GDP 的 75%[①]。尽管同样使用了 3% 的年折旧率，但其对住房面积的计算是根据 1985 年的住房总面积加上此后的住房累计竣工面积而来。而就中国的实际情况看，由于相当规模的自建房、小产权房未纳入此统计之中，这一口径过于狭窄。相对而言，我们采用的住户调查数据可能更好地反映了居民实际住房状况。又如，利用奥尔多中心调查数据，梁运文等（2010）得出 2005 年、2007 年城镇户均住房价值分别为 23.98 万元和 15.79 万元。如果按照中国城镇总户数换算，则城镇住房总价值约合 45.5 万亿元和 32.9 万亿元。而如此幅度的下降与一般直觉明显不符，作者对此也未提供进一步的解释。

农村居民住房价值

关于农村居民住房价值，我们仍采用了国家统计局的住户调查数

---

① 参见财新网（http://economy.caixin.com/2011-02-23/100228236.html）。

据。具体计算方法如下：

农村居民住房价值 = 人均住房面积 × 农村人口 × 农村住房年末均价

应该指出，由于此处采用的是国家统计局提供的住房年末均价，而非本年新建住房均价，所以可以理解为折旧问题已被考虑①。图 16-2 显示了相应的估算结果：在考察期内农村住房价值由 2.9 万亿元增至 15.6 万亿元，增幅仅为 5.4 倍，明显慢于城镇住房价值的增幅，亦慢于同期名义 GDP 增长。而农村人均住房价值同纯收入之比从 1.62 倍上升至 3.4 倍，相对增幅快于城镇，但水平值仍远低于城镇同类指标。

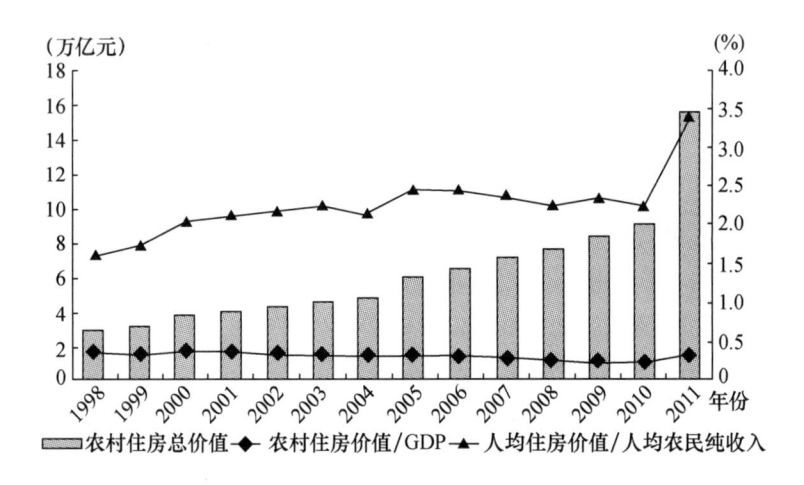

图 16-2 农村居民住房价值及收入比

16.2 住房价值与收入比——国际比较

上述分析表明，自住房市场化改革以来，中国居民住房价值相对于 GDP 或居民收入都有提高，但这是否意味着房地产市场风险也在大幅上升呢？下文试从国际比较的视角讨论这一问题。

---

① 应该指出，根据《中国统计年鉴》(2012)，2011 年"农村居民年末住房价值"单价为 654 元，比上年增长 67%。由此导致 2011 年农村居民住房价值陡增。

首先，从住房价值/GDP 看，我们将中国的数据同美国、日本、欧洲等世界主要发达国家做了对比。特别地，此处选用了 2006 年和 2008 年的数据，旨在反映住房市场在国际金融危机爆发前后的不同表现。图 16-3 显示，无论单独看城镇住房还是看城镇、农村住房合计，中国的住房价值与 GDP 的比率同发达国家相比尚处于较低水平。究其原因，一方面源自中国的城市化进程还远未结束，部分房地产价值（特别是农村房地产）还未得以充分体现；另一方面，从宏观经济运行层面看，虽然在经济继续保持较快增长的前提下，中国房地产市场的风险总体可控，但在经济出现结构性或趋势性减速时，相应的市场风险也会提高。

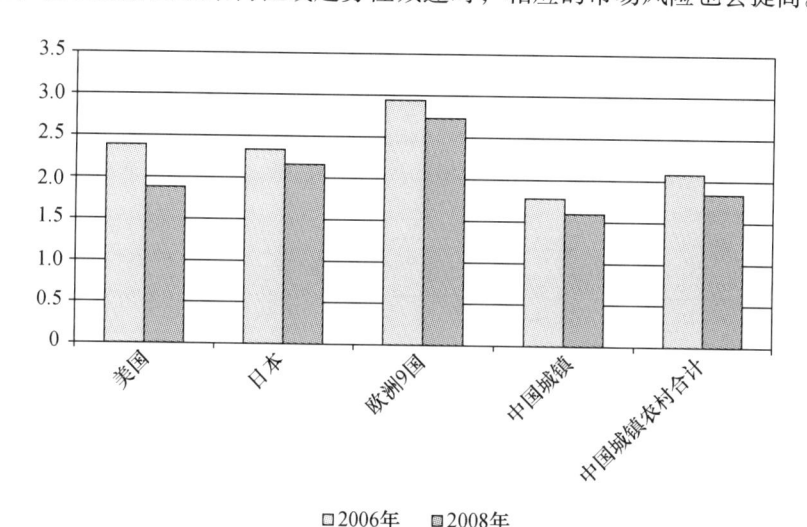

图 16-3 住房价值与 GDP 比率的国际比较

说明：1. 美国、日本、欧洲 9 国的住房价值估算来自 MGI（2009），GDP 数据来自 IMF。

2. 欧洲 9 国指比利时、丹麦、法国、德国、意大利、荷兰、挪威、西班牙和英国。

其次，我们将住房价值与居民收入的比率也做了国际比较。从图 16-4 可以看出，我国城镇居民的住房价值与可支配收入的比率高于所考察的发达国家。其中原因既包括中国居民收入在 GDP 中的占比较低（近年来低于 40%，而发达国家一般为 60%），也包括在城镇化加速推进的背景下，收入的增长在很大程度上滞后于住房价格的增长，相应的金融风险（如住房抵押贷款违约）也在不断积累之中。当然，如果把农村和城镇的数据合并，则中国住房价值与居民收入的比率会明显缩小。

· 264 · 第三编 相关专题

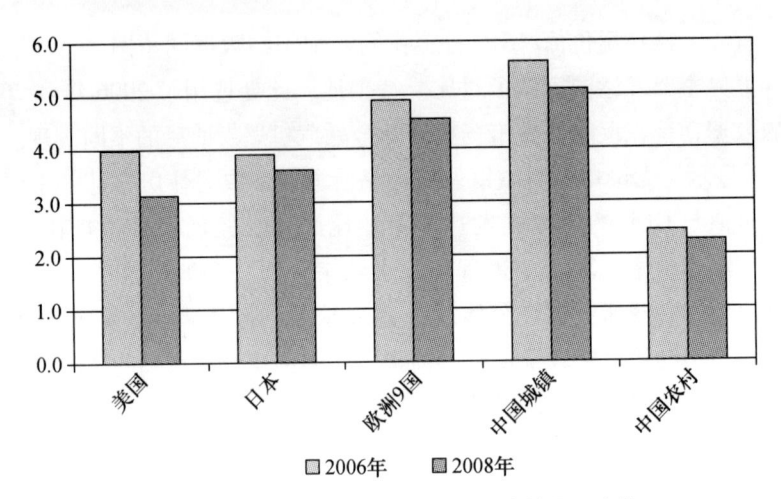

图 16-4 住房价值与居民收入比率的国际比较

说明：此处，我们将美国、日本、欧洲 9 国的 GDP 乘以 0.6 以得出居民收入。该经验数值，亦即劳动者报酬在 GDP 中的占比，同许多基于发达经济体的实证研究结果一致。参见 Arpaia 等（2009）。

附录：房地产价值估值相关数据

年份	城镇住房价值	农村住房价值	城镇农村住房总价值	城镇住房价值与GDP之比	农村住房价值与GDP之比	城镇农村住房总价值与GDP之比	城镇人均住房价值与可支配收入比	农村人均住房价值与纯收入比
1998	10.12	2.91	13.03	1.20	0.35	1.55	4.48	1.62
1999	11.20	3.13	14.33	1.25	0.35	1.60	4.37	1.73
2000	12.96	3.76	16.72	1.31	0.38	1.69	4.50	2.06
2001	14.44	4.01	18.45	1.32	0.37	1.69	4.38	2.13
2002	19.36	4.20	23.56	1.61	0.35	1.96	5.00	2.17
2003	21.83	4.54	26.37	1.61	0.33	1.94	4.92	2.25
2004	27.97	4.78	32.75	1.75	0.30	2.05	5.47	2.15
2005	34.37	5.92	40.29	1.86	0.32	2.18	5.83	2.44
2006	38.50	6.45	44.95	1.78	0.30	2.08	5.62	2.46
2007	49.61	7.09	56.70	1.87	0.27	2.14	5.93	2.40
2008	50.22	7.60	57.82	1.60	0.24	1.84	5.10	2.27
2009	65.59	8.32	73.91	1.92	0.24	2.16	5.92	2.34
2010	71.94	8.96	80.90	1.79	0.22	2.01	5.62	2.26
2011	80.73	15.55	96.29	1.71	0.33	2.04	5.36	3.40

说明：1. 住房价值单位为万亿元。

2. 城镇住房价值已进行折旧调整，具体方法见正文。

3. GDP、城镇居民人均可支配收入、农村居民人均纯收入等数据均来自《中国统计年鉴》。

17

中美国民财富比较与中国国土资源价值的估算

17.1 财富与收入的相互依存

尽管人们经常用国内生产总值（GDP）来衡量一个国家的富裕程度，但事实上这一指标仅仅反映一定时期内（如一年）的收入流量。显然，一国或贫或富不仅与当期或未来的收入有关，更与其"祖祖辈辈"长期的资本积累息息相关。后者就是我们在此要讨论的国民财富。

从定义上讲，国民财富指全体国民福利的存量，可以理解为国家的"财力"、"物力"、"人力"的总和。与收入流量（如 GDP）不同，国民财富关系着后世子孙的长期福利水平，是衡量发展可持续性的重要参考。从此意义上讲，将国民财富看做是宏观经济学研究的核心内容也不为过。值得指出的是，作为近代经济学之父，亚当·斯密明确以国民财富作为研究对象，并指出财富积累的唯一目的在于"使留供目前消费的资财不致匮乏，而且能增加"（斯密，1996，第 259 页）。

然而，尽管国民财富这一概念的重要性显而易见，无论是决策者还是学界对其重视程度普遍较低，而往往"容忍"GDP 等流量指标的片面性。这一问题似乎在中国又显得尤为突出。究其原因，大致有三：

第一，在改革伊始，中国的 GDP 总量和人均 GDP 两项指标，同发达国家，甚至包括印度在内的众多发展中国家，有着令人难以置信的巨大差距。而正是这种显见的"收入鸿沟"导致国人普遍抱有"GDP 赶超"的心态。

第二，在上述背景下，我国多年来一向强调以 GDP 的规模与增速考核地方官员政绩。这一治理模式虽在一定时期、一定范围产生过积极影响，但也进一步强化了急功近利式的 GDP 崇拜，进而忽视了长期的财富积累与发展的可持续性。

第三，由于财富等存量指标在理论上相对而言尚有待成熟，在统计实践中也有诸多操作困难。可靠的存量指标不仅难以获得，也不易进行时序上的纵向比较以及国家间的横向比较。

当然，也要指出，强调"财富"并非是要排斥、贬低"收入"。显然，没有财富的积累，收入不可能持续，而没有源源不断的收入流，财富积累也无从谈起。两者的关系辩证统一，关键是要找到合适的平衡点。

17.2 中美国民财富比较

令人欣喜的是，随着近年来人们对可持续发展等议题日益关注（特别是资源环境约束、人力资本积累等角度），国际上对国民财富的直接讨论逐渐增多，现仅举三例。

首先，以影响之大、考察之全面而言，世界银行在 2006 年、2011 年先后发表的两篇关于全球国民财富的报告应当重点介绍（World Bank，2006，2011）。在此研究中，世界银行首先计算了全部国民财富，即未来各期（25 年，约为一代人）消费流的折现价值总和（折现率 4%）。而后，将国民财富划分为四部分：生成资本、自然资本、人力资本以及制度资本（如法制、政府效率、社会互信等）。具体测算方法为：生成资本：对投资的历史数据以"永续盘存法"进行估算；自然资本：地下矿藏、耕地、牧场、森林资源的储量，并以世界市场价格和地区生产成本估算其货币价值；无形的人力资本和制度资本：全部财富与生成资本和自然资本的差额。

按此方法，世界银行（2011）估算了近 120 个国家在 1995 年、2000 年、2005 年三个年份的国民财富。研究发现，生成资本在全部国民财富中的比重约为 18%，在不同收入水平的国家样本中基本保持稳定，但在中等偏下收入国家中的比重较大，为 24%；自然资本的比重为 5%，但国家间的差异巨大，与收入水平呈明显的反向关联，即富裕国家的自然资本相对比重较小，贫穷国家的自然资本相对比重较大；最后，作为残差的无形资本（包括人力资本和制度资本等）的比重为77%，与收入水平呈一定的正向关联。

特别的，世界银行对中国、美国两国不同类型的资本进行了估算，相关结果示于表17-1。不难看出，中美两国的国民财富存在巨大差异：一方面，从结构看，中国的无形资本的比重明显偏低，自然资本、生成资本的比重很高。这显示了后发国家在经济发展中，更为倚重工厂、矿山、土地等"有形"财富的积累，而在很大程度上轻视人力、制度等"无形"财富的增加。另一方面，从规模上看，美国人均国民财富和无形资产分别是中国的38倍和70倍之多，而同期人均名义GDP"仅为"中国的25倍。由此可见，在快速崛起的过程中，国人更应清醒地认识到财富层面上的崛起乃至赶超远比收入层面艰巨得多，而实现这一目标的唯一途径就是可持久的、健康发展。此外，从表17-2可知，两国的财富积累变动又有一定的共性，即无论在人均还是国家整体意义上看，按可比价格计算的财富在1995年、2000年、2005年间都实现了正增长，显示出可持续的经济发展路径。

表17-1　　　　　世界银行2005年中美两国财富核算

国家	全部国民财富	自然资本	生成资本与城市用地	无形资本	国际投资净头寸	人均国民财富	人均无形资本
中国	25.09万亿	5.23万亿（其中地下矿藏：1.05万亿美元）	7.85万亿	11.64万亿	0.37万亿	19234	8921
美国	217.62万亿	4.10万亿（其中地下矿藏：1.03万亿美元）	29.66万亿	185.92万亿	-2.06万亿	734195	627246

说明：2005年美元。

资料来源：世界银行（2011）。

表17-2　　　　　世界银行2005年中美两国财富变动

国家	全部国民财富（万亿）			人均国民财富		
	1995年	2000年	2005年	1995年	2000年	2005年
中国	11.86	18.07	25.09	9845	14310	19234
美国	155.87	188.42	217.62	585347	667626	734195

说明：2005年美元。

资料来源：世界银行（2011）。

继世界银行报告之后,诺贝尔经济学奖得主阿罗等(Arrow et al.,2007,2010)着重对包括中国等国的国民财富及增长可持续性进行了研究。以1995年和2000年的数据为基础,阿罗等人分别直接计算了自然资本、人力资本、再生资本、石油资本收益,以及碳排放损失,并将之加总以估计出全部国民财富(见表17-3和表17-4)。其中自然资本包括石油、天然气、铝土、铜、铁、金、铅、镍、磷、森林、土地;人力资本由教育年限、工资、剩余劳动年限计算得出;再生资本数据来自 Klenow 和 Rodríguez-Clare(2005),并考虑净外部财富(国际投资头寸);石油资本收益指随着石油储量的减少而产生的价格增值;碳排放损失指由二氧化碳排放所引起的"温室效应"对经济的影响。

表17-3　　　　　　　　中国国民财富核算　　　　　　单位:万亿美元

年份	全部财富	自然资本	人力资本	再生资本	石油资本收益(变动额)	碳排放损失(变动额)
1995	16.05	3.85	8.49	3.71	—	—
2000	19.40	3.85	9.39	6.47	-0.31	-0.00

说明:2000年价格。

资料来源:阿罗等(2010)。

表17-4　　　　　　　　美国国民财富核算

年份	全部财富	自然资本	人力资本	再生资本	石油资本收益(变动额)	碳排放损失(变动额)
1995	79.21	5.69	60.09	13.43	—	—
2000	84.89	5.70	64.80	15.92	-1.37	-0.17

说明:2000年价格。

资料来源:阿罗等(2010)。

最近,由联合国下属相关机构与项目组编写的《包容性财富报告》(2012)(UNU-IHDP and UNEP,2012)对阿罗等人的研究进一步扩展,对不可再生的油矿资本、土地、物质资本、人力资本等四种类型的资本单独进行核算,并以影子价格为权数进行了加权汇总,得出了全球20个国家在1990—2008年的包容性财富。其与世界银行研究的主要不同之处在于,没有事先假设可持续的财富积累路径,也没有基于这一假设按照未来消费流的折现值来计算全部财富总量。从某种角度看,联合国的研究可以更好地衡量经济增长的可持续性。

表 17-5 和表 17-6 列示了这一研究中有关中国与美国的估算结果。

表 17-5　　　　　　　2008 年中美两国包容性财富

国家	全部包容性财富	生成资本	人力资本	自然资本
中国	19.96 万亿	6.16 万亿	8.73 万亿	5.07 万亿
美国	117.83 万亿	22.34 万亿	88.87 万亿	6.62 万亿

说明：2000 年美元。

资料来源：UNU-IHDP 和 UNEP（2012）。

表 17-6　　　　　　　中美两国包容性财富变动

国家	全部包容性财富			人均包容性财富		
	1990 年	2000 年	2008 年	1990 年	2000 年	2008 年
中国	11.90 万亿	15.23 万亿	19.96 万亿	10394	12003	15027
美国	86.44 万亿	102.54 万亿	117.83 万亿	341211	362979	386351

说明：2000 年美元。

资料来源：UNU-IHDP 和 UNEP（2012）。

统观世界银行、阿罗等人和联合国三份研究，由于在估算方法、统计范围、参数假设等方面的诸多差异，以上财富估算结果多有不同，也不尽可比。尽管如此，三份研究也在某些重要方面显示出一致性：首先，中美两国在全部和人均国民财富规模上差距显著，特别是超过了两国 GDP 的差距。这尤其凸显了存量视角和流量视角的差异。其次，在结构上，中国国民财富中以物质资本——包括生成资本和自然资本——为主，而美国以人力资本为主。在一定程度上，也反映出中国的经济增长质量和可持续性较差。当然，从世界银行和联合国更为广泛的国际比较研究来看，中美各自的财富结构特点在发展中国家和发达国家具有普遍性。最后，从动态层面上，三份研究都显示，两国的财富在考察期内呈现了增长态势，特别是其中的人力资本和再生资本的增量明显，自然资本绝对规模变化不大，相关规模下降明显。这表明在考察期内两国的经济增长路径符合可持续发展的标准。

17.3 中国自然资本估算：以国土资源为例

　　以上关于中国经验的研究极具参考价值和启发意义，但由于考察的年度较少，且统计范围、指标等也多有疏漏，难以准确、全面地反映处于经济高速增长时期的中国国民财富积累。而国内学者对中国国民财富分类估算已有可观成果，特别是在增长核算的框架下，对物质资本存量[①]（如张军、吴桂英、张吉鹏，2004；课题组，2010）和人力资本存量（如钱雪亚、王秋实、伊立夫，2009；张帆，2000）的相关估算已经较为成熟。笔者在此以讨论相对较少的中国国土资源（自然资本的一部分）为例，尝试对其规模与变动趋势加以简略估算和分析。

　　此处参考世界银行（2006，2011）的基本研究思路，即将资源的现时总价值理解为未来一定时期从该资源中获取的净产出（即总收益扣除成本费用，亦即资源租金）的折现值之和。这也是经济学理论中对某种资源经济价值的较为普遍的理解或定义。由于数据所限，此处未对耕地、草地、森林等不同类型资源收益进行详细的分类计算，而仅以笼统的"农林牧渔业总产值"代替，并统一采用40%为租金率[②]。此外，同世界银行，这里采用了25年折现期，以及4%的折现率。

　　在此基础上，笔者估算了2000年以来历年中国国土资源价值，并将其相关趋势展示在图17-1中。一方面，尽管国土资源价值从2000年的16万亿元升至2011年的52万亿元（当年价），但此间其与GDP的比率则由1.6倍降至1.1倍。这间接地显示出作为自然资本重要构成的国土资源在国民财富和经济增长中的地位、作用有下降的趋势。而此现象也进一步印证了上文介绍的研究发现。另一方面，由于各年财富均按照当年价格计算，我们在图17-1中将国土资源财富的积累速度

---

　　① 近似于世界银行等研究中所指的生成资本（produced capital）。
　　② 40%的租金率标准是在世界银行（2006）的估计基础之上，综合考虑得出。事实上，世界银行列出了以下数据：耕地租金率（共9种作物）：玉米为30%，米为51%，小麦为34%，香蕉为42%，葡萄为31%，苹果为36%，橘子为36%，大豆为27%，咖啡为8%；牧场为45%。

17 中美国民财富比较与中国国土资源价值的估算

（此指名义增长率）同农产品生产价格指数相互比照。不难看出，中国国土资源财富的增速普遍快于同期的农产品生产价格指数，表明其处于可持续的增长路径之中。

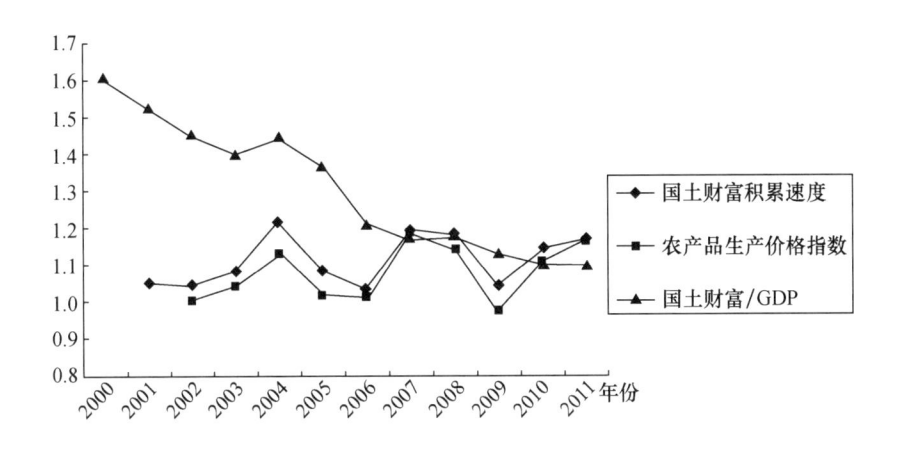

图 17-1 中国国土资源变动趋势

资料来源：课题组估算。

表 17-7　　　　　　　　国土资源价值估算比较　　　　　单位：万亿美元

研究	1995 年	2000 年	2005 年	2008 年
本研究	—	1.93	3.08	5.34
世界银行（2006）	—	2.16	—	—
世界银行（2011）	—	—	4.19	—
阿罗等人（2010）	2.92	—	—	—
联合国（2012）	3.30	3.36	3.44	3.41

说明：1. 其中本研究估值按年平均汇率转换为当年美元价格；

2. 世界银行（2006）估值以 2000 年美元计价，包括林木资源、非木森林资源、保护区（protected areas）、耕地、牧场；世界银行（2011）估值以 2005 年美元计价。

3. 阿罗等人的估值以 2000 年美元计价，包括木材、森林收益、土地。

4. 联合国的估值以 2000 年美元计价，包括耕地、牧场、森林资源、渔业资源。

作为参考，我们又将这一估算同上述三份研究做了比较。由表17-7可见，由于估算方法、口径、假设等方面的不同，各研究结果显示出一定差异。值得强调的是，以上研究都没有将技术进步因素从国土资源价值积累中抽离出来（或者笼统假设各类资本适用相同的技术进步率），而显然，技术进步可以使同一单位的土地创造更多收益。这一缺憾使各期国土资源即使在扣除价格因素后也不完全可比。所以，对国土资源更为全面、精细的估算还有待进一步研究。

18

资产负债表国际比较研究

18.1 导言

作为一种基于存量视角的分析框架，国家资产负债表对于研究经济增长、金融结构、财富分配、发展方式及可持续性等有着极为重要的理论价值与现实意义（Carlson，1991）。本章将利用公开数据，先分别就美国、日本、德国、英国、加拿大等国资产负债表的规模与结构变动作一简要介绍。然后在此基础上，结合发达经济体的发展特点，归纳、诠释各国资产负债的共性特征。但在此应该指出的是，概览现有中外文献，关于国家资产负债表的研究似乎始终未成为"显学"，特别是各国报表编制的形式体例不一、覆盖内容差异较大、数据披露时断时续，这为国家资产负债表的跨国比较研究带来较多困难，也在很大程度上限制了本研究分析的全面性和准确性。

18.2 美国经验

Goldsmith 等人的早期研究

作为世界第一大经济强国，美国国家资产负债表的编制核算开始较早。作为此领域的开创性工作，Goldsmith 等人曾估算了美国自 20 世纪初至 1980 年以来若干年份的综合与分部门的资产负债表，并对各构成项目的结构与变化趋势进行了详尽的分析（见 Goldsmith and Lipsey，

1963，Goldsmith，1966，1982）。

下文将先就 Goldsmith 等人的早期发现做一简要回顾。

首先，从规模看，Goldsmith 等人发现，在 1900—1980 年间，美国的资产负债表的名义价值以年均 6.5%—6.7% 的速度扩张[1]，快于同期国民生产总值（GNP）的名义增长。这使得宽口径的国民总资产与产出之比（capital/output ratio）由 1900 年的 9.7 升至 1980 年的 12.4[2]。换言之，这一时期美国经历了较为明显的资产负债表扩张。

上述研究还揭示了美国资产负债表的结构变化。首先，从资产类别看，在 1900—1953 年间，美国的土地、矿藏等自然资源资产在总国民资产中的占比大幅下降。如以宽口径计，该比率从 1900 年的 17% 下降至 1953 年的 7.1%，此后又有所回升，但到 1980 年也仅仅达到 10.7%；可再生的物质资本的比重也有所下降，但趋势较为缓和，仅从 1900 年的 34.2% 降至 1980 年的 29.3%；在相同考察期内，金融资产呈现先相对扩张而后有所收缩的态势。由此导致金融相关比（Financial Interrelations Ratio，即金融资产与实物资产之比）出现倒 U 形变化：即从 1900 年的 0.95 提高至 1953 年的 1.62，其后在 1980 年降至 1.49（宽口径）[3]。

其次，从资产的部门构成看，在 1900—1979 年间，美国居民及非营利组织的资产在总资产中的比重变化较小，基本维持在 40% 的水平；非金融企业等经营单位的资产比重则明显收缩，从 1900 年的 47% 降至 1979 年的 25.8%。与此同时，广义政府（包括联邦与地方政府）和金融机构资产的相对规模大幅提高，前者由 4.6% 升至 13.5%，后者由 10.3% 升至 21.2%。

最后，从资产负债结构的其他方面看，在上述考察期内债务/总资产比率，以及债务/实物资产比率都有明显上升。如以宽口径计，前者由 1900 年的 0.23 升至 1980 年的 0.47，后者则在同时期由 0.44 升至

---

[1] 如扣除价格变动因素，实际价值的增速约为 3%—3.4%。
[2] 如以窄口径资产计，升幅略小，即从 7.4 倍变为 8.0 倍。
[3] Carlson（1991）根据 Goldsmith 的分析框架以及美联储的相关数据，发现美国金融相关比在 1948 年低于 1.3，后又几经波动，在 20 世纪 70 年代中期下降至 1.15 左右。但随后几乎持续上升，至 1990 年已经接近 1.5。

1.16。这从宏观层面很好地反映了美国经济的债务负担趋重、风险累积加剧的趋势。此外，资产的流动性（流动资产/总资产）在1900—1953年间有所提高，但此后开始转向下滑。同时，美国对外资产与总资产的比重也经历了较大波动：由1900年的-2%快速提升至1929年的1%，而后持续下降，趋近零点。

总而言之，Goldsmith等人的研究表明，自20世纪之初，特别是自第二次世界大战结束以来，美国经历了显著的、长期的金融深化过程，金融业与金融资产在经济体系中的地位、作用越来越突出。但是，随着美国经济日益依赖于金融产业，也使其自身暴露在更高的金融风险之中。显然，这为防范、化解金融危机提出了新的挑战。

近年来美国资产负债表的特点与趋势

继Goldsmith等人的研究之后，美联储曾在20世纪90年代初编制了第二次世界大战后历年不含金融资产与负债的国家资产负债表，即国民净财富或净资产表（见Federal Reserve System，1991；Carlson，1991）[①]，但由于种种原因，这项工作随后中断至今。而在近年来美联储公布的资金流量表（Flow of funds accounts）（参见Kennedy，2012）仅仅列出了居民与非营利组织（或简称居民部门）和非金融私人部门（公司制与非公司制）的资产负债表，以及其他各部门的金融资产与负债状况，政府部门、金融部门、对外部门的非金融资产未被考虑。这使得基于美国国家资产负债表的许多分析难求其全（参见Rutledge，2009）。

以下将利用美联储公布的资金流量表以及其他相关信息，简单地介绍近年来美国各个经济部门资产负债的特点与趋势。特别的，表18-1列出了2011年美国国家资产负债表的部分信息。

第一，从居民部门的资产方看，2011年，部门总资产为73.52万亿美元，约合美国当年GDP的4.9倍。其中，32%为非金融资产，价值23.29万亿美元（其中近78%为房产）；68%为非金融资产，总计50.23万亿美元（主要构成为存款、股权与养老金账户）。在负债方，2011年规模为13.48万亿美元，主要由房产按揭（占73%）和消费信

---

① 在美联储数据中，此项编号为C.9 release。

表 18-1　　　　2011 年美国国家资产负债表（部分）　　单位：10 亿美元

部门	非金融资产	金融资产	资产总计	金融负债	净资产
居民与非营利组织	23288.9 其中 房产：18182.8	50229.4 其中 存款：8651.1 股权：17723.9 养老金：13147.1	73518.3	13481.0 其中 房产按揭：9818.7； 消费信贷：2508.2	60037.3
非金融公司制经营组织	14971.0 其中 房产：8768.1	15073.8	30044.8	13739.3 其中 信贷市场工具 （债券、商业票据等）： 8031.6	16305.5
非金融非公司制经营组织	9524.6 其中 房产：8557.6	3470.5	12995.1	5561.5 其中 信贷市场工具： 3773.3	7433.6
金融部门	—	65969.0 其中 信贷市场工具：38216.3 企业股权：11053.2	—	62339.9 其中 信贷市场工具：13793.8 养老金：13147.1	—
联邦政府	—	1349.1	—	12262.2	—
州与地方政府	—	2524.8	—	3715.1	—
对外部门	—	18245.2	—	11039.2	—
合计	—	156861.7	—	122138.3	—

资料来源：根据美联储 2012 年第一季度资金流量表整理，见 Federal Reserve System (2012)。

贷（19%）构成。作为总资产与负债的差额，居民与非营利组织的净资产为 60.04 万亿美元，约为当年 GDP 的 4 倍。值得关注的是，近年以来，特别是在 2007 年次贷危机前后，美国居民与非营利组织的资产负债绝对规模与相对规模都出现了较为显著的变化：

首先，如图 18-1 至图 18-3 所示，1980—2006 年，该部门总资产及两大分项资产扩张迅速（均快于同期 GDP），但在次贷风潮的影响

18 资产负债表国际比较研究 · 277 ·

下，资产规模缩水严重。如在2008年，总资产较前一年减少12.8万亿美元（其中仅房产市值便蒸发3.6万亿美元），接近当年GDP的90%！

其次，从资产构成看，1980—2011年间，金融资产在总资产中的占比几乎一路上升，从60%提高至68%，显示了居民部门资产日益"金

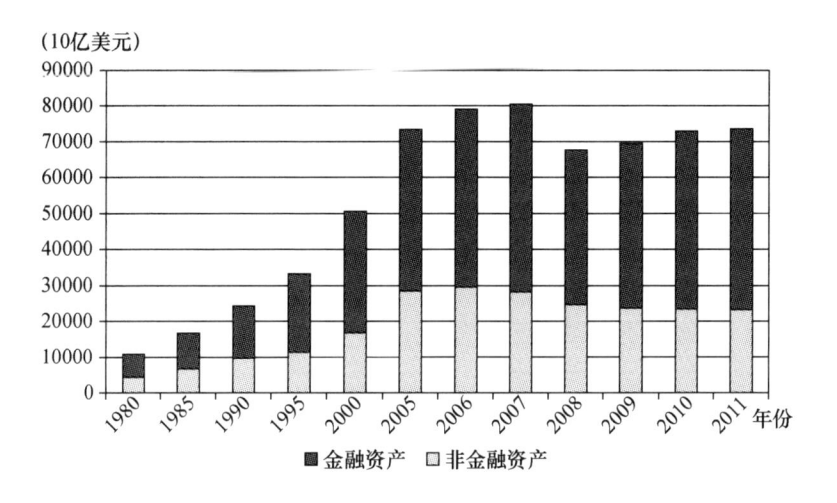

图 18-1 美国居民与非营利组织资产规模

资料来源：根据美联储2012年第一季度资金流量表整理，见 Federal Reserve System (2012)。

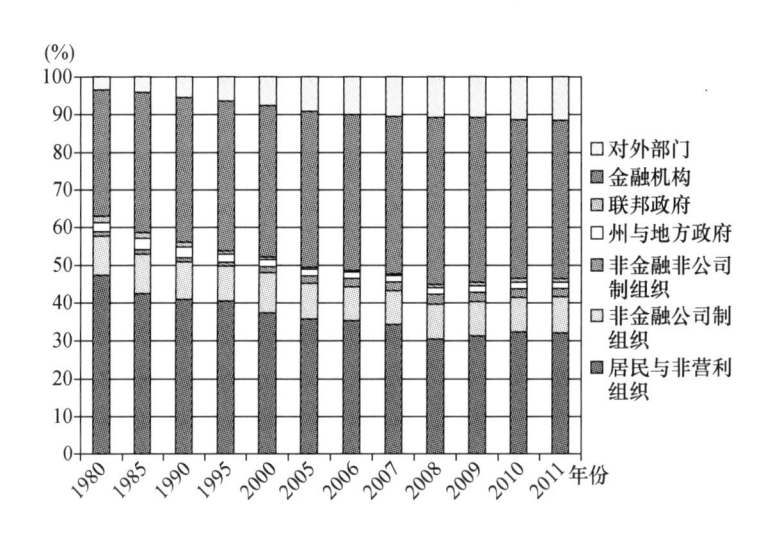

图 18-2 美国金融资产分部门构成

资料来源：根据美联储2012年第一季度资金流量表整理，见 Federal Reserve System (2012)。

融化"的趋势。但如图18-2所示，对比其他部门，居民部门的金融资产积累相对速度较慢，致使其在美国各部门金融资产合计中的比重由47%下降至32%。

最后，在同样的考察期内，美国居民部门的资产负债率（即负债/总资产）从13%升至18%，特别是在2008年曾一度达到21%的高点，其后呈现缓慢的去杠杆过程（见图18-3）。这表明30余年来，美国居民部门的金融风险不仅有整体上升的趋势，而且同宏观经济的走势密切相关。

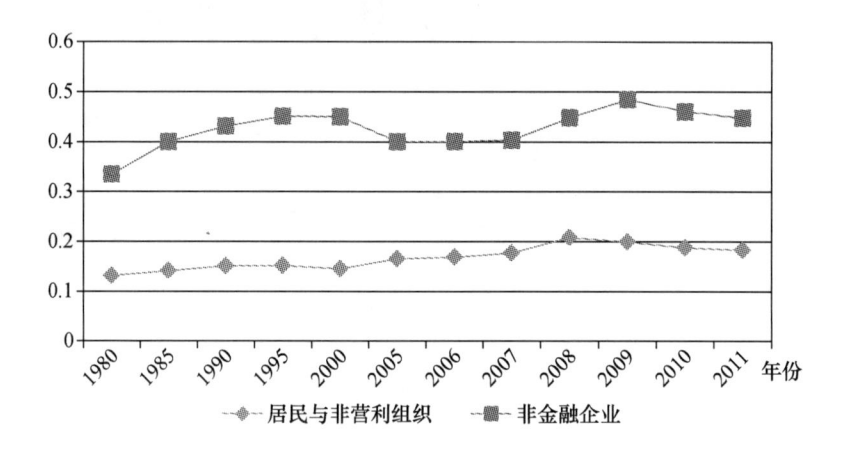

图18-3 美国居民与非金融企业资产负债率

资料来源：根据美联储2012年第一季度资金流量表整理，见Federal Reserve System (2012)。

第二，在非金融企业部门（包括非金融公司制组织与非金融非公司制组织）[①]，2011年部门总资产为43.04万亿美元，约合美国当年GDP的2.9倍。其中57%为非金融资产，价值24.50万亿美元（其中近71%为房产）；43%为非金融资产，价值18.54万亿美元。在表的另一方，负债规模为19.30万亿美元（其中公司债券超过5.08万亿美元）；净资产为23.74万亿美元。从时间趋势上看，非金融企业部门同样有三点需要说明：首先，在考察时期之内，该部门的资产扩张与GDP基本同步，两者之比约在3倍左右徘徊。但同居民部门类似，

---

① 其中，前一类主要指大中型企业，后一类指小型企业。

2007年以来，资产绝对规模与相对规模（对于GDP）都有较大幅度的下降。特别是在2007—2009年间，部门资产总额从45.19万亿美元骤减至38.33万亿美元，其同GDP的比值也由3.22降为2.75。可见，由于资产价格重估等因素，在短期内金融危机对资产（即财富存量）的影响，远大于对GDP（即收入流量）的影响。其次，从资产结构看，非金融企业金融资产在本部门总资产中的占比从1980年的20%上升至2011年的43%，但该项资产在各部门金融资产总计中的占比基本维持在10%左右。由此可知，非金融企业同其他部门基本同步地经历了资产金融化的过程。最后，不仅水平值远高于居民部门，非金融企业的资产负债率也呈现出上升态势：即从1980年的34%提高到2011年的45%。而从图18-3可以看出，在次贷危机前后，该比率经历了显著变化。事实上，在2005—2007年间，这一比率维持在40%的较低水平（低于20世纪90年代水平），但在2008年、2009年两年间迅速抬升，达到49%的历史高位。而随着危机的高潮渐远，企业也开始了去杠杆过程。

第三，从资金存量表中关于金融部门（含联邦储备银行）的信息可见，在2011年，其金融资产总规模为65.97万亿美元（其中房产按揭13.05万亿美元，公司及外国债券7.13万亿美元，机构与GSE抵押证券6.02万亿美元，企业股权11.05万亿美元），同时负债规模为62.34万亿美元，净金融资产3.63万亿元。从图18-2反映的趋势来看，美国金融机构的金融资产规模相对于其他部门扩张较快。在1980年，其在各部门金融资产总和中的比重仅为34%，而在1995年达到40%，并随后超过居民部门，成为美国金融资产的最大持有者。但需要强调的是，本轮危机打断了该部门金融资产的相对扩张势头。数据显示，上述比率在2008年达到44%的历史高点后，连续三年出现滑落。

第四，从政府部门看，其金融资产绝对规模与相对规模都较小。在2011年，联邦政府的金融资产仅为1.35万亿美元（其中消费贷款0.42万亿美元，房产按揭0.11万亿美元，其他贷款0.18万亿美元），占部门合计的0.9%，但同时负债却高达12.26万亿美元（其中国库券1.52万亿美元，其他国库证券8.72万亿美元），是部门合计的10%。州及地方政府的财务状况较好，其金融资产为2.52万亿美元（其中国库证券 0.44 万亿美元，机构与 GSE 抵押证券 0.39 万亿美元，房产按揭 0.17 万亿美元），占部门合计的 1.6%，同时负债 3.72 万亿美元（其中长期市政债 2.94 万亿美元），占部门合计的 3%。从历年数据看，美国各级政府都长期处于"资不抵债"的局面，而且相对于其他部门，政府的金融资产规模有所下降，而同时负债规模却在上升（特别是自 2007 年以来）。在很大程度上，这是美国近年来不断恶化的财政状况的一种累积结果。事实上，IMF 的数据显示，仅在 2001—2011 年间，美国的结构性赤字便从 730 亿美元飙升至 1.14 万亿美元。而如果将这一时期历年赤字加总，合计高达 6.83 万亿美元（见图 18-4）。当然也应指出，美国的"小政府"及"穷政府"现象，同其较高的经济社会发展水平密切相关。以发达经济体的一般经验看，在这样的背景下，政府的主要职能往往已经从参与组织生产建设转向提供公共服务，其直接掌控的资源趋于减少，而负担的社会公共责任有所扩大。由此可见，上述美国政府的财政窘境有一定的必然性甚至是合理性。

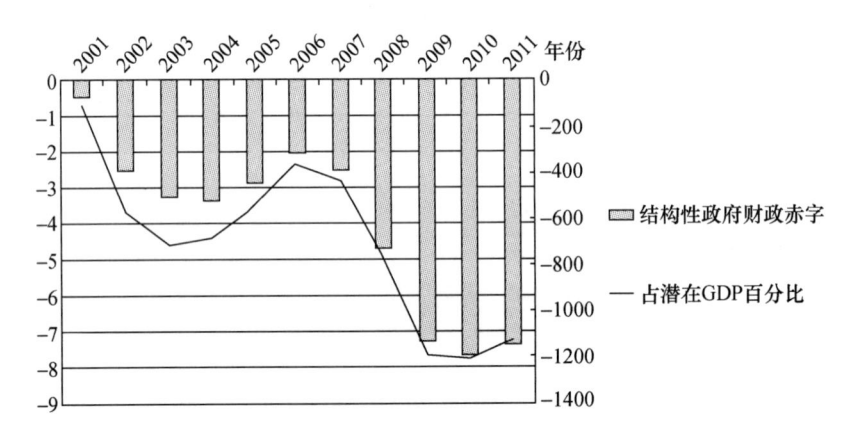

图 18-4 近年美国政府财政状况

说明：1. 数据源自 IMF, World Economic Outlook Database, April 2012。

2. 图中右轴为结构性赤字（General government structural balance），单位 10 亿美元；左轴为赤字占潜在 GDP 百分比。

最后，由于资金流量表未能反映美国对外持有非金融资产的情况，以下关于对外部门的分析将以 Bureau of Economic Analysis 公布的国际投资头寸表（International Investment Position）为依据。在 2011 年，美国持有的外国资产为21.13万亿美元（其中官方储备仅5360亿美元，私人部门的直接投资与证券持有分别为4.68万亿美元、5.92万亿美元），而外国持有的美国资产为25.16万亿美元（其中外国官方持有的各类美国政府债券4.28万亿美元，股票3.06万亿美元，企业债券2.91万亿美元，直接投资2.91万亿美元），作为两者差额的净头寸为-4.03万亿美元，占当年GDP的27%。而从图18-5显示的趋势来看，从20世纪80年代中期至今，美国对外投资净头寸始终为负值，且规模持续扩大（相对于GDP也在扩大）。出现以上外部失衡的主要原因在于，一方面在美元主导的国际货币体系下，美国是国际安全资产（包括官方储备）的主要提供者，这是外国持有巨量美国资产的直接动因。另一方面，美国国内长期低储蓄、高消费的经济结构特征提高了美国对外国资金流入的依赖，进而加剧了这种国际投资逆差。在此应强调的是，以上的外部失衡在长期并不能持续，这不仅由于跨期预算约束的存在，而且如著名的"特里芬难题"所揭示的（Triffin，1961），美国持续的对外失衡，最终还会危及美元的国际地位，使收支逆转。此外，从图18-6显示的外国资产持有构成来看，与国内部门类似，美国对外财富仍然主要集中在私人部门，且这一特点有日趋强化的态势。同时也应指出，作为掌握货币霸权的国家，美国实际上也并不需要维持巨量的官方储备。

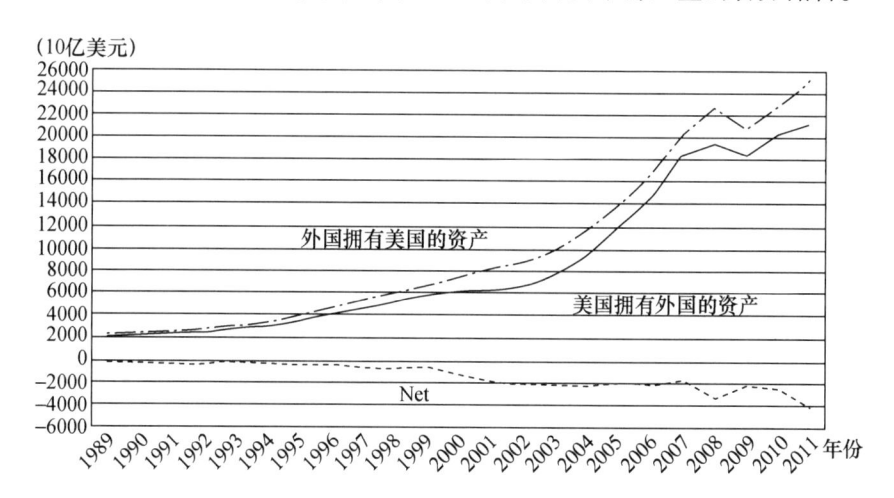

图18-5　近年美国对外投资头寸表

资料来源：1. 图表源自U. S. Bureau of Economic Analysis。

说明：其中2011年为预测值。

· 282 · 第三编 相关专题

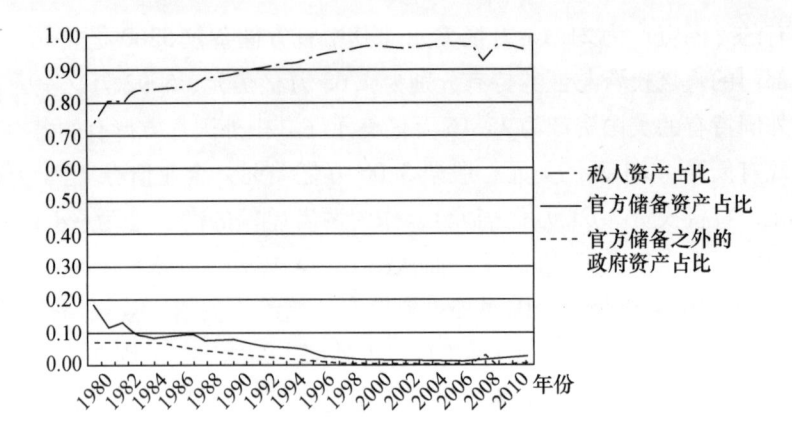

图 18-6 美国持有外国资产分类构成

资料来源：数据源自 U. S. Bureau of Economic Analysis。

说明：1. 以上资产均不含金融衍生资产。

　　　2. 其中 2011 年为预测值。

18.3 日本经验

在 SNA93 和 SNA08 统计框架的基础上，日本内阁府经济社会综合研究所估算了各年度国民资产负债存量，并在国民经济核算年报中发布（见 Government of Japan, 2012）。根据最新数据，表 18-2 列出了 2010 年日本国家资产负债表。

首先，从总体上看，由表 18-2 可见，日本各部门资产总计为 8500 万亿日元，约为当年 GDP 的 17.6 倍。其中金融资产和非金融资产分别为 5715 万亿日元和 2785 万亿日元，金融相关比为 2.05。主要资产项目为"固定资产"、"现金与存款"、"贷款"、"土地"、和"证券（除股票）"，合计占资产总额的 77%。负债总计为 5464 万亿日元，与总资产和金融资产之比分别为 64% 和 96%。其主要构成项目为"现金与存款"、"贷款"、"证券（除股票）"，三者合计占负债总额的 71%。资产与负债的差额，即净资产，为 3036 万亿日元，约为 GDP 的 6.3 倍。这一指标反映了真实的国民财富。

表18-2　　　　　2010年日本国家资产负债表一览　　　单位：10亿日元

主要资产项目	居民	非金融企业	金融企业	广义政府	私人非营利组织	部门合计
非金融资产	1080905	1036719	36941	579339	50811	2784715
生成资产	359726	740252	14813	454128	9391	1578310
存货	7717	59958	—	1730	—	69405
固定资产	352009	680294	14813	452398	9391	1508905
有形非生成资产	721179	296467	22128	125211	41420	1206405
土地	720835	295269	22128	125211	41420	1204863
渔场	344	—	—	—	—	344
矿产	—	1198	—	—	—	1198
其他	344	1198	—	—	—	1542
金融资产	1506970	830555	2836942	493873	46968	5715308
现金与存款	819704	210069	202251	79216	21103	1332343
贷款	—	44146	1197303	31844	1397	1274690
证券（除股票）	92698	42652	912562	127875	23152	1198939
股票及其他资本金	109365	147997	128915	114099	111	500487
金融衍生品	505	1360	54906	—	—	56771
保险及退休金	419361	—	—	—	—	419361
其他金融资产	65337	384331	341006	140839	1206	932719
资产总计	2587875	1867273	2873883	1073212	97778	8500021
负债	360860	1226682	2823065	1037243	15963	5463813
现金与存款	—	—	1329811	—	—	1329811
贷款	297885	399278	418954	165920	13373	1295410
证券（除股票）	—	89557	358292	819598	—	1267447
股票及其他资本金	—	454141	133430	22854	—	610425
金融衍生品	627	5816	56044	47	—	62534
保险及养老金	—	—	419361	—	—	419361
其他负债	62348	277890	107173	28825	2590	478826
净资产	2227015	640592	50818	35969	81816	3036210
负债与净资产合计	2587875	1867273	2873883	1073212	97778	8500021

说明：1. 其中非金融资产以市场价计算。

2. "居民"部门包括居民和私有非公司制企业；"金融企业"包括货币当局；"广义政府"部门包括中央政府、地方政府和社保基金。

资料来源：1. 数据源自日本内阁府经济社会综合研究所（Government of Japan, 2012），所用统计标准为2005修订方法。

其次，从分部门看，第一，日本居民是非金融资产的最大持有部门，其中土地一项价值721万亿日元，占各部门土地合计的近60%，"固定资产"为352万亿日元，主要由住房构成；居民金融资产主要存在形式是"现金与存款"和"保险及养老金"。居民负债规模仅为361万亿日元（主要由贷款构成），相应资产负债率为14%。由于这一资产负债结构，居民也成为日本净资产的最大持有者，达到2227万亿日元，占各部门合计的73%。第二，非金融企业部门拥有的非金融资产规模仅次于居民，达到1037万亿日元。其中主要构成为"固定资产"和"土地"两项；部门金融资产总计831万亿日元，主要项目为"其他金融资产"、"现金与存款"和"股票及其他资本金"。部门负债规模1227万亿日元，占其总资产的66%。主要构成为"股票及其他资本金"、"贷款"，和"其他负债"。部门净资产为641万亿日元，规模仅次于居民部门。第三，金融企业部门的非金融资产仅为37万亿日元，由"土地"和"固定资产"两项构成；部门金融资产2837万亿日元，约为各部门合计的一半。主要组成项目为"贷款"和"证券"（除股票）等。金融企业负债规模2823万亿日元，占各部门负债合计的52%，居首位。其中主要构成为"现金与存款"、"保险及养老金"和"贷款"等。部门净资产为51万亿日元，规模较小。相应的部门资产负债率为98%，也高于其他部门，符合金融业主要依靠杠杆化操作的本质特征。第四，广义政府部门非金融资产为579万亿日元，主要构成项目为"固定资产"和"土地"[①]；部门金融资产为494万亿日元，其中中央政府、地方政府和社保基金持有比例分别43%、15%和42%。部门负债1037万亿日元，以上三类机构占有比例分别为81%、18%和1%。部门净资产为36万亿日元，少于其他各部门。相应资产负债率为97%，仅低于金融企业。第五，私人非营利组织资产、负债分别为98万亿和16万亿日元，规模最小。但该部门财务结构较为稳健，资产负债率仅为16%，净资产规模高达82万亿日元。

最后，从动态角度看，图18-7展示了2001—2010年日本国民资

---

① 在"土地"一项中，中央政府、地方政府和社保基金持有比例分别为20%、79%和1%。

产负债（各部门合计）中的若干重要比率的变动趋势。第一，由图所示，同GDP相比，日本资产、负债和净资产均呈微弱上升态势，但其间也有明显的趋势反复，特别是前两者曾在2005年达到局部高点，此后连续下降，直至国际金融危机后开始回升。第二，反映财务风险的资本负债率在十年间基本稳定在63%—67%的较窄区间内，而对比2001年和2010年两个节点，该比率仅从63%微升至64%。第三，总体观察这一时期，反映金融结构的金融相关比指标也在波动中有所提高，显示了日本金融深化进程并未停滞。

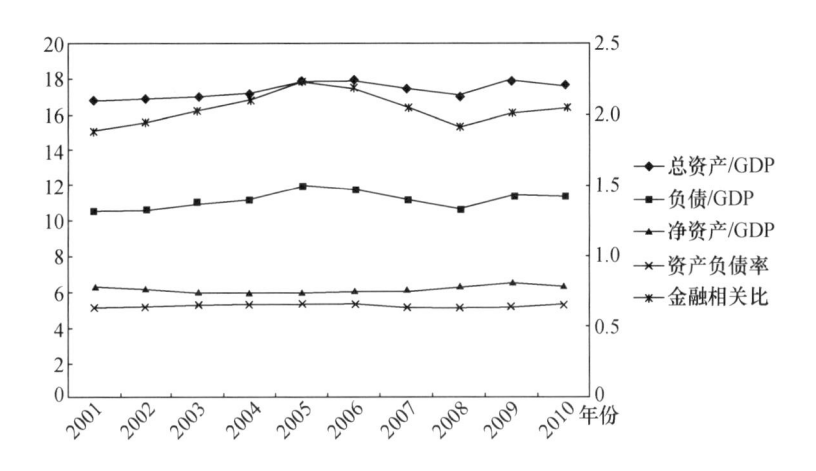

图18-7　日本国民资产负债中的若干重要比率（2001—2010年）

资料来源：数据源自日本内阁府经济社会综合研究所。

说明：图中总资产/GDP、负债/GDP和净资产/GDP以左轴表示；资产负债率和金融相关比以右轴表示。

图18-8又以衡量国民财富的净资产为例，展示了同一时期日本资产负债表部门构成变化。由图可见，居民部门始终是净资产的最大持有者，历年占比均超过70%；非金融部门和金融部门净资产比重尽管都在期内有所上升，但波动比较剧烈。两者变化区间分别达到12.4%—21.3%和0.5%—1.7%；广义政府持有净资产占比呈明显下降趋势，由期初的6.8%下降至期末的1.2%；私人非营利组织的净资产规模平稳上升，到2009年已经超过广义政府。

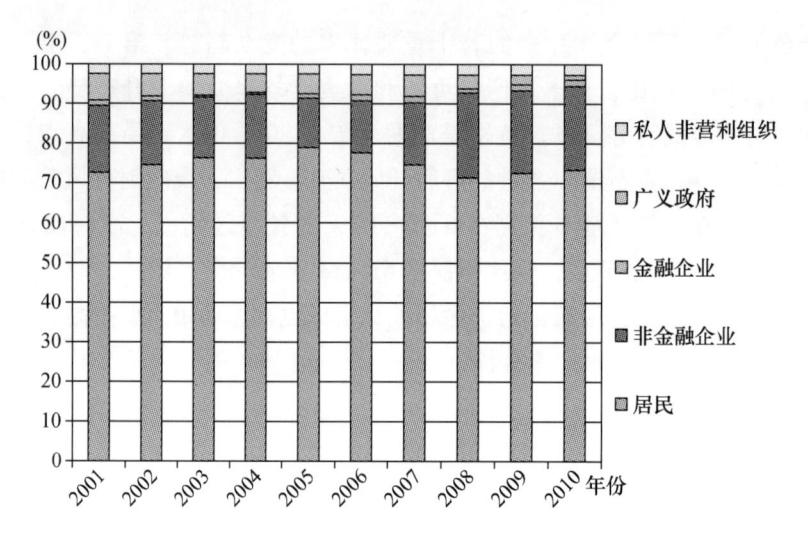

图 18-8 日本国民净资产部门构成（2001—2010 年）

资料来源：日本内阁府经济社会综合研究所。

18.4 德国经验

基于 ESA95 框架（European System of Accounts, 1995），德国联邦统计局（Federal Statistical Office, 2012）编制了德国总体及各部门资产负债表，并于 2012 年 9 月公布了相关数据。同样作为示例，在表 18-3 中列出了 2011 年德国国民经济资产负债表。

首先，从部门合计看，2011 年德国各部门资产总和为 29.2 万亿欧元，为当年 GDP 的 11.3 倍。其中金融资产与非金融资产分别为 18.2 万亿欧元、11.0 万亿欧元，金融相关比为 1.65。其中资产项目主要构成按规模依次为"房屋建筑"、"有价证券"、"现金与存款"、"货币黄金、特别提款权与其他债权"等。在负债与净资产方，负债合计 17.7 万亿欧元，与总资产和金融资产之比分别为 61% 和 97%。净资产为 11.6 万亿欧元，与当年 GDP 之比为 4.5。

在部门层面，第一，德国"居民及非营利居民服务机构"（简称居民部门）是非金融资产的最大持有部门，其中主要构成为"住房"和"建设用地"两项，价值分别为 3.7 万亿欧元和 1.9 万亿欧元；金融资

表 18-3　　　　2011 年德国国家资产负债表一览　　　　单位：十亿欧元

主要资产项目	居民及非营利居民服务机构	非金融企业	金融企业	广义政府	部门合计
非金融资产	6139.4	3315.4	212.2	1345.5	11012.5
有形资产	4277	2767.7	168.8	1121.4	8334.9
耕种资产	—	—	—	—	—
机器设备	130.5	950	11.1	33	1124.6
房屋建筑	4140.4	1813.7	157.7	1088.4	7200.2
其中：住房	3736.7	557.4	26.8	32.7	4353.7
无形资产	8.3	52.9	3.8	4.8	69.8
建设土地	1854.1	494.8	39.6	219.3	2607.8
金融资产	4714.5	2386.6	10220.3	903.6	18225
现金与存款	1927.5	460.5	1946.8	257.4	4592.2
有价证券	1065.9	1408.4	3740.2	420.6	6635.1
保险专门准备金、退休金与其他债权	1721.1	—	—	—	1721.1
保险专门准备金、贷款与其他债权	—	517.7	—	225.5	743.2
货币黄金、特别提款权与其他债权	—	—	4533.3	—	4533.3
资产总计	10853.9	5702	10432.5	2249.1	29237.5
负债与净资产合计	10853.9	5702	10432.5	2249.1	29237.5
负债	1549.5	3742.5	10124.6	2237.7	17654.3
贷款与其他负债	1549.5	—	—	—	1549.5
借入资金	—	1912.1	8543	2237.7	12692.8
股票与其他权益	—	1830.4	1581.6	—	3412
净资产	9304.4	1959.5	307.9	11.4	11583.2

资料来源：非金融资产数据来自 Federal Statistical Office (2012)，以市场价格计值；金融资产与负债数据来自德意志银行（Bundesbank）。

说明：1. 根据 ESA95，广义政府包括中央政府、州政府、地方政府及社保基金；金融企业包括中央银行。

2. 由于各部门间的重复核算与遗漏，部门合计不等于德国联邦统计局定义的"经济整体"（total economy）数据。

产4.7万亿欧元，持有规模仅次于金融机构。构成项目包括"现金与存款"、"保险专门准备金、退休金与其他债权"和"有价证券"。居民负债规模仅为1.5万亿欧元，少于其他部门，相应资产负债率为14.3%。居民净资产为9.3万亿欧元，占各部门合计的80.3%。第二，非金融企业拥有的非金融资产为3.3万亿欧元，规模仅小于居民部门。其中主要构成为"房屋建筑"、"机器设备"和"建设用地"等项；部门金融资产总计2.4万亿欧元，主要项目为"有价证券"、"保险专门准备金、贷款与其他债权"和"现金与存款"三项。部门负债规模达到3.7万亿欧元，主要构成为"借入资金"和"股票与其他权益"，资产负债率65.6%。部门净资产近2万亿欧元，仅少于居民，占部门合计的16.9%。第三，金融部门的非金融资产为2122亿欧元，少于其他部门，主要为"房屋建筑"；金融资产10.2万亿欧元，约为各部门合计的56.1%。主要由"货币黄金、特别提款权与其他债权"、"有价证券"和"现金与存款"构成。金融部门负债规模10.1万亿欧元，主要由"借入资金"和"股票与其他权益"构成，相应资产负债率为97%。部门净资产为3079亿欧元，占部门合计的2.7%。杠杆化程度低于英国，与日本近似。第四，由于数据限制，无法对德国广义政府的构成部门进行分析。仅从其整体上看，资产、负债分别为22491亿和22377亿欧元，相对其他部门规模较小，占比分别为7.7%和12.7%。资产、负债数额基本持平，但前者略多，净资产为114亿欧元，资产负债率99.5%。

从动态看，图18-9展示了1991—2011年德国国民资产负债（各部门合计）中的若干重要比率变动。第一，由图所示，同GDP相比，德国资产、负债和净资产均呈较为明显的上升态势，但其间在2002年、2008年两年也发生了趋势反复。第二，反映总体财务风险的资本负债率由1991年的0.51上升至2011年的0.60，显示了德国经济在二十余年间对负债融资的依赖逐渐加强，但在水平值上仍旧弱于日本。第三，同日本类似，在考察期内德国金融相关比也在波动中有所提高，金融深化不断加强。

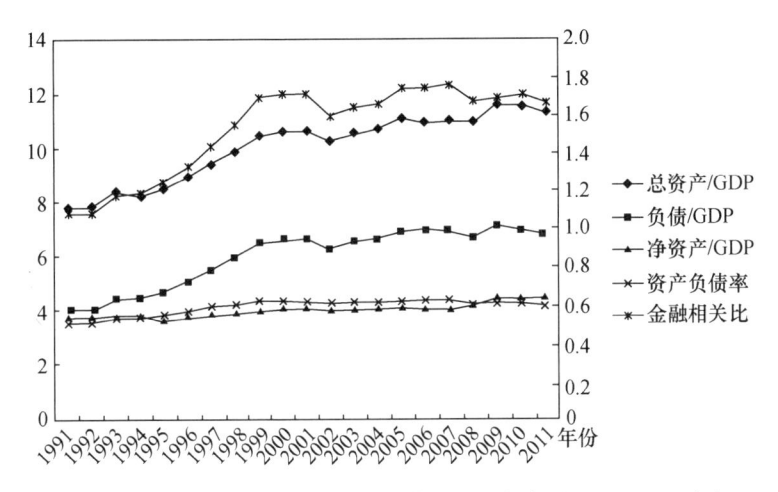

图 18-9　德国国民资产负债中的若干重要比率（1991—2011年）

资料来源：数据源自德国 Federal Statistical Office。

说明：图中总资产/GDP、负债/GDP 和净资产/GDP 以左轴表示；资产负债率和金融相关比以右轴表示。

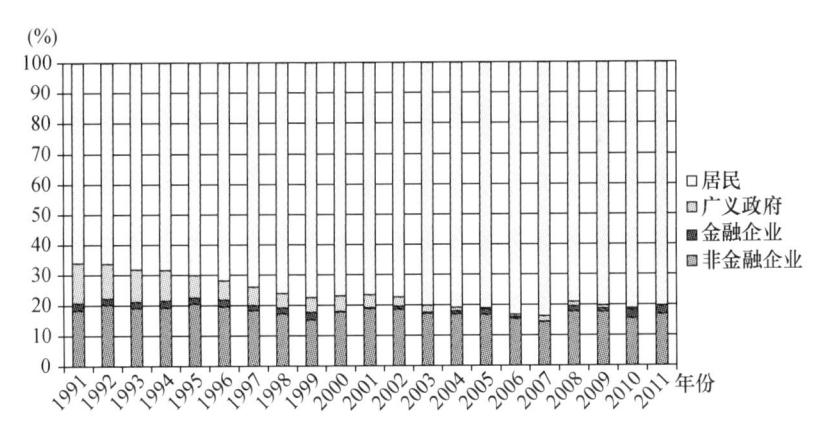

图 18-10　德国国民净资产部门构成（1991—2011年）

资料来源：德国 Federal Statistical Office。

18.5　英国经验

在英国，Revell 试编了 1957—1961 年的国家资产负债表（Revell, 1966）。而自 1975 年以来，该表正式被纳入官方统计（见 Holder,

1998）。下文将根据英国国民统计局（Office for National Statistics：ONS）公布的国民经济核算蓝皮书中的有关数据（见 ONS，2012），对英国近年来各部门的资产负债表作一概览。同样，作为示例，表 18-4 列出了 2011 年（年末值）英国国家资产负债表的主要信息。

表 18-4　　　　2011 年英国国家资产负债表一览　　　　单位：10 亿英镑

主要资产项目	居民及非营利居民服务机构	非金融企业	金融企业	中央政府	地方政府	部门合计
非金融资产	4302.1	1819.1	141.8	335.1	434.9	7033.0
住房	4064.8	202.0	4.1	9.3	0	4280.1
其他建筑设施	61.4	792.0	113.7	281.3	422.9	1671.3
机械与设备	112.0	537.0	15.6	22.2	9.8	696.5
农业设备	45.4	3.5	0.8	0.1	1.8	51.7
无形固定资产	1.0	50.4	7.6	0.1	0.4	59.5
存货	17.6	234.2	0	0.2	0	252.0
无形非生成资产	0	0	0	21.9	0	21.9
金融资产	4283.7	2175.5	21945.8	400.4	153.0	28958.4
货币黄金与特别提款权（SDR）	0	0	0	19.3	0	19.3
现金与存款	1251.9	732.7	4626.4	70.2	27.6	6708.8
证券与其他股权	67.4	93.1	11073.6	45.5	2.5	11282.0
贷款	18.4	309.0	3874.2	106.9	5.7	4314.3
股票及其他资本金	603.4	895.1	2302.2	77.8	116.2	3994.7
保险准备金	2209.9	10.6	1.1	0	0.7	2222.3
其他应收账款	132.8	134.9	68.2	80.7	0.4	417.1
总资产	8585.8	3994.6	22087.6	735.5	587.9	35991.4
金融负债	1541.3	3918.4	22112.4	1498.4	84.4	29154.9
现金与存款	0	0	6808.1	133.6	0	6941.7
证券与其他股权	8.5	474.1	9611.5	1319.9	1.6	11415.7
贷款	1446.3	1172.7	1811.7	9.0	71.6	4511.3
股票及其他资本金	0	2105.5	1535.8	0	0	3641.3
保险准备金	0	0	2230.9	0	0	2230.9

续表

主要资产项目	居民及非营利居民服务机构	非金融企业	金融企业	中央政府	地方政府	部门合计
其他应收账款	86.5	166.1	114.3	36.0	11.2	414.0
净资产总计	7044.5	76.2	-24.8	-762.9	503.6	6836.6

资料来源：数据源自 ONS（2012）。

说明：1. 非金融资产以市场价格计算。2. "金融企业"包括货币当局。3. 由于统计误差，各分项之和不等于总计。

首先，从部门合计看，英国国民资产总和在 2011 年达到 36.0 万亿英镑，为 GDP 的 24 倍。其中金融资产和非金融资产分别为 29.0 万亿英镑和 7.0 万亿英镑，金融相关比为 4.14。主要资产项目为"证券与其他股权"、"现金与存款"、"贷款"、"住房"和"股票及其他资本金"，合计占总资产的 85%。负债总计为 29.2 万亿英镑，与总资产和金融资产之比分别为 81% 和 100%。其主要构成项目与日本情况类似，为"证券与其他股权"、"现金与存款"和"贷款"，三者合计占负债总额的 78%。净资产为 6.8 万亿英镑，为当年 GDP 的 4.5 倍，与美国相当。

分部门看：第一，英国居民及非营利居民服务机构（简称居民）仍然是非金融资产的最大持有部门，其中主要资产项目为"住房"，价值 4.1 万亿英镑，占比 94%；居民金融资产主要形式是"保险准备金"和"现金与存款"。居民负债规模仅为 1.5 万亿英镑（其中贷款占 94%），相应资产负债率为 17.5%。居民净资产为 7.0 万亿英镑，不仅居各部门首位，甚至超过各部门合计。第二，非金融企业部门拥有的非金融资产规模仅次于居民，达到 1.8 万亿英镑。其中主要构成为"其他建筑设施"和"机械与设备"两项；部门金融资产总计 2.2 万亿英镑，主要项目为"股票及其他资本金"、"现金与存款"和"贷款"。部门负债规模较大，达到 3.9 万亿英镑，占其总资产的 98%。主要构成为"股票及其他资本金"、"贷款"和"证券与其他股权"。部门净资产仅为 762 亿英镑。第三，金融企业部门的非金融资产为 1418 亿英镑，少于其他部门；金融资产 21.9 万亿英镑，约为各部门合计的 76%。主要组成项目为"证券与其他股权"、"现金与存款"和"贷款"等。金融企业负债规模 22.1 万亿英镑，占各部门负债合计的 76%，主要由"证券与其他股权"和"现金与存款"等构成。部门净资产为 -248 亿英镑，资产负债率因此超过 100%，杠杆化程度超过日本和德国。第四，中央政府和地方政府部门持有的非金融资产分别为 3351 亿英镑和 4349 亿英镑，主要构成项目均为"其他建筑设施"；两部门金融资产分别为 4004 亿英镑和 1530 亿英镑，其中中央资产中有较多"贷款"，而地方持有较多"股票及其他资本金"。两部门负债分别为 14984 亿英镑和 844 亿英镑。其中特别引人关注的是中央政府在"证券与其他股权"一项负债高达 13199 亿英镑。两部门净资产分别为 -7629 亿英镑和 5036 亿英镑，相应资产负债率分别为 204% 和 14%。由此可见，无论以负债的绝对规模还是相对规模衡量，英国中央政府财政状况都明显差于地方政府。

最后，从动态角度看，图 18-11 中展示了 2002—2011 年间英国国民资产负债中的重要比率变动趋势。可以发现，第一，在考察期内英国国民总资产和负债规模的扩张均明显快于 GDP，两者与 GDP 的比率分别从 2002 年的 14 倍和 10 倍升至 2011 年的 24 倍和 19 倍，增幅几乎达到一倍。但由于两者的变动基本同步，其间净资产与 GDP 的相对规模变化较小，仅从 4.3 倍微升至 4.5 倍。第二，同期资产负债率也由 70%

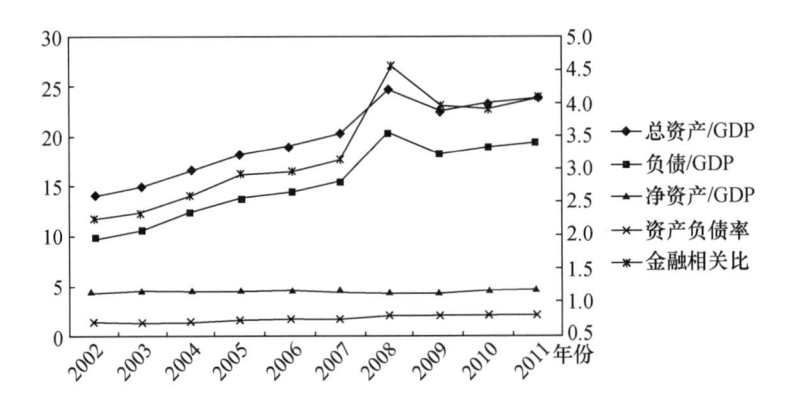

图 18-11　英国国民资产负债中的若干重要比率（2002—2011 年）

资料来源：数据源自 ONS（2012）。

说明：图中总资产/GDP、负债/GDP 和净资产/GDP 以左轴表示；资产负债率和金融相关比以右轴表示。

上升至81%，显示了英国整体财务风险有所上升。特别是在2008年的危机中，该比率从前一年的77%跃升至82%。尽管其后略有下降，但仍然维持在80%以上的高位，可见危机的影响尚未消除。第三，金融相关比由2002年的2.2提高到2011年的4.1，反映了这一时期英国金融业扩张迅速。当然，这一进程也明显受到危机的影响：如在2008年，这一比率由3.1蹿升至4.6，而后又在2009年回落至3.9。其中的原因有可能是在危机来袭时非金融资产（如房产）等较早萎缩，而后金融资产才受到影响。

为考察部门结构变动，图18-12中展示了2002—2011年间英国净资产部门构成情况。由图可以看出，绝大多数净资产为居民部门持有，其占比均在95%以上，甚至在多数年份超过100%。但值得注意的是，在2008年这一比率从105%跌落至96%。这可能是由于居民资产中最重要的构成——住房资产——在危机之中萎缩严重；非金融企业的净资产占比变化比较剧烈，波动区间在-7%—3%之间；金融企业的净资产在考察期内始终为负值，反映了英国金融业整体风险持续维持在较高水平，甚至提示部门杠杆化操作有过度倾向；中央政府净资产也一直在零值以下，并且从相对角度还在不断恶化。特别是在金融危机以来，占比已经由2007的-3%骤降至2011年的-11%；地方政府财务状况明显好于中央政府，在期内基本与其他部门净资产变化同步，维持在7%—8%的水平。

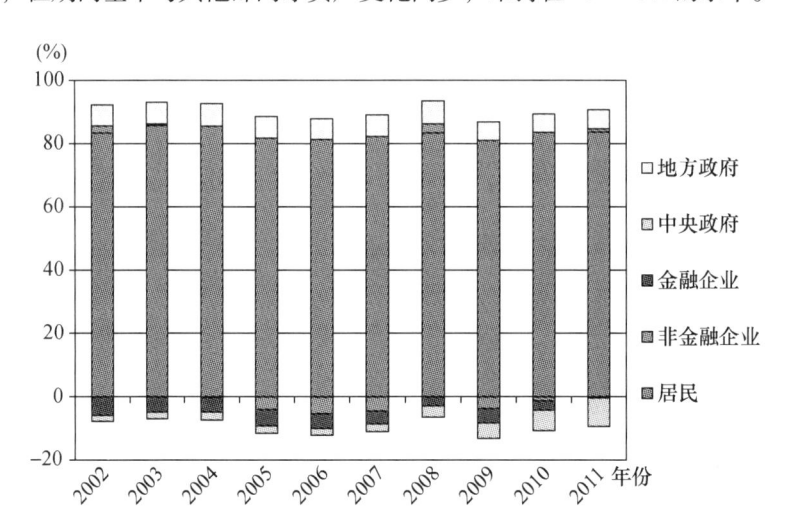

图18-12 英国国民净资产部门构成（2002—2011年）

资料来源：ONS（2012）。

18.6 加拿大经验

加拿大官方于1985年首次公布国家资产负债表①,并对此前若干年的部分数据作了估算(见 Statistics Canada, 2010)。从1990年起,加拿大国家资产负债表的编制则开始以账面和市场价格分别计算,并以季度为单位。因为市场价格能更好地反映资产负债的当前实际价值,所以,以下论述均以市场价格为基准(以上各国数据也基本以市场价格计算)。作为示例,表18-5列出了2011年加拿大国家资产负债表的主要信息。

首先,从部门合计看,加拿大国民资产总和在2011年达到21.7万亿加元,为GDP的12.6倍。其中金融资产和非金融资产分别为14.9万亿加元和6.8万亿加元,金融相关比为2.18。资产项目较为分散,主要构成为"其他金融资产"、"股权"、"土地"、"企业债权"和"住房",合计占资产总额的52%。负债总计为15.1万亿加元,与总资产和金融资产之比分别为70%和102%。其主要构成项目为"股权"、"其他负债"和"债券",三者合计占总额的67%。净资产为6.6万亿加元,与当年GDP之比为3.8。

其次,从部门层面看,第一,加拿大个人及非公司营业部门(简称居民)是非金融资产的最大持有部门,其中主要资产项目为"住房"和"土地",价值分别为1.7万亿和1.5万亿加元;居民金融资产主要形式是"人寿保险与退休金"、"股权"和"现金与存款"。居民负债规模仅为1.6万亿加元(其中房产按揭占64%),相应资产负债率为20.3%。居民净资产为6.3万亿加元,占各部门合计的96%。第二,非

---

① 需要指出的是,加拿大统计体系中的资产负债表以三种方式表示:(1)部门合计(Total All Sectors),为国内各部门与国外部门资产负债合计。在此情形下,金融资产与金融负债依据定义保持平衡。(2)国家资产负债表(National Balance Sheet),为国内各部门资产负债合计。在此情形下,金融资产与金融负债的差额为加拿大对外的净债权或债务。(3)合并国家资产负债表(Consolidated National Balance Sheet),为国民净资产报表,包括国内金融资产与金融负债差额以及非金融资产(详见 Statistics Canada, 2010)。除特别说明外,本研究关注的是第二种表示方式,即国家资产负债表。

表18-5　　2011年加拿大国家资产负债表一览　　单位：10亿加拿大元

主要资产项目	个人及非公司营业部门	非金融企业	金融企业	联邦政府	省与地方政府	部门合计
非金融资产	3621	2341	93	62	713	6830
住房	1655	235	—	—	16	1906
非住房建筑	36	1045	51	40	510	1681
机器设备	13	369	27	11	32	451
耐用消费品	441	—	—	—	—	441
存货	22	220	—	—	—	242
土地	1454	473	15	12	155	2108
金融资产	4338	1988	7490	262	624	14895
官方储备	—	—	64	—	—	64
现金与存款	1028	368	230	3	34	1663
消费信贷	—	1	451	—	—	452
贷款	—	22	516	19	32	589
房产按揭	9	7	1234	1	11	1261
债券	84	28	1365	6	145	1667
股权	1461	25	860	—	70	2425
企业债权	—	662	1352	—	—	2043
政府债权	—	18	1	205	130	389
人寿保险与退休金	1579	—	—	—	—	1579
其他金融资产	177	857	1417	28	202	2764
资产总计	7959	4329	7582	324	1336	21725
负债与净资产合计	7959	4329	7582	324	1336	21725
负债	1617	3969	7546	923	1072	15132
现金与存款	—	—	1687	5	—	1692
消费信贷	452	—	—	—	—	452
房产按揭	1027	215	—	—	2	1261
债券	—	422	785	518	613	2338
股权	—	2151	1877	—	—	4028
人寿保险与退休金	—	—	1353	151	75	1579
其他负债	138	1181	1844	249	382	3782
净资产	6342	361	36	-599	264	6593

说明：1."金融企业"包括货币当局。

　　　2. 由于联邦政府和省与地方政府之间的资产负债核算遗漏，各分项之和不等于总计。

资料来源：数据源自 Statistics Canada。

金融企业拥有的非金融资产规模仅次于居民,达到 2.3 万亿加元。其中主要构成为"非住房建筑"、"土地"和"机器设备"等项;部门金融资产总计 2.0 万亿加元,主要项目为"其他金融资产"、"企业债权"和"现金与存款"。部门负债规模达到 4.0 万亿加元,占其总资产的92%。主要构成为"股权"和"其他负债"。部门净资产为 3610 亿加元,仍仅少于居民。第三,金融企业部门的非金融资产为 930 亿加元;金融资产 7.5 万亿加元,约为各部门合计的 50%。主要由"其他金融资产"、"债券"、"企业债权"和"房产按揭"等构成。金融企业负债规模 7.5 万亿加元,主要由"股权"、"其他负债"和"现金与存款"等构成。部门净资产为 360 亿加元,相应资产负债率近 100%。第四,联邦政府（简称中央政府）和省与地方政府（简称地方政府）持有的非金融资产分别为 620 亿加元和 7130 亿加元,主要构成项目为"非住房建筑"和"土地"（均主要由地方持有）;两部门金融资产分别为 2620 亿和 6240 亿加元,其中中央资产主要项目为"中央债权",而地方项目较为分散。两部门负债分别为 9230 亿加元和 10720 亿加元。其中主要项目均为"债券"、"其他负债"和"人寿保险与退休金"。两部门净资产分别为 -5990 亿加元和 2640 亿加元,相应的资产负债率分别为 285% 和 80%。这一现象同日本、英国的情况基本一致,即中央财政状况明显差于地方财政。

最后,从动态角度看,图 18-13 展示了 2002—2011 年间加拿大国民资产负债中的重要比率。由表可知,第一,其内加拿大国民总资产和负债规模的扩张均快于 GDP,但同日本情况类似,增幅较为温和:两者与 GDP 的比率分别从 2002 年的 10.5 倍和 7.3 倍升至 2011 年的 12.6 倍和 8.8 倍。由于资产扩张稍快于负债,导致净资产与 GDP 的相对规模有所上升,即从 3.3 倍升至 3.8 倍。第二,同期资产负债率基本保持平稳,变化幅度在 68%（2008 年）和 70%（2010 年）之间。第三,金融相关比在考察期内也比较平稳,仅由期初的 2.07 微升至期末的 2.18。当然,这一比率在本轮危机中也出现剧烈波动:如在 2007—2009 年间,金融相关比分别为 2.19、2.07、2.18。显示了这一时期金融资产与非金融资产萎缩幅度与时间有所差异。

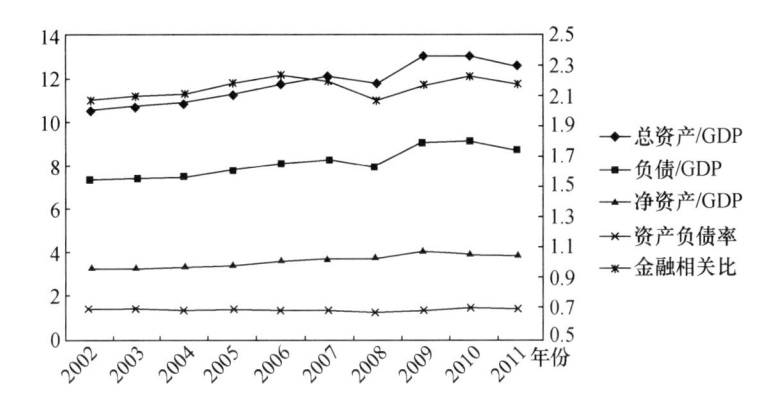

图 18-13　加拿大国民资产负债中的若干重要比率（2002—2011 年）

资料来源：数据源自 Statistics Canada。

说明：图中总资产/GDP、负债/GDP 和净资产/GDP 以左轴表示；资产负债率和金融相关比以右轴表示。

图 18-14 展示了 2002—2011 年间加拿大净资产部门构成情况。由图可见，绝大多数净资产为居民部门持有，其占比均在 90% 以上，甚至在多数年份超过 100%。但在金融危机时，居民净资产也出现剧烈波动，如在 2007—2009 年间其占比分别为 105%、92% 和 98%。与英国情况类似，这同样可能是居民住房资产价值的变动所致；非金融企业的净资产在期内保持正值，但占比变化较大，特别是在 2007—2009 年间由 2.2% 跃升到 10.4%，而后降至 6.5%；金融企业的净资产在大多数年份为负值，仅在 2011 年变为正值，占比 0.6%。虽然以此衡量加拿大金融业风险水平仍然较高，但应当指出，自 2008 年以来，净资产相对规模有所增长；尽管从考察期整体上看，中央政府净资产相对规模有所增加，但其值始终为负，并且自 2008 年以来不断恶化；加拿大地方政府财务状况也明显好于中央政府，并且在期内净资产积累快于其他部门。

18.7　各国资产负债表的共性特征

尽管各国资产负债表的核算框架不尽相同，具体数值并不完全可比，但综合美国等发达国家的经验可以得出以下结论：

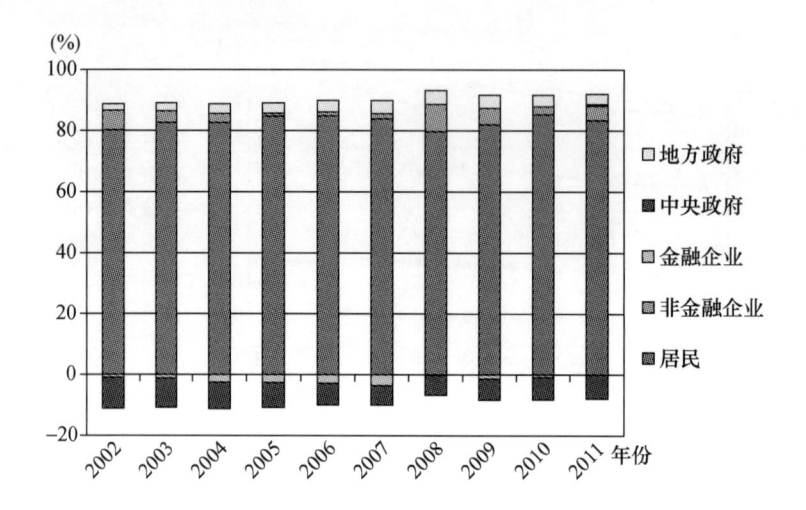

图 18-14　加拿大国民净资产部门构成（2002—2011 年）

资料来源：Statistics Canada。

第一，考察期内国家资产负债表扩张一般快于 GDP，特别是其中的金融资产扩张一般也快于非金融资产，显示了这一时期金融深化的加速发展趋势。

第二，居民部门持有最多的非金融资产（主要为住房）和净资产，特别是后者占比甚至往往超过各部门合计的 100%。

第三，非金融企业持有的非金融资产较多，净资产一般也为正值，但相对比重波动剧烈。

第四，金融企业拥有最多的金融资产，但同时负债规模也较大，资产负债率较高，有时甚至超过 100%，由此导致净资产一般为负值。这符合金融业杠杆化操作的特征。

第五，中央政府的财务状况明显差于地方政府部门，这在一定程度上反映了社会保障等公共服务主要由中央政府负责的特征。

19

资产负债表方法与金融危机：一个研究应用

居家过日子，有多少钱办多大的事。除了日常消费支出外，还要准备一些大项开支，如医疗、养老、购房和随人情。除了使用储蓄外，还可能从亲戚朋友或者银行借钱。国家亦然。无论是政府还是企业，无论是居民还是银行，不是只有资产和没有债务就好，因为这种机制没有充分利用资源，尤其是对总体储蓄充足而部门储蓄之间不平衡的国家更是如此。然而，如果储蓄不足或举债过多，最后一定会因偿债困难而出现债务危机；有债务，同时有更多的资产，而且部分资产可以随时变现，且变现后的价值能够抵补债务，则有助于这个经济体的经济金融稳定。国家资产负债表就是研究这类问题。本部分结合国际经验和教训，特别是以2007年爆发的国际金融危机为例，介绍国家资产负债表的研究应用和政策启示。

本部分的基本结论是：美国次贷危机和欧洲主权债务危机再次说明，在金融危机面前，没有国家是坚不可摧的，任何强大的政府都不是永远的"救世主"。主权国家政府不仅要为自身的显性债务买单，也要为其政策失误带来的或有负债买单，尤其是在危机时刻为居民、企业和金融机构等私人部门的债务买单。在国内外金融联系日益紧密的时代，没有任何一个国家和部门能够独善其身：一国的危机可以迅速传导至别国，一个部门的风险可以迅速传导至别的部门。决定一国抵御危机传染能力的主要因素之一，便是该国资产负债表的健康状况。

19.1 国家资产负债表及其分析方法：国际视角

国家资产负债表的内部逻辑

如上文所述，国家资产负债表可以反映国民经济各个子部门的存量资产和负债的脆弱性及其传导机制。熟悉和编制各部门的资产负债关系，可以帮助政策制定者事先减少经济脆弱性，制定最佳的危机应对政策。鉴于美国的经济金融体系比较发达，且已编制多年国家资产负债表，我们以美国为例说明国家资产负债表的基本架构、部门关联和风险机制。

美国的国家资产负债表由公共部门（中央银行、中央政府、州和地方政府和政府非金融企业）、金融部门（其他存款公司和其他金融企业）、非金融私人部门（非金融企业和居民）和世界（非居民）四部分组成。各部门通过彼此间的债权债务往来紧密关联。例如美联储和联邦政府的关系：从联邦政府角度看，联邦政府对美联储有 2890 亿美元债权，有 10160 亿美元债务，所以联邦政府对美联储的净负债为 7270 亿美元；相应的，从美联储角度看，美联储对联邦政府有 10160 亿美元债权，有 2890 亿美元债务，所以美联储对联邦政府有 7270 亿美元的净债权。显然，联邦政府的债权和债务分别对应着美联储的债务和债权。

再如美联储和其他存款公司的关系：从其他存款公司角度看，其他存款公司对美联储有 10280 亿美元的债权，有 450 亿美元的债务，所以，净债权为 9830 亿美元；从美联储角度看，美联储对其他存款公司有 450 亿美元债权，有 10280 亿美元债务，所以美联储对其他存款公司的净债权为 9830 亿美元。

以上两个例子说明，通过国家资产负债表，我们可以把某年国民经济各部门之间的错综复杂的债权债务关系理得一清二楚。厘清这些关系对于美国应对和处理本次全球金融危机发挥了重大作用。我们可以清楚地看到危机政策在国家资产负债表中的反映。例如，美联储 2010 年净持有联邦政府 7270 亿美元的国债正是反映了美联储在危机期间实施量化宽松政策的结果。

图 19-1 说明了美政府举债过多的情况：美国政府的金融净资产已经为负，占 GDP 的比重从 2005 年的 43% 上升到 2010 年的 68%。

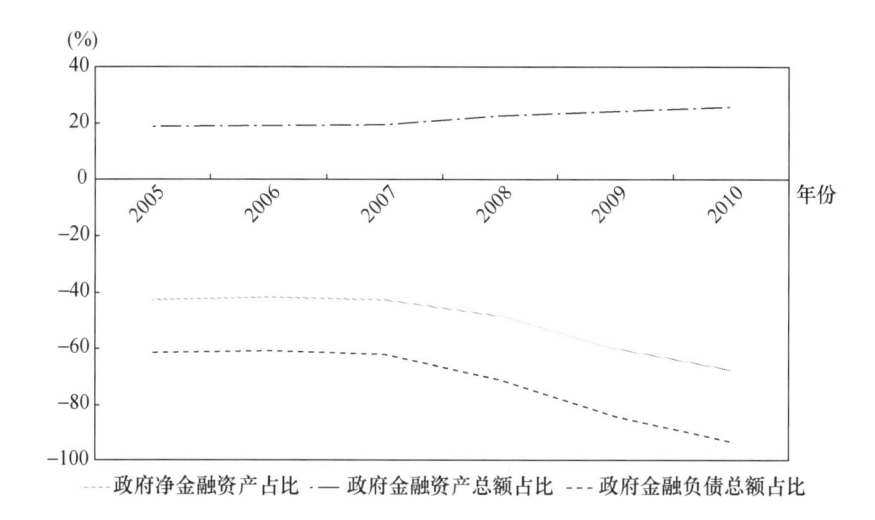

图 19-1 美国政府金融资产和负债占 GDP 的比重

资料来源：IMF：《美国第四条款磋商报告》(2011)。

说明：政府净金融资产为政府总金融资产与政府总金融负债之差。

除了国内各部门间的关系外，一国还与国际社会进行着经贸金融往来。反映该往来的一项重要指标是国际投资头寸。该头寸反映了一国在国外的净资产规模，反映一国对外支付能力和应对外来危机冲击的能力。图 19-2 表明，美国的国际投资头寸自 1980 年开始由正转负，并一路下滑，到 2010 年已经达到负的 2396 亿美元；而日本从 20 世纪 90 年代中期开始，该头寸迅速上升，目前以 2860 亿美元高居世界榜首，中国的国际投资头寸也增长很快，目前以 1511 亿美元位列世界第二。

或有负债与资产负债表风险

与国家资产负债表相关的一个概念是或有负债。或有负债是一个比较宽泛的概念，它通常指一种偿债义务，而履行该义务的时间和规模又取决于未来一些不受政府掌控的、不确定的事件是否发生（Cebotari，2008）。该定义强调未来支付的不确定时间和规模，包括一些可能根本就不会发生支付的情况。该定义与统计学的定义有所不同：国际货币基金组织的《2001年政府金融统计手册》认为，或有负债的内容还包括担保和未来积累的社会安全保障支出的净现值。此类负债是隐性负债。因此，根据国情不同，或有负债的含义可能有所区别。有的国家只把不受政府掌控的、不确定的负债作为或有负债，有的国家则把政府能掌控的隐性负债也包括在内，还有的国家把政府能和不能掌控的负债都计为或有负债。

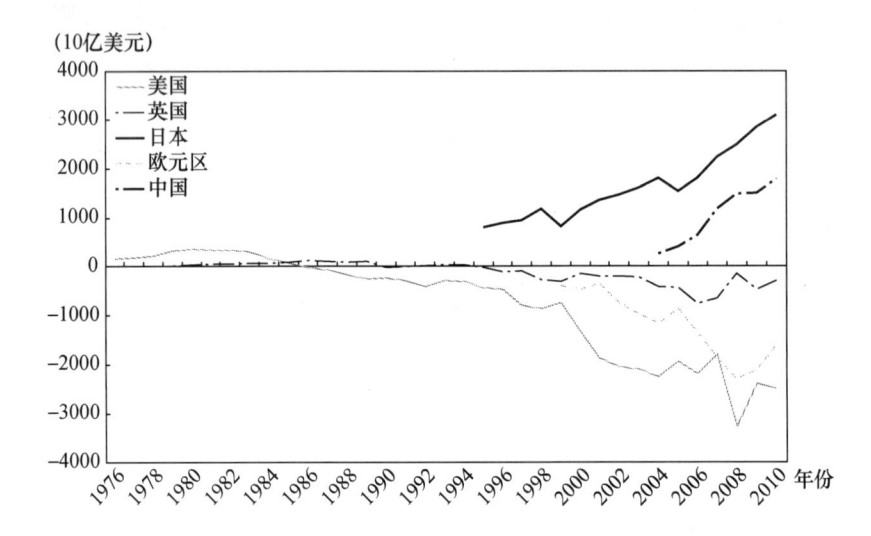

图 19-2　美国、欧洲、英国、日本、中国的国际投资头寸规模

资料来源：Haver Analytics；笔者计算。

在美国，或有负债的一个最好例子是两个从事房贷业务的国有企业——房地美和房利美。二者的职责是为住房按揭贷款提供融资支持。它们购买银行的按揭贷款，并把这些贷款打包为按揭支持证券，再出售给投资者，并对仍然会按揭证券的潜在违约损失提供担保，或者亲自发行债券融资并购买和持有按揭证券。

在2007年次贷危机之前，"两房"不受联邦政府支持，其业务不反映在联邦预算之内。但是，市场普遍认为，政府对两房提供隐性担保。2008年，两房被联邦政府接管，该隐性担保变为显性担保。美财政部向两房提供足够的资本以确保其净资产为零，美财政部则获取优先股和认股权证。与此同时，两房逐渐减少所持证券资产规模，以降低纳税人的损失。尽管如此，两房还是带来占2008年GDP35%的巨额或有负债规模，房价下跌迫使美财政部向其注入占GDP1.25%的资金。

从全球来看，金融危机爆发之时往往是或有负债最集中"爆发式"增长的时刻。居民、非金融企业、金融机构乃至别国的负债都可能一股脑地冒出来。除了国债必须由政府买单外，其他一些负债也会最终以政府注资银行、核销居民住房按揭贷款和企业不良贷款、减免税收等方式最终体现危机国家负债。

特别地，中央银行的资产负债表是国家资产负债表的重要组成部分，也是或有负债产生的重要源头之一。这不仅因为中央银行本身是个有资产、负债和资本金的部门，更因为中央银行是能够无限创造负债（发行货币）的部门。作为最终贷款人，尤其是在金融危机期间，中央银行不但可以有资产，而且可以通过扩大基础货币发行甚至采取量化宽松政策，来大量收购市场上无人问津的金融机构和企业的不良金融资产。本次全球金融危机期间，美国、日本、英国、欧洲中央银行无不"天才般"地实施了这一战略。图19-3说明了美国、日本、英国、欧洲央行资产负债表扩张情况。美联储的资产从2008年初的不到1万亿

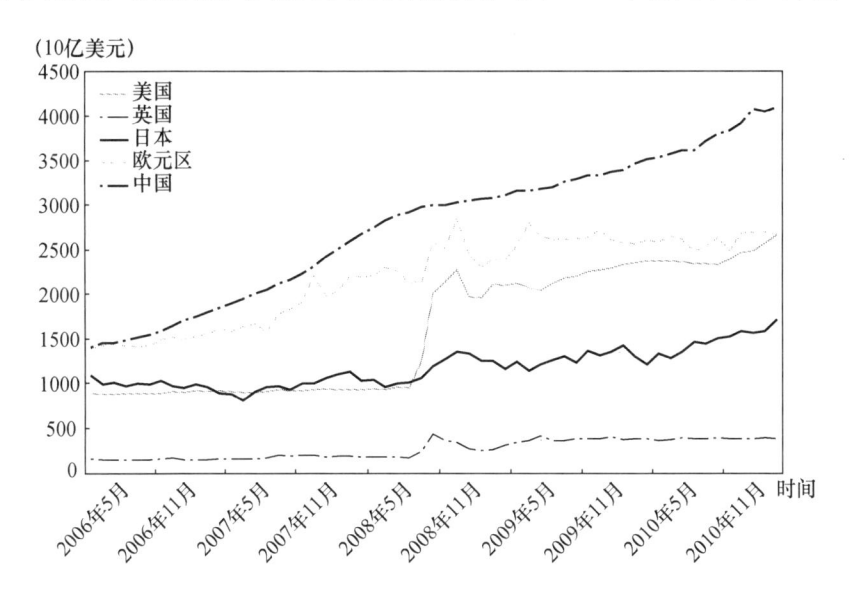

图19-3 美国、欧洲、英国、日本、中国的中央银行资产规模

资料来源：Haver Analytics；笔者计算。

美元，迅速上升到目前的近 3 万亿美元。欧元区的资产负债表也从 2006 年的 1.9 万亿美元上升到目前的近 2.6 万亿美元。中国人民银行资产负债表扩张更快，从 2006 年的 1.4 万亿美元上升到目前的近 4.4 万亿美元。中国人民银行已经成为世界上最大的中央银行。

除总量外，中央银行的负债结构也发生较大变化。在 2007 年年末，美联储的负债方近 90% 为流通货币，而自 2008 年 9 月以来，金融机构存款准备金和财政部的特别账户数额迅速放大。前者主要归因于美联储对准备金的付息政策，后者则是政府为避免货币增发而提供的财政拨款。尽管途径不同，但总而言之，两类账户的扩张目的都是为市场提供流动性支持①。

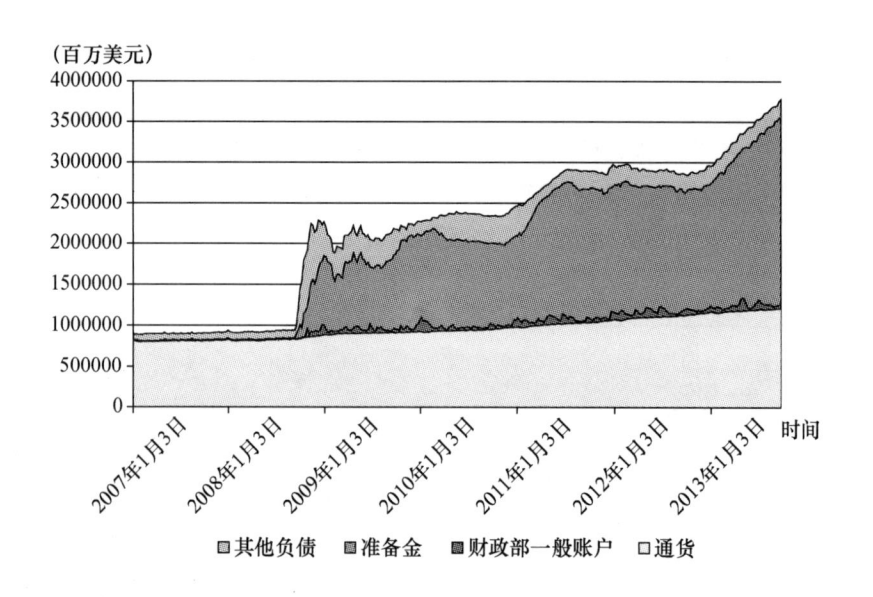

图 19-4　危机前后美联储负债结构变动

资料来源：美联储网站。

同时，欧元区的准备金从 2008 年年初的 2906 亿美元上升到目前的近 3.2 万亿美元。中国人民银行准备金扩张也从 2008 年年初的 9504 亿

---

① 事实上，美联储负债结构的剧变引发了关于货币政策工具的讨论。参见 Curdia 和 Woodford（2011）。

美元上升到目前的 2 万多亿美元。此外,中央银行的危机干预措施不仅包括资产负债表规模的扩张,还包括资产期限的延长,如流动性支持工具的期限、政府债券和购买的其他长期资产的期限。总体比较而言,尽管许多国家的中央银行都通过各种政策工具吸收私人部门的有毒资产并注入流动性,但欧洲央行及英格兰银行更多利用传统的金融工具(见表 19 – 1),主要通过贷款长期化和扩大抵押品范围等方式稳定金融市场①。所以,其资产负债结构变化相对较小,且更趋向于长期、低流动性的资产持有(Bagus and Howden,2009)。

表 19 – 1　　美联储与英格兰银行在危机中使用的主要金融工具

美联储	英格兰银行
1. TAF(Term Auction Facility):定期拍卖工具。美联储为银行提供贷款,接受银行提供的高风险抵押品(如不动产抵押支持证券 MBS) 2. CPFF(Commercial Paper Funding Facility):商业票据融资工具。美联储向金融机构收购流动性较低的商业票据 3. TSLF(Term Securities Lending Facility):定期证券借贷工具。美联储向一级交易商出借国债,接受银行提供的高风险抵押品 4. TALF(Term Asset – Backed Securities Loan Facility):定期资产支持证券贷款工具。美联储及财政部联手向拥有合格抵押品的个人消费者和小型企业提供贷款 5. Premary Dealer Credit Facility:一级交易商信贷工具。美联储为一级交易商提供贷款,接受劣质资产抵押 6. Central Bank Liquidity Swaps:央行货币互换。美联储用以为他国央行提供美元流动性 7. Maiden Lane(Ⅰ、Ⅱ、Ⅲ)基金:美联储用于吸收贝尔斯登(Bear Stearns)和美国国际集团(AIG)不良资产的专项资金	1. 即日回购(intra – day repo) 2. 准备金政策 3. 公开市场操作 4. 隔夜常备融资工具(overnight operational standing facilities) 5. 长期回购 6. 贴现窗口

资料来源:英格兰银行的金融工具介绍根据 Tucker(2009)。

危机期间中央银行资产负债表的变化,往往带来风险资产和或有负债的增加。例如,美国、英国、日本、欧洲四家央行主要面临利率

---

① 如截至 2011 年年初,欧洲央行持有的资产支持证券(ABS)已达到 4800 亿欧元。而这种证券正是催生美国次贷危机的元凶之一。

风险和信贷风险。本次全球金融危机改变了四家央行的资产结构，其持有的国债和抵押品价值对利率和信贷风险特别敏感，因为利率上升和信贷违约损失将导致抵押品价值下降和资产损失。例如，美联储购买1.5万亿美元国债的资金来源并不是新发货币，而是银行准备金，国债的收益率高，而准备金的利率低，这确保美联储稳获利润。2010年美联储赚得817亿美元，接近美国所有商业银行和储蓄银行的全部利润。然而，如果利率上升，则美联储持有的国债和抵押贷款证券的价格下跌。有估算认为，长期利率每上升1个百分点，美联储所持资产的市场价值就下降1000亿美元，2010年的利润也就荡然无存。

再看欧洲央行。为支持危机国家，欧洲央行买入国债和银行抵押品带来两个层面的风险：一是所持2100亿欧元的希腊、爱尔兰和葡萄牙银行的抵押品带来的违约风险。二是所持750亿欧元的希腊、爱尔兰和葡萄牙国债带来的利率和违约风险。显然，如果上述国家债务重组，或者欧元区利率上升，导致欧央行所持国债和抵押品价格下降1/5，则欧央行的资本金就会被完全冲掉。此外，英格兰银行和日本银行同样面临利率风险。日本银行还因持有一部分金融机构的股票而面临股市波动风险。

从中国人民银行看，现行的汇率体制和出口模式，使人民银行的外汇储备成为国内基础货币的主要投放渠道，人民银行因此面临汇率风险和通胀风险。首先，人民银行面临由货币错配（资产多为外币，负债多为本币）带来的汇率风险：如果外币贬值（人民币升值），则外汇资产的人民币价值下降。其次，人民银行外汇资产也因全球通胀率上升而缩水。最后，人民银行还面临导致国内通胀压力上升的风险。除了央票和准备金利息成本会助长通胀压力，13.6万亿元人民币的准备金构成基础货币的来源，货币扩张潜力和潜在的通胀压力也较大。

总之，政府和央行的政策往往是影响国家资产负债表的重要因素。例如，本次危机期间，许多政府采取的干预措施，增加了这些国家的显性和隐性负债规模。如为提供流动性支持，中央银行扩大抵押品基础，延长流动性工具的时间；为增强存款人的信心，扩大了存款担保规模；为促进信贷流动，实施资产掉期安排和资产购买方案；为解决银行清偿力不足，推出银行注资方案。表 19-2 概括了危机期间各国的救助措施对国家资产负债表的影响。

表 19-2　危机期间各国救助措施对国家资产负债表的影响

救助措施类型	资产	负债
注入流动性	购回债券（+） 无抵押贷款（+） 中央银行掉期业务（+） 其他掉期业务（+） 外汇贷款（+） 外汇储备（-）	流通中现金（+/-） 银行准备金（+） 中央银行掉期业务（+） 其他掉期业务（+）
注资	优先/普通股（+） 认股权证（+） 可转换债（+） 次级贷款（+）	美国库债券（短期/长期）（+）
收购资产	不良资产（+） 公司债券/商业票据/其他固定收益证券（+） 其他金融资产（+）	美国库债券（短期/长期）（+）
抵押品	担保基金（+）	
其他干预措施	主权财富基金持有的资产（-）	或有债权（++）

19.2　资产负债表的风险传导：以本次金融危机为例

分析国家资产负债表，要通盘考虑企业、金融机构和政府部门的资产负债表。来自市场上的冲击——利率、汇率或市场情绪波动——都会导致这些部门的资产价值和净资产下降。如果净资产降为负值，会导致大范围的损失和风险在整个资产负债表的传导。因此，开发一个发现和评估资产负债表脆弱性的方法，是最小化风险和保证金融稳定的基础。

风险传导可以是"自下而上"的：从企业到银行，再到国家资产负债表，如亚洲金融危机的情况和美国次贷危机。也可以是"自上而下"的：从主权到银行，再到企业资产负债表，如拉美债务危机和欧洲主权债务危机。下面我们以本次金融危机为例说明危机先"自下而上"，后"自上而下"的传导途径（就中国而言，更可能是自上而下，因为国家承担得太多。这是由政府主导的体制特点所决定的）：

第一，美国居民债务风险向美国金融机构的风险传导。美国次贷危机爆发后，仅在2008年，美国的机构就因次债贷款和资产支持证券损失3700亿美元（IMF，2007）。这些损失首先冲抵银行利润，然后冲销资本金，后来发展到政府向银行注资。

第二，美国金融机构的风险向美国政府的风险传导。2008—2009年间，美国政府通过TARP方案向数家大型金融机构注资。国债占GDP的比重相应上升。例如，美国联邦存款保险公司（FDIC）推出了临时性流动性担保方案（Temporary Liquidity Guarantee Program，TLGP）为金融机构的无抵押债务提供担保，美国财政部为货币市场基金提供担保，这些都是现代版的存款保险。此外，美国两房公司的债务不直接计入联邦债务，但构成美国的或有负债，占GDP的比重为35%（其中占GDP8.25%的两房公司债务由财政部和美联储持有）。

第三，美国银行向欧洲金融机构和投资者的传导。由于欧洲投资者持有大量美国金融机构发行的按揭证券产品，这些产品价格的下降引致欧洲投资者的资产损失，资本金下降，流动性紧张。为达到资本充足率要求，欧洲银行不得不出售资产，从而导致所持金融资产价格的继续下跌，形成恶性循环。

第四，欧洲金融机构向欧洲国家政府的传导。本次全球金融危机期间，美欧国家为防止金融机构倒闭和防范流动性风险扩散，向金融机构提供大量资金支持。图19-5表明了一些国家救助金融部门的成本占GDP的比重平均为5%，资金总额高达1.27万亿美元。

第五，欧洲主权债务危机对欧洲金融机构的风险传导。部分欧洲国家的国债损失传导为欧洲银行资产损失。国内外投资者对危机国家（欧洲五国）国债的需求下降，加剧这些国债的价格下跌，持有这些国债的欧元区银行便蒙受资产损失。例如，希腊国债价格下降将导致欧洲银行体系损失达600亿欧元；如果加上爱尔兰和葡萄牙，该损失上升为

800亿欧元；如果加上比利时、西班牙和意大利，则该损失为2000亿欧元。此外，在欧洲前24家大银行所持有的4500亿欧洲国家的国债中，来自希腊、爱尔兰和葡萄牙发行的国债只有500亿欧元，另外4000亿欧元均来自其他国家。这说明，一旦主权债务危机传染到更多国家，则欧洲银行会遭受更大损失。这些担心直接反映为股市的下跌：自2010年年初，持有危机国家国债的银行股价大跌，市值已下降40%以上。国内外投资者减持欧洲银行的股票和债券，迫使银行或出售资产（加剧银行资产损失），或向欧央行寻求流动性支持（增大欧央行的买债压力和潜在损失），进而导致信贷紧缩和经济复苏乏力。

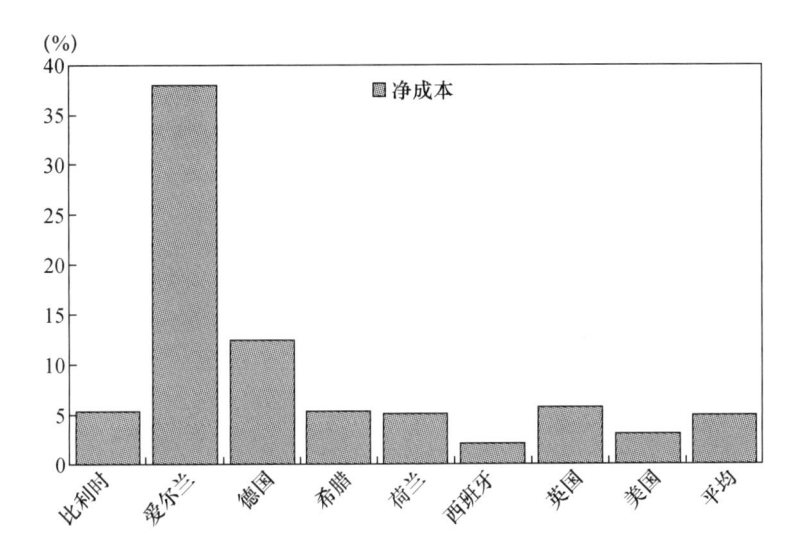

图19-5 危机国家为救助金融部门支付的净成本（占2011年GDP的比重）
资料来源：IMF，《财政监督》2011年9月专栏7。

第六，欧洲债务危机向美国金融机构的传导。欧洲债务危机和银行危机的加剧，不但在欧洲内部发酵循环，而且传导回美国的金融机构。例如，法国银行既持有希腊的国债，又持有法国的国债，而美国的银行又与法国的银行有大量业务往来。也就是说，希腊国债损失先影响法国银行，再影响美国银行。这种传染已经在某种程度上改变了股票市场上的交易规则。欧债危机爆发前，决定是否在股市上交易的概念是：今天是"冒险"天还是"避险"天，即买入还是卖出。而现在则是：今天是"有传染"日（有来自欧债危机的传染）还是"无传染"日（没有来自欧债危机的传染)。

欧洲债务危机与美国相互传染的另一个渠道是拥有2.7万亿美元资产的美国货币市场基金。其中投资于高质量、短期信贷产品(如大额存单、回购、商业票据、资产支持商业票据、短期企业票据等)的主要货币市场基金(Prime Money Market Mutual Fund)的资金总额为1.6万亿美元。次债危机导致美国货币市场上可供货币市场基金投资的产品规模,从2008年的12万亿美元下降到现在的9.1万亿美元。因此,美国货币市场基金在次债危机爆发后,转而投向欧洲货币市场上的类似金融产品,如以美元计值的欧洲债券和外资机构在美国发行的扬基债券。到2011年6月,主要货币市场基金投资于欧洲的短期信贷产品规模高达6750亿美元,占该类基金资产的41.2%(见图19-6)。欧债危机爆发后,这些货币市场基金便迅速地从欧洲撤资,从而导致欧洲金融机构的流动性进一步紧张。

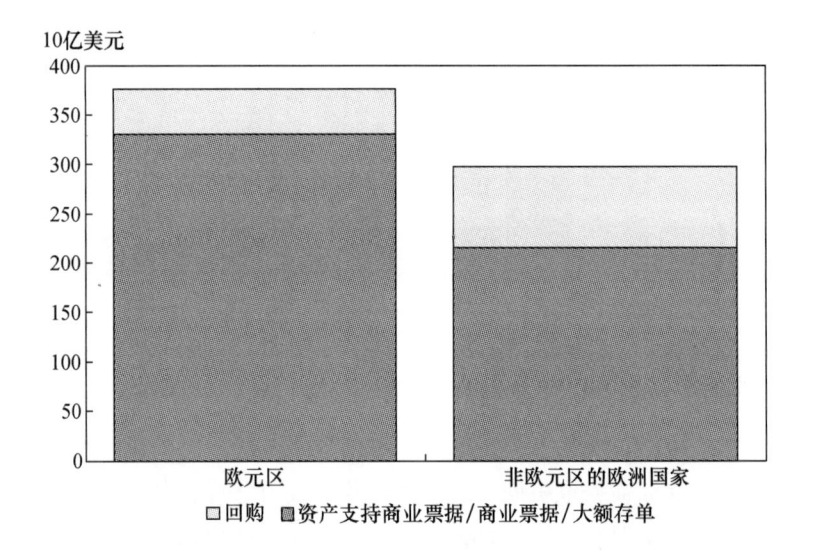

图19-6 美国主要货币市场基金持有的欧洲央行的短期信贷产品规模
资料来源:IMF:《全球金融稳定报告》,2011年9月。

第七,美欧主权债务风险向美欧央行的传导。捉襟见肘的财政迫使美欧政府不得不依赖于央行满足金融机构和财政的流动性甚至清偿力需求,各央行购买了大量金融机构债券和国债。例如,美联储已经通过其量化宽松政策购买了占 GDP 7.5% 的国债，相当于公众持有的全部国债的 12%。日本央行购买的政府债券占 GDP 的 1%（如果包括为货币政策操作而购买的国债，则日本银行持有的国债比重高达 17%）。英格兰银行通过资产购买计划购买的国债占其 GDP 的 11.5%。

第八，主权债务风险和银行风险的双向传导。由于一些国家的银行持有大量危机国家的政府债券，主权风险传导为银行风险。同时，政府对银行的救助和支持又使银行风险传导为主权风险。图 19-7 说明主权 CDS 和银行 CDS 的密切关系。

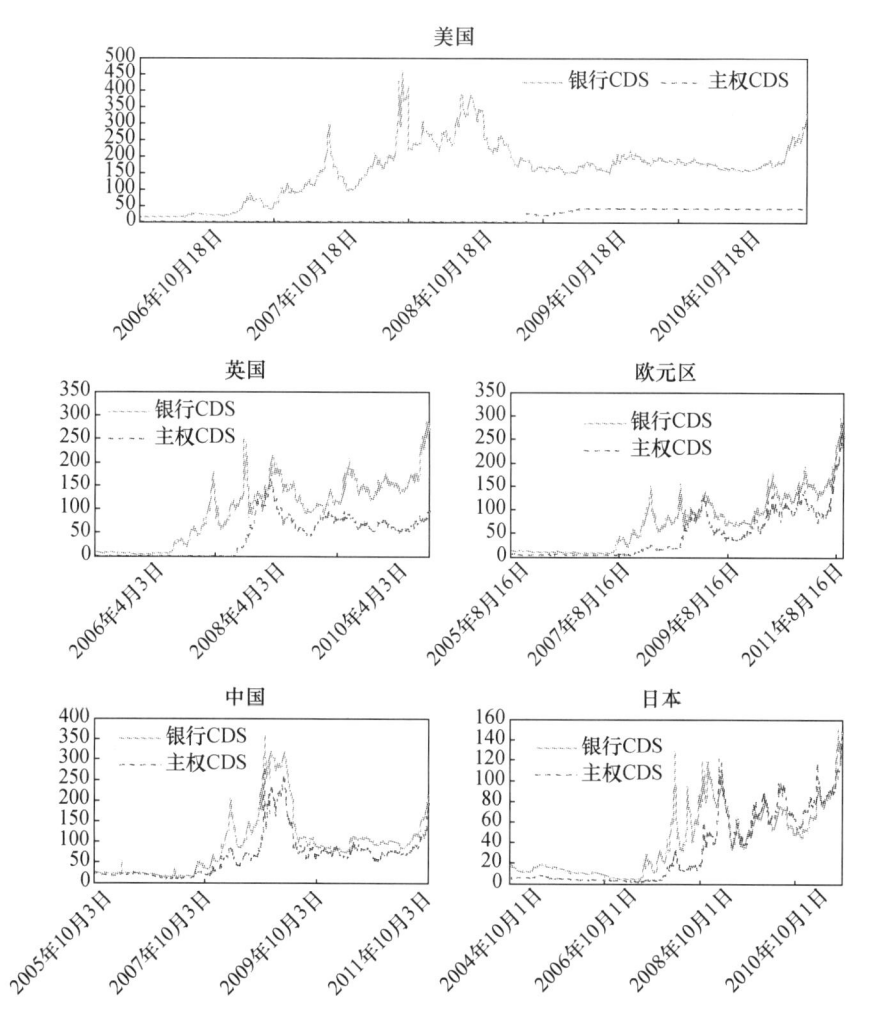

图 19-7　美国、欧洲、英国、日本、中国的主权 CDS 和银行主权 CDS 的关系

19.3 国家资产负债表与宏观经济政策及其启示

传统的教科书在讨论宏观经济政策时，往往是基于扩张性（紧缩性）货币和财政政策在不同经济周期的各种组合。例如，在陷入债务危机时，采取紧缩的财政政策来限制财政赤字，采取扩张性的货币政策来推动经济增长。在经济过热时，采取紧缩性的货币政策来控制通货膨胀，采取紧缩的财政政策来控制经济增长过快，等等。这些政策都是重要的决策依据。然而，从资产负债表的角度分析各种政策组合，可以帮助我们提高政策的有效性。

国家资产负债表与宏观经济政策

触发资产负债表衰退的通常是一国资产价格泡沫的破裂。而资产价格的破灭又通常是私人部门对未来经济增长的过度信心导致的。日本在20世纪80年代末被来自世人对其管理模式的吹嘘所陶醉；美国和世界其他国家在90年代末被信息技术革命所蛊惑而信心过度。二者最终的结果都是资产价格的破灭。

资产价格的破灭，通常又是由紧缩的货币政策所诱发。为防止经济过热和打击资产价格泡沫，一国采取的紧缩性货币政策导致资产价格破灭。当然，也有一些资产价格破灭是其上涨过多后的自然调整。资产价格的下跌直接打击了私人部门的资产负债表，迫使公司偿还债务，减少融资需求。

在资产负债表衰退阶段，货币政策的效力下降，因为企业都在忙于还债，对资金的需求不足。例如，在1929年大危机后，美国用了30年时间才回到20世纪20年代的平均水平（4.1%），可见企业避免举债持续时间之长。只有私人部门完成修复其资产负债表，并开始借钱后，货币政策的效力才体现出来。

财政政策——政府借款和支出——在防止经济和货币供应量紧缩方

面效力较大。政府不能阻止企业停止修复其资产负债表，但可以举债和使用私人部门积累的储蓄，来促进居民储蓄和企业偿债进程。反之，如果政府也无所作为，则"无形的手"会发挥作用，导致经济陷入通货紧缩恶性循环，使得私人部门越来越贫穷而无法储蓄。例如，1997年，日本通过增税和节支来减少财政赤字。然而，此举导致税收收入不升反降，财政赤字大幅增加。再如，德国在2000—2005年间希望通过减少财政赤字和推进结果改革，来改善财政或促进经济增长，但紧缩财政同样没有达到改善财政和促进经济增长的目的。经过较长时间的财政政策支持后，资产负债表的问题才能在一定程度上得到解决。即便如此，许多企业可能仍然在偿债，经济衰退仍然持续，企业仍然不愿意举债。因此，企业一般需要经过比资产负债表修复更长的时间来开始新的举债。

从本轮金融危机看，美国、英国、日本、欧洲等危机国家目前处于资产负债表衰退阶段。其主要特征是资产价格泡沫破灭后的居民、企业和政府的债务较多，导致各部门的主要目标是减债（即去杠杆化），尤其是企业的首要目标不是利润最大化，而是尽快减少债务，改善资产负债表。此外，欧洲银行的自有资本金不足，主权国家难以还债，都说明其整体上面临资不抵债的风险。这些基本特征决定了这些国家经济复苏动力不足，并对来自国内外的各种负面冲击非常敏感，标普调低美国国债评级引发金融市场动荡即是一例。

外债是加剧风险传导的关键因素

值得关注的是，尽管面临着相似的风险冲击，市场对不同国家的反应是不同的：那些对国外投资者依赖程度高，净外债较高的国家是受冲击最大的国家，具体体现是在危机期间，这类国家的主权CDS和收益率猛升。具体来说，在危机之前，不是每个欧债危机国家都有高额财政赤字。诚然，希腊和意大利的财政赤字很高，但是爱尔兰和西班牙不但没有财政赤字，反而有财政盈余，而且二者2006年的净国债占GDP的比重仅为12%和31%，远低于德国和法国的53%和60%。那么，为什么危机前财政状况较好的爱尔兰和西班牙却骤然面临高融资成本和CDS呢？主要因素有二：一是或有负债太多；二是外国投资者占国债投资的比重过高。所以，当外来投资下降时，这些国家马上陷入债务危机。而且，即使能够融到资金，利率也比较高。图19-8说明，尽管美国、日本和英国的国债占GDP比重很高，但由于国内投资者占比均超过60%，尤其是日本高达95%，所以美国、日本、英国三国的国债利率很低。

上述现实也与债务危机史一致，如果一国负债以外币为主，则债务国直接违约风险较大。除了外国投资者占比较低这一因素外，美英日等国际储备货币国地位及其发达的金融市场也使得这些国家的国债融资成本较低：凭借国际储备货币地位，这些国家可坐享铸币收入，部分流动性可以流到其他国家，降低本国通货膨胀压力；凭借发达的金融市场，储备货币发行国不但可把一部分流动性和资本留在本国，而且可吸引流出的货币和资本回流，更可把别国的储蓄（如外汇储备）吸引到本国金融市场。

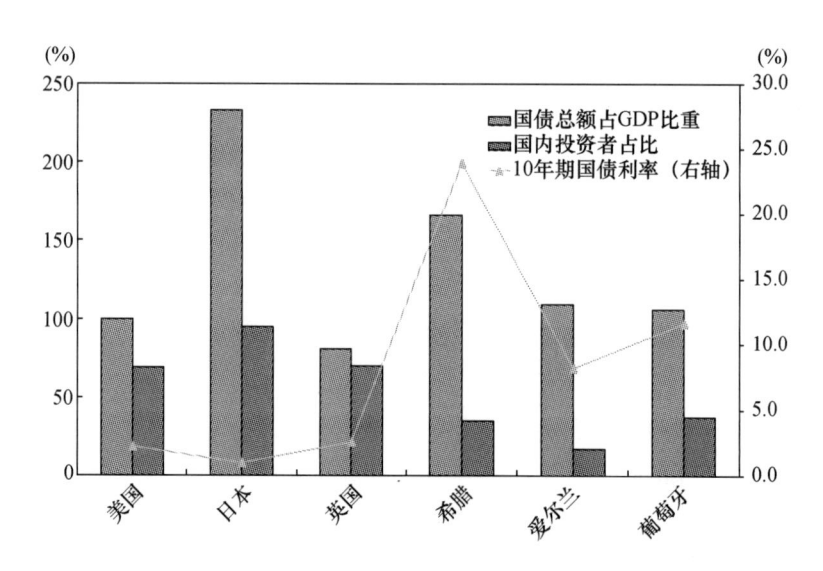

图19-8 美国、日本、英国、欧洲的国债、国债利率和国内投资者占比的关系

资料来源：IMF：《全球金融稳定报告》2011年9月；10年期国债利率为2011年10月14日数据。

政策启示

本次危机的一个重大启示是：需要从国家整体资产负债表来看金融风险。因为无论是居民、企业还是国家的负债，在危机时刻都会一股脑地迅速转化为国家主权风险。此时最重要的是政府有资源——资金和公信力——稳定市场信心。从国际经验看,或有负债是导致危机的一个重要因素。因此,我们需要从国家层面建立危机应急机制,而编制国家资产负债表便是其中的一个重要组成部分。

第一,树立国家资产负债表概念。从资产角度看,一国资产的多少决定着该国在面对金融危机冲击时可动用资源的多寡。防范和化解金融危机,固然要取决于信心,但信心是建立在实力的基础上的。30多年的经济增长之后,我们需要好好统计一下自己的家底:我们的资产实力到底有多大。

从负债角度看,中国整体的负债规模正在上升,政府的显性内外债、国有企业的债务、银行的债务、居民的债务都在增长。尤其是许多或有负债也在增长,如中小企业的非正规融资、地方政府融资平台的债务、养老保险欠账和长寿风险①带来的增量负债。这些债务在经济高速增长时期不足为虑,但一旦经济下滑,必然相互传导,衍生为国家综合负债水平的骤然上升,就像欧债危机一样,政府在一夜间变成了负债大户,不得不看市场脸色行事,或高成本发债,或干脆发不出债。

第二,迅速编制国家资产负债表。意识到国家资产负债表的重要性,世界各国都在不遗余力地编制国家资产负债表。根据国际货币基金组织的统计,除了美国外,已经有40多个国家完成了国家资产负债表的编制,许多是发展中国家和新兴市场国家。中国财政部等部门也已经着手准备国家资产负债表的编制工作。由于中国地方政府在推动投资和经济增长中的重要作用,且在近年以政府融资平台的形式举债很高,编制地方政府的资产负债表至关重要。

第三,以市场化办法尽可能减少或有负债来源。编制国家资产负债表的目的不是为编制而编制,而是通过了解我们国家资产和负债的总体情况,分析资产和负债积累的原因,加强和改进积累,减少不必要的负债,尤其是或有负债。例如,政府对一些行业的干预和管制固然实现了一些短期政策目标,但与此同时却积累了显性和隐性负债。再如,我们只强调中国国债占GDP的比重在国际安全线以内,往往忽视了各种隐性负债的积累和多

---

① 长寿风险指的是用于医疗技术突破等导致人口寿命的延长,这无形中增加了未来的养老金支付负债。

种来源。国家干预、国有企业主导国民经济的格局，必然使中国面临比欧美国家更多的隐性负债。因此，从国家资产负债表的角度提高减少国家干预、把隐性或有负债转变为显性直接负债的紧迫性和必要性。

　　最后，需要考虑出台一些政策来应对未来的负债风险冲击。例如，可否考虑成立中国金融稳定基金。从欧洲主权债务危机的情况看，最好使的机制就是欧洲主权债务基金，该基金对稳定金融市场起到至关重要的作用①。更重要的是，为应对利率、汇率、资本项目和金融机构改革过程中出现的风险，政府需要足够的资金储备②。同样的道理，我们也可考虑借助当前财政状况较好、国际资本流入较多、土地价格上涨的有利条件，通过发债、政府注资、划拨土地收入等来建立中国金融稳定基金。也可以考虑利用中投这一现有平台。

---

　　① 欧洲稳定基金：向成员国提供资金支持，从最初的 2500 亿欧元增加到 4400 亿欧元，最近又将扩容为 7000 多亿欧元。该基金对维护金融市场信心起到至关重要的作用。

　　② 争夺市场份额和过度竞争会使银行放松贷款标准，资本流入会推动贷款增加，低利率政策创造的流动性会在利率上升时迅速逆转。这些都可能导致对稳定基金的需求。

参 考 文 献

中文文献

艾慧、张阳、杨长昱、吴延东：《中国养老保险统筹账户的财务可持续性研究——基于开放系统的测算》，《财经研究》2012年第2期。

曹远征、马骏：《问计国家资产负债表》，《财经》2012年第6期。

陈杰：《再论中国居民资产之谜》，FT中文网，2012年10月12日。

程永宏：《现收现付制与人口老龄化关系定量分析》，《经济研究》2012年第3期。

樊纲：《论"国家综合负债"——兼论如何处理银行不良资产》，《经济研究》1999年第5期。

封进：《中国养老保险体系改革的福利经济学分析》，《经济研究》2004年第2期。

郭永斌：《中国养老保险隐性债务的可持续性研究》，《南方金融》2012年第11期。

国家统计局：《中国资产负债表编制方法》，中国统计出版社1997年版和2007年版。

国家统计局：《中国统计年鉴》（历年），中国统计出版社。

国家统计局国民经济核算司：《中国国民经济核算》，中国统计出版社2013年版。

国家统计局国民经济综合统计司：《新中国55年统计资料汇编》，中国统计出版社2005年版。

韩燕，曾令波：《资本市场投资回报率与我国养老金体系改革》，《证券市场导报》2007年第9期。

何平：《我国社会保障体系构架研究》，《中国劳动》2001年第5期。

侯杰：《国家资本结构与新兴市场国家金融危机》，博士学位论文，中国人民大学，2006年。

贾康等：《关于中国养老金隐性债务的研究》，《财贸经济》2007年第9期。

克莱德·斯蒂克尼、罗蔓·威尔：《财务会计：概念、方法与应用》，机械工业出版社2010年版。

课题组：《资本化扩张与赶超型经济的技术进步》，《经济研究》2010年第5期。

莱因哈特、罗格夫：《这次不一样：八百年金融危机史》，机械工业出版社2010年版。

李实、魏众、B.古斯塔夫森：《中国城镇居民的财产分配》，《经济研究》2000年第3期。

李扬：《要从资产负债表来控制资产泡沫》，2009年夏季达沃斯论坛发言，http://money.163.com/09/0910/15/5IS2VHQJ00253NDC.html。

梁运文、霍震、刘凯：《中国城乡居民财产分布的实证研究》，《经济研究》2010年第10期。

林永春：《基本养老保险基金资金缺口问题的对策研究》，《浙江金融》2008年第8期。

刘儒婷：《人口老龄化背景下中国城镇养老金支付能力研究》，博士学位论文，东北财经大学，2012年。

刘尚希：《财政风险：一个分析框架》，《经济研究》2003年第5期。

刘尚希：《财政风险：从经济总量角度的分析》，《管理世界》2008年第7期。

刘尚希、赵全厚：《政府债务：风险状况的初步分析》，《管理世界》2002年第5期。

刘向耘、牛慕鸿、杨娉：《中国居民资产负债表分析》，《金融研究》2009年第10期。

路甬祥等：《中国可持续发展总纲》，科学出版社2007年版。

骆正清、陈周燕、陆安：《人口因素对我国基本养老保险基金收支平衡的影响研究》，《预测》2010 年第 2 期。

马骏、张晓蓉、李治国等：《中国国家资产负债表研究》，社会科学文献出版社 2012 年版。

钱雪亚、王秋实、伊立夫：《中国人力资本和物质资本存量：基于总资本框架的估算》，《商业经济与管理》2009 年第 3 期。

人民银行：《中国金融稳定报告》（2012），中国金融出版社 2012 年版。

沈君霞：《中国基本养老保险基金收支平衡研究》，硕士学位论文，天津财经大学，2009 年。

沈毅：《基于统筹账户的城镇老年人口养老金收支预测分析》，《党政干部学刊》2011 年第 5 期。

亚当·斯密：《国民财富的性质和原因的研究》，郭大力、王亚南译，商务印书馆 1996 年版。

宋晓梧等：《中国养老保险隐性债务》，《研究报告》，2000 年。

孙祁祥：《"空账"与转轨成本——中国养老保险体制改革的效应分析》，《经济研究》2001 年第 5 期。

孙涛：《人民银行意外夺魁全球最有影响力央行力压美联储》，《新世纪》2011 年 7 月 18 日。

汤铎铎：《非金融企业资产负债表的初步研究》，内部工作论文，2013 年。

汪泽英、何平：《我国社会保障制度改革 30 年成就与发展》，人民网，2008 年。

王德文：《中日养老金筹措及其可持续性分析》，《经济社会体制比较》2006 年第 3 期。

王国刚：《基于资产负债表的央行调控能力分析》，《金融评论》2010 年第 1 期。

王国刚：《中国货币政策调控工具的操作机理：2001—2010》，《中国社会科学》2012 年第 4 期。

王晓军、任文东：《我国养老保险的财务可持续性研究》，《保险研究》2013 年第 4 期。

王燕、徐滇庆、王直、翟凡:《中国养老金隐性债务、转轨成本、改革方式及其影响——可计算一般均衡分析》,《经济研究》2001年第5期。

肖立晟、王博:《全球失衡与中国对外净资产:金融发展视角的分析》,《世界经济》2010年第2期。

徐建炜、姚洋:《国际分工新形态、金融市场发展与全球失衡》,《世界经济》2010年第3期。

徐梅、邱长溶:《不同群体对中国养老保险体系选择的经济学分析》,《数量经济技术经济研究》2006年第4期。

叶永刚、刘春霞:《我国非金融企业部门信用风险评估:基于宏观金融工程分析框架》,《武汉大学学报》(哲学社会科学版)2008年第3期。

易纲:《中国能够经受住金融危机的考验》,《求是》杂志2008年第22期。

余永定:《财政稳定问题研究的一个理论框架》,《世界经济》2000年第6期。

袁飞、陶然、徐志刚、刘明兴:《财政集权过程中的转移支付和财政供养人口规模膨胀》,《经济研究》2008年第5期。

袁志刚:《中国养老保险体系选择的经济学分析》,《经济研究》2001年第5期。

岳希明、李实:《我们更应该相信谁的基尼系数》,《华尔街日报》中文网2013年1月24日。

张春霖:《如何评估我国政府债务的可持续性?》,《经济研究》2000年第2期。

张帆:《中国的物质资本和人力资本估算》,《经济研究》2000年第8期。

张国生:《改进我国政府资产负债表的思考》,《财经论丛》2006年第3期。

张军、吴桂英、张吉鹏:《中国省际物质资本存量估算:1952—2001》,《经济研究》2004年第10期。

赵人伟:《我国居民收入分配和财产分布问题分析》,《当代财经》

2007年第7期。

中国家庭金融调查与研究中心:《中国家庭金融调查报告》,西南财经大学出版社2012年版。

周小川:《央行行长周小川谈银行改革和金融改革》,2004年北京国际金融论坛发言, http://www.people.com.cn/GB/jingji/1040/2507904.html。

周志凯:《国外养老保险个人账户管理模式比较——以智利、新加坡、瑞典为对象》,《社会保障问题研究》,2006年。

朱孟楠、赵茜:《人民币汇率、外汇占款变动对通货膨胀的影响》,《经济学动态》2012年第1期。

皇甫秉超:《论我国的冲销政策与冲销成本》,复旦大学,2010年。

谭小芬、徐琨:《中国货币冲销操作的动态路径及其影响分析》,《宏观经济研究》2012年第10期。

王义中、何帆:《金融危机传导的资产负债表渠道》,《世界经济》2011年第3期。

伍戈、张文、明明:《对冲型货币政策的实践与效果》,《中国金融》2011年第19期。

武剑:《货币冲销的理论分析与政策选择》,《管理世界》2005年第8期。

余永定:《消除人民币升值恐惧症,实现向经济平衡发展的过渡》,《国际经济评论》2003年第5期。

英文文献

Allen, Mark, Rosenberg, Christoph, Keller, Christian, Setser, Brad, and Roubini, Nouriel (2002), "A Balance Sheet Approach to Financial Crisis," *IMF Working Paper*, WP/02/210.

Arpaia, Alfonso, Perez, Esther, and Pichelmann, Karl (2009), "Understanding Labour Income Share Dynamics in Europe," *European Communities, Economic Papers* 379.

Arrow, K., Dasgupta, P., Goulder, L., Mumford, K., and Oleson, K. (2007), "China, the U. S., and Sustainability: Perspectives

Based on Comprehensive Wealth," *Stanford Center for International Development Working Paper* No. 313.

Arrow, K., Dasgupta, P., Goulder, L., Mumford, K., and Oleson, K. (2010), "Sustainability and the Measurement of Wealth," *NBER Working Paper* No. 16599.

Asian Development Bank (2011), "*Asia 2050: Realizing the Asian Century*," Asian Development Bank.

Bagus, Philipp, and Howden, David (2009), "The Federal Reserve and Eurosystem's Balance Sheet Policies during the Financial Crisis: A Comparative Analysis," *Romanian Economic and Business Review* 4 (3).

Carlson, Keith M. (1991), "The U. S. Balance Sheet: What Is It and What Does It Tell Us?" *Federal Reserve Bank of St. Louis Review*, September / October.

Cecchetti, Stephen G., Mohanty, M. S. and Zampolli, Fabrizio (2011), "The Real Effects of Debt," *BIS Working Paper* No 352.

Chinn, Menzie D., and Ito, Hiro (2008), "A New Measure of Financial Openness," *Journal of Comparative Policy Analysis*, Vol. 10 (3).

Citibank (2011), *Global Growth Generators: Moving Beyond Emerging Markets and Bric*.

Curdia, Vasco, and Woodford, Michael (2011), "The Central-bank Balance Sheet as an Instrument of Monetary Policy," *Journal of Monetary Economics* 58.

Dickinson, Frank, and Eakin, Franzy (1936), *A Balance Sheet of The Nation's Economy*, University of Illinois.

Federal Reserve System (1991), *Balance Sheets for the U. S. Economy: 1945 – 1990*, Board of Governors of the Federal Reserve System, Washington D. C..

Federal Reserve System (2012), "*Flow of Funds Accounts of the United States: Flows and Outstandings, First Quarter 2012*," Board of Governors of the Federal Reserve System, Washington D. C..

Federal Statistical Office (2012), "*Balance Sheets for Institutional Sectors and the Total Economy: 1991 - 2011," Statistisches Bundesamt.

Frankel, Jeffrey and Saravelos, George (2011), "Can Leading Indicators assess Country Vulnerability? Evidence from the 2008 - 2009 Global Financial Crisis," *HKS Faculty Research Working Paper Series*, RWP11 - 024, June.

Goldsmith, R., W. (1966), "The Uses of National Balance Sheet," *Review of Income and Wealth*, Vol. 12 (2).

Goldsmith, Raymond W. (1982), *The National Balance Sheet of the United States*, 1953 - 1980, The University of Chicago Press.

Goldsmith, R. W. (1985), *Comparative National Balance Sheets, A Study of Twenty Countries*, 1688 - 1978, Chicago, London: University of Chicago University Press.

Goldsmith, R., W., and Lipsey, R. E. (1963), *Studies in the National Balance Sheet of the United States*, Princeton University Press.

Government of Japan (2012), *Annual Report on National Accounts of 2012*, Economic and Social Research Institute, Cabinet Office.

Gramlich, Edward (1969), "State and Local Governments and Their Budget Constraint," *International Economic Review*, Vol. 10 (June).

Gramlich, Edward (1977), Intergovernmental Grants: A Review of the Rmpirical Literature, in W. E. Oates (ed.), *The Political Economy of Federalism*, Lexington, MA: Lexington Books.

Gray, Dale F., Merton, Robert C., and Bodie, Zvi (2007), "New Framework for Measuring and Managing Macrofinancial Risk and Financial Stability," *NBER Working Paper*, No. 13607.

Haim, Yair, and Levy, Roee (2007), "Using the Balance Sheet Approach in Financial Stability Surveillance: Analyzing the Israeli Economy's Resilience to Exchange Rate Risk," No. 1/07, Bank of Israel.

Hana, Polackova Brixi (1998), "Contingent Government Liabilities: A Hidden Risk for Fiscal Stabilities," *World Bank Policy Research Working Paper*, No. 1989.

He, Zhiguo, Khang, In Gu, and Krishnamurthy, Arvind (2010),

参考文献

"Balance Sheet Adjustments in the 2008 Crisis," *NBER Working Paper*, No. 15919.

Henderson, James (1968), "Local Government Expenditures: A Social welfare Analysis", *Review of Economics and Statistics*, Vol. 50 (May).

Hinz, R., Zviniene, A., Biletsky, S., and Bogomolova, T. (2009), The Impact of the Financial Crisis on Public Pension Systems: Stress Testing Models of Mandatory Pension Systems in Middle Income and Developing Countries," Social Protection & Labor Department, Washington D. C. : World Bank. Mimeo, September.

Holder, Andrew (1998), "Developing the Public – sector Balance Sheet," *Economic Trends*, No. 540.

Holzmann, R., Robalino, D., and Takayama, N. (2009), "Closing the Coverage Gap: The Role of Social Pensions and Other Retirement Income Transfers," World Bank – free PDF.

IMF (2009a) ., *Government Finance Statistics Yearbook* 2008, Washington, D. C. : International Monetary Fund.

IMF (2009b), "Crisis – related Measures in the Financial System and Sovereign Balance Sheet Risks," International Monetary Fund, Fiscal Affairs and Monetary and Capital Markets Departments.

IMF (2011), "Public Sector Debt Statistics: Guide for Compilers and Users," Washington, D. C. : International Monetary Fund.

Inman, Robert P. (1988), Federal Assistance and Local Services in the United States: The Evolution of a New Federalist Fiscal Order, in Harvey S. Rosen (ed.), *Fiscal Federalism: Quantitative Studies*, Chicago: University of Chicago Press.

Kennedy, Jim (2012), "Overview of Flow of Funds Accounts," unpublished paper, Board of Governors of the Federal Reserve System.

Kiyotaki, Nobuhiro, and Moore, John (2002), "Balance – sheet Contagion," *American Economic Review*, *Papers and Proceedings*, May.

Klenow, P. J., and Rodríguez – Clare, A. (2005), Externalities and growth, in Aghion, P., and Durlauf, S. (eds.), *Handbook of Economic Growth*, Amsterdam: North Holland.

Lane, Philip, and Milesi – Ferretti, Gian Maria (2007), "The External Wealth of Nations Mark II: Revised and Extended Estimates of Foreign Assets and Liabilities, 1970 – 2004," *Journal of International Economics*, Vol. 73.

Lane, Philip, and Milesi – Ferretti, Gian Maria (2008), "The Drivers of Financial Globalization," *American Economic Review*, Vol. 98 (2).

Lima, Juan Manuel, Montes, Enrique, Varela, Carlos, and Wiegand, Johannes (2006), Sectoral balance sheet mismatches and macroeconomic vulnerabilities in Colombia, 1996 – 2003, *IMF Working Paper*, WP/06/5.

Madigan, Brian F. (2009), Bagehot's Dictum in Practice: Formulating and Implementing Policies to Combat the Financial Crisis, Speech at the Federal Reserve Bank of Kansas City's Annual Economic Symposium, August 21, http://www.federalreserve.gov/newsevents/speech/madigan20090821a.htm.

Mathisen, Johan, and Pellechio, Anthony (2006), "Using the Balance Sheet Approach in Surveillance: Framework, Data Sources, and Data Availability," *IMF Working Paper*, WP/06/100.

McKinsey Global Institute (MGI) (2009), Global Capital Markets: Entering a New Era, www.mckinsey.com.

McKinsey Global Institute (MGI) (2010), Debt and Deleveraging: The Global Credit Bubble and Its Economic Consequences, www.mckinsey.com.

McKinsey Global Institute (MGI) (2012), Debt and Deleveraging: Uneven Progress on the Path to Growth, www.mckinsey.com.

Obstfeld, Rogoff (2009), "Global Imbalances and the Financial Crisis: Products of Common Causes, " *CEPR Discussion Paper*, No. DP7606.

OECD (2013), *OECD Factbook* 2013: *Economic, Environmental and Social Statistics*, Organisation for Economic Cooperation and Development.

Office for National Statistics (2012), United Kingdom National Accounts: The Blue Book.

Oi, Jean (1992), "Fiscal Reform and the Economic Foundations of Local State Corporatism in China," *World Politics*, Vol. 45, No. 1.

Oksanen, H. (2010), The Chinese Pension System: First Results on Assessing the Reform Options, Directorate General Economic and Monetary Affairs (DG ECFIN), European Commission.

PWC Economics (2013), *World in 2050: The Brics and Beyond: Prospects, Challenges and Opportunities*, PWC Publishing.

Reinhart, Carmen M., and Rogoff, Kenneth S. (2008), "Is the 2007 U. S. Subprime Crisis so Different? An International Historical Comparison," *American Economic Review*, Vol. 98, No. 2.

Reinhart, Carmen M., and Rogoff, Kenneth S. (2010), "From Financial Crash to Debt Crisis," *NBER working paper*, No. 15795.

Reinhart, Carmen M., and Sbrancia, M. Belen (2011), "The Liquidation of Government Debt," *NBER Working Paper*, No. 16893.

Revell, Jack (1966), "The National Balance Sheet of the United Kingdom," *Review of Income and Wealth*, Vol. 12 (4).

Rosenberg, Christoph, Halikias, Ioannis, House, Brett, Keller, Christian, Nystedt, Jens, Pitt, Alexander, and Setser, Brad (2005), "Debt-related Vulnerabilities and Financial Crises: An Application of the Balance Sheet Approach to Emerging Market Countries" IMF, *Occasional Paper*, No. 240.

Rutledge, John (2009), Total Assets of the U. S. Economy MYM188 Trillion, 13. 4xGDP, http://rutledgecapital.com/2009/05/24/total-assets-of-the-us-economy-188-trillion-134xgdp/.

Sin, Y. (2005), "Pension Liabilities and Reform Options for Old Age Insurance," *World Bank working paper*.

Statistics Canada (2010), *A User Guide to the Canadian System of National Accounts: Chapter 5, Financial Flows and Balance Sheets*, Statistics Canada.

Triffin, Robert (1961), *Gold and the Dollar Crisis: The Future of Convertibility*, Yale University Press, Revised Edition.

Tucker, Paul (2009), The Repertoire of Official Sector Interventions in the Financial System: Last Resort Lending, Market – making, and Capital, Speech at the Bank of Japan 2009 International Conference, May.

Turner, J. A. (2012): "Closing the Coverage Gap: The Role of Social Pensions and Other Retirement Income Transfers," *Journal of Pension Economics and Finance*.

UNU – IHDP and UNEP (2012), *Inclusive Wealth Report* 2012: *Measuring Progress toward Sustainability*, Cambridge: Cambridge University Press.

World Bank (1994), *World Development Report* 1994: *Infrastructure for Development*, Washington D. C.: World Bank.

World Bank (2006), *Where is the Wealth of Nations? Measuring Capital for the 21st Century*, Washington D. C.: World Bank.

World Bank (2011), *The Changing Wealth of Nations: Measuring Sustainable Development in the New Millennium*, Washington D. C.: World Bank.

Zeng, Y. (2006), "Estimating the Impacts of Demographic and Policy Changes on Pension Deficit: A Simple Method and Application to China," *SCAPE Working Paper Series*.

Calvo, G., 1990, "The Perils of Sterilization", Imf Working Paper No. 90/13.

Christensen, J., 2004, "Capital Inflows, Sterilization, and Commercial Bank Speculation: The Case of the Czech Republic in the Mid – 1990s", IMF Working Paper No. 04/218.